“十二五”职业教育国家规划教材修订版

高等职业教育新形态一体化规划教材

职业生涯规划

（第四版）

主　编　曹鸣岐
副主编　段金锁　张　帆

中国教育出版传媒集团
高等教育出版社·北京

内容提要

本书是“十二五”职业教育国家规划教材修订版。本书以习近平新时代中国特色社会主义思想为指导，以《国家职业教育改革实施方案》和教育部《关于职业院校专业人才培养方案制订与实施工作的指导意见》等文件为依据，以高素质技能人才培养为主旨，结合当前就业形势和职业教育特点编写而成。

本书贯彻党的二十大报告提出的“统筹职业教育、高等教育、继续教育协同创新，推进职普融通、产教融合、科教融汇，优化职业教育类型定位”的改革要求，遵循《职业教育提质培优行动计划(2020—2023年)》“深化产教融合、校企合作，强化工学结合、知行合一，健全德技并修育人机制”的基本原则，具有较强的针对性、可读性和实操性。全书分为八个模块，以职业生涯规划为主线，紧扣大学生认知规律、学习特点和成长需要，以提升学生职业发展能力为目标，将立德树人根本任务贯穿始终。本书以认知、规划、实践为架构，详细介绍职业生涯规划的基本概念、基本理论、基本方法，将知识学习和能力训练相结合，帮助学生正确运用职业生涯规划理论和方法，合理制定职业发展路线，逐步实现职业理想。本书配套有数字化资源，以二维码链接形式在书中呈现，便于学习者即扫即学。

本书既可作为高等职业院校、应用型本科院校职业发展与就业指导类课程教材，也可作为社会人士、咨询机构与培训机构的参考读物。

图书在版编目（CIP）数据

职业生涯规划 / 曹鸣岐主编. -- 4版. -- 北京 : 高等教育出版社，2024.11
ISBN 978-7-04-061221-9

Ⅰ. ①职… Ⅱ. ①曹… Ⅲ. ①职业选择－高等职业教育－教材 Ⅳ. ①G717.38

中国国家版本馆CIP数据核字(2023)第179727号

ZHIYE SHENGYA GUIHUA

策划编辑 田伊琳　责任编辑 李沁濛 陈 磊　封面设计 赵 阳 王 琰　版式设计 张 杰
责任绘图 裴一丹　责任校对 马鑫蕊　责任印制 耿 轩

出版发行	高等教育出版社	网　　址	http://www.hep.edu.cn
社　　址	北京市西城区德外大街4号		http://www.hep.com.cn
邮政编码	100120	网上订购	http://www.hepmall.com.cn
印　　刷	河北信瑞彩印刷有限公司		http://www.hepmall.com
开　　本	787 mm×1092 mm　1/16		http://www.hepmall.cn
印　　张	20	版　　次	2008年3月第1版
字　　数	460千字		2024年11月第4版
购书热线	010-58581118	印　　次	2024年11月第1次印刷
咨询电话	400-810-0598	定　　价	48.00元

本书如有缺页、倒页、脱页等质量问题，请到所购图书销售部门联系调换

物 料 号　61221-00

第四版前言

本书自2008年出版以来，受到众多高职院校师生和广大读者的喜爱，并得到同行的高度肯定。面对新时代职业发展的新形势，立足新起点，展望新未来，助力学生应对在职业生涯发展中遇到的新问题，我们深感重任在肩、责无旁贷，决定第三次修订此书，以飨读者。

本次修订以习近平新时代中国特色社会主义思想为指导，将党的二十大精神、习近平总书记关于教育的重要论述、《中华人民共和国职业教育法》和全国职业教育大会精神有机融入教材，以立德树人为根本任务，遵循课程思政的教学理念，挖掘课程思政教育资源，强化学生职业素养养成和专业技术积累，将劳模精神、劳动精神和工匠精神贯穿人才培养全过程，将思政教育、劳动教育、爱国主义教育融入学生成长、成人、成才全过程，发挥“三全育人”优势，充分体现教材育人功能。

本书以《中华人民共和国职业教育法》对学生“进行职业启蒙、职业认知、职业体验，开展职业规划指导”的要求为宗旨，突出职业教育“德技并修、工学结合”的类型特色，为高职学生提供适应现代职业教育形势需要的高质量职业生涯规划教材，力求学生能够通过教材的学习认识到职业生涯规划对自我人生发展的重要意义，认识到对自己的专业学习、职业发展、心理发展、自我实现的重要作用，激发学生学习的主动性和自觉性，引导学生始终胸怀“国之大者”，将自己的职业生涯规划与人生发展同实现第二个百年奋斗目标、全面建成社会主义现代化强国、以中国式现代化全面推进中华民族伟大复兴达到有机统一，将个人的前途命运与国家和民族的前途命运紧密结合在一起，最终成为“有理想、敢担当、能吃苦、肯奋斗”的社会主义建设者和接班人。

本次修订采用“模块—项目”结构，本着“精简概括、突出重点、贴近实际、特色鲜明”的方针，站在时代前沿，突出时代特征，加强教材的实用性，突出教材的实践性。教材主要特色体现在：强调“新”，吸收职业生涯教育新理论、新方法、新特点，解读职业教育新政策、职业发展新趋势、就业形势新变化，选用求职择业新案例、学科研究新成果、教学实践新经验；突出“精”，精心选取职业生涯规划的经典理论、经典案例、经典活动，精心设计阅读案例、实训活动和链接内容，精心制作数字化教学资源；重在“用”，以第三版教材的基本知识、基本理论为基础，在知识体系建构、内容编排上进行调整，突出知识的联动性、渐进性和互动性，各模块之间相互联动，知识点之间存在互动，前面的知识为后面的知识作铺垫，循序渐进。这样既符合学生自我认知的规律，又符合学习提升的规律，由浅入深，由表及里，娓娓道来，在阅读学习过程中，逐步使读者认识到职业生涯规划对于自身、社会及国家的意义。

本次修订由曹鸣岐教授任主编，负责制定修订大纲、修订思路并统稿。具体编写分工如下：模块一“大学寻梦”、模块七“职业生涯规划的评估管理”中项目一部分由李晓晓编写；模块二“职业认知”中项目一、二、三部分由蒋华斐编写；模块三“职业生涯规划的相关知识”、模块六“职业生涯规划的决策实施”由段金锁编写；模块四“职业生涯规划的自我探索”、模块八“职业生涯的心理调适”、模块二“职业认知”中项目四、五部分由张帆编写；模块五“职业生涯规划的环境探索”由曹鸣岐编写；模块七“职业生涯规划的评估管理”中项目二、三、四部分由赵薇薇编写。

在本书的修订过程中，我们参考了许多国内外相关著作、报刊、网站的有关资料，借鉴了许多专家学者的研究成果，引用了其中部分精彩实例，本书的出版得到了高等教育出版社编辑的大力支持，在此一并表示衷心的感谢。由于编者水平有限，内容难免有所欠缺，敬请专家和读者指正。

编　者

2024年9月

第一版前言

高等教育的迅速发展使我国高等教育进入大众化阶段。伴随着全社会就业压力的加大和用人机制市场化的变革，大学生就业面临着新的形势和新的挑战，这成为高等教育发展和现实社会生活中的热点问题。

不管你是刚刚迈进大学校门的新生，还是正在奔波于各种招聘会的毕业生，你会担心：明天的“饭碗”在哪里？你该如何面对自己以后的职业生涯？与其为未来担心，不如现在就开始规划自己的职业生涯，为自己的前程搏一只“金饭碗”。在多年的工作实践中，我们深深地感到，多数大学生，甚至已经毕业参加了工作的人，真正懂得和实际进行了职业生涯规划的人，可以说寥寥无几，因而在专业选择、课程学习、求职择业以及人生发展等方面具有一定的盲目性。调查显示，有近25%的人对自己目前的职业生涯规划还是满意的，但是，当把这种规划分解后，他们的选择就没有这么乐观了。仅有12%的人了解自己的个性、兴趣和能力；18%的人清楚自己职业发展面临的优势与劣势；清楚地知道自己喜欢的职业和不喜欢的职业是什么的人只占16%。专家指出，大学生在对自己的职业生涯进行规划时出现的前后矛盾现象进一步表明，大学生对什么是职业生涯规划还没有真正的认识，只知道概念，缺少实施。由于缺乏规划，不少大学生对自己究竟适合做什么、能够做什么、准备做什么等很少考虑，或者没有将其作为考虑重点，于是在选择毕业去向时不知何去何从。大学生中普遍存在的对自身职业规划的盲点，导致了大学生在就业过程中的盲目和挫折。

对当代大学生开展有效的职业生涯规划教育，不仅有利于大学生树立正确的职业发展观，合理确立就业预期，缓解就业带来的压力；而且有利于大学生树立正确的世界观、人生观、价值观，少走弯路，健康成长；同时，还有利于高等职业院校改进和加强人才培养模式，使之更加适应经济和社会发展的要求。大力加强职业生涯规划教育，是时代的需要，是社会的呼唤，是学生的渴望。

随着职业生涯规划观念的深入人心，大学生的职业生涯规划成了一个流行的话题。越来越多的大学正在探讨如何更有效地向大学生提供职业生涯辅导，一些高校建立了职业生涯辅导中心、职业生涯辅导咨询室以及专业与兼职相结合的咨询辅导队伍，开展职业生涯辅导讲座，甚至开设了大学生职业生涯规划课程。一时间，职业生涯规划成了大学毕业生最为关注的热点之一。

每个人都想成就一番事业，然而并非人人如愿。如何正确选择自己的职业？如何科学规划自己的人生？采用何种有效的方法，使自己的事业获得成功？为力求解决这些问题，我们编写了本书。

本书的特点是将职业生涯规划理论与学生的择业、就业问题有机地结合起来，不仅讲述了大学阶段所需要的职业生涯规划的方法、求职的技巧等，还讲述了如何进行科学决策，如何进行职业生涯规划、职业准备及职业心理调适。这些方法对大学生在今日的择业、就业，明日的人生运筹，乃至生活的其他方方面面都很有用。本书每一章后面都有相应的思考与练习和实训活动任务需要完成，学生最终收获的大小，很大程度上取决于在这些练习和实训活动任务上所投入的精力和时间。

本书由曹鸣岐任主编并负责全书的统稿工作，杜颖旭、蔡勇梅任副主编。本书各章的写作分工如下：第一章，杜颖旭；第二章，毛润山；第三章、第八章，曹鸣岐；第四章、第五章，蔡勇梅；第六章、第十章，李心记；第七章、第九章，张静。

本书承蒙张文勇教授审定，提出了一些宝贵意见和建议：在本书的编写过程中，我们参考、借鉴了国内外相关著作、报刊、网站的有关资料，引用了他们的许多研究成果；本书的出版得到了高等教育出版社的大力支持，在此一并表示衷心的感谢。由于作者水平有限，内容难免有所欠缺，敬请专家和读者指正。

编　者

2008年1月

目 录

模块一　大学寻梦

通过本模块的学习，应该达到以下目标：

知识目标：

了解大学的学习目标和特点，掌握大学的学习方法，认清大学学习任务。

能力目标：

掌握专业探索和大学规划的方法，能够遵循大学学习规律，树立正确的学习理念，具有自主学习、全面学习、创新学习、终身学习的能力，合理规划大学生活，勇做新时代的追梦人，提升接续奋斗的能力。

素养目标：

积极适应大学生活，重视大学学业规划，为未来职业生涯发展奠定坚实基础，为实现第二个百年奋斗目标和中华民族伟大复兴的中国梦而不懈努力学习。

大学是个体生涯历程中一个特别的组成部分，是人生重要的转折时期。大学生活的画卷已经在眼前徐徐展开。也许你对自己的专业还懵懵懂懂，不清楚自己的前进方向，但在起跑之前，要准备好一颗进取的心——要读好你的大学，要爱你的大学生活。

项目一　大学应该把握什么

大学是人生最美好也是最重要的学习阶段，更是职业生涯发展的重要准备阶段。在这个阶段，大学生能否将大学阶段置于终生职业生涯发展的视野下进行精心规划，将直接影响到自身几年后的就业竞争力和未来职业生涯的发展力。在大学里，我们第一次跟随那么多学识渊博的学者遨游知识的殿堂，第一次有如此自由的课余生活，第一次可以独立思考人生，第一次可以自主选择自己想要的生活……很多大学生感受到了这些“第一次”的美好和魅力。但同时，大学也许是很多人人生的“最后一次”：最后一次有整段时间进行系统地学习，最后一次有丰富的学习资源供我们任意使用，最后一次为人生发展做全面的准备……谁更早地意识到这些难得的机会，谁就能更早地规划与利用好大学生活，为今后的职业生涯发展奠定坚实的基础。

实训活动

我上大学的目标

活动目的：

思考上大学要达到的目标，帮助大学生制定自己的学涯规划。

活动要求：

（1）将学生分成若干小组，教师做好组织协调工作。

（2）以“我上大学的目标”为主题，教师引导学生回顾上大学的初心，指导每位学生根据自己的实际情况拟定大学的学习、生活、思想、能力、实践等目标，对自己的人生规划进行初步的思考。

活动过程：

填空与思考，请同学们根据个人实际，按目标实现的难易程度进行填写。至少填写五个目标。

目标一：________________

实施时间：________________

措施计划：________________

遇到阻力：________________

消除对策：________________

目标二：________________

实施时间：________________

措施计划：________________

遇到阻力：________________

消除对策：________________

目标三：________________

实施时间：________________

措施计划：________________

遇到阻力：________________

消除对策：________________

目标四：________________

实施时间：________________

措施计划：________________

遇到阻力：________________

消除对策：________________

目标五：________________

实施时间：________________

措施计划：________________

遇到阻力：________________

消除对策：______________________________

活动讨论：

请同学们以小组为单位，分享自己填写的“我上大学的目标”，然后各小组选派代表在班里宣读讨论结果。

活动总结：

写下自己的五大目标，可以回顾过去自己的想法，可以展望毕业后自己的未来，还可以思考自己的现状。将此表记录并保存下来，时刻提醒自己。

一、树立现代学习理念

所谓学习理念，就是人们关于学习的理性认识以及人们对学习所持有的理性态度和执着信念。树立新的学习理念，就是要变“学会”为“会学”，变“要我学习”为“我要学习”，变“学习负担”为“学习乐趣”，变“阶段学习”为“终身学习”，变“拥有文凭”为“拥有能力”。总体来讲，当代大学生应当具备的学习理念主要包括以下四方面的内容。

拓展阅读

（一）自主学习理念

高职院校不是“职业培训班”，而是学生学习知识、掌握技能、适应社会、适应不同工作岗位的平台。在学校学习期间，学习专业知识固然重要，但更重要的是要树立自主学习的理念，掌握自主学习的方法，培养自主学习的能力。

自主学习是指学生在学习过程中一种主动而积极自觉的学习行为，表现为学生在教育活动过程中强烈的求知欲、主动参与的精神与积极思考的行为。自主学习是一种新型的学习模式，要求学生有明确的学习目的，自觉适应专业要求和社会需要，积极主动地掌握相关知识、技能和方法，使自己真正成为学习的主人。与传统的接受学习相对应，自主学习是以学生作为学习的主体，学生通过独立地分析、探索、实践、质疑、创造等方法来实现学习目标。但很多学生不能清楚地认识自己，不知道什么样的学习最能满足自己的需要，也不清楚自己的自主学习能力如何，在学习中常常处于被动状态。

随着知识多元化、技术革新化的不断发展，具备自主学习能力已成为时代发展的必然趋势。作为教师，应该有意识地加强和培养学生的自主学习意识，加强对学生在学习、实践、就业方面的指导，让学生认识到自主学习是一种积极主动的、自觉自愿的行为，是培养自身可持续发展能力的关键因素，是一种可以利用所学知识获取新知识的能力。

坚持自主学习，离不开教师的指导，但大学生不能被动地接受教师的指导，要有强烈的求知欲和主动性，举一反三，触类旁通，注重对知识的拓展和领悟。在大学阶段，大量的自学时间、自由的学习空间营造了自主学习的浓厚氛围，也对自主学习理念的培养提出了必然要求。大学生要学会根据人才培养目标和所学专业要求，对学习活动进行自我支配、自我调节和控制，合理确定学习目标，科学安排学习时间，掌握正确的学习方法，全面提高自主学习能力。在完全自主性的学习中，学习过程就是一连串的选择活动，从学习目标、学习方式到学习手段，从“学什么”到“怎么学”，都是自己选择的结果。“要我学→我要学→我会学→我学会→我学好→我成才”的过程从学习的角度诠释了一个人的成才过程。

自主学习不仅贯穿于大学学习的完整过程，而且当我们走上工作岗位后，自动、自发地学习也非常重要。因为一个人在大学所学到的知识能够直接用到工作实践中的非常有限，更多的知识需要结合工作实际进一步学习。特别是在知识经济时代，科技成为第一生产力，谁拥有知识并通过实践将知识转化为能力，谁就能够在竞争日益激烈的社会中取得持续的竞争优势。

有了自主性学习，标志着大学生的学习进入了新的层次和境界。教育已经不再是从外部强加在学习者身上的东西，而是从学习者本人出发，学生真正地成了学习的主人。

（二）全面学习理念

全面学习理念指的是人才必须全面发展，因而学习也应当是全面学习。全面学习就是学习者应以浓厚且广泛的学习兴趣尽可能多地进行多方面、多层次的学习，积极拓展知识面、丰富知识结构，促使自己成为一个适应能力强的复合型人才。

正如教育研究者程鸿勋所说：“学习是人身体的、知识的、智能的、情感的、精神的、社会的等方面整体生命的更新。学习的过程是人的整体生命的生存和发展过程，是人的整体生命的完善过程。”所以，学习是指人的多方面的发展。全面学习主要包含三个方面的含义：一是学习的基本要求是“德才兼备”，不仅要具有扎实深厚的学科知识，还要具有将知识应用于社会实践的能力和创新能力。当然，全面学习并不是全面出击、平均用力，应防止缺乏重点、华而不实、形式主义；二是在学习过程中，不但要获取知识，更要注重培养运用知识的能力；三是在学习过程中，要处理好“博”与“专”的关系。在学好、学精专业知识的同时，应广泛涉猎相关学科知识，做到专精与广博相结合。所以，学习不仅要认真学好本专业的知识，而且要学好与专业有关的其他方面知识，学好有利于提高自身素质的知识。学习不仅是知识的学习，更为重要的是掌握科学方法，培养探索求知的热情，学会如何收集、处理、选择和管理信息，学会分析和解决理论及实际问题。

（三）创新学习理念

创新学习是一种以求真务实为基础，采取创造性方法，积极追求创造性成果的学习。大学的学习不是死记硬背，而是一种探索性、创造性的学习。古人说“尽信书不如无书”，大学的学习是一个不断提出问题、不断质疑的过程。爱因斯坦曾说过：“提出问题比解决问题更为重要，因为解决问题也许仅仅是一个数学上或实验上的技巧而已，而提出新问题、新的可能性，从新的角度去看问题，却需要有创造性的想象力。”大学生需要成为知识的创造者而不仅仅只是知识的接收器，在学习中不能固守一种思维模式，不要让自己成为课本或经验的奴隶，而是要敢于创新、勇于探索，善于从全新的角度出发思考问题。

树立创新学习的理念，不仅要建立扎实的专业根底，同时要善于思考，勇于开拓，不断激发自己的创新意识，敢于突破陈旧的思维定式，努力从事探索活动，培养创新精神。社会的发展和未来的事业，要求大学生自觉培养创新学习的能力。在学习过程中，不仅要善于组合、加工、消化已有知识，而且要力求有所发现、有所发明、有所创造，养成科学的、创造性的思维习惯。只有这样，大学生潜在的思考能力、创造能力和学习能力才能被真正地激发出来。

（四）终身学习理念

终身学习是指学习始终贯穿于人的一生的观念。这个观念告诉我们，学习不仅是在学校里进行的，而且是人们持续一生都要完成的自我生命更新的过程。我们已经进入了终身学习的时代，要树立终身求知、终身学习的理念。在大学阶段，学生要学习和掌握专业基础知识，同时要为今后继续学习、终身学习奠定良好基础。大学毕业只是告别学校，并不是告别学习。不断学习新知识、获得新本领，是社会发展的要求。很多人会发现，大学毕业后的前两年，同学们相聚到一起，大家的变化还不算很大。等到五年后再聚到一起时，每个人几乎都会有相当大的变化，善于学习新知识的人能够很好地适应工作、适应社会，而只会抱着学校里学来的知识、不思进取的人就会有落伍的感觉。大学里传授的知识为我们初次进入职场提供一个较高的起点，但更多的知识需要我们进入工作后继续通过各种学习途径去获取。因此，一个人进入社会之后，必须在工作中不断学习新的知识和新的技能。我们只有在整个职业生涯中不断学习，不断地补充新的知识，才能适应不断变化的世界，才不至于被快速发展的时代抛弃。

在这个科学技术日新月异的时代，学习已成为人们实现自我发展和自我完善的唯一途径，所以，我们必须学习、学习再学习，才能跟得上时代发展的步伐。我们必须坚持终身学习，保持“活到老，学到老”的心态，这样才能在这个生理寿命逐渐延长、知识寿命日益缩短的社会里发挥自己的全部潜力。

大学生树立了自主学习、全面学习、创新学习、终身学习的理念，就能尽快适应大学生活，提高自身综合素质。

二、掌握大学学习特点

大学生要想在未来的社会中具有竞争力，不能仅仅根据学校的教学计划，跟随老师的“指挥棒”，按照学校和老师的要求去学习，应根据个性特征和个人需求，制定个性化的学业生涯发展规划，以形成个性化的知识结构，构筑自己的竞争优势。因此，了解和掌握大学学习特点，将有助于大学生未来的职业生涯发展。

实训活动

懂 得 学 习

请做以下练习，并进行自我提问，这将有助于探索自身对学习的认知。

（1）说起“学习”，你的脑海中浮现出最多的想象是什么？是上课、作业、考试，还是自学、实训、研究、讨论？

（2）如何评价自己的学习能力？从哪些方面来评价？在学习能力方面，是否清楚自己哪些是强项，哪些是弱项？

（3）在大学生涯阶段，除了专业学习外，还取得了哪些收获与进步（如在人际关系、特长兴趣、社会实践、职业技能等方面）？自己是如何学到和掌握这些能力的？

（4）你认为大学最需要学习的内容是什么？

以上问题，引发我们从学业本身到学习能力，以及广泛的社会生活等不同角度，探讨关于学习的多重含义。

（一）专业性

大学学习实际上是一种高层次的专业性学习。这种专业性随着社会对本专业要求的变化和发展而不断深入，知识不断更新，知识面越来越宽。为适应当代科技发展的既高度分化、又高度综合的特点，这种专业性通常只能是一个大致的方向，而更具体、更细致的专业目标是在大学的学习过程中或在将来走向社会后才能最终确定。因此，大学在进行专业教育的同时，还要兼顾到适应科技发展特点和社会对人才综合性知识要求的特点，尽可能扩大综合性，以增强大学生毕业后对社会工作的适应性。一般来讲，专业对口是相对的，不可能达到专业完全对口。因此，在大学期间除了要学好专业知识外，还应根据自己的能力、兴趣和爱好，选修或自学其他课程，扩大自己的知识面，为毕业后更好地适应工作打下良好的基础。

（二）自主性

大学学习无论从学习内容、学习时间及学习方式都更加强调个体在学习活动中承担的角色，强调学习的自主性。大学生学习的自主性表现在两个方面：一是表现在对自由时间的安排和处理上。与中学相比，大学生自主支配的时间较多，能否科学管理和利用好自己的时间，合理做好自己的学习计划，对学习效果至关重要。这就需要大学生具有高度的学习自觉性，否则，大量的时间就会浪费。二是表现在对学习内容的选择上。大学的课程安排结合自己今后的职业发展方向，既有公共课、专业课，又有辅修课程及大量选修课。大学生可以根据自己的专长、爱好、兴趣，有针对性、有侧重地自由选择学习。大学生选择课程学习内容主要考虑以下几方面：学科内容与职业的契合性、学科的实用性、自己的兴趣、未来的职业生涯选择以及对自身素质的拓展等。

大学生活丰富多彩，但也充满诱惑。学习的自主性还要求大学生加强自我约束。在大学校园里，我们经常看到有的同学陷入爱河或沉迷网络而不能自拔……大学生活当然不应该只是学习，应该是丰富多彩的。但是作为大学生，我们应该把学习放在首位。谁都希望成为今后职场竞争的强者，在大学阶段谁能自主自觉地学习，谁就能把握未来竞争的主动权。

（三）实用性

经济增长方式的变化和产业结构的调整，必然对一线劳动者素质提出了更高的要求，要求高素质技术技能人才必须具备职业岗位适应能力、职业发展能力等职业综合能力，这样才能适应产业升级、技术升级和岗位变迁的现实市场需求。高职院校作为培养复合型、技术技能性人才的机构，以“1+X证书”为培养目标，主要培养生产、建设、服务、管理的一线高素质技术技能人才，高职毕业生大多服务于基层，需要具有扎实的职业技能。在这个阶段，高职教育更加注重学生动手能力和实践能力的培养，强调专业知识的学习以“必需、够用”为原则，使得学生具备未来就业岗位的职业技能，但绝非是对本科“压缩饼干”式的学习方式。在高职教学体系中，采用“知行合一、工学结合、校企合作”等实践教学模式，帮助高职学生将专业理论知识转化为实际应用，掌握运用知识的能力。学生通过实验、实训、实习、实践等环节，接触仿真的和真实的工作环境，逐渐了解职业岗位的相关要求，学习职业岗位所要求的知识和技能，因而，高职学生对工作岗位的适应比较迅速，具有“上手快”的特点，这也是高职学生的优势所在。

此外，大学学习与中学时期的学习相比，存在着许多不同之处，其中最主要的区别是学习内容、学习方法上发生了较大变化。

（1）大学学习内容广、课程多、难度大。中学阶段，我们一般只学习10门左右的课程，而且主要讲授一般性的基础知识。而大学里所开设的课程分公共基础课、公共选修课、专业基础课、专业核心课、专业选修课等多个层次，每一个层次又由许多门课程综合而成。一般说来，大学三年需要学习的课程在30门以上，每一个学期学习的课程都不相同，内容量大，因而学习任务远比中学重得多。大学一年级主要学习公共课和专业基础课，大学二年级主要学习专业基础课和专业核心课，大学三年级重点学习专业核心课、专业选修课、实训实习，进行毕业设计、做毕业论文。为了全面提高学生素质，很多学校还开设了人文素质类选修课程，学生只有按规定选修人文素质类课程、取得相应学分才能毕业。

（2）学习方式不同。中学学习的主要方式是课堂讲授，教学过程中的每一天、每一节课，老师都安排得非常具体，更多的是频繁的作业和课堂提问，大量而紧凑的课堂教学。而在大学里，课堂讲授相对减少，自学时间大量增加。同时，大学为学生学习提供了非常好的环境，大学有藏书丰富的图书馆，有设备先进的实验室，有丰富多彩的课外科研活动。大学的教学计划还安排了大量的教学实验、实习实训、社会调查、毕业设计等教学环节。

（3）学习方法变化明显。中学时期，老师教学生是“手把手”领着教，老师安排得详细周到，不少同学养成了依赖老师，只会记忆和背诵的习惯。而大学老师则是“老师在前、学生在后，引着走”式地教学，提倡学生自主学习，课外时间要自己安排，逐渐从“要我学”向“我要学”转变；不采用题海战术和死记硬背的方法，提倡灵活学习、勤于思考。

（4）老师讲课差异显著。大学老师讲课有以下特点：一是介绍思路多，详细讲解少。主要讲授重点、难点内容，而且许多老师都使用投影仪进行多媒体授课，实现了授课手段多样化，授课进度比较快。二是抽象理论多，直观内容少。三是课堂讨论多，课外答疑少。四是参考书目多，课外习题少。此外，大学学习的教学环境发生了变化。中学时期，我们有固定的教室、固定的座位，而且是小班授课；但是在大学里，每个班没有固定独享的教室，与自己一起上课的可能还会有不同专业的同学。针对这样的变化，新生必须尽快掌握科学的学习方法。

三、认清大学主要任务

作为一名大学生，学习才是大学的最终目的。但学习并不只是对相应专业课程的

拓展阅读

学习，我们的主要任务是全面提升自己的综合素质，成为德智体美劳全面发展的高素质技术技能人才。

（一）学会做人

学会做人是教育和学习的根本目标。习近平总书记在党的二十大报告中指出：“广大青年要坚定不移听党话、跟党走，怀抱梦想又脚踏实地，敢想敢为又善作善成，立志做有理想、敢担当、能吃苦、肯奋斗的新时代好青年。”习近平总书记也曾多次深情寄语大学生：“广大青年人人都是一块玉，要时常用真善美来雕琢自己，不断培养高洁的操行和纯朴的情感，努力使自己成为高尚的人。”“坚定前进信心，立大志、明大德、成大才、担大任，努力成为堪当民族复兴重任的时代新人。”

学会做人，首先要重视道德认知、道德养成、道德实践，以正确的世界观、人生观、价值观指导自己的选择。做人第一位的是崇德修身，我们的用人标准是德才兼备、以德为先，因为德是首要、是方向，一个人只有明大德、守公德、严私德，其才方能用得其所。二要历练宠辱不惊的心理素质，坚定百折不挠的进取意志，保持乐观向上的精神状态，变挫折为动力，用从挫折中吸取的教训启迪人生，使人生获得升华和超越。

（二）学会求知

学会求知，是指掌握认识的手段和提高思维的能力，包括认识人类自身及其主观世界，也包括认识自然及社会外部世界，能够发展自己的能力，而不仅仅是获得专业的系统化知识。这种“认知”是一个只有起点而无终点、在实践和认识的无限往复中探索未知、追求真理的过程。

学会求知，扩大知识面，可以使大学生更好地从各个角度来了解自己所处的环境，有助于唤起对知识的好奇心，激发批判精神，并有助于在独立思考的基础上辨别是非。也就是说，学会求知，要有强烈的学习兴趣和动机，有探索未知的热情，有学会学习的能力，有实事求是的科学态度，有科学的学习方法和良好的学习品格。

学会求知，不仅是“知道”和“牢记”，而且是一种相关知识和经验之间连续的过程，它包括知识量（信息）和预见能力两个方面。要求大学生努力学会掌握认识的工具，掌握终身不断学习的工具（包括演绎、归纳、分析、组织知识的工具），学会收集、处理、选择、管理信息，学会掌握应用知识于有意义的实践手段。因为现在学习的很多书本知识，有一部分将在未来迅速变化的社会中快速过时，而未来迫切需要的很多知识又无法在今天预见，更不可能在学校中完全学到。因此，学会求知的方法远胜于求得知识本身。例如，2013年12月，我国在西昌卫星发射中心用长征三号乙运载火箭成功将“嫦娥三号”探测器发射升空，它首次实现了月球软着陆，这让我国成为世界上第三个在月球实现软着陆的国家；历经近十年的努力，中国“蛟龙”号载人深潜器实现了载人深潜计划，使中国载人深潜进入5 000米时代，还要向7 000米挺进，而7 000米这一深度，将超过目前的纪录保持者日本的“深海6500”号500米。这些高科技成就凝聚着多少科学技术人员的汗水和智慧，人们如果不去学习、探求，怎么能进入这些领域呢？

学会求知，还要正确处理“通识教育”与“专业教育”的关系。通识教育是非专业性、非职业性、非功利性的教育，其理念是造就具备远大眼光、通融见识和高尚情感的人才的高层的文明教育和完备的人性教育，是关注人的生活、道德、情感和理智的和谐发展的教育，涉及范围宽广而全面。既要加强“通”的学习、又要掌握一定的专业知识与技能，要在“通”的基础上有所“专”，掌握一定的专门知识而又能融会贯通。

学会求知，不可能在学校教育中一次完成。在现实社会中，工作性质和内容一成不变的情况日益减少，学习过程与工作经历的结合也越来越紧密。学习是永无止境的过程，并可在各种经历中不断充实。

（三）学会做事

学会求知与学会做事是不可分割地联系在一起的，二者是“知”与“行”的关系，如果说学会求知的目的在于认识世界，那么学会做事则是在于改造世界。2018年5月2日，习近平总书记在北京大学考察，与青年学生分享读书心得时说：“学术、知识不能只是在嘴上，要联系实际，做到知行合一、格物致知、学以致用。所以，我后来看书很注意联系实际。”

做事，即“行”。与“知”一样，“行”也具有十分丰富的内涵。传统意义上的“学会做事”，更多的是通过职业技术训练使劳动与技能联系在一起，而对大学生说“学会做事”，是指在学校所学的知识要用于解决实际问题和完成任务。

“学会做事”具有三方面新的含义：

（1）随着我国进入新时代，产业升级和经济结构调整不断加快，各行各业对技术技能人才的需求越来越紧迫，大学生的“学会做事”将从单纯学会掌握某种职业的实际技能，转向注重培养适应劳动领域变化的个人能力和综合素质，个人能力的概念则被置于首要地位。

（2）在未来经济中，以绿色、数字、信息为基础的服务业，将占越来越大的比重，人与物质和技术的关系将降至次要地位，而人与人之间的关系，即“服务”的提供者与使用者之间的关系将居于首要地位。因此，“学会做事”主要不是指获取智力技能，而是指培养社会行为技能（包括处理人际关系、解决人际矛盾等），而这些技能主要不是从课堂上和书本中能学到的，而更多地要从实践和人际交往中去培养。

（3）在未来社会，随着经济发展、科学技术以及经济结构、产业结构的调整，社会职业族群的大规模分化与重组，一个人多次变动工作将成为常态。在这种背景下，学会做事与其说是掌握胜任某项具体工作的“本事”，不如说是在“认知”过程中养成的综合素质的基础上，培养适应未来职业变动的应变能力、工作中的革新能力，以及在具体的市场环境中创造新就业机会的能力。

（四）学会共处

学会共处，就是要学会共同生活，学会与他人共同学习、工作。学会共处有着十分丰富而深刻的内涵。很多大学生入校时都是第一次离开父母，离开自己生长的环境。进入校园开始集体生活后，如何与同学、朋友以及社团的同事共处成为大学生生活内容的一部分。而大学生在与人共处方面经验比较欠缺，因此进入大学时就应该给予重视。

学会共处，首先要认识自己，发现他人，尊重他人。教育的使命是教学生懂得人类的多样性，同时教他们认识所有人之间具有相似性又相互依存。要认识他人，正确地认识世界，都应首先认识自己。只有这样，才能真正设身处地去理解他人的反应。所谓“设身处地”，讲的就是“由己及人”“己所不欲，勿施于人”，与人之间最好的关系是对别人的爱胜过对别人所求。

学会共处，要以诚待人，以责任之心责己、以恕己之心恕人。对别人要怀着诚挚、宽容的胸襟，对自己要有自我批评、有过必改的态度。与人共处时，你怎样对待别人，别人也会怎样对待你。这就好比照镜子一样，你自己的表情和态度，可以从他人对你流露出的表情和态度中一览无遗。

学会共处，体现在平等对话、互相交流方面。平等对话是互相尊重的体现，相互交流是彼此了解的前提，这是同学间、校园内和谐共处的基础，也是在家庭和社会中和睦共处的基础。通过相互交流能使大学生学会表达、交流的技能，确立平等对话的价值观念和态度。学会共处要求大学生要用平和的、对话的、协商的、非暴力的方法处理矛盾，解决冲突。只有同学们学会了以和平方式解决矛盾和冲突的方法，才能有积极意义上的和睦共处、社会和谐的实现。

学会共处，应具有一定的风度和气度，能容得下别人的短处、能学习别人的长处。要较量就要在智慧、理想、人格、世界观、情怀上全方位地较量。

学会共处，主要不是从书本中学习，它的最有效途径之一，就是参与目标一致的社会活动，在班级里、社团中，多观察周围的同学，特别是那些你觉得交往能力和沟通能力特别强的同学，看他们是如何与人相处的。比如，看他们如何处理交往中的冲突、如何说服他人和影响他人、如何发挥自己的合作和协调能力、如何表达对他人的尊重和真诚、如何表示赞许或反对，如何在不冒犯他人的情况下充分展示个性，等等。学会在各种“磨合”之中找到新的认同点，确立新的共识，并从中获得实际的体验。

学会共处，不只是学习处理社会关系，也意味着人和自然的和谐相处。从我国古代“天人合一”的思想传统到当代世界倡导的“环境保护”和“可持续发展”，无不显示着学会与自然“共处”的重要性。所以，学会与人相处，这也是大学中的一门“必修课”。

项目二　大学能给我们什么

阅读案例

法学新生的大学之路

对于大多数刚进入大学的新生来说，大学生活是多姿多彩的，但王莹的这种兴奋状态仅仅持续了几天，之后她就变得沉默、焦虑起来，开始整天为毕业后就业的事情担忧，甚至惶惶不可终日，起因是父母给她打来的一个电话。

王莹是法律专业大一的新生，原来填报志愿的时候觉得当法官、律师挺风光的，而且收入也很高，于是选择了法律专业。在法律专业的学习真正开始之后，她才真正开始关注这个专业的各个方面，并对自己的前途抱有信心。这个时候，父母打来一个电话，说最近法律专业不太好就业，很多法院基本上处于饱和状态，对于人才的需求不是很多，父母让她多想办法。父母的担忧也让王莹开始为自己的将来感到焦虑。本以为考上大学就可以放松了，没想到仍需要为将来的就业而烦恼。

古人说："大学之道，在明明德，在亲民，在止于至善。"上大学不仅仅是读书、上课和获取知识，最重要的是修养。相信很多同学都会有这样的感受，没上大学之前，在自己的心目中把大学生活想象得完美无缺：学校里有满腹经纶、德高望重的教授，有风景优美、环境幽雅的校园，有丰富多彩的业余活动，有富有意义的社会实践，有美好浪漫的爱情等；进入大学，可在小径通幽处遐思，可在林荫大道上漫步，可遨游知识海洋，可驰骋体育赛场，可尽情于"舞榭歌台"。但进了大学之后，发现校园生活并不像以前想象中那样诗情画意，失落感、茫然感便油然而生。于是，他们便任由自己的惰性滋长。等到毕业时，又后悔不迭，叹息自己没有好好珍惜大学生活。

大学究竟能给我们带来什么？这是一个值得思考的问题。事实上，很多人就是长期处在"不知为何要上大学"的矛盾、困惑中去考大学、度过大学生活的。教育部《关于全面提高高等职业教育教学质量的若干意见》中指出："高等职业教育作为高等教育发展中的一个类型，肩负着培养面向生产、建设、服务和管理第一线需要的高技能人才的使命""要高度重视学生的职业道德教育和法制教育，重视培养学生的诚信品质、敬业精神和责任意识、遵纪守法意识，培养出一批高素质的技能性人才""培养学生的社会适应性，教育学生树立终身学习理念，提高学习能力，学会交流沟通和团队协作，提高学生的实践能力、创造能力、就业能力和创业能力，培养德智体美全面发展的社会主义建设者和接班人"。

拓展阅读

大学是个舞台，让你展示自己；大学是面镜子，让你认识自己；大学是个超市，让人各取所需；大学是座矿山，等待你去开采！大学好比人生的实验室，你可以尝试一切新的东西，你可以做人生的试验，但最终一定要弄清楚：你想要什么、需要什么、适合什么、擅长什么。

一、提供三个成长平台

大学是一个非常难得的自我修炼的场所，为我们继续获取知识、训练技能、发挥潜能、展示才华提供了更大的平台。

（一）教学资源共享平台

教学资源共享平台是高职院校信息化教学的重要组成部分，基于产教融合的高职教学资源共享平台是一个可以实现教学资源共建、共享和交流的综合应用平台。平台以互联网络为基础依托，可以使众多用户通过一个平台网络访问该平台数据库内的各级网络资源，可以随时随地在平台进行教学交流，将课堂从教室延伸到宿舍、家庭、社会等任何有网络的地方。教学资源共享平台实现了师生互动、师师互学、生生互促，实现了学校之间的协调、教师与学生的协调、学校与社会的协调。可以在不同学校之间、学校与企业之间联通的教学资源共享，让教师和学生能够接触到更加丰富的资源，能够接触到其他学校的名师、名课，甚至是企业管理者、能工巧匠、技能大师、大国

拓展资料

工匠。在某种程度上，共享平台提高了各学校的师资力量和教学水平。

高职院校的教学资源配置以及相应的教学资源的建设、管理和使用，对高职院校的发展以及技术技能型人才的培养具有非常重要的作用。

产教融合下的高职教育教学资源共享平台建设，对于高素质技术技能人才的培养有着非常重要的作用。在现代高职教育发展过程中，必须要将深化产教融合、以人才培养为核心作为产业转型升级发展的重要推动力。建立教学资源共享的专业课程数据库，强化对优秀教学资源的研发和运用、建设开放教育资源环境、搭建开放灵活的教学资源服务系统、研发网上学习课程等，丰富的教育资源、先进的教学理念可以通过互联网得到分享、互相借鉴，学生的学习需求也能得到满足。

高职教育教学资源共享平台实现了现代教育发展下的不同学科、不同领域优质教育资源的共享、精品课程的知识互补，充分提高名校名师的优质教学资源的使用效率，有效提高教学质量，缩小了高职院校之间的教育质量差距，不仅有助于培养高素质的专业技能人才，而且为高职教育更好地服务企业、促进校企合作办学新模式的发展提供了保障。

（二）产科教协同育人平台

党的二十大报告强调，“推进职普融通、产教融合、科教融汇，优化职业教育类型定位”。2023年全国教育工作会议进一步提出，“加快构建融通融合融汇的现代职业教育体系”，科教融汇已成为高职创新发展的新方向。

产科教协同育人平台是落实《关于深化现代职业教育体系建设改革的意见》提出的“坚持以教促产、以产助教、产教融合、产学合作，延伸教育链、服务产业链、支撑供应链、打造人才链、提升价值链，推动形成同市场需求相适应、同产业结构相匹配的现代职业教育结构和区域布局”的新举措，产科教协同育人平台以学生能力培养为中心，采用项目式、模拟式教学等，打破了以理论教学为主导、实践教学为辅助的教学模式，将传统课堂延伸到社会，融合虚拟仿真、理论实验一体化混合式教学方法，注重培养学生自主学习、实践操作、创新思维等综合能力，充分发挥出职业教育培养创新型高素质技术技能人才的师资优势和社会效益。

校企合作、产教融合要求职业教育要主动为经济社会发展服务，要紧跟经济发展中各产业、各行业发展的步伐，积极面对行业和产业的变化，满足各产业、各行业发展对人才的需求。在提倡“产教融合”的同时，国家还大力提倡“校企合作”和“工学结合”，三者都要求职业教育要与产业（行业）发展相结合，是我国职业教育发展与改革的核心。

知识拓展

加强校企合作深度，实现产学研创全面联动，为学生搭建共建人才培养理论教学体系、共建人才培养实践教学体系、共建人才培养课外实践教育体系、共建职业素质培养体系的产科教协同育人平台，建立一整套以教促产、以产助学、产学互动、学研结合的行动体系，形成“企业项目进课堂、能工巧匠上讲台、师资队伍下企业、师生作品进市场”的局面，将开拓创新、敢为人先、精益求精等科学精神融入学生的职业精神培育之中，培养现代产业发展所需的新时代现场工程师及高素质技术技能人才。

（三）创新实践平台

2015年，国务院办公厅印发《关于深化高等学校创新创业教育改革的实施意见》

中明确提出："深化高等学校创新创业教育改革，是国家实施创新驱动发展战略、促进经济提质增效升级的迫切需要，是推进高等教育综合改革、促进高校毕业生更高质量创业就业的重要举措。"在此背景下，通过大学生创新实践平台的建设，能提高大学生的就业、创业和创新能力，以适应我国经济体制转轨、产业结构调整和高校技术发展的需要。

通过建设创新实践平台，健全以企业为重要主导、职业学校为重要支撑、产业关键核心技术攻关为中心任务的产教融合创新机制，树立以学生为主体的培养理念，开展丰富的课外科技活动和创新实践活动，利用活动内容，逐步培养学生的创新意识，使其学会创新方法，提高创新技能。

以产学深度合作为依托，深入企业调研，开展校企合作。在实施项目教学过程中，利用产教融合创新实践平台，实施结合企业生产实践需求设置的实践环节，引入企业标准和企业师资；采用校企合作形式，将课程的理论知识和实践技能有机结合，有利于学生掌握实践知识。

依托创新实践平台的综合型人才培养模式，丰富了教学内容，拓展了教学深度，同时将高职教育与企业生产接轨，实现产业与教学融合，实现产教协同育人，培养学生成为具有"科学精神、人文素养、国际视野"的创新型人才。通过创新实践平台，培养学生全方位的专业知识以适应职业岗位的不同需求，培养学生运用专业知识解决实际问题的能力，在实践过程中运用理论知识，从而具备在社会及市场迅速变化的环境中能够应变、生存和发展的素质。

二、培养三种求实精神

（一）担当精神

担当精神，就是敢于承担、奋发有为的责任意识，迎难而上、百折不挠的攻坚意识，雷厉风行、认真负责的执行意识，永不满足、永不懈怠的进取意识。习近平总书记曾多次强调担当精神，特别是在党的二十大报告中勉励广大青年"坚定不移听党话、跟党走，怀抱梦想又脚踏实地，敢想敢为又善作善成"，殷切寄语广大青年"奋斗是青春最亮丽的底色，行动是青年最有效的磨砺。有责任有担当，青春才会闪光"。

勇当先锋、勇挑重担，是中国青年的鲜明特质，是新时代中国青年的风采。大学生是新时代的筑梦人和圆梦人，国家发展、民族复兴离不开新时代大学生勇于担当的气魄、敢于担当的信念、善于担当的能力和乐于担当的精神。面对前进道路上风高浪急甚至惊涛骇浪的重大考验，当代青年尤其要发扬担当精神，在党和人民最需要的时刻冲得出来、顶得上去，主动担苦、担难、担重、担险，不断增强担当的意志和韧劲，提高担当的能力和本领。

大学生担当精神培育既是促进大学生全面发展的内在要求，也是实现高校立德树人根本任务的强大动力，更是践行社会主义核心价值观的必然选择。高校拥有丰富的育人资源，要将学校"小课堂"与社会"大课堂"有机结合起来，将使命担当教育贯穿职业生涯发展全过程，通过广泛开展创新创业活动、"三下乡"社会实践活动、社区文化调研服务等，引导青年大学生自觉心怀"国之大者"，引领青年大学生在实践中练就过硬本领、厚植家国情怀、彰显担当精神。通过在宣传、教育、陪伴、行动上下功夫，使新时代大学生自觉肩负国家使命，主动承担家庭担当和社会担当，激发自身担当情感、提升个人担当能力，让青春的“小我”融入国家的“大我”、人民的“大我”，成为有理想、有本领、有担当的时代新人，在实现中华民族伟大复兴的中国梦的征程中敢于担当、善于担当，书写美丽的人生华章。

（二）敬业精神

敬业精神是人们基于对一件事情、一种职业的热爱而产生的一种全身心投入的精神，是社会对人们工作态度的一种道德要求。“敬业精神”，顾名思义就是尊敬并重视自己所从事的职业，把工作当成自己的事业去努力经营，本着认真负责、一丝不苟的工作态度，努力克服各种困难去完成自己的本职工作，做到善始善终的一种精神。敬业精神包括人们对所从事的职业和要达到的成就的向往和追求的职业理想；确立职业和实现目标愿望的立业意识；对职业的敬重和热爱之心，表示对事业的迷恋和执着追求的职业信念；持之以恒、勤勉工作、笃行不倦、脚踏实地、任劳任怨的从业态度；人们对所从事职业的愉悦的情绪体验，包括职业荣誉感和职业幸福感的职业情感；人们在职业实践中形成的行为规范的职业道德。

中华民族历来有“敬业乐群”“忠于职守”的传统，敬业是中华民族的传统美德。早在春秋时期，孔子就主张人在一生中始终要勤奋、刻苦，为事业尽心尽力。《论语》中有“执事敬”“事思敬”“修己以敬”“敬其事而后其食”等记载。只有先持守“敬”的态度和道德情操，才能做好“事上”“事亲”“谋事”等一切事务，正所谓“敬以直内，义以方外”。敬“直指其心，不需假借”，完全是一种发自内心的情感，到宋明儒者，他们将“敬”作为一种功夫修养，一种人格气象，并探索出修“敬”的方法。“敬”首先表现为不怠慢、不轻慢，以事业为重、为上。其次，“敬”表现为对对象的虔敬和尊重，以一种谦卑、感恩的心与人、与物相对待，必能做到专注、专一和专业。再次，“敬”表现为一种奉献精神，即强烈的道德责任感和义务感，对事业不辞辛苦，贡献出自己全部的精神和力量。诸葛亮“鞠躬尽瘁，死而后已”的人格魅力生动地诠释了敬业的最高道德境界。

当代大学生是打造创新型技术强国、技能型工匠大国的新时代技能产业生力军，培育良好的职业道德和敬业精神尤为重要。在课程教学、学生管理、校园文化中融入敬业精神，一要将敬业精神融入高校思想政治理论课，以敬业精神为主线，按照敬业精神实质和科学内涵的具体要求，使学生在课堂、教材中认同敬业精神、使敬业精神进大学生头脑；二要将敬业精神贯穿职业生涯规划与就业指导课程，引导大学生积极践行敬业精神。当代大学生只有树立敬业精神，才能在职业选择过程中做出正确选择，才能对自己应尽的责任和社会义务积极主动地承担；三要将敬业精神融入专业课程。在专业教学过程中，不但要重视专业知识和技能的教育，还要重视大学生的敬业精神的培育。在加强思想政治课程、专业课程对敬业精神培育课堂渗透的同时，也要通过学生管理服务的实践，开展丰富多样的校园活动，为学生营造崇尚敬业精神的文化氛围，增强敬业精神的辐射渗透力。

阅读案例

锐意创新铸利剑 航天报国少年郎

胡兴盛，毕业于山西机电职业技术学院电子电气应用与维修和数控技术专业，现任中国航天科工集团第二研究院二八三厂数控维修工。

1999年出生的胡兴盛，在毕业两年之后完成了从职场新手到技术先锋的转型蜕变。作为一名数控机床装调维修工，他在平凡的工作岗位上勤奋耕耘、不断创新，持续给航天设备提高性能、增强能力。

2020年毕业后，胡兴盛没有选择高薪的企业，而毅然选择了航天事业，就职于航天科工二院。他在工作中勤勤恳恳、稳扎稳打，运用自身所学，不断尝试技术革新，在短短一年多的时间里，研制了多项设备，取得了令人瞩目的成绩。一是研制了气体置换保压安全装置，改变现有测试模式，实现工件的自动检测，相比原有的测试时间缩短120%；二是研制石墨套管自动打磨装置，突破现有生产瓶颈，实现无人自动打磨生产，效率提升80%；三是研制自动化轴承涂脂设备，改变现有人工涂脂方式，实现轴承的自动涂脂工作，效率提升200%。一项项技术的革新，让他在实践中不断成长，不断提升技术能力。

他曾获得山西省工业机器人技术应用大赛三等奖、全国职业技能大赛数控机床装调与技术改造一等奖、全国智能制造大赛安装与调试赛二等奖。2021年荣获第七届全国职工职业技能大赛数控机床装调工赛项一等奖、赛项全国冠军，并获得了技师技能等级、全国技术能手称号。2022年4月，荣获2022年全国五一劳动奖章、全国“最美职工”。

胡兴盛接受采访时说：“我希望能不断掌握前沿知识和技术进展，争做高技能人才，继承耐心细致、追求极致、精益求精的新时代工匠精神，成为大国工匠，为航天事业、国防事业做出更大的贡献。”他实现了自己“技能成才、技能报国”的人生理想，也用实际行动诠释了最美的青春模样。

案例分析：热爱本职工作，只有爱上自己的职业，才会全身心地投入到工作中，才能在平凡的岗位上，做出不平凡的成绩。

在不同岗位工作的人，都有属于自己的责任，我们提倡敬业精神，就要全心全意地对待工作。敬业就是一种人生态度，是珍惜生命、珍视未来的表现。敬业就是热爱自己的工作岗位，热爱自己的本职工作，在工作中忠于职守，尽职尽责地完成本职工作的精神。

（三）工匠精神

工匠精神是一种职业精神，它是职业道德、职业能力、职业品质的体现，是从业者的一种职业价值取向和行为表现。工匠精神是千百年来工匠们的匠心凝结，是中华优秀传统文化的重要组成部分，使一代又一代的工匠在劳动实践中坚持无私奉献，在平凡的岗位中用实干升华人生价值。2020年11月习近平总书记在“全国劳动模范和先进工作者表彰大会”上指出：“在长期实践中，我们培育形成了执着专注、精益求

拓展阅读

精、一丝不苟、追求卓越的工匠精神。”从2016年国务院《政府工作报告》首提工匠精神，到2021年工匠精神被纳入中国共产党的精神谱系，再到党的二十大报告强调要努力培养造就包括大国工匠、高技能人才等在内的各类人才，工匠精神已然成为“中国气质”。

阅读案例

“00后”“珠宝小匠”梁荣浩，技艺孕育宝石新生命

梁荣浩，顺德职业技术学院2019级学生。曾获“全国技术能手”、中华人民共和国第一届职业技能大赛珠宝加工项目金牌、广东青年五四奖章、2021年“最美大学生”……这些荣誉的背后，承载着梁荣浩的奋斗历程。作为青年一代，梁荣浩在生产一线用技能点亮人生，也用技能报效祖国。

梁荣浩初中毕业后的理想是成为一名厨师，但老实乖巧的他听从了父亲的意见，入读云浮中等专业学校珠宝玉石加工与营销专业。2018年毕业后，他进入周大福集团子公司从事珠宝首饰制造工作，专业技术得到快速提高。但梁荣浩渴望进一步提升，渴望站上更大的舞台实现梦想。2019年，他从企业辞职，报考了顺德职业技术学院设计学院首饰设计与工艺专业，开启了大学学习生活。

珠宝加工操作繁复、枯燥单调，梁荣浩内心也曾有过抵触与彷徨。但他从小喜欢手工制作，打磨出一件精致的作品让他很有成就感。在校期间，梁荣浩刻苦钻研技术，每天苦练10小时 指甲严重变形，但他凭借过硬本领被选入顺德区首饰专家工作室做学徒，重点学习珠宝首饰加工技术。2020年12月，他获得国家奖学金和第七届陈智奖学金特别奖——这是顺德职业技术学院给予学生的最高奖励。训练过程是枯燥的，并且时常伴随着失败。珠宝加工要用到上百种工具，需经过反复敲、挫、锯、焊等工序，才能最终加工打磨出一件作品。梁荣浩正是通过行业技能比赛、省级选拔赛、全国大赛等重重考验，一步一个脚印勇攀技能高峰。

从事珠宝加工、痴迷于打磨精美作品、乐于投身生产一线，在生产一线既用技能点亮人生，也用技能报效祖国。梁荣浩通过自己的努力向大众诠释了“三百六十行，行行出状元”的真谛。

案例分析：工匠精神已逐渐成为社会对人才的要求，高职院校作为专门为社会输送技能型人才的机构，培养学生的工匠精神势在必行。

高职院校要立足职业教育类型特征和高职学生思想行为特点，以课堂教学渗透工匠精神，在课程教学中注意诠释、传播工匠精神；以校企合作淬炼工匠精神，在企业实训和实习环节雕琢学生精湛高超的工匠技能，在无形之中淬炼学生的“匠心”；以技能大赛锻造工匠精神，搭建技能大赛平台，以岗位技能训练为抓手，以技能比赛为平台，大力弘扬工匠精神；以大师教导传承工匠精神，把大国工匠、技术能手的敬业精神融入教育教学和学生培养，彰显劳动模范和工匠人才的示范引领作用；以人文教育涵养工匠精神，以人文教育铸匠魂、育匠心、追匠梦；以校园文化传递工匠精神，让学生在潜移默化中感悟劳动的光荣，深刻理解平凡的岗位上也能铸就伟大的工匠精神，

形成崇尚工匠精神的教育导向，激励学生以实践工匠精神为职业生涯追求。

三、掌握三种职业能力

（一）实践能力

实践能力是指人类能动地改造自然和变革社会的全部活动的本领，本质上是解决问题的能力。实践能力是人的主观能动性在实践过程中，汲取人民群众的智慧和经验，并经过再加工形成与发展起来的。高职学生实践能力指的是社会实践能力和专业实践能力等多方面实践能力的综合，是大学生受教育、长才干、作贡献的重要渠道。借助这个渠道，大学生可以提升自己在社会认知、人际交往、合作共事、开拓创新等多方面的能力素养。实践能力的获得和提高不仅是大学生全面发展的重要体现，而且对大学生的就业和创业具有重要意义。

培养学生的实践能力是由多方面的需求决定的。从社会的需求方面看，一方面，企业生产一线需要大量具有真才实学的高技能人才从事生产、设备维护、售后服务、基层管理等方面的工作；另一方面，社会上出现了大量毕业生就业难的局面，究其原因，是由于部分培养的毕业生缺乏实践能力，不能满足用人单位的需求。从学生自身的需求来看，大多数高职学生上高职的主要目的是在学校学到一技之长，毕业后能够找到一份理想的工作，顺利就业，而实践能力是学生就业竞争力的重要因素之一，同时也是学生将来参加工作以后工作和事业可持续发展的重要基础。

学生实践能力的培养是一种养成教育，需要长期积累。实践能力的培养不同于单纯的理论教育，实践能力培养要解决的主要问题是让学生在学习过程中懂得如何做，在具体的教学活动中让学生主动“体验”实践的过程，从而激发学生形成强烈的发展意识。

高职教育以培养生产一线需要的高级技能应用型人才为目标，加强对学生实践能力培养，转变教学理念是根本。习近平总书记强调，要在学生中弘扬劳动精神，教育引导学生崇尚劳动、尊重劳动，懂得劳动最光荣、劳动最崇高、劳动最伟大、劳动最美丽的道理，长大后能够辛勤劳动、诚实劳动、创造性劳动；强调学校教育不仅应当注重培养学生的劳动意识、劳动技能和崇尚劳动的价值观，更重要的是要借助学校教育引导学生自觉地将所学知识、技能应用于改善社会实践，并能自主解决日常生活与自身职业发展过程中面临的实际问题中。

（二）创造能力

创造能力，是指产生新的思想和新的产品的能力。一个具有创造能力的人往往能超脱具体的思维定式、传统观念和习惯势力的束缚，在习以为常的事物和现象中发现新的联系和关系，提出新的思想，产生新的作品。创造能力包括以下几个含义：（1）有效地组合现有知识并使其产生新的作用的能力；（2）人脑产生创造性设想并使其得到实施的能力；（3）根据先前自己所获得的知识、经验和情报等，重新组合而创造出新的知识、新的思想以及新的观点的能力。

创造活动是人类社会在持续性发展过程中适应并改造周边环境的一种基本活动，而创造活动的开展必须要以人作为主体，因此，创造能力也是每个人在不同发展阶段中应该具备的一种基本能力。创新教育其实就是指在培养创造型人才的过程中能够不断找到新的教育方式和理念，从而达到为社会培养更多创造性人才的教育目标。

培养学生的创造能力有助于学生毕业后结合专业所学，发挥专业所长，实现高质量的就业。在人类进入知识经济时代后，创新创造已经成为时代发展的重要推动力。特别是近年来，企业想要在激烈的市场竞争中获得长期的生存和发展，必须引进大量具有专业知识技能，具备较高综合素质和创造能力的综合性人才，所以培养高等院校学生的创造能力，已经成为适应企业人才需求的重要发展趋势。这就对学生创造能力培养提出了新的要求。（1）要求学生具备扎实的专业背景。学生能够对专业知识有着深刻的理解和认识，这不仅体现在对书本知识的掌握，而且需要学生毕业后能够深入生产一线，运用专业知识来解决实际问题，实现由在校期间理论知识的掌握与毕业后专业知识的运用相结合；（2）要求学生具备一定的实践经验。高职教育呼唤理论和实践相结合的复合型人才，实践经验对在校学生而言是一大难点，但是对于毕业生而言，是实现人生价值的重要环节之一，只有具备一定的实践经验，才能够脱离教条主义，避免纸上谈兵；（3）要求学生具备与时俱进的创造思维。当今世界科技进步日新月异，只有具备不断更新的知识、视野和头脑，具备国际视野，才能够立足于社会，成为社会所亟需的复合型科技人才。

高职院校在进行人才培养的过程中，不能将学生的文凭和上岗证作为终极目标，导致学生在毕业后仅仅能够实现就业而非择业，这在很大程度上降低了毕业生的职业幸福感和归属感。必须立足于当前的时代背景转变人才培养及教育教学理念，将学生创新能力和创造能力培养作为课程教学的核心。对于学生创造能力的培养不是一朝一夕的事情，这不但是高校的责任和义务，更需要全社会的广泛参与。对于学校而言，要将知识教育理念与学生创造能力培养相互结合，将课堂教学与创造理念紧密融合，为社会培养更多专业型、创造型、复合型人才而做出贡献。

（三）就业能力

就业能力是指毕业生在校期间通过学习专业知识和培养综合素质而获得的能够实现就业理想、满足社会需要、在社会生活中实现自身价值的能力。就业能力不仅是指获得工作的能力，还包括保持工作的能力以及在工作中进一步发展的能力。就业能力是一种综合能力，体现了职业特性、个体的综合素质以及社会用人取向的有机统一。

就业能力在不同的发展阶段具有不同的内涵。对于大学生来说，就业能力突出表现为及时就业能力和可持续发展能力。及时就业能力表现为专业能力和语言能力；可持续发展能力表现为综合能力、学习能力、创新能力和意志力。在招聘、录用大学毕业生时，用人单位更多看重应聘者的综合能力、社会经验和发展潜力等相关能力。

提高大学生就业能力，一要重视学生的基本素质培养，提高学生的基本技能。学生的专业基础知识和技能是用人单位在招聘毕业生时首要考虑的因素。实践技能的培养应融入专业课程规划，要与企业和社会机构积极寻求合作，通过实习等形式多样的实践活动，锻炼学生的社交能力和实践技能，提高大学生的社会适应性；二要进行职业生涯规划。引导大学生尽早接触社会，正视自我的能力水平和兴趣爱好，树立正确的职业理想和人职匹配的就业观，以确保自己顺利就业。三要掌握丰富的知识。丰富的知识储备是大学生顺利择业、就业的“敲门砖”。大学生在校期间应不断强化专业学习，完善自身知识结构，同时细心关注市场需求和专业动态，以市场需求为导向自主强化实践训练，掌握有关企业岗位的知识和技能。另外，大学生应着重提高社会知识，增加对社会的重大事件、基本的社会规范知识了解，进而全面完善自己的知识。

四、锻炼三种品质特性

（一）道德品质

道德品质是指道德和基本道德规范在人们思想和行为中的具体体现，是人们在一系列道德行为和道德意识中所表现出来的相对稳定的特征和倾向，起着规范个体行为、引领社会风尚的重要作用。道德品质构成要素包括道德认知、道德情感、道德意志和道德行为，即知、情、意、行等。

我国历来对个人道德品质的培养非常重视，习近平总书记指出，“道德之于个人、之于社会，都具有基础性意义，做人做事第一位的是崇德修身”，党的二十大明确提出要“落实立德树人根本任务，培养德智体美劳全面发展的社会主义建设者和接班人”的总体要求，为大学生做人为学指明了方向、明确了目标，树立了具有时代内涵的价值坐标。

新时代大学生作为社会上最富有活力和朝气、最具有梦想和创造性的群体，作为必将全程参与实现“两个一百年”奋斗目标的一代，要使自己成为德智体美劳全面发展的社会主义建设者和接班人，必须在“明”“守”“严”三个方面加强道德修养，增强道德责任感，努力使自己成为思想纯洁、品行端正的示范者，爱岗敬业、敢于负责的力行者，明礼诚信、遵纪守法的先行者，生活正派、情趣健康的引领者。

加强道德品质培养，必须做到明大德，就是要解决好世界观、人生观、价值观问题，坚守崇高价值追求；做到守公德，关键是学会劳动、学会勤俭，学会感恩、学会助人，学会谦让、学会宽容；做到严私德，就要把自律意识融入学习生活工作的始终，要从小事小节上加强修养。一要在深学基本理论上坚定理想信念，二要在钻研专业知识上锤炼学问本领，三要在汲取传统文化精华上提升思想素养，四要在践行社会主义核心价值观的过程中创新实践能力。

大学生培养良好的道德品质，不仅需要个人的努力，更需要正确积极的引导。要在教学活动中对学生进行正确的人生观、世界观、价值观、道德观和法制观教育，引导学生牢固树立社会主义核心价值观，树立高尚的理想和坚定的信念，实现职业技能和优秀道德品质的培养提升，使学生具备适应社会需求的道德品质。

（二）诚信品质

“诚信”即以真诚之心，行信义之事。其内涵包括两方面：一是指“诚”，即为人处事真诚、诚实，是真与善的统一。“诚”也是儒家的重要思想，要求为人处世当以诚实为本，即主张做人做事应当以真诚为准则。二是指“信”，即信守诺言。“人言为信”“以实之谓信”均要求人们说话做事信守诺言、言行一致、诚实不欺。“诚”与“信”的结合丰富了两者的内涵：为人处世，诚实不欺，讲求信；许诺前深思熟虑，量力而定；一旦许诺，则重诺守信，言必信，行必果。

诚信是中华民族崇尚的精神品质，诚信思想历史悠久、内涵丰富，是中华传统文化积淀下来的深厚道德底蕴，是立国之道、做人之本、修德之基，也是当代大学生立身处世必备的重要品质。在这个竞争激烈的社会，诚信是每个人立足社会不可或缺的无形资本。恪守诚信是每个大学生应有的生存和发展理念之一。诚信的人必将受到人们的信赖和尊重，从而享有做人的尊严和发展事业、服务社会的机遇。每个大学生在步入社会之前，都应该认真地分析评价一下自己的价值观和人生理想，把诚信这两个字刻进心灵的深处，用一生的言行去实践它。

大学生诚信品质培养要做到：一要树立正确的诚信意识。大学生诚信意识的正确树立不仅关系到个人人格的塑造，关系到校园的和谐、社会的稳定，更关系到整个社会的道德建设与传承。意识往往会主导人的行为，所以想要让自己的行为不偏颇，达到诚实守信的目标，就应该先在思想方面来要求自己必须要树立诚信的品质。二要提高自律意识，将诚实守信内化为诚信情感，外化为诚信行为，从而在学业、人际交往、就业创业等方面诚实守信、自觉遵守相关规范。三要注重修身养性，学会自我约束。提升个人修养和思想境界，在是非面前以正确的价值观判断支配自身的行为，在日常的生活学习中，学会适时地反思、自省，做到"吾日三省吾身"，不断检讨自己，时刻保持清醒的状态，增强自身的诚信意识及理性思维；四要以诚信的人作为学习榜样。"身教重于言教"。如果我们能够在日常生活中找到好的学习榜样，让自己时刻根据对方的诚实守信的良好品行来要求和规范自己，这样的榜样作用也是很巨大的。一旦发现自己有某些行为差错，偏离诚实守信的轨道，我们要以现成的榜样来激励自己，更好地塑造良好的诚实守信道德品格。

（三）职业品质

职业品质是指一个人在职业行为和作风中表现出来的思想、认识、品性等相对稳定的倾向和特征，是大学生胜任未来职业必须具备的基本素质，也是未来走向职业成功的立足点。职业品质是多项品质特性的组合，不同的品质特性组合在个人职业活动中的影响是不相同的。如懒惰马虎、冷漠虚伪、自卑自贱等是不良职业品质，严重妨碍着从业者职业活动的进行，尤其是严重妨碍职业道德的践履。优良职业品质是在个体的职业活动中产生积极影响的职业品质组合，即勤奋认真、热情忠诚、坚定自信等品质特性的组合。

要将大学生培养成专业知识够用、专业技能本领过硬、专业品格健全高尚、关键时候能打"胜仗"的高素质技术技能人才。高职院校在高素质技术技能人才培养过程中，必须加强积极职业品质培养工作。一要提高认识。职业品质是大学生在未来职业活动中必备的基本素质，积极培养大学生勤奋认真、热情忠诚、坚定自信的品质，是大学生在社会中安身立命、从事职业活动所必需的；二要立足学业。在专业学习的过程中夯实职业品质，一方面在专业课程学习中，结合专业发展历程，联系专业实际进行职业品质教育，激发工作热情。另一方面，在学习生活中努力培养热爱学习、勤学爱思、积极进取、虚心求教、不弄虚作假等良好的行为习惯；三要积极实践。积极参加各种形式的集体活动和社会实践，如学习互助、认知实习、岗位实习、社团活动、体育运动，以及社会考察、志愿服务等各种形式的社会实践，是培养理论与实际结合、学以致用、全面发展的人才的根本途径。对于没有从事职业实践的大学生，其职业品质的培养，不能通过说教而要通过工作，要让大学生在参加各种实践活动的锻炼中，塑造勤奋认真、热情忠诚、坚定自信等优良职业品质。在职业实践活动中强化职业品质，在职业活动中将知识技能内化为职业品质，将职业品质外化为职业行为。

加强高职学生的职业品质教育，是高等职业教育培养适应时代发展需要的高质量人才的重要保障。提升学生职业品质的过程是帮助他们逐步实现社会化、提升资本价值的过程，更是实现党的二十大报告提出的高校“立德树人”根本任务的具体要求的过程。

项目三　大学应该规划什么

大学生活是人生和自身发展的一个新阶段，和以往的人生阶段相比，大学的学习、生活方式和人际关系发生了巨大变化，每位学生需要从入校开始就要对大学生涯进行科学合理的规划，为将来的职业岗位确立基本定位和必要的知识、能力准备。

阅读案例

为你的选择付出努力——浙江金融职业技术学院院长寄语大学新生

你们已经告别了中学时代，将在这里成长为一名需要懂得自我思考、自我选择，并对自己的成长负责的大学生、职业人和社会人。不同于高中，到了大学我们有了更多可以自主选择的时间、课程和活动——是选择追求卓越还是及格就可以，是选择在网上学习还是在网上游戏，是选择学生社团活动、投身公益还是只有两个人的小天地，是选择走上操场还是宅在寝室里——大学为你提供了选择，但你必须为你的选择付出努力！

千里之行、始于足下。正在进行的军训是你们大学校园的第一课，严格的训练，将磨炼你们的意志，培养你们的团队意识，强化你们的纪律观念，养成你们良好的生活习惯，帮助你们尽快地适应新的环境和熟悉新的同伴。希望你们在各位教官的指导下，认真上好这一课。

如何度过你们的三年大学生活，需要你们每一个人作认真的思考——思考大学是什么？思考在大学你将学到什么？思考你为什么到大学，你将来要有一个怎样的人生？在这里，我想和各位一起分享我的一些理解。

这是一个物质生活丰富、价值观念多元的时代。可是，生活不是柴米油盐酱醋茶，也不是拥有的财富和成就的清单。你们将在这里获得毕业证书、职业资格证书、技能等级证书、各种荣誉证书，但这还不是大学的全部，更不是生活的全部。生活与生命的价值需要自主发现，谁也无法从外部给予。内心的修炼和品格的养成才是大学生活对你们更为重要的内涵。德国哲学家康德说过：“这个世界上唯有两样东西能让我们的心灵感到深深的震撼：一样是我们头上灿烂的星空，一样是我们内心崇高的道德律令。”希望同学们能够在大学的学习、生活中，不断坚定自己内心的方向与追求，善待他人、善待自然；作为公民层面的核心价值——爱国、敬业、诚信、友善，也需要每一个人用自己的人生去丰富、去践行，使自己拥有开阔胸襟和理想情怀，承担起自己应该承担的来自家庭、学校以及社会的使命。

这也是一个充满变化、改革转型的时代。面对信息的不断膨胀、技术的日新月异、社会现象的纷繁芜杂，如何为一个充满不确定性的未来做好准备？我希望你们能在不断获取信息、强化技能的同时，学会如何学习、如何获取知识、如何培养技能，学会批判性地思考，分清真理与谬误，认清现象与本质，这是一切创新的源泉。虽然今天已是网络的时代，但我仍然希望大家能养成阅读的习惯，能在大学期间坚持阅读经典著作，积极聆听各种讲座与报告，选修更广泛的课程，向不同专业的老师和同学请教，成为既具有精深专业知识和技能，又具备广泛通用知识和能力的人，这样才能更好地迎接职业生涯和社会生活的重重挑战。

这还是一个张扬个性、注重沟通的时代。每一个年轻人都希望能够得到别人的认同，也希望自己能与众不同。学院尊重每一位同学的个性，鼓励每一名学生能学有所长，能自主探索，也为大家搭建了各种特长培养平台；学院希望每一名学生保持对学院的信任，更希望每一名学生出类拔萃，不可替代。但学院还希望你们能学会倾听、学会服务他人、学会交流。这不仅是人与人之间联系越来越紧密的时代的要求，也是财经类、商贸类等专业从业人员重要的职业素养。

你们带着喜悦、憧憬甚至还有那么一点忐忑来到了这个新家，而我其实也有着与你们同样的心情。因为我们都在思考一个共同的问题——如何在三年的时光、1 000个日子里完成我们共同的使命——这就是如何让你们更好地“成长”。

案例分析：大学三年，是一个学习的过程，更是一个长大成人的过程。这意味着同学们承担起成长的责任，它不仅是对自己成长发展的思考、选择和努力，还包含着对父母、家庭、希望和社会期待的回报。意味着你要为走向社会做好充分的准备，规划好大学三年的生活。

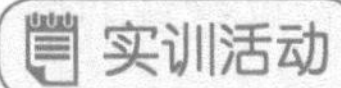

澄清学业方向与目标

活动目的：

通过活动，厘清大学的学业方向和发展目标，初步规划自己的大学生活。

活动要求：

不必考虑这些理想目标该用什么方式去实现，先尽量写出，不做任何限制，可以关于你未来的工作、家庭、交友、情绪、健康、生活等，涵盖面越广越好。

活动过程：

请拿出笔，准备写下你未来学业的整体设计，或者你的学业理想与目标。

表1-1是大学目标规划九宫格，仅供参考。

表1-1　大学目标规划九宫格

学习方面	专业方面	人际交往方面
情感方面	身心健康方面	休闲方面
自我成长方面	社会工作方面	兼职工作方面

现在，请审视你写下的上述目标或心愿，思考预期达成的时限，比如6个月？1年？2年？5年？还是10年？

如果你的目标有达成的时限，对你将会有很大的帮助，可能有些目标你希望一蹴而就，而有些却遥遥无期。如果你的目标多为短期目标，那你就把眼光放得远一些，找出一些潜在有可能实现的目标；如果你的目标多为长期目标，那你需要建立一些阶段性的目标。

选出在这一年里对你最重要的四个目标，从你所列的目标中选出你最愿意投入、最能令你满足的四件事，并把他们记录下来。

第一个目标：______

第二个目标：______

第三个目标：______

第四个目标：______

然后，简明、扼要、肯定地写下实现它们的真正理由，告诉你自己能实现这些目标的把握和它们对你的重要性。人生中，我们常想要一些东西，但实际上只是对它们有兴趣而已，却从没有下定决心要得到它们，结果我们依然两手空空，这就是有兴趣与有决心的区别。如果你做事知道如何找出充分的理由，那你就更容易成功，因为追求目标的动机远比目标更能激励我们。

______

______

核对你所列的四个目标，你对这些目标是否有肯定的期望？对预期结果有什么感觉？如果你达成这些目标，带来的结果是否对你和社会有利？

______

______

现在请写下来，如果你要实现这些目标，应该具备什么样的条件或资源，包括人脉、财务、专业背景、知识能力等，写出你已经具备或拥有哪些资源条件。

______

______

______

针对你的四个重要目标，问问自己：我第一步应该如何做？要实现该目标，需要哪些必要的步骤？目前有什么因素妨碍我前进？我该如何改变自己？包括你每一天应该做什么？

______

______

我们应该尽早确定人生的方向和目标，规划好自己的大学生活与学业。那么，大学都应该在哪些方面做好规划呢？

一、规划学业生涯

学业是大学生的立身之本，是大学生应当集中精力努力掌握的知识、能力、素质体系，具备和拥有好的学涯规划，才会有好的就业前景与好的职业。

学涯规划，指伴随一个人的学习从开始到结束的历程。广义的学涯指个体为生存和适应环境而不断接受新事物，引起自身行为能力和心理倾向比较持久变化的历程，这个过程贯穿个体生命的始终。狭义的学涯指的是以学生为主要角色的学习历程。

实训活动

人忙心不盲

活动目的：

为了让学生体验在没有提前设定目标的状态下，毫无针对性的对周围环境的感知和信息获取程度，使其得到无目标状态下的直观体验，从而感受到制定规划的重要性。

通过活动的直观体验，感受制定规划的重要性，进而开展学习生涯诊断并确立学涯规划。

活动准备：

人数、场地不限，时间8分钟。

设计或准备红、橙、黄、绿、蓝5种颜色的道具，如千纸鹤、小星星、海洋球、布条、玩偶或其他物品等，每种颜色的道具不少于10个，且道具设计不能过小，应便于观察到。

在限定的空间范围内，分散摆放准备好的颜色道具，各种颜色和类型的物品都应无规律地分散开，所有道具应能够在学生的视线范围内。

活动步骤：

学生在蒙眼状态下，对周围指定颜色物品的观察和记忆数量，感受在无目标状态下对环境的感知和信息获取程度。

问题引导：在学生蒙眼测试中和测试后提出：

（1）你最喜欢的颜色是什么？

（2）仅凭你的印象，猜一猜在这个场地内，你的周围有多少种××颜色的物品？

（3）请摘下眼罩，数一数场地内，你的周围××颜色的物品有多少种？

（4）结果和你猜的数目差距有多大？为什么？请写下你的感受。

活动分析：

通过这个活动，你定会深切感受并从心里认识到，在没有提前设定目标的状态下对环境的感知和信息获取程度，以及在无目标状态下的茫然，从而认识到确立目标的重要性。

大学三年可以划分为三个阶段，每个阶段有相对独特的任务，因此大学期间的生涯规划不能太笼统，而应根据不同阶段的不同任务，制订分阶段的生涯规划，从而增强规划的可操作性。

（一）预备期学业生涯规划（大学一年级）

（1）完成中学生向大学生角色的转变。大学生和中学生的差别不仅体现在年龄的差异上，而且体现在学习性质、学习方法和培养目标的差异上。进入大学后，必须尽快分清大学生与中学生的差异所在，尽快完成角色的转变。

（2）公共课的学习。思想政治理论课、职业发展与就业指导、创新创业教育、高等数学、外语、大学语文、计算机基础等课程属于公共课，这些课程对于大学生长期发展具有持续的影响，应该给予足够的重视，制订这些课程的学习计划，对于提高学习成绩有一定的帮助。

（3）部分专业基础课的学习。这一时期会有少量的专业基础课，这些课程对于今后专业课的学习具有基础作用，制订这些课程的学习计划，有助于认清这些课程和专业课程的关联。

（4）拓展知识面。学校安排的课程能够满足学生作为一名大学生的基础成才要求，但无法有针对性地进行补差或拓宽知识面。对于那些希望拓展自己知识面的大学生，则需要根据自己的情况和需要制订拓展知识面的计划，并尽可能在内容上与学校所开设的课程相互补充，在时间上不要发生冲突。

（5）培养职业生涯规划意识。职业生涯规划的意识确立越早，越有利于个人的生涯发展，考虑到毕业时竞争的需要，应该在大学初期确立自己的职业生涯规划观念。

（6）掌握职业生涯规划的方法。

（二）分化期学业生涯规划（大学二年级）

（1）专业课学习。这是大学阶段学习的主要内容，主要培养自己的专业能力。

（2）制订选修课计划。选修课是对专业知识的有效拓展，建议大学生要认真对待选修课的选择，最好是第一阶段已选择的职业所需要的。

（3）制订自学计划。学校开设的课程往往不足以为所选的职业建立起有广度和深度的知识结构，这时可以通过自学来弥补。

（4）决定是否升本，如打算专升本请制定专升本考试计划。

（5）制订考证计划。

（6）试着制订长期的计划。

（三）求职期学业生涯规划（大学三年级）

（1）专业课学习。这是大学阶段最后一段专业课学习阶段。

（2）制订专业实习计划。

（3）求职。收集并分析当下的就业形势、就业政策、用人单位的信息和就业工作程序，准备求职材料，训练求职技巧。

（4）有针对性地应聘。根据第一阶段确定的职业，利用第二阶段实施个性化计划所形成的竞争优势，有针对性地应聘并在招聘单位中加以选择。

（5）根据签约单位和将任职岗位对任职者的具体期待，有针对性地进行知识、技能等方面的补充和训练。

（6）调整长期规划。根据在求职过程中对现实的了解，对原来所制定的毕业后的职业生涯规划进行适当的调整。

二、规划社团活动

学生社团既是大学校园文化的有效载体，也是大学生“自我学习、自我教育、自我管理”的重要途径，同时学生社团也是大学生素质拓展的重要舞台。高职院校学生社团既有兴趣型社团，又有务实型社团；既有专业型社团，又有企业化社团。社团活动的范围既有校园型的，又有注重向社会型扩展的。学生社团凭借其社团精神和丰富多彩的社团活动，成为大学校园里一道亮丽的风景线。学生社团活动的多样性不仅提供了健康向上的成长环境，还拓宽了学生的发展空间，使大学生在校期间尽可能多地培养职业能力，提高职业素质，加强职业技能，使大学生毕业后走上工作岗位能够更快地适应社会。

大学生通过有选择性地参加一些社团组织，开展一系列集思想性、文化性、娱乐性、学术性于一体的活动，增加在大学期间了解社会、接触社会的机会，提高自己的社交能力、实践能力、自制能力、生存能力，为今后走上工作岗位奠定坚实、可靠的基础。

参加社团，要以“兴趣为主、实用为辅，趣用结合、确保收获”为原则。首先应该依据自身的兴趣爱好、未来发展、专业特色，选择合适的社团。只有明确自己对社团的期望，才能正确定位，并以此为依据选择符合自身特点的社团。其次，应充分考虑社团的历史、活动频率和影响力。学校每年都有大量的学生社团产生，也有大量的社团消失，参加那些没有影响力的社团，不仅浪费时间，还减少了在其他有意义的社团锻炼自我的机会；第三，应对想要参加的社团有所了解。一方面，要从招新人员带给自己的印象上把握社团的特点；另一方面，要将自己所参与社团的目的、宗旨和常规活动等了然于胸，并积极向学长们询问社团情况。

选择社团要注意：一是选择不可过于草率。选择社团时，要综合多方面的因素和条件，考虑清楚后再做决定；二是不可贪多。参加社团组织的前提是不要与正常的学习发生冲突。参加过多社团，难免顾此失彼，更有甚者严重影响学业，得不偿失。建议新生选择一两个自己最感兴趣的、最擅长的社团即可；三是功利性不可太强。抱着功利性的想法参加社团，仅仅是为了在每年的综合测评中加分，或从中获得一些荣誉，或希望能够在社团中混个“一官半职”，以此来提高自己的知名度，或为了丰富自己的经历……这些想法无疑会使原本纯洁的社团文化蒙上一层不太纯洁的色彩。

三、规划社交活动

良好的人际关系是一个人成功的关键。社交活动规划就是要让学生学会与人交往，经营好自己的人脉关系网络，恰当地认识自己，促进身心健康，正确处理个人与他人、社会之间的关系，增强团队合作；学会在与人交流的过程中获得信息，拓宽视野，并以此扩充自己的知识，完善已有的知识体系，更新思想观念，不断提升自我。

由于每个学生都有自己独特的思想、态度、个性、行为模式等，这就决定了人际交往和人际关系的复杂性。但如果我们在人际交往过程中能遵循一些基本原则，就能避免花很多时间思考怎样改善人际关系。在人际交往过程中应遵循以下几个原则：

一是真诚原则。真诚待人通常被认为是人际交往中最有价值、最重要的原则，是人际交往得以延续和深化的保证。古人云：“诚者，天之道也；思诚者，人之道也。”以诚相待，是做人的重要品德，是取得成功的关键。一个能够善待他人、关爱他人、热心助人的人，更容易得到他人的喜爱、信任和接纳。在人际交往中，冷漠自私、奸诈虚伪是最令人厌恶和排斥的品质，而诚信友善、忠诚可靠则备受人们推崇，有益于人际交往关系的巩固和发展。

二是平等原则。平等待人是建立良好人际关系的前提，是最基本的交往原则。与人交往应做到一视同仁，不能因为家庭背景、地位职权等方面原因而对其他同学另眼相看。良好的人际交往应当建立在彼此平等相待的基础上，这样才能建立起高质量的人际关系。

三是宽容原则。每个学生因出生地、性别、民族、教育背景、个性的不同，在对人对事的态度、价值观念、行为方式上会表现出一定的差异，我们不应因其他同学的态度、观念和行为方式与自己不同而鄙视、否定、排挤他们。人无完人，所有人都各有长处和短处，如果能多看他人的长处优点，宽容对待他人的缺点和短处，就能以包容的心态与所有人友好相处，营造出和谐的人际关系氛围。

四是理解原则。在人际交往中能够体察和了解其他同学的需要，能站在他人的立场考虑问题，能进行换位思考，帮助和促成其他同学合理需要的满足，真正做到“己所不欲，勿施于人”，这样才能使人际交往的过程更加顺畅和深入。现实生活、学习、工作中，总会有一些人与自己格格不入，是自己不喜欢但又必须朝夕相处的，要协调好这样的人际关系，就必须调整心态，换个角度看待对方。

如何进行高质量的社交活动呢？一是有原则地社交。大学中的社交不仅包括和朋友、同学之间的社交，还包括和老师、社会人士的社交。大学里虽然有着各种各样的保护，但是依然可能会接触社会中各种存在的现象，比如打官腔、走关系等等，当遇到不合理不公平现象时我们需要认真辨别，判断危险和合理性，只有有原则地去和别人交往，才能使自己在其中不受伤害，并有所收获。二是健康地社交。保持社交对象与自己的关系是一种互助的关系，双方能够平等地对话，平等地为对方着想，能够让双方都有所收获。三是多领域社交。大学为我们聚集了来自五湖四海的同学，让我们认识了无数不同的老师，给我们提供了不同的社团、不同的途径接触社会。这些不同的维度、领域是我们认识世界的大门，我们需要主动去打开，这将为我们未来的生活打好基础。

在现实生活中，我们提倡与所有人都友好相处，真诚友善，但一定要有正确的是非标准和道德观念。可以尊重不同的思想观点和行为方式，但绝对不能在大是大非面前丧失正义立场、违背原则，使自己“近墨者黑”。做人要真诚，但交友要慎重，尤其在面对没有道德底线的交往对象时，如果自己无法用积极的影响改变对方，不如敬而远之。

四、规划社会实践

2016年习近平总书记在全国高校思想政治工作会议上指出：“社会是个大课堂。青年要成长成为国家栋梁之材，既要读万卷书，又要行万里路。社会实践、社会活动以及校内各类学生社团活动是学生的第二课堂。”学习是成长进步的阶梯，实践是提高本领的途径。大学生进行社会实践活动是高职院校培养高素质、高技能、高标准应用型人才的重要内容，是贯穿整个高职教育过程中必不可少的部分和重要环节，是大学生理论与实践相结合的重要渠道，是充分发挥高职院校实践育人理念、加强大学生素质教育的有效途径。高职院校人才培养目标不仅是为区域经济和社会发展培养生产、建设、服务、管理一线需要的高技能人才，更重要的是要培养“踏实做事、诚信做人、人格健全”的高素质人才。

大学生不仅要通过校内教学实践来提高基本的操作和实验能力，还要通过校外的社会实践活动来接触社会、认识社会，提高分析问题、解决问题的能力。目前，高职院校大学生社会实践活动内容丰富，覆盖范围广。社会实践活动可以结合学校实际情况，开展专业实践、校企合作、创业实践、职业体验等活动；可以采取个人与集中相结合的模式，跨专业、年级进行团队组合，实行“校、院、班”三级联动的社会实践活动模式。

大学生参加社会实践，一要紧扣时代主题。针对社会热点、难点问题开展社会实践，这样才能取得实效、得到社会认同，产生较大的社会效益。二要依托专业。可以结合地方经济社会实际需要、学校优势、学生的专业特点和技能特长，开展与学生专业对口的实践活动，通过参与具体生产环节、实际操作过程，提前熟悉了解未来可能会面对的工作，既在社会实践中熟练掌握工作岗位技巧，更有针对性地加强理论知识学习，促进知识的完善和能力的提高，形成创新意识，同时也使实践用人单位对参加实践的学生能够有近距离的了解和认识，为学生的就业选择开辟一条渠道。三要积极主动。主动走出课堂，大胆步入社会，不仅是完成专业知识学习不可缺少的环节，而且可以使大学生加深对专业、职业的理解，为向职场过渡做准备，增强就业竞争优势。只有自身积极主动、全身心投入到社会实践活动中来，才能真正达到社会实践的育人成效。

五、规划身心健康

《国民经济和社会发展第十四个五年规划和2035年远景目标纲要》（简称“十四五”规划）指出，“人民思想道德素质、科学文化素质和身心健康素质明显提高”，首次将“身心健康”作为社会进步的指标。身心健康素质包括身体健康素质和心理健康素质。身体健康需要通过锻炼和饮食及科学的生活方式来调理，心理健康则需要关注自身精神世界和健康的生活态度及科学的消除不良情绪的方式来调理。

当前大学生群体思想活跃，精力充沛，兴趣广泛，并且渴望被人接纳和认可。但是，由于高职院校的办学层次、社会认可度、政策环境等多方面与本科高校相比还存在着差距，往往会使高职院校的学生在进入校园后产生“低人一等”的心理落差，失意、无奈、混文凭等各种不健康的心态随之产生。因此，正常的人际交往和良好的人际关系是满足其心理需求，实现其正常发展的必要前提，同时也是大学生事业成功的根本保证。

身心健康是每个人生涯中一切活动的基本前提和保障。身心健康规划教育就是要让学生学会更好地认识自己、了解他人，开发自身的潜能，提高心理健康水平，掌握心理调适方法，优化心理健康途径，合理调控情绪，自觉调适心理，敢于正视困难和挫折，学会客观地认识问题、分析问题，提高承受挫折和适应环境的能力，促进身心健康与人格完善，为成才奠定良好的心理基础。

六、规划恋爱婚姻

爱情是人生中的重要内容。对大学生来说，如果在大学时代与爱情相逢，那就要用心呵护，倍加珍惜。树立正确的恋爱婚姻观，理解爱情的真谛，处理好爱情与学业的关系、爱情与友情的关系、婚姻与家庭的关系等，都是恋爱、婚姻规划的重要内容。

大学生树立正确的恋爱观，要处理好几种关系。一是恋爱与学习的关系。学习是大学生的主要任务，我们应把爱情作为奋发学习的动力。同时，应把是否有利于促进学习作为衡量爱情价值的一个重要而特殊的标准。二是恋爱与关心集体的关系。恋爱中的双方不应把自己禁锢在两个人的世界中。如果脱离集体、疏远同学，就会妨碍自身的全面发展与进步。三是恋爱与关爱他人和社会的关系。爱的情感丰富博大，不仅有恋人之爱，还有对父母之爱、兄弟之爱，对社会和国家之爱。如果只专注于对恋人的爱而忽视对他人、社会和国家的爱，这样的爱情就会显得自私和庸俗。相反，如果对他人和社会具有爱心则会使爱情变得高尚和稳定。

大学生在恋爱中要注意避免几个误区。一是不能误把友谊当爱情。有些同学在与异性的交往中，不能准确区分爱情与友谊两种性质不同的感情体验，从而给双方增添了许多烦恼。异性之间要理智地把握好友谊与爱情的界限，清楚异性之间完全可以建立和保持健康的友谊。二是不能错置爱情的位置。有些同学把爱情放在人生最高的地位，奉行爱情至上主义，沉湎于感情缠绵之中，很容易导致对人生目标的误解，这种情况对需要将主要精力用于学习上的大学生来说危害尤大。三是不能片面或功利化地对待恋爱。无论是在自己心中勾画出一个脱离现实的恋爱偶像，还是只追求外在形象或者只看重对方的经济条件，或者仅仅把恋爱看成是摆脱孤独寂寞的方式，都无法产生真挚的感情，也得不到真正的爱情。四是不能只重过程不顾后果。责任是爱情得以长久的重要保障，是坚贞爱情的试金石。自愿担当责任，丰富了爱情的内涵，提升了爱情的境界。如果“不在乎天长地久，只在乎曾经拥有”，把爱情当成游戏，既会伤害对方，也会伤及自己。五是不能因失恋而迷失人生方向。恋爱过程是恋爱双方互相熟悉和协调情感的过程，恋爱成功与失败都是正常现象，大学生应该正确对待失恋，做到失恋不失智，失恋不失德，不影响学业和生活，不丧失对爱的憧憬和追求。

在校学生如果符合我国法律规定的结婚条件可以结婚，但对结婚成家更需持谨慎、理性的态度进行规划。大学期间的根本任务是完成学业、不断提升和完善自我，在尚未走向社会时就草率地结婚成家，会对学业和生活产生许多负面影响。婚姻不仅代表两情相悦，更代表相应的责任和义务。大学生在校生活期间，要合理筹划自己的婚姻生活，也要量力而行，既不给家庭增加过多的负担，更不能因此影响自己的学业。

课后练习

思考与练习

1. 大学能给我们什么？这一思考对大学生成功有何影响？
2. 在大学阶段，你准备如何开展自己的学习活动？
3. 结合自己的实际，谈谈如何完成大学阶段的主要任务。

探索与实践

寻找自己的个人成长顾问

第一个顾问：学习成长顾问。这个顾问可以是老师或高年级的同学，需要时可以和他们讨论在学习上遇到的问题。

第二个顾问：心理健康顾问。这个顾问可以由学校心理咨询中心或所在院系的辅导员、导师等相关人员担任，在生活、学习、情感等方面遇到困惑时，可以找到他们寻求及时的有效帮助。

第三个顾问：生涯发展顾问。这个顾问可以请学校职业发展任课教师、就业指导中心老师或所在院系辅导员等相关人员担任，也可以请自己熟悉的企业人士来担任，他们能够在自己迷茫时助自己一臂之力。

第四个顾问：个人形象顾问。这个顾问可以请学校的老师或用自己的方法找校外合适的人士来担任。不过在这里需要注意“形象”的含义，一方面是外在形象，如服饰、发型、言谈举止等；另一方面是自己的气质、素质、个人品质等。

以上四个顾问的寻找可以用自己的方式完成，比如电话邀请或者拜访面谈。有这四个顾问的贴身服务，同学们将会成长得更快、更好。

顾问情况记录在表1–2中：

表1–2　生涯成长顾问咨询情况登记表

	顾问姓名	咨询建议频率	咨询提示	咨询建议
学习成长顾问		每学期1次	学业遇到困难	
心理健康顾问		根据个人需要	心理出现问题	
职业发展顾问		每年1次	职业规划选择	
个人形象顾问		根据个人需要	参加重要活动	

模块二　职业认知

通过本模块的学习，应该达到以下目标：

知识目标：

了解职业及相关概念，理解专业与职业的关系。

了解职业分类、新职业发展情况。

能力目标：

正确认识职业素质，具有正确处理专业与职业关系的能力。

具备探索未来职业发展方向的能力。

素养目标：

通过对职业的了解和认知，提高职业素养，锻炼职业技能，形成对职业角色的认同感，实现当代大学生的责任担当。

职业认知是大学生职业生涯规划过程中必须了解的环节之一，大学生在制定职业生涯规划时，只有同职业的清晰认知相结合，才能制定出较为切实可行的个人职业生涯规划。

项目一　认知职业

每个人都需要选择职业，每个人都渴望成功。随着我国进入中国特色社会主义新时代，人民对日益增长的美好生活的向往，经济社会发展突飞猛进，职业分工越来越细，新兴职业不断涌现。职业的发展不仅为大学生提供了发展新机遇和就业新选择，也为大学生做好职业生涯规划提供了条件。然而，职业种类繁多，差异较大，任何人都不可能全面了解所有的职业，许多大学生并不知道自己最适合从事什么职业，怎样规划才容易走向成功。大部分大学生毕业时，首先选择经济发达的地区或热门职业、高收入职业，然后才考虑专业及个人专长。由于缺乏对自身特点和社会职业的认识，这种随大流、追热门的职业选择方式，往往使大学生难以在职业中有所发展。要想成就一番事业，需要对自己将来要从事的职业有一个清晰的认知，进而做好自己的职业生涯规划。

阅读案例

在体验中感受职业魅力

张翰祎是河南某交通职业技术学院汽车维修专业的大二学生，在校期间已经顺利取得“汽车维修工职业资格证书”。在大二假期的时候，他为真正了解自己的专业在行业中的实际工作情况，主动联系了省会的几家汽车维修公司，寻求实习机会，并表示自己不计较薪酬。他只想了解自己所学专业在实际工作中是什么样的工作状态，都有哪些职位，主要做哪些工作，专业知识和专业技能在工作中的运用情况怎么样。最终他选择了一家规模较大的汽车销售公司。他先在这家公司的安吉4S店维修大众车型的车，一个月后他又到这家公司旗下的别克4S店学习维修别克车型的车。两个月来，先后维修了大众帕萨特、途观、途昂、辉昂、别克等多种车型的车。

回想起两个月的实习生活，尽管维修工作又累又脏，但他对自己当时下定的决心和勇气很自豪。他的目标实现了，熟悉了汽车维修的工作环境、工作性质、工作流程、工作要求，了解了自己在校学习的专业知识和专业技能与现实职业素质、技能要求的差距，看清了所学专业的前景和自己未来的发展方向，更重要的是他收获了很多行业的前沿发展资讯和职业的真实体验。这些都为他的职业生涯规划提供了最直接的决策依据，同时也为他未来选择一个适合自己的理想工作打下基础。

案例分析：通过实习，张翰祎对自己今后的职业前景很乐观而又自信，因为了解了职业，一定会找到自己喜欢和适合自己的职业。大学生要积极主动参加职业体验，通过亲身感受，了解职业岗位的工作内容、工作环境、福利待遇、职业前景、需要具备的专业知识素质和专业技能等。只有切身体会，才能客观、理性地鉴别和选择适合自己的职业。在职业体验中，薪资高低不是最重要的，重要的是能获得实习、亲身体验职业的机会。

其实，认识职业，可以更有针对性地加强我们的职业生涯规划意识。

一、工作、职业与事业

实训活动

发现好工作

活动目的：

了解职业信息，形成对职业的初步认识。

活动步骤：

（1）想一想你认识的人当中，你认为谁的职业是最好的？为什么？

（2）请写下“我希望做……的工作”。在一分钟内尽可能多地写下来你大脑中所联想到的任何工作。

示例：能激发我的灵感，具有创造性，能最大化体现自身价值，不重复有新鲜感，能学到很多新知识、新技能，受人尊重……清闲，离家近，赚钱多，工作轻松，稳定，领导和蔼可亲，同事容易相处……

活动分享：

推选出一种职业进行分享。

活动思考：

（1）什么是好工作？

（2）你们认为好工作的标准是什么？

（3）你们所看到的工作来源于哪里？

职业是人类分工的产物，泛指人们在长期的劳动实践过程中，源于社会发展需求所形成的专门性分工的类别。职业演变是一种社会化过程，通过社会分工，社会成员被划分为不同的职业群体，进而构成了多重视角下的社会阶层、社会制度和人际关系。与职业相关的概念还包括工作、工种和岗位等。

（一）职业

职业是指从业人员为获取主要生活来源所从事的社会工作类别。职业需具备下列特征：（1）目的性，即职业活动以获得现金或实物等报酬为目的；（2）社会性，即职业是从业人员在特定社会生活环境中所从事的一种与其他社会成员相互关联、相互服务的社会活动；（3）稳定性，即职业在一定的历史时期内形成，并具有较长生命周期；（4）规范性，即职业活动必须符合国家法律和社会道德规范；（5）群体性，即职业必须具有一定的从业人数。

拓展训练

职业主要由以下五个方面的要素构成：（1）职业名称。不同的职业有不同的称谓，这是职业的符号特征，一般以社会通用称谓命名，如教师、工程师、记者等。（2）职业主体。是指在社会分工中从事各类社会活动的劳动者，职业主体需具备承担该职业所需的资格和能力，并且有些职业需要考取职业资格证。（3）职业客体。是指在职业活动中，劳动者面对的工作对象、工作内容、工作场所、工作时间、工作条件等。工作内容是职业最基本的构成要素，它决定着一个人所从事的职业性质和需要拥有的职业技能。尽管工作时间和工作条件对于一个人的工作效率和生活质量具有重要的影响，但并不是每个人都会对它们给予同等的关注和重视。（4）职业技术。是指在职业活动中，劳动者所运用的专业技能、知识技能的总和。（5）职业报酬。是指劳动者以职业活动为媒介的经济收入所得，这对于维持生活和提升生活水平具有重要的意义。

实训活动

初识职业

活动目的：

能够正确认识各种职业的利弊，树立合理的职业理念，培养正确的职业观，选择自己喜欢的职业并学会一定的职业生涯规划。

活动过程：

（1）请列出你曾经想到过的三个职业。

职业1________________ 职业2________________ 职业3________________

（2）请详细描述你理解的这三个职业需要做的具体事项和工作环境。

____

示例：设计师

① 与客户沟通设计相关内容；

② 主要在办公室工作；

③ 更多的时间是自己独自进行工作；

④ 通过网络、杂志等收集职业的前沿资讯；

⑤ 注重与其他设计的差别，注重原创性。

……

活动分析：

（1）用你将要学到的自我探索的理论知识判断这三个职业适合你吗？

（2）如果你要去面试其中一个职业，你是否会用将要学到的自我探索的知识来描述你在这个职位上的优势和劣势？这样的描述你感觉对面试官来说是否更加真实可信？

活动启示：

邀请相关专家介绍部分职业的利弊，引发学生的思考，以此使学生对各种职业有一定的认识。

（二）工作

工作是指生产劳动，主要是指劳动，即劳动者通过体力劳动和脑力劳动将生产资料转换为生活资料，以满足人们生存和支持社会事业持续发展的过程。工作占据人类生活中的大部分时间，人类通过工作以掌握生活。个人所追求的工作目标可能是工作本身所带来的愉悦感，工作角色所赋予生活的结构，工作所提供的经济支持，或者是伴随工作的休闲形态。工作可能达成经济、社会及心理上的目的，可能获得经济上的报酬，也可能没有报酬。例如家庭作业、家务工作、志愿服务工作，等等。

与工作相关的概念还包括工种、岗位和职位。

工种是指根据劳动管理的需要，按照生产劳动的性质、工艺技术的特征或者服务活动的特点而划分的工作种类，它是以企业的专业分工和劳动组织的状况为依据，从企业生产技术和劳动管理的普遍水平出发，为适应合理组织劳动分工的需要，根据工作岗位的稳定程度和工作量的饱和程度，结合技术发展和劳动组织改善等因素划分的。

岗位是指在特定的组织中，要求个体完成的一项或多项责任以及为此赋予个体的权利和资源的总合，通常是与从业个体数量一一对应的。

职位是指由一个或多个岗位所组成的位置。职位由职务、职权和责任三要素构成。职务是指规定承担的工作任务，或为实现某一目标而从事的明确的工作行为；职权是指依照法律或企业的规定所赋予职位的相应权力，以便提供完成某项工作任务的保障；责任是指承担一定职务的员工对其工作标准与要求的认同或承诺。

（三）事业

事业是指人们所从事的具有一定目标、规模和系统的，对社会发展有影响的经常性活动，有时也指个人的成就。事业与个人息息相关，只存在于个人追求当中。在一个事业群体中，例如教育事业、慈善事业、医疗事业、科技事业、文化事业等，通常包含较广泛的职业范畴。

那么上述的工作、职业、事业三者有何区别和联系呢？从时间上来说，工作可以只有一天，也可以是一年，可以今天干这个，明天干那个，但是职业却不同，它在一定阶段是连续的、稳定的；事业不仅是连续的、稳定的，而且个人还把其从事的事业当作生命中的一部分。只有当一个人把其所从事的工作或职业当作生命意义的一部分时，工作或职业才转变为事业。从一定意义上来讲，工作、职业与事业是逐层上升的，没有工作无从谈职业，没有职业更无从谈事业。

实训活动

职业大调查

活动目的：

了解自己的职业追求，确定自己的理想职业。

调查内容：

（1）主要描述。主要了解职业的构成要素方面的内容。

（2）职业的核心工作内容。每个职业都有核心的工作内容，了解职业的核心工作内容，有利于了解完成工作内容所必需的工作能力，并找出自己的差距。可以通过人力资源部门对核心工作内容的描述，及一些企业招聘广告中对工作内容的描述进行了解，也可以请教一些行业协会、从事该职业的资深人士等。

（3）职业的发展前景及其对社会和生活的作用影响。具体包括：

① 职业在国家阶段发展中的作用，对社会和大众的影响，对生活领域的影响，人们对其的依存度和声望度等。

② 职业的发展前景。包括国家的导向，自己今后从事该职业的发展轨迹等。

③ 相关部门对职业发展的权威预测。

（4）薪资待遇及潜在收入空间。

（5）岗位设置及不同行业、企业间的差别。

（6）入门岗位及其职业发展道路。了解入职后的职业发展道路、发展途径、最高端岗位是什么？

（7）职业标杆人物。了解从事的职业领域做得最好的人是怎么做到的、取得了什么成绩、遇到过什么困难、具备什么素质等。

（8）职业的典型一天。知道这个工作的一天都在干什么，工作时间是怎么安排的。了解职业的典型一天是判断自己是否适合这个职业的重要指标。

（9）职业通用素质要求及入门具体能力。

（10）工作与思维方式及对个人的内在要求。

活动分析：

把这次职业探索的调查结果整理出来，然后一一对照，可以促进发现和认识自我，能够有目的地选择职业目标，发展职业生涯。

二、职业与行业分类

（一）职业分类

所谓职业分类，是指以工作性质的同一性或相似性为基本原则，对社会职业进行的系统划分与归类。所谓工作性质，即一种职业区别于另一种职业的根本属性，一般通过职业活动的对象、从业方式等不同予以体现。需要说明的是，对工作性质的同一性所做的技术性解释，要视具体的职业类别而定。

职业分类作为制定职业标准的依据，是促进人力资源科学化、规范化管理的重要基础性工作。职业分类大典是职业分类的成果形式和载体，对人力资源市场建设、职业教育培训、就业创业、国民经济信息统计和人口普查等起着规范和引领作用。

1. 国际标准职业分类

国际标准职业分类（International Standard Classification of Occupations，简称ISCO）是国际劳工组织为给各国提供统一准则而制定的职业分类标准，是国际上使用最广泛的职业分类系统。1958年，国际劳工组织发布了《国际标准职业分类》。之后经1968年、1988年、2008年三次修订，形成目前的最新版本《国际标准职业分类（2008）》（简称ISCO-08）。

《国际标准职业分类》提供了标准化的描述结构和系统化的分类结构，系统化的分类结构包括4个层次，逐层划分出由粗到细的职业类别。ISCO-68将职业区分为大类、小类、细类和职业项目，自ISCO-88起，又在大类和小类之间增加了中类，使分类更加细致完整。ISCO的前两版ISCO-58和ISCO-68对职业进行分类所依据的基本标准是该职业所要完成的工作类型，这其中暗含着完成该工作所需具备的技能。到了ISCO-88和ISCO-08，技能水平和技能的专业程度作为划分标准被明确提出来并得到了进一步的强调。

ISCO目前的最新版本ISCO-08将职业由粗到细分为4个层次，即10个大类、43个中类、130个小类、436个细类。其中10个大类是：① 立法者、高级官员和管理者；② 专业人员；③ 技术人员和专业人员助理；④ 办事员；⑤ 服务人员及销售人员；⑥ 农业和渔业技术人员；⑦ 工艺及有关人员；⑧ 机械机床操作员和装配工；⑨ 简单劳动者；⑩ 武装部队军人。

《国际标准职业分类》对各国制定适合国情和需要的职业分类起着重要的参考作用，但它并不能替代任何一个国家的职业分类。不同的国家由于在自然环境、经济发展水平、科学技术水平等方面存在着很大的差距，因此每个国家的职业结构各有自己的特点，其职业分类的标准、内容和方法也不尽相同。

2. 我国职业分类

我国职业分类调查

活动目的：

了解我国最新职业分类状态，特别是新职业的发展情况，初步认知本专业所对应的职业（群）。

活动内容：

收集职业分类的相关信息，包括：

（1）《中华人民共和国职业分类大典》（2022年版）所描述的职业分类状态。

（2）2019年以后我国新增的职业，特别是对数字职业、绿色职业的调查。

（3）对本专业所对应的职业（群）做出描述。

活动形式：

以学生个人或小组方式，课外自行调研。主要通过网络收集相关信息，进行书面整理。

活动过程：

（1）教师在课堂上对活动进行布置和说明。

（2）学生个人或小组利用课余时间进行相关信息收集，可以通过网络收集相关信息，进行书面整理并形成调研报告。

（3）学生在规定的时间内按要求上交书面调研报告。

（4）教师在课堂进行讲评和总结，引导学生正确认识职业分类，选择职业。

（5）形成我国现阶段职业分类的调查报告。

我国是最早开展职业分类的国家，早在2 500年前儒家经典的记录中已有记载，如《春秋·谷梁传》写道："古者立国家，百官具，农工皆有职以事上。古者有四民，有士民，有商民，有农民，有工民。"至于《周礼》则更像一部古代的职业分类大辞典，尤其是其中的《周礼·冬官考工记》，开宗明义地说："国有六职，百工与居一焉。或坐而论道，或作而行之……"将当时的社会活动划分出木工、金工、皮革工、染色工、刮磨工、陶瓷工六大类30个职业工种。那时，职业分工还有很强的世袭性，甚至人们将自己的职业作为自己的姓氏，如姓屠、师、陶、卜、贾等，反映了人们有很强的职业归属感。《考工记》既反映出当时我国所达到的社会发展及工艺水平，又体现出最早的职业分类思想。隋代职业分工有100多个，到了明代发展到300多个，当时人们把社会分工统称为"三百六十行"。中国古代先进的职业分类是构筑中国古代灿烂文明的重要制度支柱，也为我们留下了丰富的文化遗产。

《中华人民共和国劳动法》规定："国家确定职业分类，对规定的职业制定职业技能标准，实行职业资格证书制度。"《中华人民共和国职业教育法》规定："实施职业教育应当根据经济社会发展需要，结合职业分类、职业标准、职业发展需求，制定教育标准或者培训方案，实行学历证书及其他学业证书、培训证书、职业资格证书和职业技能等级证书制度。"从立法高度明确规定了国家确定职业分类，并以此指导职业教育培训工作和职业资格证书制度建设，这充分表明，职业分类在国家人力资源开发体系中具有重要的基础性地位。

1999年5月，原劳动和社会保障部、国家质量技术监督局、国家统计局颁布了我国第一部反映社会职业结构状况的《中华人民共和国职业分类大典》（以下简称《大典》），成为填补我国职业分类工作空白的第一部权威性文献，标志着适应我国国情的国家职业分类体系的基本建立。该体系是参照国际劳工组织颁布的《国际标准职业分类》基本原则和描述结构，借鉴发达国家的职业分类经验，并根据我国国情建立的。职业分类大典是对职业进行科学归类的权威性文献，是目前纳入的职业种类最多、信息最丰富的典籍工具书。

《大典》为适应我国经济社会发展需要发挥了重要而广泛的作用：一是为推动我国职业分类和职业标准体系建设，提升我国人力资源开发与管理水平，开展职业技能鉴定和推行职业资格证书制度打下了重要基础。二是为开展劳动力需求预测和规划，进行就业人口结构及其发展趋势调查统计和分析研究，了解行业或部门经济现状的全貌提供了重要依据。三是为推动职业教育培训工作，科学设置教育培训专业和课程内容，按需开展人才培养培训，提高劳动者素质发挥了引领作用。四是为促进就业创业加强就业岗位开发，挖掘就业潜力，开展职业介绍、职业指导提供了服务和支撑。

当前，社会职业结构和内涵发生了较大变化，传统职业开始衰落甚至消失，新职业不断涌现并迅速发展，一些职业的工作内容有所调整和转化。2010年12月，我国启动《大典》修订工作，历时五年，几易其稿，完成并颁布了2015年版《大典》。大典进一步完善了我国的职业分类体系。修订后的职业分类体系为8个大类、75个中类、434个小类、1 481个职业，并列出2 670个工种，增加了127个绿色职业的标注。《大典》反映了我国职业变化的新特点，归类更科学，定义更严谨，特别是将职业分类的原则由过去的工作性质的统一性调整为工作性质的相似性和技能水平的相似性。与国际分类标准更贴近，提高了国际合理性，同时还对绿色职业进行了标注，为促进绿色就业、实现可持续发展发挥了重要作用。

为贯彻落实《国务院关于推行终身职业技能培训制度的意见》提出的“紧跟新技术、新职业发展变化，建立职业分类动态调整机制”要求，适应我国人力资源开发与管理的需要，更及时、全面、客观反映现阶段我国的社会职业状况，我国于2021年4月启动国家职业分类大典的第二次修订工作，2022年9月通过并颁布了新修订的《中华人民共和国职业分类大典》(2022年版)，将我国职业结构划分为8大类、79个中类、449个小类、1 639个职业、2 967个工种。此外，为适应数字经济发展需要，首次在《大典》中增加对数字职业的标识。(具体信息见表2-1)

知识拓展

表2-1 职业的种类

大类	中类	小类	细类（职业）	工种
党的机关、国家机关、群众团体和社会组织、企事业单位负责人	6	16	25	
专业技术人员	11	124	492	
办事人员和有关人员	4	12	36	24
社会生产服务和生活服务人员	15	96	356	460
农、林、牧、渔业生产及辅助人员	6	24	54	150
生产制造及有关人员	32	172	671	2 333
军队人员	4	4	4	
不便分类的其他从业人员	1	1	1	
小计	79	449	1 639	2 967

此次《大典》修订将为《国民经济和社会发展第十四个五年规划和2035年远景目标纲要》中所部署的激发人才创新活力、发展壮大战略性新兴产业、打造数字经济新优势、建设高质量教育体系等一系列重要工作提供基础性支撑。尤其重点考虑了与数字经济、数字技术等密切相关的职业，通过采用特殊标识的方法，让社会公众更好地认识和了解这些新职业，这对于进一步加快产业转型升级发展，推动数字经济的发展、数字技术的运用、数字技能的提升具有重要作用。

职业分类修订工作是一项长期任务。近年来，我国经济实力、科技实力、综合国力跃上大的新台阶，经济结构持续优化，新技术、新产业、新业态、新模式层出不穷，职业变迁加速，新职业新工种不断涌现，社会职业结构也会随之而变。为适应我国人力资源开发与管理的需要，更及时、全面、客观反映现阶段我国的社会职业状况，动态了解和掌握新职业的活动范围、工作内容、发展现状、从业人员数量和结构、薪酬状况和能力要求等，在此基础上，建立新职业发布制度，定期发布新职业信息。通过开发新职业，创造新岗位，吸纳新就业。要继续发挥《职业分类大典》修订平台的作用，建立职业分类动态更新机制，对《职业分类大典》进行及时调整和补充完善。

3. 职位分类

（1）职位分类。又称职务分类或职位分级，是指将用人单位全部职位按工作性质、责任轻重、劳动强度、技能要求等进行分类，划分若干种类和等级，以便用不同的要求和方法对从事不同性质工作的人员进行管理，以实现人力资源管理的科学化，做到“适才适所”，劳动报酬公平合理等，是现代人力资源管理的一项基础性工作。

职位类别具有以下几个特征：① 职位分类是以“事”为中心的分类，即“因事择人”；② 职位分类所依据的根本要素是职位的工作性质、难易程度、责任大小及所需资格条件；③ 职位分类并不是硬性规定何种职位应办什么事，而是对各个职位所干的事进行客观分析与评价，侧重职位的职务、职责与职权。由此确定该职位在职位分类布局中所处的位置，从而达到分类治理的目的；④ 职位分类不是固定不变的，可随着职位工作的变化而变化，但不因工作人员的变动而变动；⑤ 职位分类本身不是目的，只是人事治理的一种科学方法。

关于职位，在我国目前通行的一般分为行政和专业技术两大类，前者是就国家公务员而言的，后者是就工程、医务、教育、研究等职业群体而言的。

（2）职位分析。职位分析主要是指通过系统地收集、整理与组织目标职位相关的信息，对目标职位进行研究分析，最终确定目标职位的工作任务、职责、工作环境、任职要求以及与其他职位的关系。职位分析涉及设立该职位的说明，分析具体内涵和工作量，提出开展工作所必需的能力要求和技巧，整理绩效衡量因素，内外部联系和工作条件。大学生在应聘具体岗位、职位时进行必要的职位分析，对成功的择业十分有帮助。

具体说，职位分析包括以下内容：① 工作内容是什么；② 责任者是谁；③ 工作岗位及其工作环境条件等；④ 工作时间规定；⑤ 怎样操作及操作工具是什么；⑥ 为什么要这样做；⑦ 对操作人员岗位职责与任职资格（如生理、心理、技能）要求是什么；⑧ 与相关岗位工作人员的关系要求是什么。

为了收集这些用于职位分析的信息，一般采用观察法、问卷法、关键事件分析法、访谈法、工作日志分析法、事故分析法等。其中观察法、关键事件分析法、访谈法、工作日志分析法、事故分析法主要用于定性分析，为定量分析提供科学的分析要素和相关的可量化规律。

职业分类与职位分类是两个不同的概念。职业是普遍意义上的，是职业的种类，职位是职业岗位，是具体任务、责任、权力的统一体，是对某一特定职业中的权、责、利的等级细分与确定，体现出不同的工作要求、报酬薪资、荣誉感与成就感。比如公务员就是职业类型。按职位分类可分为办事员、科员、主任科员、科长、处长等不同岗位。而一般企业则把职位分为四个层面：高级管理人员，是企业的领导决策者；中层管理人员，是企业资源的分配组织协调者；基层管理人员，是企业一线操作的指挥者；操作者，是企业一线工作的完成者。

一般来说，职位是需要在实际工作中逐级上升的，从业人员需要从基层做起，明确这一点非常重要，对初涉职场的大学生来说，必须克服好高骛远、求大求全的心理，脚踏实地，从零做起。

（二）行业分类

行业是指为社会提供同类产品或者服务、从事相同性质活动的所有单位集合，如各级各类学校构成了教育行业，各种网络公司、软件公司构成了IT行业。而行业分类，是指从事国民经济中同性质的生产或其他经济社会的经营单位、个体的组织体系的详细划分，从事相同性质经济活动的，就可以称为同一行业，如金融业、银行业、林业等。行业分类可以解释行业本身所处的发展阶段及其在国民经济中的地位。

《国民经济行业分类》是中华人民共和国国家标准，规定了全社会经济活动的分类与代码。我国1984年首次发布《国民经济行业分类》国家标准，之后进行了多次修订。

现行的《国民经济行业分类》（GB/T 4754—2022）是2022年修订的，将我国行业划分成20个门类、97个大类、473个中类、1 381个小类。各分类都有其编号代码，门类按字母顺序从A到T，大类按数字顺序从01到97。主要分类如下：

属于第一产业的，只有1个门类即A（农、林、牧、渔业），下分5个大类；属于第二产业的，共有4个门类，下分45个大类。分别为B（采矿业）、C（制造业）、D（电力、热力、燃气及水生产和供应业）、E（建筑业）；属于第三产业的，共有15个门类，下设47个大类。分别是F（批发和零售业）、G（交通运输、仓储和邮政业）、H（住宿和餐饮业）、I（信息传输、软件和信息技术服务业）、J（金融业）、K（房地产业）、L（租赁和商务服务业）、M（科学研究和技术服务业）、N（水利、环境和公共设施管理业）、O（居民服务、修理和其他服务业）、P（教育）、Q（卫生和社会工作）、R（文化、体育和娱乐业）、S（公共管理、社会保障和社会组织）、T（国际组织）。

除了了解国家职业分类和行业分类的标准和职业发展趋势，大学生在进行职业生涯规划时要根据自己的实际情况考虑以下相关问题：

（1）行业所处的地域。一般来讲，对于地域的选择可能早于对于行业的选择，很多大学生在进行职位决策时，往往先确定自己就业的地域，那么，行业所处的地域对大学生来讲是首先需要了解的。

（2）行业的发展前景。行业的发展前景与就业人员的命运息息相关，没有一名大学生希望进入到一个前景比较黯淡的行业发展。但是，的确有很多毕业生进入工作岗位以后才抱怨自己选择的并不是一个“朝阳”产业。一般来讲，需要从产业生命周期角度去看感兴趣的行业处于产业发展的哪一个阶段。

（3）企业在行业中的具体地位。行业是大背景，企业在行业中的地位决定了大学生进入社会后的发展方向，在竞争激烈的行业中处于下游水平的企业很可能被市场淘汰，对于喜欢平稳和安定的毕业生来讲这样的企业一定是不适合的。

（4）个人的行业偏好。个人对行业的偏好决定了选择进入的行业。将个人的因素置于行业分析之中是十分必要的。

（5）个人的知识储备和能力与行业的相关度、匹配度。一个大学生喜欢的、很适合自己的企业发出了招募信息，作为应聘者，假使自己的知识储备与该行业、该企业的相关度和匹配度比较低，就很难被聘用。所以，在大学阶段对自己的职业生涯进行适当的规划，将会使大学生较早地了解自我、了解外部环境，进行合适的选择和决策。

实训活动

了解行业信息

活动目的：

了解行业信息，包括最新趋势和发展方向，以及进入就业市场时所需要的技能和知识，以便更好地为未来的职业生涯规划做好准备。

活动要求：

（1）5~6人为一组进行调查。

（2）制订了解行业信息的计划，比如需要了解哪些行业及其信息，通过什么渠道等。

（3）按照下列格式填写。

（4）每小组推选一名成员进行汇报。

活动内容：

（1）是否知道自己所学专业或所喜欢的专业都能做哪些行业的工作？

____

____

（2）行业信息的内涵。

____

____

（3）搜集行业信息的途径和方法。

____

____

（4）下一步我打算通过以下渠道搜集行业的信息。

① 收集、研究与特定领域的行业有关的书面信息；

② 采访有关人士，以便我对感兴趣的行业有进一步的了解；

③ 从职业咨询老师那里得到更多的个人帮助；

④ 通过专业课来检测自己对某一相关行业领域的兴趣；
⑤ 通过参加社团活动来检测自己对某一相关行业领域的兴趣；
⑥ 通过兼职、实习或者志愿活动来检测自己对某一相关行业领域的兴趣；
其他渠道：________________

活动分析：

接触行业知识和热点，可以帮助大学生建立他们的专业网络。通过参加与其专业相关的会议、研讨会和其他活动，学生可以结识各自领域的专业人士，学习他们的经验，并建立有价值的联系。

三、职业发展

随着经济社会发展、科技进步，相应的产业结构、行业结构、职业结构加快调整升级，中国的社会职业构成和职业活动也随之产生相应变化。一些旧职业逐渐消亡，新职业不断产生。

（一）职业发展趋势

面对变化的社会分工，大学生就业、企业招聘、职业教育培训工作等均需要有客观、准确和及时的职业信息进行参考，依据经济社会发展需要以及人力资源市场的发展变化，分析、研究和预测职业的最新变化。所以，大学生准确把握职业的发展趋势，有利于我们规划和选择符合社会发展方向的职业，为取得事业的成功打好基础。同时，有利于我们提前发现新出现的职业，避开择业竞争。

实训活动

请列举你所熟知的几种职业。

（1）有哪些是过去有而现在已经没有了的？

____

（2）有哪些是现在有而过去不曾有的？

____

（3）有哪些是过去和现在都有的？

____

（4）有哪些职业有可能是今后会被淘汰的？

____

1. 绿色化趋势

知识拓展

绿色职业是指在农业、制造业、研发部门、管理和服务业领域有助于持续保护和恢复环境质量的职业，绿色职业具有“环保、低碳、循环”等特征，注重生产生活与生态环境的可持续发展。这些职业主要包括监测、保护与治理、美化生态环境，生产太阳能、风能、生物质能等新能源，提供大运量、高效率交通运力，回收与利用废弃物等领域的生产活动，及与其相关的以科学研究、技术研发、设计规划等方式提供服务的社会活动。

习近平总书记在党的二十大报告中指出：“推动绿色发展，促进人与自然和谐共生。”要“加快发展方式绿色转型”“深入推进环境污染防治”“提升生态系统多样性、稳定性、持续性”“积极稳妥推进碳达峰碳中和”。绿色发展作为基本国策，为我国营造出长期稳定的发展环境，绿色越来越成为高质量发展的鲜明底色。

《国民经济和社会发展第十四个五年规划和2035年远景目标纲要》强调，要大力发展绿色经济，“壮大节能环保、清洁生产、清洁能源、生态环境、基础设施绿色升级、绿色服务等产业”，绿色经济推动着新能源、节能建筑、绿色交通、生态农业等领域资本投入与技术创新规模的不断扩大，一批绿色职业如雨后春笋般不断涌现。《大典》(2015年版)在充分考虑我国社会转型期社会分工特点、借鉴国际先进经验的基础上，对具有“环保、低碳、循环”特征的职业活动进行了研究分析，将部分社会认知度较高、具有显著绿色特征的职业标示为绿色职业(标识为L)，这是我国职业分类的首次尝试。《大典》(2022年版)结合社会职业发展实际状况，对绿色职业进一步丰富和完善，新版《大典》中标注了134个绿色职业，涉及节能环保领域17个，清洁生产领域6个，清洁能源领域12个，生态环境领域29个，基础设施绿色升级领域25个，绿色服务领域45个，基本覆盖了绿色生产生活与生态环境可持续发展的各个方面。

绿色职业体系的构建与完善，反映了我国绿色发展政策实践向纵深推进，对于增强绿色职业从业人员的社会认同度、促进就业创业、引领职业教育培训改革、推动经济高质量发展等都具有重要意义。

可以预见，在未来社会的经济发展过程中，这种绿色职业会越来越受到求职者青睐。而且，当社会物质财富积累到一定程度时，绿色职业会成为整个社会的主流职业。

阅读案例

“双碳”目标催生绿色就业新机会——从无人问津到职业新蓝海

国家能源集团龙源(北京)碳资产管理技术有限公司(以下简称“龙源碳资产公司”)的胡永飞说，“刚入行那几年，工作量一直不大，与现在的忙碌形成鲜明对比。很长一段时间，行业整体不温不火，甚至可以说是鲜有人问津。”

自《大典(2022年版)》将碳排放管理员、碳汇计量评估师等涉碳职业纳入绿色职业后，涉碳职业热度大大提升。2022年6月毕业于清华大学化学工程系的博士生王法军入职龙源碳资产公司，主动选择做一名碳排放管理员。“在校期间就长期关注‘双碳’领域，我虽然不是学这个专业的，但常会去听听报告、读读书，积累相关知识。电力行业率先被纳入全国碳市场化工作为重点行业之一紧随其后，未来也将纳入管理。相比进入传统化工企业，感觉从事与碳相关的工作更有前景。”本硕博连续深耕新能源领域的佟锴，从华北电力大学毕业后也做了相同选择。他说“在‘双碳’目标下，新能源行业本身就是热门，与减碳结合起来做，更可以发挥自身专长。”

知识拓展

2. 数字化趋势

数字职业是伴随着数字经济、数字技术、数字劳动而出现的新职业类群，数字职业是职业族、职业群的概念，分布在经济社会各个领域。数字职业不是某个具体职业称谓，而是以数字技术及其应用为表征、体现数字经济业态的一个职业范畴。数字职业与当前的数字经济发展一致，涵盖数字技术产业化和产业技术数字化两个层次。凡是以云计算、人工智能、物联网等信息通信技术为基础，进行数字化及其语言表达和信息传输以及数字化产品（服务）研究、设计、赋能、管控、应用、运维、操作的职业，均应属于数字职业。

习近平总书记一直十分重视数字技术、数字经济和数字政府建设，2016年在二十国集团领导人杭州峰会上首次倡议发展数字经济，之后多次指出要激发数字经济活力，强调数字经济事关国家发展大局。党的二十大报告提出“加快发展数字经济，促进数字经济和实体经济深度融合”，对加快发展数字经济提出明确要求。2023年1月，国务院印发《“十四五”数字经济发展规划》（以下简称《规划》），涉及优化升级数字基础设施、充分发挥数据要素作用、大力推进产业数字化转型、加快推动数字产业化、着力强化数字经济安全体系等。《规划》指出到2025年，数字经济迈向全面扩展期，数字经济核心产业增加值占GDP比重达到10%，数字化创新引领发展能力大幅提升，智能化水平明显增强，数字技术与实体经济融合取得显著成效。建设高速泛在、天地一体、云网融合、智能敏捷、绿色低碳、安全可控的智能化综合性数字信息基础设施，创新发展“云生活”服务，深化人工智能、虚拟现实、8K高清视频等技术的融合，拓展社交、购物、娱乐、展览等领域的应用，发展互动视频、沉浸式视频、云游戏等新业态。2023年2月，中共中央　国务院印发《数字中国建设整体布局规划》指出，建设数字中国是数字时代推进中国式现代化的重要引擎，是构筑国家竞争新优势的有力支撑，到2025年，基本形成横向打通、纵向贯通、协调有力的一体化推进格局，数字中国建设取得重要进展。到2035年，数字化发展水平进入世界前列，数字中国建设取得重大成就。做强做优做大数字经济，培育壮大数字经济核心产业，打造具有国际竞争力的数字产业集群。我国不但拥有世界上最为完备的产业体系，全球规模最大、性能最先进的网络基础设施体系等数字经济发展的独特优势，而且数字经济发展迅猛，其规模在2021年已达到45.5万亿元，占GDP比重达到39.8%。《大典（2022年版）》首次标示了97个数字职业，众多数字职业在数字化发展趋势下被催生，数字领域从业人员规模逐渐壮大，已成为驱动我国数字经济发展的中坚力量。

数字经济产业在数字经济活动中通过数字劳动催生出数字职业，是数字职业产生的前提和存在的基础。随着新需求催生新职业，新职业助推新业态，新业态带来的新职业已经成为就业市场的重要增量，也是驱动我国数字经济产业发展的新生力量。数字职业的兴起，是社会经济发展、产业结构调整带来的新变化。数字职业反映了各行业数字化进程及数字经济未来发展趋势。

拓展阅读

3. 智能化趋势

人工智能，指由人类制造出来的机器所展现的智能，试图通过计算机来模拟人的思维过程和行为。

随着大数据的积聚、理论算法的革新、计算能力的提升及网络设施的演进，技术、产业、政策等各方面环境日臻成熟，人工智能已经跨进技术理论积累和工具平台构建的发力储备期，人工智能研究和应用开始步入以规模应用与价值释放为目标的产业赋能全新发展阶段，智能化成为技术和产业发展的重要方向，人工智能有望开启新一轮产业革命。目前，人工智能领域主要包括计算机视觉、自然语言处理、跨媒体分析推理、智适应学习、群体智能、自主无人系统、智能芯片和脑机接口等关键技术。

伴随着人工智能时代的到来，人工智能与现代制造业、现代服务业的结合越来越紧密，传统的第一、第二产业越来越智能化，工业机器人和无人机的大量使用，甚至直接取代了部分职业。相关系统、设备的维护、操作需要大批专业人员，也继而催生了无人机驾驶员、物联网安装调试员、工业机器人系统操作员等新型职业。人工智能的全面融合已经成为一个不可逆的趋势，我们必须时刻做好拥抱智能科技的准备，时刻准备迎接人机协作时代的到来。

人工智能已被国家列入发展规划，并提出了人工智能三步走的发展战略，将进一步促进人工智能产业发展，提升制造业智能化水平，推动战略性新兴产业总体突破，正在成为推进供给侧结构性改革的新动能、振兴实体经济的新机遇、建设制造强国和网络强国的新引擎。

阅读案例

什么人才可以成为人工智能训练师?

近几年来，人工智能训练师是伴随着人工智能的发展兴起的一个新职业。简而言之，人工智能训练师的职责范围可概括为通过数据端的整理归纳和分析优化，训练机器模型，使人工智能越变越“聪明”。具体说来，人工智能训练师需要解读业务知识和需求，明确人工智能的落地场景，根据不同的技术实现逻辑提供相应的结构化数据。

对应这些工作职责所需要的能力有哪些呢?

一是需要很强的逻辑分析能力。分析原始文档的时候，人工智能训练师需要根据不同数据类型、数据质量，采用不同的数据处理流程，而且在每个流程中，都需要通过实时情况来及时调整下一步的策略。在人工智能机器人正式上线启用后，也会需要应用逻辑分析能力去查看上线后的数据情况，并做出判断，提供数据端的解决方案。

二是需要有很强的归纳总结能力。由于人工智能训练师的岗位诞生时间不久，并不像其他职业那样有一套非常完整的培训体系或方法论，各个公司基本都是处于一边摸索一边总结的状态。因而，归纳总结能力可以很好地帮助人工智能训练师们形成书面的方法论，复用数据并提高效率，达到事半功倍的效果。在方法论的基础上，也可以在新员工培训和客户培训等方面有所积淀。

三是表达和沟通能力也是一个很重要的考察项。这种能力主要是因为在人工智能商业场景落地过程中，人工智能训练师时常需要为人工智能的使用者提供培训和使用指南。在这个过程中，如何清晰地让对方了解人工智能，真正使用好人工智能，是需要很强的表达和沟通能力的。

四是如果能够对某一垂直领域的业务有比较深入的了解，可作为一个加分项。这会使人工智能训练师在数据处理或与客户沟通过程中，熟知客户的真实痛点。在处理业务数据的时候也能更为得心应手。

4. 创新化趋势

创新是第一动力。习近平总书记指出，加快科技创新是推动高质量发展的需要，是实现人民高品质生活的需要，是构建新发展格局的需要，是顺利开启全面建设社会主义现代化国家新征程的需要。

职业是时代发展的一面镜子，纵观2022年版《大典》发布的新职业中，主要集中在知识技能型人才和现代制造业等高新技术领域，折射出产业结构升级发展、科技创新能力提升、信息化广泛使用等新的时代特征。随着人工智能、大数据、云计算的广泛运用，新兴产业正成为新的经济增长点，对相关行业从业人员的需求大幅增长，一大批新职业应运而生，在为社会创造大量就业机会的同时，也激活了社会和经济的潜在需求，成为经济社会蓬勃发展的创新驱动力。

5. 服务化趋势

服务业贯穿于价值链的诸多增值环节，是第一、第二、第三产业（也有将基于互联网、信息技术所形成的知识密集型服务产业称为第四产业）加速融合的引擎和介质，具有专业性强、创新活跃、产业融合度高、带动作用显著等特点，是全球产业链的战略制高点。在后工业时代，服务业将成为最大的产业，未来必将有更多的人才涌入这个行业。

服务业职业可分为生产性服务业和生活性服务业，包括14个行业：交通运输、仓储和邮政业；信息传输、计算机服务和软件业；批发和零售业；住宿和餐饮业；金融业；房地产业；租赁和商务服务业；科学研究、技术服务和地质勘查业；水利、环境和公共设施管理业；居民服务和其他服务业；教育；卫生、社会保障和社会福利业；文化、体育和娱乐业；公共管理和社会组织。

与生产性服务业相关的职业类别分布于专业技术人员和社会生产服务人员两大类，其中前者是从事商品科学研究和专业技术工作的人员，主要包括从事与生产活动有关的自然科学、经济学、法学、教育学、管理学等领域研究的专业人员；后者是从事商品批发零售、交通运输、仓储、邮政和快递、住宿和餐饮、信息传输、软件和信息技术以及金融、房地产、租赁和商务、技术辅助生态保护、文化、体育和娱乐等社会生产服务与生活服务工作的人员。《国民经济和社会发展第十四个五年规划和2035年远景目标纲要》提出“推动生产性服务业融合化发展”的战略部署，以服务制造业高质量发展为导向，推动生产性服务业向专业化和价值链高端延伸。

生活性服务业涉及公共服务业、居民生活服务业、大健康产业、文化教育服务产业等领域，生活性服务业与民生息息相关，是人民美好生活的直接体现。积极推动生活性服务业向精细化和高品质转变，形成便捷、智慧、安全的服务体系，扩大有效供给，增强消费预期，实现消费升级和产业升级互促共进。

阅读案例

芳香保健师的职业概况

随着社会文明的进步和人们生活水平的提高，现代人在生活、工作的双重压力下，更加重视自己的身心健康，同时也对各类保健服务提出了迫切需求。

芳香保健作为一种自然保健方法，能够缓解、消除人们的压力。它满足了现代人的“五感”要求，即视觉（自然景观）、听觉（疗效音乐）、嗅觉（天然植物精油）、味觉（健康餐饮）、触觉（按摩呵护），从而达到身心放松与保健的目的。

据2021年人民网“公众亚健康状态网络调查”显示，70%受访者处在亚健康状态，并呈现普遍化、低龄化等特征，持续亚健康状态和免疫力低下已成为都市人的“通病”。造成亚健康状况的主要原因是来自生活和工作的压力。这些压力如不能及时得到缓解和消除，会引发各种生理和心理方面的疾病。芳香保健作为专业护理服务，不仅能缓解人们的各种压力，而且对改善健康状况有一定作用。社会对芳香保健的需求量很大。为此，芳香保健师作为一个新兴职业应运而生。

社会需求给芳香保健行业发展带来机遇，但由于芳香保健行业目前存在技术不规范、保健用品用具规格与质量要求不统一等问题，致使芳香保健服务的内容、形式和效果等都存在较大差异。国家将芳香保健师确立为职业，对规范从业人员的从业行为，提高从业人员职业能力，促进芳香保健行业向着有序、健康的方向发展有着重要意义。与此同时，芳香保健师职业的确立，将提供较多就业岗位，这对于缓解我国的就业压力具有积极意义。

目前，国内已有部分院校在开展芳香保健师的培训，培训的主要内容有：芳香保健的基本知识，天然植物精油的种类和疗效，精油按摩、SPA（水疗）和各种物理疗法的操作程序等。

（资料来源：中国就业培训技术指导中心.中华人民共和国职业分类大典（2022年版）应用指南.北京：中国人力资源和社会保障出版集团，2022年版）

6. 信息化趋势

“十三五”时期，我国信息产业在经济社会中的战略性、基础性、先导性地位更加突出，信息技术与经济社会加速融合，业务应用蓬勃发展。信息化代表了一种信息技术被高度应用，信息资源被高度共享，从而使得人的智能潜力以及社会物质资源潜力被充分发挥，个人行为、组织决策和社会运行趋于合理化的理想状态。信息技术具有很强渗透、溢出、带动和引领等效应，信息技术创新和普及应用已经成为培育经济发展新动能、推动社会提档升级、构筑竞争新优势的重要手段。《“十四五”信息化和工业化深度融合发展规划》明确，“到2025年，信息化和工业化在更广范围、更深程度、更高水平上实现融合发展”，当信息技术的发展催生了以信息化为主要特征的新产业，包括信息制造业和信息服务业，且当这样的新产业成为社会生产力的主要方面，或者说信息化的过程成为提高劳动生产率的主要方式，我们则进入了信息社会。信息化是人类文明下一个发展阶段的主要特征。

7. 跨境化趋势

随着共享经济时代的到来，越来越多的企业向全球范围内开展业务，跨境职业发展成为不可忽视的一股强大力量，给人才发展带来了新的发展机遇。共享经济等经济模式的出现，正在形成新型的劳动关系，并为一人多职提供了可能。职业跨境化将出现两大现象：一是部分高层次职业由发达国家转向发展中国家，主要表现为跨国企业把部分软件开发、工程技术、研发以及金融分析等智力密集型任务外包给低工资国家，利用廉价人力资源，降低成本，提高竞争力。二是跨境化影响着国内职业的调整变化。中国加入世界贸易组织后，几乎所有的职业都在随着生产技术的进步而发生一些调整和变化。

（二）新职业大有可为

所谓新职业，是指经济社会发展中已经存在一定规模的从业人员、具有相对独立成熟的职业技能，并且在《大典》中尚未收录的职业。新职业包括全新职业和更新职业。全新职业是指随社会经济发展和技术进步而形成的新的社会群体性分工活动；更新职业是指原有职业内涵因技术更新产生较大变化，从业方式与原有职业相比已发生质的变化的社会分工活动。

新职业是随着社会进步和科技水平提升而逐步形成的社会群体性工作，是新兴业态中的新就业形态。新职业信息主要包括：职业名称、职业定义和主要工作任务等内容。新职业的纷纷出现，为产业、行业、职业结构的调整带来了一种引导，从新职业的产生可以看到，在转换发展方式和调整经济结构进程中，将有越来越多的新职业亮相，同时也会有某些传统职业逐渐消亡，这既给新产业、行业、职业的发展提供了支持，又给某些传统产业、行业、职业提供了预警。

1. 新职业信息发布制度

自2004年起，我国建立了新职业信息发布制度。新职业信息发布制度，是在系统总结长期以来我国国民经济发展、劳动者就业创业和职业教育培训等实践工作基础上建立起来的，是建立科学规范的职业分类体系的重要途径，是建立动态调整的职业分类机制的有效措施。

新职业信息发布制度进一步完善并发展了我国职业分类和职业标准体系，引领职业教育和职业培训的改革方向，促进了就业和再就业工作，促进了人力资源市场建设，规范了企业用工和从业人员从业行为。自2019年以来，我国共发布5批74个新职业信息。

第一批新职业：13个，2019年4月1日发布。具体职业名称为：人工智能工程技术人员、物联网工程技术人员、大数据工程技术人员、云计算工程技术人员、数字化管理师、建筑信息模型技术员、电子竞技运营师、电子竞技员、无人机驾驶员、农业经理人、物联网安装调试员、工业机器人系统操作员、工业机器人系统运维员。

第二批新职业：16个，2020年2月25日发布。具体职业名称为：智能制造工程技术人员、工业互联网工程技术人员、虚拟现实工程技术人员、连锁经营管理师、供应链管理师、网约配送员、人工智能训练师、电器电子产品环保检测员、全媒体运营师、健康照护师、呼吸治疗师、出生缺陷防控咨询师、康复辅助技术咨询师、无人机装调检修工、铁路综合维修工、装配式建筑施工员。

第三批新职业：9个，2020年7月6日发布。具体职业名称为：区块链工程技术人员、城市管理网格员、互联网营销师、信息安全测试员、区块链应用操作员、在线学习服务师、社群健康助理员、老年人能力评估师、增材制造设备操作员。

第四批新职业：18个，2021年3月18日发布。具体职业名称为：集成电路工程技术人员、企业合规师、公司金融顾问、易货师、二手车经纪人、汽车救援员、调饮师、食品安全管理师、服务机器人应用技术员、电子数据取证分析师、职业培训师、密码技术应用员、建筑幕墙设计师、碳排放管理员、管廊运维员、酒体设计师、智能硬件装调员、工业视觉系统运维员。

第五批新职业：18个，2022年6月14日发布。具体职业名称为：机器人工程技术人员、增材制造工程技术人员、数据安全工程技术人员、退役军人事务员、数字化解决方案设计师、数据库运行管理员、信息系统适配验证师、数字孪生应用技术员、商务数据分析师、碳汇计量评估师、建筑节能减排咨询师、综合能源服务员、家庭教育指导师、研学旅行指导师、民宿管家、农业数字化技术员、煤提质工、城市轨道交通检修工。

2. 新职业分布情况

从产业分布看，新职业所属各产业分布相对均衡。其中，第一产业2个，第二产业26个，第三产业46个。从行业分布来看，74个新职业所属行业分布范围广，主要集中在信息传输、软件和信息技术服务业、制造业、租赁和商务服务业等14个行业。从职业类别来看，主要分布在第二大类至第六大类中，其中，第四大类占比最多，占比58%；第二大类次之，占比20%；第六大类位居第三，占比16%。从技术领域划分来看，51%的新职业属于技术类职业，49%的新职业属于技能类职业。

拓展阅读

3. 新职业发展特点

新职业是适应时代发展的必然产物，体现了中国社会生活的变化和进步，体现了社会经济的新动向。新职业对创造就业岗位、缓解传统职业“内卷”现象、繁荣“国际国内双循环”新发展格局具有重要意义。

（1）主要集中于高新技术、现代服务业领域

我国经济已由高速增长阶段转向高质量发展阶段，产业结构的升级特别是人工智能、物联网、大数据和云计算的广泛运用，催生高端专业技术类新职业并成为经济新的增长点，如人工智能工程技术人员、物联网工程技术人员、大数据工程技术人员和云计算工程技术人员等专业技术类新职业应运而生；以现代科学技术，特别是信息网络技术为主要支撑的现代服务业快速发展，新的商业模式、服务方式和管理方式催生服务业领域的网约配送员、连锁经营管理师等新职业大量涌现。随着居民收入水平的提高、人口老龄化进程的加快，健康检测、康复照护等需求更加专业化、精细化，且量大面广，健康照护师等新职业为众多消费群体提供更加优质的服务。

（2）呈现工作平台化特征

互联网技术的发展已深入到现代生活的方方面面，工作岗位的信息化、智能化程度不断增强，平台型、网络型、垂直型等产业组织日渐增多，数字平台逐步形成助力高质量普惠型就业发展新模式在服务国家“就业优先”战略中发挥日益重要的作用。如在现代城市管理方面，各级地方政府组织了相应的城市管理网格员队伍，直接服务于城市经济社会发展。在商品市场领域，随着短视频、直播带货等网络营销行业的兴起，覆盖用户规模达到8亿人以上，在这些数字化信息平台上，催生了直播销售员、外卖员等新职业，如外卖员依靠外卖平台，网约车司机依靠出行平台形成新职业。这些新职业不再属于传统组织机构，而是依靠大型网络平台，互联网经济的发展使大型网络平台成为孕育新职业的沃土。

拓展阅读

（3）呈现工作年轻化特征

新职业因其超强的造富与造星能力对新一代年轻人产生吸引力，从业群体具有鲜明的年轻化特征，热爱、有趣、自由成为他们选择新职业的标签，如电竞行业选手基本职业年龄在14~25岁。作为职场新力量，青年群体正逐渐打破传统体制内工作的惯性追求，坚守兴趣爱好、追求自我价值实现的主动选择，更多的年轻人正在逐步将爱好与个人职业生涯规划紧密结合，在方兴未艾的新业态中寻找新的就业与发展契机。

（4）呈现零工经济属性

零工经济指的是以网络平台为基础，以独立自主且有特定能力的劳动者为主体，以碎片化任务为工作内容，工作时间、地点、方式灵活，最大程度实现供需匹配的新兴经济模式。零工经济是共享经济的一种重要的组成形式，是人力资源的一种新型分配形式。而如今，“零工”的概念还在不断被丰富——主播、宠物烘焙师、密室设计师、汉服造型师、奶茶试喝员、外卖运营师、收纳师、创客指导师、网约车司机、外卖骑手、代驾司机、自媒体运营等新职业丰富了越来越多年轻人的就业选择。零工经济既带来了渠道的变革，也打破了对从业者时间、地点以及身体素质的限制，新职业工作弹性大，工作时空界限模糊甚至消失，促使从业者就业模式更加丰富。新职业具有任务碎片化、工作弹性化的特性，给予了从业者利用空余时间从事兼职工作的机会，非全职的灵活就业、零工经济属性正是新职业凸显出的时代特征。

（5）呈现“去雇佣化”特征

新职业就业方式发生了本质变化，开始向数字经济新“平台”转移，呈现出网络化和扁平化的平台组织形式，凸显了基于合作关系的新就业形态特征。新一轮科技革命及其在工作场景中不断应用，更引发了劳动力市场雇佣与组织模式的深刻变革，使新职业从业者工作方式发生革命性改变，新时代劳动者对工作参与感、工作自主性、自我实现以及机会和发展空间的诉求比以往任何时候都要强烈，自主意识更强。

新职业兴起的背后是新业态的支撑，是我国经济高质量发展迈出的坚实步伐，同时也意味着发展的新机遇和新挑战。一方面，新职业信息发布对于增强从业人员的社会认同感、促进就业创业、引领职业教育培训改革、推动经济高质量发展等方面均具有重要意义；另一方面，由于新职业处于成长期，新型社会分工活动所形成的劳动关系尚不稳定，从业者素质提升需要在新职业发展进程中不断完善。

项目二　职业素质

职业素质是劳动者对社会职业了解与适应能力的一种综合体现，职业素质是人才选用的第一标准，是职场制胜、事业成功的第一法宝。一个人的职业素质是在长期职业实践中日积月累形成的，一旦形成，便产生相对的稳定性。但随着继续学习、工作和环境的影响，这种素质还可继续提高。因此，企业为了招到真正的人才，必然在一个更加宽泛的范围内，通过多种有效的形式去挑选最适合本企业的、素质全面的毕业生。大学生要想顺利地进入职场，就应该在社会需求和职业需求的指引下，锻炼自己多方面的职业能力。

一、基本能力

（一）专业性能力

专业性能力是指与大学生所从事的具体工作相关的能力，主要是指一些专业技能的掌握、学习知识与善于思考的能力。大学生的专业性能力体现在两个方面：一是掌握特定行业的专业能力。大学生的就业主要集中在服务业和现代制造业等特定行业，这就要求大学生必须关注和了解这些行业的新工艺的采用、新技术的应用、新设备的使用等问题，只有这样才能确保自己的专业能力能够适应从事职业的快速变化；二是具备高技术含量的专业性能力。大学生的专业性能力主要体现在具有很强的应用技术能力，能够解决企业在实际生产中所面临的重大的技术问题。因此，我们在学习过程中要注意不断掌握高精尖技术。

大学生应该具有善于学习的能力，即学会如何学习，而不仅仅是被动地接受知识。只有具备了学习新知识、新技术的能力，才能快速地适应新的工作。在信息社会里，知识更新快，只有善于学习、不断学习，才能紧跟社会时代的脚步，才能适应企业不断发展的要求。在创新成为竞争要求的今天，学习正在成为一种“经营方式”。必须将学习能力植入自己的日常工作中，并明白学习的本质不是做事，而是一种生存方式，这也是一个人成长、实现自身价值的必然选择。

此外，还要具备获得相关证书的能力。有选择地考取相关证书，可以使自己的知识结构得到调整，更加适应市场经济的需要。如今，用人单位从自身的经济效益出发，对毕业生的要求也越来越高。用人单位总是希望毕业生除了具有相关的学历文凭，还要进一步考察其是否具有“多功能的附加值”，即是否有相应的职业资格证书。职业资格证书从某种意义上来说已经成为提高自身的含金量，进入更多行业的通行证。

（二）职业核心能力

职业核心能力是人们从事任何职业都必备的基本能力，是一种无论从事何种职业都必需的综合能力，是构成专业能力最基础的能力。1998年原劳动和社会保障部在《国家技能振兴战略》中把职业核心能力分为8项：交流表达能力、数字运算能力、革新创新能力、自我提高能力、与人合作能力、解决问题能力、信息处理能力和外语应用能力。这种能力的培养对大学生的终身发展产生了极其深远的影响，职业核心能力的形成过程不是一蹴而就的，而是一个循序渐进的过程，这个过程包括了知识的积累、技能的形成、态度的养成三个阶段，且这三个阶段相互融合。

职业核心能力是大学生就业、创业、再就业和再深造必备的能力，职业核心能力的高低，不仅影响学生就业竞争力和发展潜力，也影响社会发展和国家进步。因此，只有加强对学生职业核心能力的培养，才能有效提升学生的就业竞争能力。

（三）适应性能力

适应性能力也被称为“自我管理”技能，包括对自我的管理、观察能力的敏锐性等。其中，对自我的管理又可以分为情绪管理和时间管理。在职业能力框架中，承压能力是很重要的一项情绪管理能力，接受压力是为了获得成长的契机。很多时候大学生的职场失利不是因为压力本身，而是由于压力带来的负面情绪。时间管理所探索的是如何减少时间浪费，以便有效地达到既定目标。时间管理的对象不是“时间”，而是面对时间而进行的“对于自我的管理”。时间管理同样是一个短期内使用的工具。一旦形成习惯，就会在职业生涯中永远受益。

专业性能力、职业核心能力、适应性能力架构起了职业能力的立体模型。其中，专业性能力是基础的点，职业核心能力是支撑整个模型的起“脊柱”作用的线，而适应性能力则是串联点与线的面，“点、线、面”相互穿插与交织，构成完整的职业能力体系（如图2-1所示）。

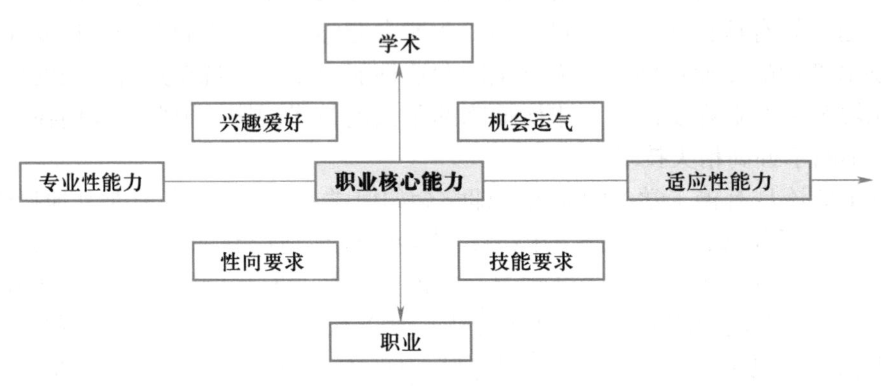

图2-1　职业能力体系

（四）组织管理能力

组织管理能力是把工作岗位的人力、物力、财力、时间、信息等要素科学地组织起来并有效地完成所担负的任务的能力，包括计划能力、决断能力、指导能力和平衡能力。这种能力是大学毕业生作为高层次的人才应具备的，是适应新的生活方式必备的能力。尽管不是每个大学毕业生都会从事管理工作，但可以肯定地说，每个人在将来的工作中，都不同程度地需要组织管理才能。也就是说，管理能力已不仅是领导干部和管理人员所应具备的，而且是每一个专业人员都应该具备的。随着现代科技的综合化、社会化，科研规模日益扩大，科研中的协作趋势日益加强，一项科研项目必须由许多人，甚至是不同学科的人合作才能完成，如何使这个集体发挥更大的作用，这就是管理的问题。然而，这方面的能力许多求职者并不具备。在实际工作中，尽管他们当中的许多人思想、作风、专业技术都很过硬，能够出色地完成本职工作，但却往往因缺乏管理能力而使单位感到失望，也为自己的成长带来了十分不利的影响。因此，大学生不可忽视组织管理能力的培养。在实际工作中我们注意到，在同期走上工作岗位的毕业生中，学生干部多数能够更快适应环境，较快胜任本职工作，成为单位的骨干。在做出突出成绩者中，学生干部所占比例也明显高于其他毕业生。其主要原因之一就是学生干部在校期间组织管理能力得到了锻炼。因此，每一位大学生要充分利用各种机会，锻炼自己的组织管理能力，以适应社会和用人单位的要求。

（五）沟通协调能力

对于企业管理来说，管理的主体是人。管理就是如何做人的工作，所以说，人的因素是企业成功的关键因素。所有的管理问题归根到底都是沟通的问题。一个企业要实现高速运转，让企业充满生机和活力，有赖于下情能为上知，上意迅速下达，有赖于部门之间互通信息，同甘共苦，协同作战。要做到这一点，有效的沟通是必需的。沟通是人们本性的体现和需求，任何组织乃至任何一个企业都不可能改变和忽视人们企求沟通的基本需要。所以，任何职业环境都离不开沟通，无论是从个人的需要，还是从社会组织的发展，沟通是最基本的要求。

大学生不仅要学会从书本上获得知识，更应该多思考怎样与他人合作，学会怎样帮助别人，同时也获得别人的帮助，这对于积累工作经验和交往能力很有好处。在需要协同作战才能取得更大成就的今天，沟通协调能力与团队协作能力越来越被用人单位看重。在很多用人单位的招聘活动中，平时在学校参加社团、组织策划过活动的毕业生往往更受用人单位的欢迎。

（六）创新能力

创新能力是指人在顺利完成以原有知识经验为基础的、创建新事物的活动中表现出来的潜在的心理品质、良好的创造性思维和很强的创造能力，进而进行创造性活动的能力。2019年7月，教育部印发《国家级大学生创新创业训练计划管理办法》（教高函〔2019〕13号）指出，加强大学生创新创业能力培养，全面提高人才培养质量，大力培养信念坚定、品德优良、技能过硬、本领丰富的高素质专业人才和高精尖创新型人才。

大学生注重提高自身创新能力、培养创新素质，不仅有利于自身人格的不断完善，更符合当代创新型社会的发展需要，同时对毕业后的就业、创业和整个职业生涯的发展都有巨大的帮助。大学生提升创新能力需要从以下三方面努力：一要树立创新意识。创新意识是创新素质的基础，没有创新意识，创新思维和创新成果将无从谈起。大学生要积极建立创新思维，发挥创新潜能，培养科学的学习习惯和思考习惯；二要具备创新知识。创新知识是在基础知识和专业技能实践知识基础上具有强烈主观能动性的独立知识结构。一般来说，大学生的知识越丰富，其创新能力越强；三要培养创新人格。创新人格是创新意识和创新知识的总和，其最主要的特征包括丰富的创新认知和创新兴趣，表现为强烈的创新自信和创新精神，是当代大学生创新素质培养最需要具备的品质和德行。

（七）学习能力

“学如逆水行舟，不进则退。”一个现时有能力的人，如果不注重学习，很快会变成一个能力平平的人；而一个暂时能力不是很强的人，只要坚持学习、善于学习，一定会成为能力出众的人。会学习的人是最有前途的人，也最有希望成为优秀的人。所以，无论是在校期间还是工作之后，我们都不能放松学习，要抓住每一次学习机会，不断增强自己的学习能力，铸就持续学习、提高学习效果的应有品质，才能适应不断变化和日趋激烈的市场竞争。

（八）动手能力

动手能力即实际操作能力，它是人的智力转化为物质力量的关键，是职业工作者必须具有的基本实践能力。只重视书本知识而忽视动手操作能力显然是不受社会欢迎的。判断毕业生实际水平的高低主要是其操作的速度、准确和灵活三个方面。大学生要多看、多练，看得多就能够多掌握一些基本操作程序和方法，练得多才能真正提高动手操作能力和技巧。实践证明，实际操作能力强的大学毕业生是一定会受到用人单位青睐的。

（九）竞争能力

每个人都有想成为第一的心。在现代社会中，由于人们知识和技能的激增与强化，这种本能的潜质在人们身上变成顺利完成某种活动的心理特征，因而也变成了人们的一种能力素质。随着社会主义市场经济的进一步发展和完善，市场竞争更趋激烈，充满竞争的市场需要具有竞争力的人才。作为一个求职者，如果不懂竞争、不具备竞争能力，在竞争的激流中就有随时被淘汰的危险。因此，除了日常学习之外，学生必须有意识地学习，丰富自己的阅历，掌握更多的专业知识和经验，注意培养自己的表达能力、学习能力、合作能力等多种综合能力。

（十）决策能力

决策能力是在面临的多项选择中及时、果断作出最佳选择的一种能力。它可以使你少走弯路，少犯错误，以较小的付出收获较大的成功。人的一生往往会遇到许多重大的选择，优柔寡断、错失良机和草率决断，都会给整个人生带来莫大的影响。因此，求职者在校学习期间，就要有意识地去培养自己的决策能力。

第一，要从博学中提高决策的预见能力。必须加强理论修养，提高政治理论水平，掌握科学的方法论；学习社会主义市场经济理论及现代企业制度知识、现代化管理知识、专业技能及相关业务知识，懂得运用先进的决策技术和手段，为企业高效决策服务，努力成为专业决策的行家里手。第二，要从实践中提高决策的应变能力。第一次决策或多或少带有一定的主观色彩，不可能绝对准确，这就要求决策者具备灵活的应变能力，在实践中不断调整、修正、完善决策。第三，要从思想上提高决策的冒险能力。决策总带有一定风险，但决策的冒险性绝不是盲目冒险，而是一种科学的勇敢行为。第四，要从心理上提高决策的承受能力。决策需要承担风险，这是对决策者心理素质的全面考验，没有充分心理准备的决策者不是称职的决策者。第五，要从思维上提高决策的创造能力。非凡的思维创造力，可以达到匠心独运、出奇制胜的效果。第六，要从信息上提高决策的竞争能力。要使好信息真正变为财富，还需要科学的决策来做保证。

二、职业化素质

职业化素质关系到每个人的未来，如果你不愿意痛苦和难堪地面对各种各样的问题，就得首先重视职业化素质。职业化素质是所有职场人士都应该具备的素质，尤其是渴望得到职业竞争力提升的大学生，这是职场成功的基础和必备素质。职业化素质至少包括以下六个方面的主要内容：

拓展阅读

（一）职业道德

职业道德是指从事一定职业劳动的人们，在特定的工作和劳动中以其内心信念和特殊社会手段来维系的，以善恶进行评价的心理意识、行为原则和行为规范的总和，它是人们在从事职业的过程中形成的一种内在的、非强制性的约束机制。职业道德是职业范围内从业人员应遵守的行为要求，它在职业活动中调整个人与他人、集体、社会之间的利益关系，是我国现阶段各行各业从业人员都应当遵守的职业道德基本规范。职业道德是事业成功的保证。职业道德的主要内容为：爱岗敬业、诚实守信、办事公道、服务群众、奉献社会。

具有良好的职业道德，有利于大学生未来的职业发展。大学生处在人生的十字路口，自我管理和约束能力相对较差，但具有很强的可塑性。若能从自己内心培植职业道德的土壤，建立长效自我约束机制，就会在工作中爱岗敬业、谦虚礼让、严以律己、宽以待人；在感情上，以为社会多作贡献为荣，以自己的劳动成果能为社会和他人带来幸福为乐，从而更好地在自我教育中提高职业道德水平。

在大学生的职业道德培育中，通过典型示范、精神引领，引导大学生领悟职业精神，形成积极向上、拼搏进取的职业使命感和荣誉感，如结合专业特点，组织职业道德和职业精神研讨会、辩论会或演讲比赛，邀请劳动模范、大国工匠、优秀毕业生来校现身说法，组织学生实地观摩、学习和实践，亲身感受从业者的职业道德和精神风貌，将职业道德的实际内容融入职业生涯规划中，使自己的发展规划更加符合社会需求。

（二）职业意识

职业意识支配和控制着人的职业行为和职业活动，而大学生的职业意识影响着现在的职业准备、未来的职业选择和职业发展。面对竞争日益激烈的现代社会，面对人才素质要求愈来愈高的人才机制，大学生在求学期间，培养自己的职业意识已成为刻不容缓的任务。

职业意识是个人在一定的职业环境中所形成的对职业的认知、意向和个人对自己将来从事的职业的情感、态度、意志和品质，是人们认识职业、选择职业和争取职业成就等心理成分的综合。职业意识表现为职业敏感、职业直觉，甚至是职业本能的思维过程。职业意识的内容很丰富，主要包括奉献意识、创新意识、目标意识、创业意识、竞争意识、团队意识、服务意识、行动意识、市场意识、质量意识、责任意识、细节意识、舍弃意识、系统意识、健康意识、危机意识、人才意识等。

大学生培养自己的职业意识，应从以下几个方面入手：

1. 奉献意识

党的二十大报告中提出要在全社会弘扬劳动精神、奋斗精神、奉献精神。奉献作为一种精神观念，是中华民族的传统美德和宝贵的精神财富。敬业是奉献的基础，乐业是奉献的前提，勤业是奉献的根本。大学生要时刻怀有“功成不必在我，功成必定有我”的心态，强化实干担当、乐于奉献的精神。奉献意识的养成，可以增强大学生的责任感、使命感，使大学生成为合格的社会主义建设者和接班人。大学生只有具备了奉献意识，才能够在实践中不断增长才干、提升本领，充分实现自身的人生价值，让青春梦想融入中华民族伟大复兴的中国梦，让青春年华在为国家、为人民的奉献中焕发出绚丽光彩。

2. 创新意识

创新意识是指人们根据社会和个体生活发展的需要，引起创造前所未有的事物或观念的动机，并在创造活动中表现出的意向、愿望和设想，是人类意识活动中的一种积极的、富有成果性的表现形式，是人们进行创造活动的出发点和内在动力，是创造性思维和创造力的前提。

习近平总书记在党的二十大报告中指出：“要坚持教育优先发展、科技自立自强、人才引领驱动，加快建设教育强国、科技强国、人才强国，坚持为党育人、为国育才，全面提高人才自主培养质量，着力造就拔尖创新人才，聚天下英才而用之。”大学生作为国家宝贵的人才资源，成为能够肩负起历史重任和使命的合格时代新人是其奋斗方向和目标。身处日新月异的新时代，面对创新型社会快速发展，创新精神的培养、创新意识的激发、创新能力的提高对于以成为专业技术技能人才为目标的大学生来说，在专业技术的学习和实践过程中更加重要，不断培养其创新意识和创新思维，才能不断提升其专业技能和水平，充分展现其才华，逐渐成长为一名符合时代需要的创新型人才。

3. 创业意识

创业意识是在创业实践活动中对人起动力作用的个性心理倾向，主要包括创业主体的需要、动机、兴趣、理想、信念和世界观等心理成分。创业意识支配着创业者对创业活动的态度和行为，规定着创业行为的方向力度，是大学生从事创业活动的强大内驱力，是培养具有敢于独立开辟人生道路、自主创造人生价值、勤于实践、敢于竞争、不怕失败、坚韧不拔的创业人才的重要组成部分。

创业意识的培养是一个漫长的过程，它是创业理论和实践的结合。随着社会的发展，高职院校将专业教育和创业教育结合起来，促进就业效果，提升就业质量。“两个一百年”和“中华民族伟大复兴”的奋斗目标，成为引领中国前行的时代召唤，给大学生带来了新的机遇。大学生更要紧抓这种机遇，努力提升创业意识，将之化为实践，更快更好地找到适合自己的岗位。

4. 竞争意识

大学生毕业后即便有了职业岗位，也要经受就业后面临企业优化的严峻考验。学校应该在提高教育质量、帮助大学生掌握真才实学的同时，注意强化大学生职业竞争意识。通过开展丰富多彩的专业竞赛、技能大赛等活动，增强大学生的竞争意识，形成“润物细无声”的功效。

5. 合作意识

职业活动中不仅需要竞争，还需要主动合作精神，竞争与合作相伴而生，相离而失。团队合作意识是现代企业发展的主流思想，企业的发展离不开精诚合作的优秀团队，只有团队成员同心同德、密切协作形成合力才能推动企业的发展壮大。实践证明，一个人的职业活动，总是与一定的职业群体相联络，离不开同行业的支援与协作，特别是在生产力高速发展的今天，职业分工越来越细，劳动过程更趋专业化、社会化，更需要加强联合。产业间相互依托、相互制约、相互促进的发展趋势，要求必须团结协作。那些缺乏团队合作精神和内部凝聚力，各自为营、孤军奋战的企业是不可能长久的。成员之间宽容大度、彼此尊重、互相帮助、分工合作、齐头并进的团队才是高效、稳固的团队。因此，大学生必须牢固树立团队合作意识，培养“众人拾柴火焰高”的集体观念。

（三）职业资格

1. 职业资格

知识拓展

职业资格是对从事某一职业所必备的学识、技术和能力的基本要求。职业资格分别由国务院人力资源和社会保障部等行政部门通过学历认定、资格考试、专家评定、职业技能鉴定等方式进行评价，对合格者授予国家职业资格证书。职业资格包括从业资格和执业资格，按照资格性质又分为准入类职业资格和水平评价类职业资格。

从业资格。是指从事某一专业（工种）学识、技术和能力的起点标准，是人员从业资格和其对应能力的体现。是企业在从事某种行业经营中，应具有的资格以及与此资格相适应的质量等级标准。从业资格通过学历认定或考试取得。执业资格。是指政府对某些责任较大，社会通用性强，关系公共利益的专业（工种）实行准入控制，是依法独立开业或从事某一特定专业（工种）学识、技术和能力的必备标准。执业资格实行注册登记制度，执业资格通过考试方法取得。

准入类职业资格，其所涉职业必须关系公共利益或涉及国家安全、公共安全、人身健康、生命财产安全，且必须有法律法规或国务院决定作为依据，比如，教师资格、法律职业资格、医师资格、注册建筑师资格等。水平评价类职业资格，其所涉职业应具有较强的专业性和社会通用性，技术技能要求较高，行业管理和人才队伍建设确实需要。比如，计算机技术与软件专业技术资格、社会工作者职业资格等。

2. 国家职业资格证书制度

根据我国《劳动法》第八章第六十九条“国家确定职业分类，对规定的职业制定职业技能标准，实行职业资格证书制度，由经备案的考核鉴定机构负责对劳动者实施职业技能考核鉴定。”和《职业教育法》第一章第十一条“实施职业教育应当根据经济社会发展需要，结合职业分类、职业标准、职业发展需求，制定教育标准或者培训方案，实行学历证书及其他学业证书、培训证书、职业资格证书和职业技能等级证书制度”的规定，实施职业资格证书制度。我国实行就业准入制度和职业资格证书制度，这是规范我国劳动就业市场，保证从业人员质量，促进职业教育发展的两项重要制度。从近年的招聘情况看，许多用人单位更看重应聘者的实际动手能力，因此，衡量求职者专业水平的职业资格证书成为目前很多劳动者自身择业和取得就业机会的重要砝码。

实训活动

国家职业资格证书资料收集

活动目的：

了解我国职业资格证书制度，了解职业资格证书的作用，对职业做出进一步的认知。

活动内容：

收集职业资格证书制度相关信息，对职业资格证书的作用进行初步认知。包括：

（1）我国职业资格证书的分类。

（2）我国职业资格证书的获得方法与途径。

（3）职业资格证书在择业中的作用。

活动过程：

（1）学生确定收集信息的渠道和方式。

（2）学生进行信息收集。

（3）学生对收集到的信息进行整理并形成调查报告。

活动形式：

学生课外自行进行调查。可以以学生个人的形式，也可以以小组的形式。

活动分析：

（1）形成完整的职业资格证书的调查报告。

（2）教师在课堂上对学生的调查报告进行讲评和总结，引导学生正确看待职业资格证书对择业的作用。

资格证书制度是劳动就业制度的一项重要内容，也是一种特殊形式的国家考试制度。它是指按照国家制定的职业技能标准或任职资格条件，通过政府认定的考核鉴定机构对劳动者的技能水平或职业资格进行客观公正、科学规范的评价和鉴定，对合格者授予相应的国家职业资格证书。这一制度为用人单位选择招聘人员提供了可靠的依据，也为大学生确定职业生涯目标和制订专业学习计划，提供了较好的方向性参考。

职业资格证书是国家证书制度的一个组成部分，它通过国家法律、法令和行政条款的形式，以政府的力量来推行，由政府认定和授权机构来实施，在全国范围内通用。对劳动者的从业资格进行认定的国家证书，是劳动者具有从事某一职业所必须具备的学识和技能的证明，是劳动者求职、任职、开业的资格凭证，是用人单位招聘、录用劳动者的主要依据，也是境外就业、对外劳务合作人员办理技能公证的有效证件。

职业资格证书分为从业资格证书和执业资格证书。

知识拓展

从业资格证书，也被称为水平评价类资格，指从事某一专业（工种）学识、技术和能力的起点标准，通过鉴定（评定）或考试取得，是国家对达到从业资格的劳动者发给的证明，供用人单位参考。水平评价类职业资格具有较强的专业性和社会通用性，技术技能要求较高。如教师资格证是持证人具备国家认定的教师资格的法定凭证，是从事教育工作必须具备的最低要求和前提条件，是证明能够从事教育工作的唯一合法凭证，是进入教育岗位的“准入证”，是教师工作的“上岗证”。教师资格共分为七种：幼儿园教师资格、小学教师资格、初级中学教师资格、高级中学教师资格、中等职业学校教师资格、中等职业学校实习指导教师资格和高等学校教师资格。

执业资格证书是准入类资格，政府对某些责任较大、社会通用性强、关系公共利益的专业技术工作实行的准入控制，是专业技术人员依法独立开业或独立从事某种专业技术工作学识、技术和能力的必备标准，必须通过考试方法取得，考试由国家定期举行，实行全国统一大纲、统一命题、统一组织、统一时间。经执业资格考试合格的人员，由国家授予相应的执业资格证书。取得执业资格证书后，要在规定的期限内到指定的注册管理机构办理注册登记手续。取得执业资格证书后，全国范围有效。但若超过规定的期限不进行注册登记，执业资格证书及考试成绩不再有效。

2021年，我国对专业技术人员职业资格部分进行了调整。调整后，列入专业技术人员执业资格59项，其中，准入类33项，水平评价类26项。

（四）职业技能

职业技能是指从业人员从事职业劳动和完成岗位工作应具有的业务素质，包括专业知识技能、可迁移技能和自我管理技能，主要体现在职业知识、职业技术、职业能力三个方面。

1. 国家职业技能标准

国家职业技能标准是在职业分类的基础上，适应我国服务业和生产制造业等产业行业发展需要，紧贴相关职业岗位技术技能水平发展，根据职业活动内容，对从业人员的理论知识和技能要求提出的综合性水平规定。是对从业者从业行为的规范性要求，是开展职业教育培训和人才技能鉴定评价的基本依据，对促进相关领域从业人员素质提升、相关产业升级、行业发展将产生深远影响。

国家职业技能标准的基本内容应符合国家有关行业法规对行业从业资质的规定，国家职业技能标准的基本内容包括五个方面：

（1）从业人员的职业素质要求，如数学、阅读、写作和计算机操作等核心能力水平，以及基础受教育程度、工作岗位从业资质等方面的基本要求。

（2）从业人员的职业道德要求，如文明、礼貌、诚实、守信以及职业价值观、工作态度等方面的行为要求。

（3）从业人员的职业技能要求，如智力技能、技术技能和功能技能等与特定职业活动相关的操作，使用设备、设施、工具和信息系统的数量、等级，以及安全方面的技术、技艺要求。

（4）从业人员的理论知识要求，如概念结构、基本原理、定律定理、专业知识、社会经济法律知识、职业背景、职业培训程度等对实践活动总结、升华的规律性、本质性知识要求。

（5）从业人员的拓展能力要求，如人际沟通能力、逻辑推理能力、分析研究能力、合理应对能力、有效运用能力、组织管理能力等人际关系和解决问题方面的通用能力要求。

职业技能标准是衡量从业人员技能水平和工作能力的尺度，是进行职业技能培训、评价以及企业用工的主要依据。

2018年人力资源和社会保障部修订颁布了《国家职业技能标准编制技术规程（2018年版）》，并启动了国家职业技能标准制定修订工作。截至目前，人社部已累计颁布200多个新版国家职业技能标准。2021年12月，人力资源和社会保障部最新颁布18个国家职业技能标准。分别为网约配送员、建筑信息模型技术员、鉴定估价师（机动车鉴定评估师）、信用管理师、婴幼儿发展引导员、保育师、裁缝、计算机维修工、办公设备维修工、公共营养师、出生缺陷防控咨询师、公共场所卫生管理员、无人机驾驶员、裁剪工、缝纫工、铆工、缝制机械装配调试工、无人机装调检修工。

2. 职业技能等级证书制度

职业技能等级证书是指由经人力资源和社会保障部门备案的用人单位和社会培训评价组织（以下统称“评价机构”）在备案职业（工种）范围内对劳动者实施职业技能考核评价所颁发的证书。证书由评价机构独立印制并发放，政府部门不参与监制。人力资源和社会保障部门备案的职业技能等级证书是主要应用于用人方的职业技能评价制度。该证书与国家对技能人才的评价制度紧密联系，其设计目的是通过健全“以职业能力为导向、以工作业绩为重点”、注重职业道德和知识水平的技能人才评价体系，提高国家的技能人力资源开发水平，从而促进经济高质量发展；其核心要义是建立职业技能等级制度、完善技能人才评价体系，制度渊源是国家职业资格证书制度、职业技能鉴定制度。

职业技能等级证书制度是指由用人单位和社会培训评价组织按照有关规定开展职业技能等级认定。符合条件的用人单位可结合实际面向本单位职工自主开展，或按规定面向本单位以外人员提供职业技能等级认定服务。符合条件的社会培训评价组织可根据市场和就业需要，面向全体劳动者开展。

2019年2月，国务院印发《国家职业教育改革实施方案》（国发〔2019〕4号）明确指出，在职业院校、应用型本科高校启动“学历证书+若干职业技能等级证书”（简称1+X证书）制度试点工作。“1+X证书”制度是国家职业教育制度建设的一项基本制度，也是构建中国特色职业教育发展模式的一项重大制度创新。“1+X证书”制度普遍提高了学生的就业竞争力。

2022年3月，人力资源和社会保障部制定出台《关于健全完善新时代技能人才职业技能等级制度的意见（试行）》，明确在以技能人员为主体的规模以上企业和其他用人单位中，全面推行职业技能等级认定，普遍建立与国家职业资格制度相衔接、与终身职业技能培训制度相适应，并与使用相结合、与待遇相匹配的新时代技能人才职业技能等级制度。企业可增设特级技师和首席技师职务（岗位），补设学徒工，形成由学徒工、初级工、中级工、高级工、技师、高级技师、特级技师、首席技师构成的八级职业技能等级（岗位）序列。以特技技师、首席技师为例，对各个技能等级提出具体的要求。

拓展阅读

特级技师是在高技能人才中设置的高级技术职务（岗位），是企业生产科研一线从事技术技能工作，并具备相应条件的优秀高技能人才。

首席技师是在生产、运输和服务等领域岗位一线，熟练掌握专门知识和技术，具备精湛的操作技能，并在工作实践中能够解决关键技术和工艺操作性难题的人员，主要包括技术技能劳动者中取得高级技工、技师和高级技师职业资格及相应水平的人员。这些高技能人才是各行各业产业大军的优秀代表，更是技术工人队伍的核心骨干，能够带来巨大的经济效益和社会效益。

3. 职业技能等级认定机构

职业技能等级认定机构包括用人单位和社会培训评价组织两类。用人单位中，中央企业由人社部进行遴选，所属子公司、分公司等分支机构由所在地省级人社部门给予工作支持、兑现相应待遇并进行监管；其他用人单位由所在地省级人社部门进行遴选。社会培训评价组织由人社部进行遴选。经遴选的用人单位和社会培训评价组织纳入职业技能等级认定目录，按规定开展职业技能等级认定。

职业技能鉴定是一项基于职业技能水平的考核活动，属于标准参照型考试。它是由考试考核机构对劳动者从事某种职业所应掌握的技术理论知识和实际操作能力做出客观的测量和评价。国家实施职业技能鉴定的主要内容包括：职业知识、操作技能和职业道德三个方面。

拓展阅读

职业技能是体现大学生素质的重要方面，没有职业技能或职业技能不过硬的大学生，是不受企业欢迎的，而专业理论是大学生知识结构的重要组成部分。没有一定的专业理论，对大学生进行相应的技能训练就很难达到目的。

（五）职业心态

职业心态是指在职业生活中，根据职业的需求表露出来的心理感情，即指在职业活动中需要具备的心理状态。

职业心态是一个人职业素养的心理基础，对个人职业生涯有着至关重要的影响和作用。好的职业心态是营养品，会滋养我们的人生，积累小自信，成就大雄心，积累小成绩，成就大事业。有相当数量的人，分不清个人心态和职业心态，凭自己的情绪，用自己的个人心态来对待工作。区分个人心态与职业心态，会使我们能够更好地胜任职场的要求。

成为职业人，需要具备的职业心态主要有：积极的心态、主动的心态、奉献的心态、双赢的心态、包容的心态、自信的心态、竞争的心态、专注的心态、感恩的心态、给予的心态、行动的心态、学习的心态，等等。

（六）职业行为

职业行为是由职业的性质和内涵决定的，是由从业者依据一定规则运用知识、方法和技术实现特定目标的活动，是职业目的达成的基础。从形成意义上说，它是由人与职业环境、职业要求的相互关系决定的。职业行为包括职业创新行为、职业竞争行为、职业协作行为和职业奉献行为等方面。

职业行为的发生都会伴随着一定的道德价值产生，职业行为体现着一定的道德关系，任何从业者的职业行为都必须遵守相应规范。如教师必须遵循教育部的《新时代高校教师职业行为十项准则》《新时代中小学教师职业行为十项准则》和《新时代幼儿园教师职业行为十项准则》，明确新时代教师职业规范，划定基本底线，深化师德师风建设。一个人的专业知识和专业技能是潜在的，职业行为是外在的，专业知识和专业技能需要通过职业行为来表现。因此，规范化职业行为的培养在职业教育中十分重要。

三、企业对人才的素质要求

企业为了自身发展的需要，根据人力资源规划和职务分析的要求，通过各种人力资源选拔与评价工具，从外部选聘或者从内部选拔合适人才。

（一）个人素质方面

1. 政治修养

政治修养是指在社会政治生活中自觉进行自我锻炼、自我改造，在政治认识水平与政治思想品德等方面所取得的结果的总和，它通过人们的政治态度与政治行为表现出来。大学生是中国特色社会主义事业的建设者和接班人，必然要在政治上坚决拥护中国共产党的领导，坚持正确的政治方向和信仰，热爱祖国和人民，坚定为实现中华民族伟大复兴的中国梦而奋斗的理想信念，树立正确的社会主义核心价值观和奋斗观。

2. 职业道德

必须具有良好的职业道德素质，恪守职业道德的基本准则和职业操守，在工作实践中对自己的行为高度负责。

3. 纪律观念

必须具有良好的纪律观念和组织观念，遵守国家法律法规，遵守单位的规章制度，保持对职业的诚实和守信，具备较高的规则意识。

4. 协作观念

必须具有良好的团队合作精神，能团结同事、服从大局，向着共同的目标迈进。

5. 责任观念

要具备主体责任意识，敢于承担责任，遇到问题不逃避、不推诿，具有责任担当的精神。

（二）知识与专业方面

1. 学习经历

学习经历主要包括在学校接受教育的经历和在社会工作岗位上参加的继续教育经历两个方面。通常来说，受教育者的学习经历越丰富，参加的社会继续教育越多，代表其实践工作经验越丰富。

2. 专业知识的学习情况

具备专业知识主要体现在理论性的知识学习情况，既包含专业技术知识体系的架构以及各种专业知识的掌握和应用情况，还包括所学专业知识应具有的专业能力、职业资格等。

（三）职业技能方面

1. 解决问题的能力

面对复杂问题，应形成解决问题的思维惯性，从理解问题表征、探索问题症结、提出解决对策、检验解决实效等方面，从控制情绪的能力、找准问题的能力、懂得变通的能力、适时放弃的能力、持续学习的能力等方面，历练自身面对问题时的态度、解决问题的方式和能力。

2. 创新能力

创新能力主要是指在已有生产设备基础上结合最新的生产技术，实现渐进性的技术融合创新与应用，不断提升生产效率，并能获得一定的有益效果。

3. 获取技术成果的能力

获取技术成果的能力主要是指将理论应用于实践的能力，即将最新的发现以及理论研究转化为具体成果的形式来指导实践活动。

（四）精神与潜力方面

1. 精神意志

具备吃苦耐劳的意志和精神品质，对工作具有较高的认同感和荣誉感。

2. 较强的环境适应能力

要不断适应周围环境的变化和自身心理的变化，要学会自我调节以提高适应能力。

3. 基本的组织和管理技巧

必须具备团队管理、交流沟通、设计策划、应用指导及综合管理能力。

4. 学习发展能力

具备终身学习的能力，在保持平和、向上的心态中不断挖掘自身的创造潜能和社会潜能，努力向更高的目标和要求迈进。

四、大学生获得职业素质的方法与途径

大学生具备相当的知识积累，并不等于有了较强的实践能力。能力同知识的掌握

一样，要靠平常的学习、生活中的自觉培养和实践锻炼获得。从进入大学开始，大学生就要积极行动起来进行初步的职业生涯规划，进行职业生涯探索，学习基本的求职能力和技巧，培养职业生涯决策能力和建立良好的职业道德观念，这是每个人进入社会前应当经历的过程。在此期间，大学生要学会具体地学习和尝试一些事情，大学生提升职业素质的方式与途径主要有以下几种：

（一）积累知识

我们无法想象一个知识贫乏的人能拥有超群的能力。离开知识积累，能力就会成为“无源之水”。因此大学生在校期间，一定要注意拓展自己的知识面，勤奋学习，不耻下问，正如古人言“智能之士，不学不成，不问不知”。一个人才能的大小，首先取决于掌握知识的多寡、深浅和完善程度，这是因为个别知识是构成才能的元素或细胞。需要说明的是，才能并不是知识的简单堆积，而是知识的结晶。这里的“结晶”，包含着对知识的提炼、改造和制作，包含着质的变化。怎样才能做到这一步呢？除掌握知识外，还需要有科学的思想方法和熟练的技能技巧。这里的思想方法和技能技巧也属于知识范畴，即在某些方面有丰富的知识，并掌握科学的思想方法对这些知识进行科学加工，创造性地运用。掌握的知识越丰富、越完善，加工和运用知识的思想方法越正确、越先进，实现创造的技能、技巧越熟练、越精深，才能也就越优异、越高超卓绝，也就越超群。

（二）勤于实践

能力是在实践过程中培养形成并在实践过程中表现出来的，因此实践是培养能力的重要途径。如一个人想要表达自己的观点、思想和情感，那就得在公众场合善于演讲或具有写作的有关才能。否则只能变为空想，而演讲和写作是一个实践过程。一个人要想具有组织管理能力，就要积极主动地、有意识地在法规和校纪约束的范围内去组织、参加一些活动，并在有条件的情况下参与一些社会工作，这些实践活动都会使其组织管理能力得到明显的提高。学校虽然不同于社会，实践的形式比较单一，但只要积极参与，就会有很多收获。像大学生志愿服务、社区服务等，这些活动不仅陶冶了大学生们的情操，同时也促进了他们各方面能力的提高。

（三）发展兴趣

兴趣对培养能力相当重要。古今中外许多著名的科学家、文学家、艺术家，都是在强烈的兴趣驱动下取得事业成功的。如英国著名女科学家古道尔从小喜欢生物，并逐步对黑猩猩产生强烈兴趣，于是她不畏艰险，只身进入热带雨林与黑猩猩一起“生活”了十年，掌握了极其宝贵的第一手资料，为解开黑猩猩的秘密作出了贡献。又如达尔文，起初因无兴趣于医学、数学、神学，曾变为“慢班”的学生，但他对打猎、旅行、收集标本却兴趣盎然，因此后来成为著名的生物学家。所以杨振宁博士在总结科学家的成功之路时说：“成功的秘诀是兴趣。”因此，大学生要围绕所学专业发展自己的兴趣爱好，并以这些兴趣为契机，加强相关知识的学习和积累，注意发展自己的优势能力。

（四）超越自我

作为一个求职者，可以注意发展自己的优势能力，但仅有优势能力是不够的，必须对其他基本能力都有所拓展，这就要求在发展兴趣能力的同时，也要超越自我，全面发展自己的各种实际能力，这是今后生存的需要，也是发展的需要。因为现代社会的多维竞争，增加了单一能力持有者的生存难度，同时也增加了企业的生存危机感。因此，不管是否是你的兴趣之所在，作为求职者都必须注意锻炼自己的基本能力。

项目三　专业与职业

一、专业认知

进入大学学习，每位同学都会选择一个专业，但现在你对自己所学的专业了解多少？知道它是干什么的吗？你是不是认为，会计专业将来就是记记账、做做报表？营销专业将来就是搞市场营销？电子商务专业就是做微商？药物制剂专业就是配药？建筑工程技术专业就是盖房子……

实训活动

专业探索

活动目的：

了解自己所学专业。

活动步骤：

请将自己对专业的了解情况填在表2-2中。

表2-2　专业情况调查表

专业名称	
培养目标	
就业面向	
核心课程	
主要职业能力	
主要专业实践性教学	
主要专业实训、实习	
职业资格证书	
近年就业状况	
近年升本状况	
可能适合职业	
衔接本科专业举例	

活动分析：

（1）你对自己所学专业了解多少？

（2）通过这个活动，如果你对自己所学专业不够了解，你可以通过辅导员、任课教师、学长等人，进一步认识专业的价值，这有助于你规划自己的学涯和未来的职业。

实际上，学校里任何一个专业相对于职场中的具体职业、工作岗位来说，都是一个大范围的概念。高职院校根据社会职业需求设置专业，一般专业都对应一组岗位群。进入大学，每位同学都会进入一个专业领域学习，不管学习的专业是不是自己选择的，也不管专业的学习难度如何，对于同学们而言，都应该珍惜专业学习的机会，学好专业知识，为将来求职、择业打下扎实的专业基础。

（一）专业的含义

专业是教育部门根据社会分工需要和学科体系的内在逻辑而划分的学科门类，专业强调某类职业活动的技术专门性。高职专业是指高等职业教育中所设置的专业，属于职业教育专业。

大学生从填报志愿开始就为自己选择了一个专业，步入高职院校的同时，要对自己所学专业及将来要从事的职业有所了解，增强专业学习的目的性和针对性，为在校期间学习专业知识、提升专业技能及职业生涯规划奠定基础。

那么，怎样才能了解自己所学的专业呢?

首先，了解本专业的专业名称、培养目标、主要职业能力、核心课程与实习实训、专业知识和职业技能要求、就业方向等，通过校内外参观、课堂讲授、专家讲座、实习实训等活动，使学生形成专业观念，对职业形成感性认识。

其次，了解与专业相关的行业、职业及职位、岗位有哪些，可以采用访谈、调查、咨询、交流等方式，调查同类专业往届毕业生的就业行业及职业情况，与专业教师交流所学专业的就业情况，向从事本专业的专业人士咨询，与你感兴趣职位的实际工作者交流。通过交流，确定与专业相关的职业、行业领域，进而规划未来职业方向。

（二）专业分类

拓展阅读

按照《国民经济和社会发展第十四个五年规划和2035年远景目标纲要》对职业教育的要求，在科学分析产业、职业、岗位、专业关系基础上，对接现代产业体系，服务产业基础高级化、产业链现代化，统一采用专业大类、专业类、专业三级分类，一体化设计中等职业教育、高等职业教育专科、高等职业教育本科不同层次专业。

在教育部2021年印发的《职业教育专业目录（2021年）》（以下简称《目录》）中，高等职业教育每个层次设置了19个专业大类和97个专业类共991个专业，其中高职专科专业744个、高职本科专业247个，包含农林牧渔、资源环境与安全、能源动力与材料、土木建筑、水利水电、机械制造、生物化工、轻工纺织、食品药品、交通运输、电子信息、医药卫生、财经商贸、旅游餐饮、文化艺术、新闻传播、教育体育、公安司法、公共管理等。

大学生选择专业、接受专业教育，不仅是学习专业知识、培养实践动手能力，更重要的是职业素养的养成。清晰的专业认知能增强学生专业学习的信心，明确专业学习目标，激发专业学习动力，掌握专业学习策略，规划大学生活，设计职业生涯，可以减少学生规划职业素养的盲目性，提升职业生涯规划能力。

二、专业与职业的关系

（一）认识专业与职业的关系

1. 专业与职业的相互关系

（1）专业包容职业。即个人的职业发展一直在所学专业的领域内，选择的职业与学习的专业高度吻合，能够做到学以致用；（2）职业包容专业。即以专业为核心发展职业，向其他职业领域扩展，个人的职业发展与学习的专业虽然方向一致，但职业发展超出所学专业领域；（3）专业与职业交叉。即以专业为基础发展职业，个人的职业发展在所学专业基础上有重点地向某一方向拓展，可以在学好本专业的基础上，同时辅修或自学自己规划要从事的职业所需的其他专业知识；（4）专业与职业分离。即个人的职业发展与所学专业基本无关。

2. 专业与职业的对应关系

专业与职业一般是对应关系，但这并不代表学习某一专业就必须要从事对应的职业。（1）一对一的关系。这种情况最为简单。一个专业方向对应一个职业目标，此类职业的技术含量相对比较高，所学专业就是为了培养某一个职业而专门设置的。这类专业和职业一般较适合于专业技术人员，如焊接技术专业的学生毕业后可从事与焊接相关的工作；（2）一对多的关系。即人们常说的“宽口径、厚基础”类的专业。一个专业可以对应一个职业群，职业群一般由基本操作技能相通、工作内容、社会作用以及从业者所应该具备的素质接近的若干个职位所构成。如人力资源专业所对应的职业群广泛分布于国民经济的各个产业和行业之中。（3）多对一的关系。就是多种专业都可以进入到某一种职业，这类职业一般属于管理型职业。比如新闻专业、中文专业、经济学专业等，毕业之后都可以从事记者这个职业。这类职业可能更加需要个人的领悟能力和在实践中的学习能力，需要在具体工作的过程中，结合自己的专业知识，不断总结经验，提高技能。

（二）正确处理专业与职业的关系

能否正确处理专业与职业的关系，将直接影响大学生的学习积极性和主动性，甚至影响学生职业生涯的发展。因此，解决好专业与职业的关系，是学生树立明确的学习目标，掌握专业知识技能，进行职业选择和职业发展切身利益的关键所在。

1. 了解专业

高职院校的专业设置精准对接人才市场，针对具体的职业要求，重点培养学生的专业技能，并要求学生在校期间考取相应的职业资格证书、职业技能等级证书。每位学生对自己都有一个大致的职业定位，尽管可能不十分精准、明确。专业学习为职业发展提供了知识和技能的准备，而职业发展需要的知识和技能很多，我们应该清楚自身通过专业学习所获得的知识和技能中对职业发展起重复作用的部分，除此之外，对于个人的职业发展还需要补充哪些知识和技能。通常情况下，专业针对性越强，适应性越小，当适应性增加，专业知识和技能的深度就会降低。

2. 了解专业人才培养目标

专业人才培养目标是高职院校不同专业对所培养的人才应具备的专业知识、专业能力、专业技能和素养等方面的要求。每一所高职院校都会根据自己的办学定位、办学特色、区域服务、社会影响力及社会对学生的需求等确定人才培养目标。我们要了解自己所学的专业是在为谁培养、如何培养、培养哪种类型的人才，这些人才是应用型、研究型、复合型，还是具体从事技术开发、生产管理、产品营销等工作。

3. 了解与所学专业相关的职业

专业学习和职业发展并不一定完全吻合，专业不是职业选择的必然原因，职业也不是专业学习的必然结果。据近五年麦可思“中国高职生就业报告”数据显示，我国高职院校毕业生的工作与专业相关度维持在65%左右，这就意味着有1/3的高职毕业生并未从事与所学专业相关的工作，他们的专业并未直接用来选择职业。这就需要我们认准职业定位后，再根据自己的兴趣、爱好、能力、性格、职业价值观等方面的认知，进一步明确自己未来的职业选择与自己所学专业的关系。

（三）新专业与新职业

职业教育肩负培养多样化人才、传承技术技能、促进就业创业的重要职责，职业教育要了解时代的经济特征，精准对接新职业人才缺口，围绕新职业进行职业教育新专业建设。

拓展阅读

《职业教育专业目录（2021年）》在科学分析产业、职业、岗位、专业关系基础上，对接现代产业体系，服务产业基础高级化、产业链现代化、一体化贯通设计，尤其在服务新业态、新职业方面，补齐人才短板。做好专业动态调整，将专业发展及时转化为具体的专业和课程落地。如服务文化旅游新业态，设置定制旅行管理与服务、民宿经营与运营专业；针对装配式建筑新业态和“装配式建筑施工员”新职业，设置装配式建筑构件智能制造技术专业；针对“区块链工程技术人员”“区块链应用操作员”新职业，设置区块链技术应用等专业；针对“全媒体运营师”新职业，设置全媒体电商运营、全媒体广告策划与营销、网络直播与营销等专业。实现教育体系与经济体系、科技体系、产业体系、社会体系的有机衔接。

项目四　人生与职业

如何生活，如何度过一生，这是每个人都必然面临的问题。你可以选择过一种没有思索的人生，许多人对自己的人生经历只是简单地作出反应，他们总是让生活来安排自己。有些时候，虽然遵从生活的安排是最好的选择，但是，当人们考虑他们的职业生涯发展的时候，情况就不一样了，因为工作是我们生活的核心和重要保障。职业生涯发展要求你去探索在自己周围和自己身上正在发生着什么。

实训活动

洞见人生：模拟人生20~60岁职场经历

活动目的：

完整还原人生成长和职场发展中的各个场景，体验人生职场经历。

活动要求：

这是一个团体的游戏，在这场游戏中，每3~5人组成一组，每小组选出代表一人，来模拟度过人生的不同阶段。

活动过程：

人生第一阶段：选择出生——呱呱坠地

如同我们的出生一样，一开始，你并不知道自己会诞生在什么样的家庭。有的人出生便含着金钥匙，无须过多努力就可达到较为舒适的生活状态；而有的人却是低起点，出身贫寒，凡事必须依靠自己；有的人出生在普通工薪阶层家庭，虽没有大富大贵，但也平凡充实。

人生第二阶段：青葱岁月——求学年代

我们开始有了自己的选择，在20岁前的求学时光，我们习得手艺技能、考取学历学位、内心生长出梦想。带着父母和全家人的希望，怀揣着无尽的憧憬和梦想，我们踏入了职场并希望一展宏图。

人生第三阶段：燃情岁月——职场前10年

进入职场后，为了能够生存，每个人用技能、学习的成果来获取工作岗位。在忐忑不安中选择了自己的职位，又开始面临着各种各样的选择和挑战，也会经历工作、生活、感情等发生的随机事件。

人生第四阶段：峥嵘岁月——职场后25年

经过前10年的财富积累，每个人都有所成就，在价值观的“拍卖场”上，我们看到了自己内心最想要的东西。人生的不确定性永远充满惊喜，可能在上一秒拥有财富，也可能在下一秒厄运加身，也正是这种不确定性，才是我们的人生。

人生第五阶段：人生大结局——退休后的生活

经历过人生跌宕，阅历过人间百态，体验过世间冷暖，最终迎来大结局。我们用经营一生所获得的货币，有形的和无形的资产，规划如何度过自己的余生。

活动思考：

用游戏感悟人生，用感悟洞见生涯。这是一场游戏，也是一次人生经验！在这个游戏过程中，你可能会感到焦虑、彷徨、纠结和迷茫，你也会体验到喜悦、幸福和满足。它带给你的并不仅仅是一个职业生涯的体验，而是站在一个整体的角度上，看待这一生。通过在游戏中的体验去反思、复盘，能有效地解决我们人生的迷茫以及现阶段出现的问题。

一、职业是实现人生发展的重要途径

面对人生大舞台，相信每个人都希望在自己的人生中实现较高层次的需求，最终实现自我的价值。但高层次需求并不是随心所欲就能实现的，实现人生较高层次的需求与个人的职业生涯发展程度是密切相关的。

美国社会心理学家马斯洛提出“人是永远不能满足的动物”，并提出了著名的“需求层次理论”，指出人的需求由低级向高级划分为五个层次，依次是生理需求、安全需求、归属与爱需求、自尊需求和自我实现需求。马斯洛的需求层次理论有两个基本点：第一，人的需求是有层次的，某一层次的需求得到满足后，更高层次的需求才会出现；第二，某一层次的需求一旦得到满足，便不能再起激励的作用。

后来，马斯洛的学生补充了它的观点，形成扩展后的人生需求金字塔，如图2–2所示。

需要强调的是，较高级的人生需求，如归属与爱的需求、自尊需求、自我实现需

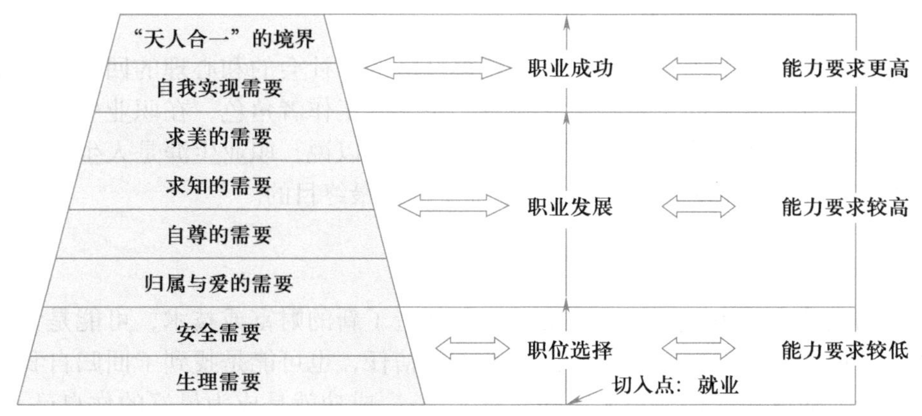

图2-2 人生需求金字塔

求是无限的，必须通过满足社会公众和他人的需求才能实现。而所有这些需求都要通过职业生涯活动来丰富。通过从事一份职业，我们获得生命赖以存活的食物、水等物质；通过从事一份职业，我们能够拥有一个安全舒适的住房以休息放松；也是通过从事一份职业，我们获得人们的认可、尊敬、友爱，享受美好生活；更是通过从事一份职业，我们能够发挥自己的潜能，体现自我价值，体验到幸福的成就感。

然而，有一份工作就能保证我们实现所有这些需求吗？高级人生需求能否实现很大程度上依赖于我们的职业生涯发展状况，很难想象一个抱着"当一天和尚撞一天钟"心态浑浑噩噩度日的人能充分体会到上述高级需求，感受到人生成功的快乐。谁都希望能在自己的职业生涯中有所建树，特别是大学生更是对未来事业之途充满很高的期望，并愿意为成功付出勤奋和努力，但是成功仅有主观努力是不够的，关键是你是否选择了正确的职业生涯发展方向。

一个人的职业生涯是生命、生活的重要组成部分，选择了一份职业，就是选择了一种社会角色，进而选择了一种生活方式。每个人都应该是自己人生事业的规划者和耕耘者，规划自我发展的蓝图，为实现自我价值创造机会，并扬长避短，最终迈向成功。

二、职业是实现人生发展的重要载体

职业生涯贯穿我们的一生，每个人在实现职业生涯宏伟目标的过程中，都会经历不同的发展阶段，有着不同的职业需求和人生追求。不同阶段的任务，组成了一个人向职业生涯顶峰攀登的崎岖之路，同时也将决定未来的职业生涯去向。一般来说，在人的一生中，我们需要扮演六种主要角色：子女、学生、休闲者、公民、工作者和持家者。人们在不同时期承担着不同角色，并通过这些角色来实现人生需求，实现人生价值。

当然为了某一角色的成功付出太大的代价，也有可能导致其他角色的失败。因此，成功的人生应该包括四个方面，身体健康、家庭和谐、子女自立成才和事业有成。所以，成功的职业生涯规划并不仅仅只考虑如何扮演工作者角色，还要考虑如何扮演好人生其他角色。只有在空间和时间上很好地将各个角色组合起来，才能满足我们的人生需求，实现我们的人生价值。

在现代社会中，工作是绝大多数人获得经济的、社会的和心理的回报，从而能满足自身生存和发展需求的主要手段。同时，扮演好工作者角色，在职业生涯发展中有所成就，也能很好地支持其他人生角色的扮演。可以说，职业生涯是人生全面发展的重要载体，而人生全面发展又是成功的职业生涯的最终目的。

三、职业是走向人生成功的重要平台

真正的成功应是多元化的。成功可能是创造了新的财富或技术，可能是为他人带来了快乐，可能是在工作岗位上得到了别人的信任，也可能是找到了回归自我的生活方式。每个人的成功都是独一无二的。有人说："成功就是成为最好的你自己。"也就是说，成功不是要和别人相比，而是要了解自己，发掘自己的目标和兴趣，努力不懈地追求进步，让自己的每一天都比昨天更好。

职业成功必备的基本要素是目标、信心和行动。一个人既要确定人生的总目标，又要确定能达到总目标的阶段性具体目标。人生意义在于目标的追求与实现，人生就是一个不断打破现状、追求超越自我的过程。一个人的职业生涯尤其如此，必须瞄准顶峰目标，步步攀登，才可成功。

要想做一个成功者，一定要有坚定的信念和意识，这是成功的先决条件。明白人生掌握在自己手中的道理，行动是获取职业成功的关键，如果不付诸实践，信心、目标最终只能是空谈。

由此可见，一个人要想职业成功必须做到：一是要积极主动，坚持不懈，保持旺盛的激情，不能坐等成功的到来，要成功就要付出努力和辛劳，并始终充满信心和热情，锲而不舍、脚踏实地去争取，一分耕耘一分收获。二是适应环境和形势，不断创新。社会大环境不是一两个人能改变的，作为个体要适应这种大的环境形势，并不断地调整自己的想法和活动，适应环境的要求与变化以达到成功。三是善于把握机遇，在职业生涯中机会是要自己去把握的，把握住了机会，成功往往就在一瞬间。四是有超前的战略眼光，要有远见、有见力，许多时候如果能比别人早行动一次，就占据了主动。五要利用好时间，提高效率，做好时间管理。

在历史的长河中，社会在不断进步，职业也在不断发展。社会的发展直接推动着职业的发展，职业的发展也对社会的发展产生重要作用，同时，对人们的择业观念也产生较大的影响。

项目五　职业探索的方法与途径

职业探索是大学生进行生涯规划必备的环节，也是澄清学生个人职业倾向选择的重要手段。从职业生涯规划的视角看，职业探索的途径与方法有以下几种。

一、职业探索的方法

在大学毕业前，不少同学对于找工作都会产生这样或那样的困惑：有些同学是在为毕业就找工作，还是继续深造取得更高的学历而犹豫；有些同学是不知道自己所学

的专业都有什么工作可以选择；有些同学是对自己所学的专业没有太多感觉，一直在考虑多学点其他专业知识和技能，但是也不知道到底什么好，不知道将来的工作岗位真正需要些什么……其实，这些困惑都来源于对职业社会的不了解或了解不够深入。如果我们在校期间对职业社会进行正确地学习和认识，就会逐步消除这些困惑，在找工作前做好充分准备，在找工作时争取最大的主动，更好地把握个人的职业生涯发展。

（一）调查法

认识目标职业的社会意义，熟悉职业环境，使自己对做好职业工作所需的知识、技能、生理条件及个性特征有初步的认识，对职业的生存环境、发展前景及个人循环发展可能取得的职业成就等形成初步印象，评估职业发展前景和职业获取的必要性。

调查内容包括目标职业所处的政治、经济、文化及法律环境，组织结构与工作流程、岗位环境及岗位要求、从业条件、社会信誉度、薪酬、福利待遇等。

调查可以采用问卷调查，通过发放调查问卷，了解职业信息。

（二）查阅法

查阅法主要收集、分析并评估职业信息，职业信息不仅仅是企事业单位的招聘信息，还包括各种媒体传递的经济发展形势报告和趋势预测、产业和就业政策等具有价值的职业信息。通过专业网站、企业微信公众号等网络渠道及人才市场、各类媒体、相关视频资料、专业生涯规划教育平台等，对感兴趣的职业方向进行初步查询，通过查阅对自身理想职业工作所需的知识、技能、生理条件及个性特征等问题有初步的认识。这个方法的好处是方便、信息量大、成本低，不足之处是得到的信息是间接的、隔离的，也许与实际情况有差距。

（三）访谈法

根据所学的专业或者自己感兴趣的行业，找到业内资深人员、人力资源部门人员，面对面或者通过微信等形式进行直接的交流，了解相关的专业能力要求、工作环境及待遇、就业行情等更具有价值的信息，这对了解职业的相关资讯、解决职业上的困惑，都有立竿见影的成效。同学们如果需要了解自己感兴趣的职业，可以试着列一份名单，并做出相应的访谈提纲。

实训活动

职业生涯人物访谈

活动目的：

通过访谈，了解该职业岗位的实际工作情况，获取相关职业领域从大众传媒无法得到的个性化信息，进而判断你是否真的对该工作感兴趣，实际上是一次间接、快速的职业体验。

活动流程：

1. 确定访谈内容。访谈前先对自己意向的职业发展方向有个大致认识，确定访谈希望了解的内容和方向（行业、企业、职业、职位方面的信息）

2. 确定访谈对象。根据访谈内容确定不同的对象，既可以是初入职场的人士，也可以是有一定年限的中高层人士。

3. 选择访谈方式。结合访谈者实际情况选择访谈方式，包括面对面访谈、书面访谈（邮件、QQ、微信）和电话访谈，并最好以电话方式提前与被访谈者预约。

4. 准备访谈清单。为了提高访谈效率，需要事先根据访谈对象的特点和需要了解的内容任务，设置不同的访谈内容清单。

5. 进行访谈。注意尊重被访谈者及其工作环境；合理安排访谈内容和顺序；视情况进行录音或书面记录；提问要灵活变通，感受真实的工作氛围。

6. 结束访谈。表示感谢，最好向被访谈者反馈自己的访谈收获。

7. 整理访谈结果。及时将人物访谈的经过、所收集的资料和心得整理撰写成《职业生涯人物访谈报告》。

建议学生在正式进行访谈前，至少做两件事：一是为自己准备一个“30秒介绍”，因为在访谈过程中，对方可能会问到你的职业兴趣和目标；二是对需要提出的问题做一些准备，这样有助于访谈的深入进行，能够取得较高的效率。访谈中，可能提出的问题包括：

（1）在这个工作岗位上，每天都做些什么？

（2）您是如何找到这份工作的？

（3）您是如何看待该领域工作将来的变化趋势的？

（4）您的工作是如何为实现组织的总体目标或使命贡献力量的？

（5）您所在的领域有“职业生涯道路”吗？

（6）本职业需要什么样的人？

（7）到本领域工作所需的基本前提是什么？

（8）就您的工作而言，您最喜欢什么？最不喜欢什么？

（9）什么样的初级工作最有益于学到尽可能多的知识？

（10）本领域初级职位和略高级别职位的薪水是多少？

（11）工作中采取行动和解决问题的自由度如何？

（12）本领域有发展机会吗？

（13）本工作的哪部分让您最满意，哪部分最有挑战性？

（14）什么样的个人品质或能力对本工作的成功来讲是重要的？

（15）您认为将来本工作领域潜在的不利因素是什么？

（16）您在本领域工作中遇到过什么样的问题？

（17）对于一个即将进入该工作领域的人，您愿意提出特别建议吗？

（18）本工作需要特别的知识、技能和经验吗？

（19）这种工作需要什么样的教育或培训背景？

（20）公司对刚进入该工作领域的员工提供哪些培训？

（21）还有哪些方法能帮助我深入了解该工作领域？

（22）根据您对我的教育背景、技能和工作经验的了解，您认为我在做出最终决定之前还应在哪个领域、什么样的工作上进行深入的调查研究呢？

当然，问题可以根据自己的需要再整理，但对职业生涯人物关于工作的主观感受还是应该进行提问。比如，可以问："就您的工作而言，你最喜欢什么？最不喜欢什么？"它常常能让人更立体地了解一种工作。另外，给职业生涯人物留出提供其他信息的机会，说不定会让人有意外的收获。最后，不要忘记感谢接受访谈的职业生涯人物，最好在访谈结束当天发一份电子邮件或手机短信表示谢意。

在访谈职业生涯人物结束后，将职业生涯人物访谈的经过、所收集的资料、心得，整理撰写成"职业生涯人物访谈报告"。

访谈人物：____________________

职业状态：____________________

职业生涯规划的方法：____________________

对你的启示：____________________

（四）体验法

体验法是学生在短时间内通过实践体验活动，了解、学习、参观、体验职业工作现场，了解职业工作性质、内容、环境、氛围等，获得实实在在的职业感受。目前，职业探索中的体验法主要分为两种，即校内体验活动和校外职业体验。校内体验活动在于学生事先通过某个生涯规划教育平台测评工具，结合测评结果和现场工具使用说明，逐步探索自身感兴趣的专业和职业，从而选择某一领域进入面试体验。校外职业体验不同点在于学生根据测评结果选择职业体验方向相关的企业，学校组织学生深入企业观摩职业现场、职业工作环境、内容、制度等，结合特色体验课程，为学生树立正确职业价值观，为学生正确选择职业奠定基础。

（五）咨询法

个人因为精力、认知、视野有限而无法仅仅依靠自己力量理清思路时，选择专业且经历丰富的职业指导咨询师进行一对一的指导，是必要且效率很高的一种方式。

职业探索能够帮助学生综合自身个人特点、不同的职业、不同的环境关系，增强学生对自我、职业、环境的认识和理解，确立未来职业发展和目标，促进个人职业发展，实现自我完善和自我价值。

二、探索职业的途径

掌握职业信息的方法有很多，依据一定的规律可以提高效率，例如从近至远的探索。所谓近和远，是指信息与探索者的距离。通常近的信息比较丰富，远的信息更为深入；近的信息较易获得，远的信息则需要更多的投入和与环境的互动才能了解。所以，从近至远的探索是一个范围逐渐缩小、了解逐渐加深的过程。图2–3列举了从近至远获取信息的一些方式。

目前我们获取职业信息的主要途径：

（一）学校就业主管部门

无论从哪个角度来看，学校都应是收集就业信息的主渠道。学校的就业指导中心办公室（或就业服务机构）作为毕业生就业主管部门，是毕业生就业工作所涉及的有关对象的核心环节，他们与中央有关部委和各省市的毕业生就业主管部门以及有关用

图2-3　获取信息方式图

人单位保持着长期、密切的联系，学校一般都能及时掌握国家有关就业政策规定、地方的有关政策、各地举办招聘会的信息等。另外，学校就业办公室与社会用人单位有着长期广泛的联系，每年通过发函、走访、参加就业信息交流会、网上联络等多种形式，获得大量真实、准确的需求信息，他们提供的校内就业信息无论是数量还是质量，都有明显的优势，这是广大毕业生获取求职信息的主渠道。

（二）人力资源部门和人才中介服务机构

人力资源部门常年向用人单位输送人才，对单位的情况比较了解，对人才需求情况比较清楚，他们所提供的需求信息比较准确可靠，有较强的指导性；人才中介服务机构是劳动力市场的重要载体，是经过当地政府人力资源管理部门或其他有关部门批准的、专门从事人才交流、职业介绍的中介服务组织，它的业务是搜集、整理、储存和发布人才供需信息，开展职业介绍。其特点是招聘单位多、信息量大、见效快。目前，我国已形成了区域性人才市场、专业性人才市场和基础性人才市场共同发展的格局。这些人才中介服务机构所掌握的人才需求信息量也非常大，而且这些机构也经常定期、不定期地举办一些人才招聘会。由于人才中介服务机构面对社会各层次人员，这就要求求职者在从这些组织获取信息时，注意寻找与自身有关的、针对性强的信息。

（三）招聘洽谈会

供需见面会和人才招聘会是常见的求职渠道，也是非常有效的搜集职业信息的来源。毕业生将直接面对招聘单位，通过彼此的交流可以获得更为丰富和全面的信息，而且可以当场签订协议，简捷有效，可以大大提高毕业生应聘的成功率，用人单位也可以挑选到自己满意的毕业生，因而受到毕业生和用人单位的欢迎。

校园招聘会。一些大公司尤其是著名外企、大型国企通常都会把需求职位的信息发给各大高校的就业部门，与就业部门联系协商妥当后，来学校召开专场招聘会（即现场宣讲会）。校园招聘会提供的职位主要是针对应届毕业生，通常不面向社会人士，一般不要求工作经验，而注重应聘人员的综合素质和未来发展潜力，所以这是应届毕业生找工作最好的途径之一。

政府组织的招聘会。通常，每年春节前后或夏季，各省份的政府都会组织大规模的招聘会，参与的企业较多，覆盖面更广，也是我们找工作的一大途径。

（四）新闻媒体

各种新闻媒体诸如报刊、广播、电视等以其信誉度高、容易被大众接受等特点，成为各类企事业单位或组织介绍企业现状、产品质量和人才需求的重要工具，许多用人单位通过新闻媒体发布招聘信息。毕业生可以通过新闻媒体获取大量的就业信息，这类信息数量多、范围广，但受篇幅、时间的限制，内容都比较笼统，甚至有虚假信息，毕业生应慎重对待，注意辨别，也可以从其他途径加以核实确认。尽管如此，通过新闻媒体收集就业信息也是一个不可或缺的途径。

（五）网络招聘

网络求职以现代科技手段为依托，是一种非常便捷的信息渠道，对于求职者来说，这是一种成本低、成功率高、可以与用人单位建立联系、沟通互动的方式。目前各高校普遍采用校园网为本校的毕业生发布需求信息，用人单位也注意通过网络发布有关的招聘人才的信息，甚至不少主管部门也通过网络发布有关的招聘通知和文件。目前人才网站比较多，所以在网上查询、检索求职信息应首选自己学校的就业网站，上面的就业信息完整、全面、针对性强；其次为毕业生就业主管部门的网站，如中国高校毕业生就业信息网等，信息丰富，可信度高；另外还有一般招聘网站的毕业生专栏，这类网站比较多。再次是专业招聘网站。现在很多专业招聘网站提供大量招聘信息，这些网站与大公司合作，发布最新的招聘信息，很多公司直接通过这些网站提供在线职位申请。大部分网站上还可以帮助制作在线简历与求职信，并提供简历在线投递服务。

（六）实习单位

毕业实习是毕业生走向社会的前奏曲，每一位毕业生都必须充分认识到这是一个难得的机会。实习单位一般都是对口单位，通过实习，毕业生对单位的了解或单位对毕业生的了解都会比别的需求信息更有分量。如果说实习单位有用人需求，很可能你就是企业考虑的最佳人选。通过实习单位落实就业单位的毕业生每年都有不少。

对面临求职的毕业生来说，最关心的是能否得到足够的求职信息，一个信息就是一个就业机遇。但广大毕业生在搜集求职信息时，由于受到社会诸多因素和自身素质条件的制约，必须遵循和掌握一定的原则。

（1）广泛搜集的原则。求职信息的搜集范围要广，要搜集各个方面、不同层次的信息，以供分析、筛选，而不能把信息面限定得太窄。例如，只注意搜集自己最想去的地方和单位的信息，其结果要么东奔西跑所得信息较少；要么搜集信息不少，但可供选择的却不多。

（2）全面具体的原则。搜集的求职信息要资料齐备、内容详尽，从需求人才的条件到单位的基本情况、录用意图、联系电话等各个方面，越全面、越具体越好。另外，要将搜集到的各种相关的、零碎的信息积累起来，然后加工、筛选，形成一种能客观、系统反映当前就业市场、就业政策、就业动向的就业信息，为自己的求职提供更可靠的依据。

（3）准确真实的原则。求职信息必须真实可靠、准确无误，这是就业信息收集工作最起码、最基本的要求。一方面，用人单位需要什么层次、什么专业的人才，在学业、性别、综合能力等方面有什么要求，都要了解清楚；另一方面，所获取的信息是否已经过期，用人单位是否已经物色到了合适人选，也要了解清楚，信息是否准确直接影响到毕业生的选择与决断。社会上存在一些以营利为目的的中介机构，其工作人员，用一些虚假或过时的用人信息吸引毕业生，毕业生为此东奔西跑，既浪费金钱，又浪费时间，严重干扰了高校正常的教学秩序，给学校毕业生就业工作造成很大的冲击。

（4）注重适用的原则。求职信息必须要有一定的价值。随着人才市场的发展，求职信息日渐丰富，如果不注意求职信息的适用性，就可能在大量的信息中把握不住方向，从而捕捉不到满意的、有价值的信息。因此，毕业生要根据自己的专业、特长、能力、性格、气质等方面的因素搜集与自己有关的就业信息，避免搜集范围过大，浪费时间和精力。

（5）准确定位的原则。大学生的职业意识正处于从朦胧、幻想型转向现实型的过程，在这个过程中，人的自我意识往往通过职业意识来表达。毕业生在搜集求职信息时，还不能完全摆脱幻想型职业意识的干扰，求职意向往往以十全十美作为追求的目标，有的毕业生求职期望值居高不下，对地域、工作性质、环境及待遇、报酬等要求都较高。事实上，能全面达到毕业生期望要求的单位并不多。因此，在搜集求职信息时，既要看到眼前的利益，又要考虑长远的发展；既要考虑个人的因素，也要服从社会需要，将自己的人生目标与国家和社会的需要紧密地联系在一起。

课后练习

思考与练习

1. 什么是职业？现代职业对从业人员提出了什么样的要求？

2. 从职业发展演变的角度看，大学生今后职业发展有哪些趋势？

3. 职业素质包括哪些基本内容，举例说明你具备哪些职业素质，还需要在哪些方面加强。

4. 你准备在大学期间考取哪些职业资格证书？如何获取这些职业资格证书？

5. 如何看待职业技能，你将如何提升自己的职业技能？

6. 寻找几个你身边的喜欢自己职业的人，观察他们有哪些与众不同的地方；

然后与他们进行交谈，了解一下他们对自己从事的工作的感受是什么？他们是如何找到自己喜欢的工作的？

探索与实践

我的生命线

现在，在下面的鱼骨图上绘制自己的“鱼骨”生命图。

活动目的：

回想生命过往中的事情，引发当下的重新思考，触发内心深处的情绪。

填涂说明：

鱼眼，表示原点，即出生时刻及出生地；鱼头，呈现三角形，代表人出生后0~3岁的发展迅速阶段；鱼尾，表示职业生涯结束后，生命逐渐老去的部分；鱼尾尖，表示生命的终点。

活动步骤：

（1）确定生命总长度。请你在生命的原点上写上出生日期和0岁。再请你根据自己的健康状况、家族的健康状况和你所生活地域的平均寿命来预测自己和世界说再见的时间，并标注在箭头的终点上。

（2）找到当下年龄点。请在这条直线当中找到现在年龄点的位置，用一个自己喜欢的标记表示在生命线上，并写上今天的日期和年龄。

（3）标注重大事件。请你进一步仔细回忆过去，以生命线上的时间点为初始点，在图2–4中标出过去影响你最大或令你最难忘的2~3件事，积极影响事件“鱼刺”（箭头）朝上，消极影响事件“鱼刺”（箭头）朝下；在相应事件位置标明发生时的年龄，并以线段的长短表示事件对自己影响的大小。

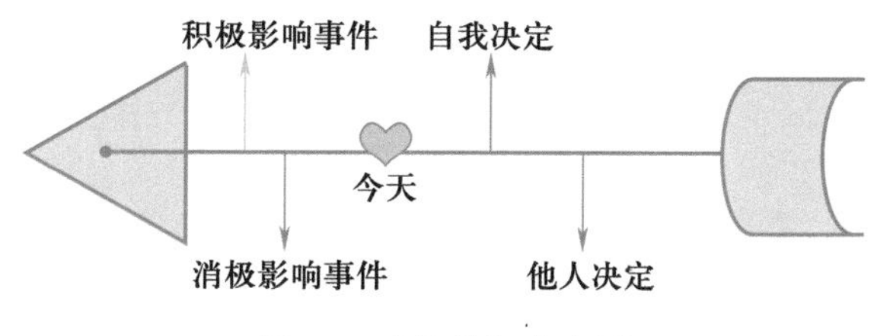

图2–4 “鱼骨”生命图

（4）标注最想实现的目标。现在请你在生命线上标出今后你最想做的3件事或最想实现的3个目标，能够由自己全权决定的鱼刺（箭头）朝上，需要别人参与或者全部由别人定夺的鱼刺（箭头）朝下。

参考自己绘制的“鱼骨”生命图，深入思考，并回答下面的问题：

过去的事情对你有怎样的影响？你对这些事情的看法怎样？它如何让你变成了今天的你？

____

____

对于现在的自己，你是否感到满意？哪些人或事促成了现在的你？

____

对未来的自己，你的预期是什么？如果想要成为这样的人，你现在需要做什么？

____

活动小结：

生命体验的必要性。不管发生什么事件，就事件的本质而言是没有好坏之分的，它都是生命的体验，对我们生命的成长都是有帮助的。在这些体验当中，我们的生命才得以丰富和完善。

模块三　职业生涯规划的相关知识

通过本模块的学习，应该达到以下目标：

知识目标：

了解职业生涯规划的含义、类型、步骤与理论。

掌握职业生涯规划的内容与方法。

能力目标：

能够遵循职业生涯规划的原则，初步具有运用职业生涯规划理论指导自己进行职业生涯规划的能力。

素养目标：

认识职业生涯规划的意义，强化职业生涯规划意识，提高职业生涯规划水平，明确适合自己的职业目标。

项目一　职业生涯规划概述

“吾生也有涯，而知也无涯。”以有涯之生对无涯之知，故需慎择生涯之知。这也表明了个人职业生涯规划的重要性。一个人一生只从事一种工作的时代基本过去，现代的职场人面对着太多的选择，职业生涯规划问题就“义不容辞”地摆在了首位。我该干什么？我会干什么？我能干什么？诸如此类的问题让很多大学生迷惑。职业生涯规划课程的开设，是希望大学生能够共同关注人生的核心问题——职业选择。不应以职业生涯成败论英雄，只求职业生涯让我们心有所安。

一、职业生涯规划的含义

阅读案例

没有规划的人生注定要失败

张颖，毕业于某师范专科学校中文系，现从事文职工作。

张颖一直是个优秀的学生，但自认为毫无特长。大学的专业并不是自己喜欢的，但自己到底喜欢什么也不清楚。当了两年教师，没找到兴奋点，后来又稀里糊涂读了原专业的研究生，毕业后进入出版社工作。工作了两三年，没有太大的成就感，感觉很苦闷，好像有劲儿没处使，于是想跳槽。偶然看到报上的某个招聘广告就去应聘了，虽然顺利进入新领域，然而对所要进入的行业没有进行太多的了解、分析。

进入新领域的新鲜感消失后，张颖又开始怀疑自己的选择：到底适不适合这个职业？她在这个职业工作了几年，别人看来还算不错，但她自己内心有时会冒出一个声音：这不是我最想要的！不满足感常常困扰着她。这期间她读到一些有关职业生涯规划的资料，才把这个问题与自己的职业生涯规划挂起钩来，后悔从前没有自我规划的意识。但张颖转念一想，即便有自我规划的意识，如果不清楚自己想干什么，也无从规划！

这时张颖已经35岁了，再重新规划职业道路好像也有些力不从心了。所以她非常想提醒那些尚未进入职场的大学生：不要随波逐流，规划一下自己的未来很重要。

（资料来源：曲腾龙.没有规划的人生注定要失败，略有修改。）

案例分析：张颖是应该好好考虑一下自己以后的职业生涯选择。她面前的路也许在他人看来是很“成功”的，但只有她自己知道，这实际上是“误打误撞”的结果。因为没有规划，所以就没有成功的自我参照系；因为没有规划，所以一直找不到自己喜欢和适合自己的职业，而再重新规划职业道路好像也有些力不从心了……

其实，进行职业生涯规划对大学生个人职业生涯发展的作用是多方面的，认识职业生涯规划，可以更有针对性地加强我们的职业生涯规划。

（一）职业生涯

1. 生涯

“生涯”来源于《庄子・养生主》：“吾生也有涯，而知也无涯。”原指生命有边际、限度，后指生命、人生。在古代汉语中，生涯有几种含义：① 生活。南宋思想家陈亮《谢陈参政启》中：“暮景生涯，恍如落日；少年梦事，旋若好风。”生涯指的是一种生活方式；② 生计。唐代诗人沈佺期《饯高唐州询》中：“生涯在王事，客鬓各蹉跎。”其中的生涯指的是维持生计的活动；③《辞海》对“生涯”一词的定义是：从事某种活动或职业的生活。

生涯的英文是“career”，从字源上看，来自罗马字“via carraria”及拉丁字“carrus”，二者的意义均指古代的战车。在希腊，“career”这个词指疯狂竞赛的精神，最早常用于动词，如驾驭赛马（to career a horse）。在西方人的概念中，使用“生涯”一词就如同在马场上驰骋竞技，隐含有未知、冒险等精神。现在生涯多被引申为人生发展历程，人们通过某种生涯而创造出一段有目的的、延续一定时间的生活模式或历程。比如教师生涯、军旅生涯等。美国学者舒伯（Super，1976年）给生涯的定义是：“它是生活里各种事态的连续演进方向，统合了人一生中依次发展的各种职业和生活角色，由个人对工作的投入而流露出独特的自我发展形态；生涯是人生自青春期到退休之后一连串有酬或无酬职位的综合，生涯是以人为中心的，只有在个人寻求它的时候，它才存在。”

无论是我国传统文化中的含义，还是西方文化中的含义，“生涯”的内容都是宽泛的，包括人生经历、生活道路和专业、职业、事业等。生涯是以“工作”为中心的人生发展历程，从它的定义来看，生涯具有两个主要特点：一是终生性，个体生涯始于出生终于死亡，生涯发展贯穿于人的一生；二是综合性，生涯不局限于人生的职业角色，还包括任何与工作有关的角色，如学生、退休者，甚至包括家庭的子女、父母和公民的角色。

2. 职业生涯

职业生涯是个发展的概念，即将个人的职业生活看作是一个动态的过程，具有浓厚的个人色彩。简单地说，职业生涯就是一个人的终生职业经历。一个人一生中连续从事的职业，不仅包括过去、现在和未来那些可以实际观察到的职业发展过程，而且还包括个人对职业生涯发展的见解和期望。具体地讲，职业生涯是以心理开发、生理开发、智力开发、技能开发、伦理开发等潜能开发为基础，以工作内容的确定和变化、工作业绩的评价、工资待遇、职称、职务的变动为标志，以满足需求为目标的工作经历和内心体验的经历。职业生涯是人一生中最重要的历程，是追求自我实现的重要人生阶段，对实现人生价值起着决定性作用。

一个人的职业生涯是一个漫长的过程。有的人可能遵循传统，一生只从事一种职业，持续而稳定地在职业岗位上晋升；有的人由于个人兴趣、能力、价值观以及工作环境的变化而经历不同岗位、职业甚至行业。但大多数人还是希望找到一种相对稳定、适合自己的职业。

（二）职业生涯规划

职业生涯规划，是指在个人发展与组织发展相结合的基础上，个人通过对职业生涯的主、客观因素分析、总结和测定，确定一个人的奋斗目标，并为实现这一职业目标而预先进行职业生涯发展系统安排的活动或过程。对个人一生职业生涯发展道路的设想和规划既包括选择什么职业、在什么地区和什么单位从事这种职业，还包括在这个职业队伍担任什么职务等内容。它一般是建立在对个人、组织、社会等因素的科学分析和有效引导的基础上。

实训活动

我的职业生涯有多“长”

活动目的：

体验职业生涯的长度。生命不是掌握在别人手里，它只有一个主人，就是你自己。现在的你，是三年前的你所决定的。三年后的你，是现在的你所决定的。最珍贵的时间是现在。珍惜拥有，把握当下，积极行动。生命最宝贵的在于它的广度和深度，而非仅仅是它的长度。我们应该在保护好它的长度的基础上，努力增加它的广度和深度。

活动流程：

请准备一个5 cm宽的纸条，这个纸条的全部长度代表你的一生，为了方便比较和计算，先假定80年。请将纸条进行8等分，并在每个等分点上依次标注年龄0、10、20、30、40、50、60、70、80。

撕掉已经过完的年龄。请在纸条上找出你现在年龄的那个点，并在此处将前边的纸条撕掉。先撕去纸条部分是自己的学习岁月，大约1/4。

撕掉退休后的时间。请找到你未来将要退休的那个年龄点，并将其后的纸条部分撕掉。这部分自己已退出了职业舞台，要去养老，大约1/4。

再看看手中所剩无几的纸条吧，这就是自己需要进行职业生涯规划的时间了，也是实现自我价值的关键时期。

在这人生最重要的40年时光中，剩下了人生最黄金的3年大学学习时光和大约37年的职业生涯时间。

现在请再撕去1/3的睡眠时间，撕去吃饭、洗漱时间，再撕去看手机、看电视和游玩的时间，再撕去交朋友、体育锻炼的时间……现在，看看你的纸条还剩多少？（此时，每个同学手中的纸条的长度有了很大的差别了！）

现在剩下的纸条就是能够做职业准备和将来职业发展的时间，拿着手中的小纸条，你都想到些什么?

现在，我们来具体算算你的大学时光：大学三年共1 095天，其中包括三个寒假、两个暑假，工作以后，每年10天国家法定节假日和双休日。而在非假期的每一天中，减去睡觉、吃饭、洗漱、娱乐、活动以及发呆、郁闷、抱怨、茫然等活动的时间……我们真正的学习时间和工作时间还有多少呢?

活动分享：

请同学们分享感受。

（1）看着手中的纸条被自己一次次地撕掉而越变越短，最后只剩下短短的一截。对此，请谈谈你的感受。

（2）通过这样一个活动，你还觉得你的学习时间和职业生涯很漫长吗?

（3）面对如此碎片化的时间，你打算如何最有效地利用它?

（4）如何更好地利用你现在的黄金时间处理好自己的学习、工作和生活?

活动分析：

人生很漫长，但每个阶段所要经历的事情都不一样，现在这个阶段的主要任务是学习，但余下的学习时间已经不长了，自己能够在学校学习的时间和漫长的一辈子比起来真的太短，所以我们该好好珍惜在校的时间，制定好自己的职业生涯规划。

一般来说，个人希望从职业生涯的经历中不断得到成长和发展。个人通过职业生涯规划，可以使自己一生的职业有个方向，从而沿着这个方向，充分地发挥自己的潜能，使自己走向成功。

二、职业生涯规划的原则与准则

职业生涯规划的根本宗旨是以人的全面发展为中心，为了实现个人价值与组织价值的最大化。职业生涯规划没有统一的模式，每个人有权力按照自己的想法去规划自身的职业生涯，但职业生涯规划绝不是凭空杜撰的职业畅想，要制定科学的职业生涯规划，必须根据主客观条件对职业发展做出科学的预见，并遵循一些共同的基本原则。

（一）职业生涯规划的原则

实训活动

职业生涯奇妙游

活动目的：

培养学生树立职业生涯规划意识，增强对自我的认识，在职业生涯规划原则的指导下，尝试初步建立职业生涯规划。

活动指导：

尽可能放松，舒缓你的呼吸，想象一下自己已经通过时空旅行来到未来10年后的世界里，此时你是什么样子？正在做什么？……现在，请回到教室，不要说话，用画笔或文字把刚才的旅途心境与感受描绘出来。

活动分享：

十年后的我从事的工作的描述：

____

十年后的我居住的场所的描述：

____

十年后的我的生活环境的描述：

____

十年后的我的家庭状况的描述：

____

（1）讲述你未来想从事这一职业的理由，并听听同学们的意见。

（2）在憧憬未来时，你都考虑了哪些因素？还应考虑哪些因素？

活动总结：

通过职业生涯奇妙游活动，每位同学都对自己的未来进行了充分的想象，但这个想象不是随心所欲的，它必须遵循一定的原则，才能制定出适合自己的职业生涯规划。

1. 目标导向原则

以目标为导向是大学生进行职业生涯规划的首要原则。目标引领未来，目标促进行动。职业生涯规划是一份行动计划，制定这份规划的主要目的是用来指导自己的职业生涯发展方向，确保在职业发展中按照既定目标努力前行。成功的人和不成功的人其实就差一点点，成功的人可以无数次修改方法，但决不轻易放弃目标；不成功的人总是变换目标，却从不改变方法。在职业生涯发展的道路上，只要不放弃目标，每一次挫折、每一次失败都是有价值的。

2. 前瞻性原则

前瞻性原则是指大学生在制定职业生涯规划时要做到未雨绸缪，一是要有一定的预见能力，能准确判断职业发展趋势，并进行相关的职业路径策划。当然，这种预见能力必须建立在大学生对自我的全面认知和对环境的全面把握之上，否则，就是“沙上建瓴”和“纸上谈兵”式的预见，只能给职业生涯规划带来误导。二是要充分考虑未来的变化，现在所拥有的专业知识和技能，在工作中能用多久，所选的职业或岗位，将来是否能长久存在。如果前景不够乐观，就要及早采取措施，学习新知识，掌握新技能，以适应新技术或新岗位的要求，高瞻远瞩，把握自己的未来。

3. 可行性原则

大学生的职业生涯规划要从实际情况出发，以客观事实为依据，不能不着边际地空想甚至幻想，要有清晰、明确的职业目标以及实施和管理目标的方法、途径等。不能凭空造出一个职位，并将其设定为职业目标。职业生涯目标的设定、角色定位和人生价值等要建立在对自己、对社会、对环境的实事求是分析的基础上，确定适合自己的工作岗位目标。明确了目标，下一步就要考虑实现目标的途径，而实现职业生涯目标的途径很多，在做规划时必须考虑到自己的特质、社会环境、组织环境以及其他相关因素，选择切实可行的途径，才能使自己的人生目标及理想职业得以实现和获得。

4. 可控性原则

职业生涯规划是一份具体的职业计划，由于职业发展阶段性和职业生涯周期发展任务的特殊性，职业生涯规划必须分解为若干个阶段，并划分到不同的时间段内完成。根据时间的长度不同，可以分为短期规划、中期规划、长期规划和人生规划。短期规划更适合大学生制定自己的学涯规划，中长期规划更适合作为职场行动计划。制定规划要有一个合理的时间安排，每一时间阶段有“起点”和“终点”，即“开始执行”和“完成目标”两个时间坐标。如果没有明确的时间限定，会使职业生涯规划陷于空谈而失败。

5. 动态性原则

职业生涯规划是一个连续的系统工程，贯穿一个人的一生。规划不可能一次完成、一成不变，它需要根据社会的发展、自身条件的变化做出及时的修正和调整，即制定职业生涯规划的动态目标。大学生在走向工作岗位之前，就要明确自己未来的职业发展方向，但在未来不断学习、进步、提高的过程中，随着自身知识储备的丰富、技能水平的提升、价值观念的升华，职业目标也会发生变化，这就要求我们随时调整自己的职业规划。这样才更有利于规划目标的实现。

6. 个性化原则

由于每个大学生的性格、能力、价值观、成长经历、思维特点和行为方式等各方面均不相同，所制定的职业生涯规划应该是独一无二的，每个人的职业生涯规划都应该体现出个体的独特性和差异性，即遵循个性化原则。在进行职业生涯规划时，要对自己的水平、能力、薪资期望、心理承受度等进行全面分析，并根据自身的主客观条件，设计出合理可行的职业生涯发展目标和行动策略，从而使职业定位更加准确、规划方案更加科学。

7. 可评量原则

职业生涯规划应有明确的时间限制或标准，以便评量、检查，使自己随时掌握执行状况，并为规划的修正提供参考依据。通过评量、检查，我们便能灵敏、准确、迅速地反馈，从而及时地根据实际情况自觉总结经验和教训，修正对自我的认知和对最终职业目标的界定，使规划更切合实际，更有利于实现自己的人生目标。

8. 双赢原则

也叫利益结合原则，即个人发展、组织发展和社会发展相结合的原则。虽然职业生涯规划是为了实现自己的预期收益最大化，感受人生成功的快乐，达到自我实现的层次，但完全为了个人利益的职业生涯规划肯定是不可取的。要寻找个人发展和组织发展的结合点，这种结合不是牺牲个人的利益，而是处理好个人发展和组织发展的关系。为此，规划要在由收入、社会地位、成就感和工作付出等变量组合的函数中找到一个最大值，并把自己的价值观、知识和努力集中于组织的需要中，从而实现收益最大化，开发自身潜能，达到自我实现。

总之，大学生职业生涯规划必须遵循目标导向原则、前瞻性原则、可行性原则、可控性原则、动态性原则、个性化原则、可评量原则、双赢原则，从而认识自我、客观地分析环境、正确地选择职业，树立明确的发展目标，加速自我实现，让每位渴望获得成功的大学生发挥尽可能大的潜力，最终实现自己的职业生涯目标。

（二）职业生涯规划的准则

为了更好地制定自己的职业生涯规划，在遵循上述原则的前提下，还必须把握职业生涯规划的基本准则。

阅读案例

匠心独运编织航天梦想——杨尹渝

杨尹渝，四川航天川南火工技术有限公司高级技师，曾任中航集团六九二厂技师，曾获第十四届中华技术大奖、全国技术能手、全国五一劳动奖章、全国知识型职工先进个人等荣誉称号。拥有用于点燃固体小火箭的“蒙布药盒自动粘贴装配机”“导爆索包覆层半自动切割机”“爆炸螺栓自动拧紧机”等火工品发明专利，被称为“中国航天火工品制造第一人”。

1981年，初中毕业的杨尹渝如愿加入四川航天，入职之初，他立志深耕厚植于一线。但因为年纪小，杨尹渝感到了自己与别人的差距，为了弥补这份差距，杨尹渝进入了一种不疯魔、不成活的状态，潜心钻研火工品自动化生产，终于在火工品领域做出了巨大贡献。工作40年来，由杨尹渝亲手制造的火工品多达十万发，应用于载人航天、探月、探火等一系列重大航天工程，遍布航天、航空、兵器、船舶、电子等领域，不仅装上了弹箭星船，且创下了发射零失误的成绩。

在2018年全国职业技能大赛上，杨尹渝曾说：“入职40年来，我从未离开过热爱的一线岗位，并且我发现，我越是对产品倾注了大量的心血，越是对我的岗位爱得深沉，我收获的就越多，这些收获不仅是单位和上级给我的各项荣誉和肯定，更是内心满满的自豪感和满足感，是能为国家航天事业和国防事业添砖加瓦的成就感。我想，只要航天和国家有需要，我将继续保持这份热情和初心，继续尽好自己的一分力量。”杨尹渝并寄语青年要坚定青春之志，矢志强国建设，练就一身真本领，掌握一手好技术，弘扬工匠精神，用匠心坚守初心，用实干创造未来，激发创新动力，不要放过任何一次在小事上成就大事的机会，不放弃任何一个在平凡中达成非凡的追求，做一个品德高尚、追求卓越的人。

案例分析：认真做事，只能把事情做对；用心做事，才能把事情做好。干一行、爱一行、精一行的工匠精神是做好工作的基本条件。选择自己喜爱的职业，喜欢自己选择的职业。杨尹渝“敬业、精业、奉献”的精神是对职业生涯规划准则的最好阐释。

1. 择己所爱

即选择自己喜欢的职业。从事一项自己喜欢的工作本身能给人一种满足感，职业生涯也将会从此变得妙趣横生。兴趣是快乐的源泉，是成功路上必备的基石，兴趣可以产生动力，促使大学生义无反顾、乐此不疲、百折不挠地从事某些工作。只有对自己的工作感兴趣，才能不断地追求，不断地拓展，才能有更广阔的发展。调查表明，兴趣与成功概率有着明显的正相关性。在确定自己的职业目标时，务必根据自身兴趣特点，选择自己喜欢的职业。“择己所爱”是进行职业生涯规划的首要准则。

2. 择己所长

即选择自己擅长的职业。任何职业都要求从业者掌握一定的技能，具备一定的能力条件。职业不同，对技能的要求也不一样，任何一种技能都是经过一定时间的训练后才能被劳动者所掌握的，而每个人的一生都很短暂，任何人都不可能在一生中掌握所有的技能，在所有的技能中，总有你的长项。所以在进行职业生涯规划时，要充分了解自己的优势和劣势，扬长避短，选择最有利于发挥自己优势的职业，让自己在职场中立于不败之地，即“择己所长”。

3. 择世所需

即选择社会需求的职业。随着经济社会发展，新产业、新业态、新模式的出现，进而催生出新兴职业，这就导致社会对人才的需求不断发展变化。择世所需也不是一定要从事某种热门职业、新兴行业，只是在选择职业时，一定要分析当下的社会需求，不仅需要有社会需求，而且这个需求要长久。如为满足广大旅游消费者个性需求的民宿行业蓬勃发展，短短几年间从业者数量便实现由少数到百万级的规模跨越，民宿管家也得以被设为新职业。择世所需最重要的是要目光长远，能够准确预测未来行业或者职业发展方向，再做出选择，不然很容易陷入一种“毕业即失业”的困窘之地。

阅读案例

数智农业推动职业变革

青岛市杨家营村1996年出生的小伙子杨修世原本在外打工，但在购置了植保飞防设备后他加入了职业飞手的行列。杨修世家有30亩[①]玉米地，当时正处于拔节期，当地该时期降雨较多，容易引发病虫害，需要及时打药。杨修世通过手机端测绘需要作业的地块，设定好飞行高度、速度、亩用量等飞行参数，将按剂量稀释好的农药灌入飞机药箱，随后在手机屏上操控无人机，从起飞到执行好喷药作业指令，整个过程仅仅用了约30分钟。杨修世同时还为周边农户提供质保飞防服务，喷洒面积近3万亩，年收入15万元左右。飞手不分老幼，在农资店打工的肖戈庄村民李先臣，56岁开始接触智能手机和小程序，经过植保无人机操作培训，很快成为自主执行飞防作业任务的职业飞手，每天作业量约200亩，年收入比在农资店打工翻了一番。

---

① 1亩$=\frac{1}{15}$公顷。

在焦格庄村，80%的农户采用无人机进行农田杀虫、除草等飞防作业。村党支部书记介绍道："以小麦为例，我们使用无人机喷药，病虫草害防治效果很好，以往亩产800斤左右，现在达到1 300斤。"随着流转土地服务面积不断增加，在规模化农业发展趋势下，整个行业仍然处于上升期，飞手缺口很大。植保服务具有周期性，一般每年作业时间约100天，其他时间飞手还可以参与农产品流通、种植等农业生产环节，获得更多收入。目前，青岛全市90多家植保专业化服务组织利用植保无人机等高效植保机械开展统防统治、联防联控、群防群治，日作业能力近50万亩。

（资料来源：中国就业培训技术指导中心.中华人民共和国职业分类大典（2022年版）应用指南.北京：中国劳动社会保障出版社，2022年版）

案例分析：杨修世、李先臣的职业转型只是青岛植保专业化服务的一个缩影。随着数智农业的发展，不仅形成了"农业数字化技术员""无人机驾驶员"等新兴职业，而且促使与数字化技术应用或智能设备操控与保养有关的职业群体逐步形成。

4. 择己所利

即选择利于自己发展的职业。新时代的大学生在择业过程中会面临众多选择，如何进行取舍对于大学生的职业生涯发展起到极其重要的决定性作用，甚至往往超过了兴趣和性格对大学生的影响。职业是个人谋生的一种手段，其目的在于追求个人的幸福，实现个人价值最大化。所以，大学生在择业时，首先考虑的是自己的预期收益——个人幸福最大化、价值最大化。无论大学生从事什么工作，都会努力在由收入、社会地位、成就感、荣誉感、职业生涯稳定感等变量组成的价值体系中找到最大值。根据这个标准，当目前的职业很难成功或眼前工作尽管能带来稳定的收入和不错的福利，但不能长久地发展或晋升空间很小时，按照"择己所利"准则，就要重新择业，找一份真正适合自己发展的工作。

三、职业生涯规划的意义

职业生涯规划是对一个人一生职业生涯发展道路的设想和规划，它对大学生实现人生价值有着十分重要的意义。没有制订职业生涯规划的大学生很容易沉陷于繁杂事务中，精力分散就很难全神贯注地学习和工作，也很难充分发挥自己的才干。个人通过职业生涯规划，可以使自己一生的职业有个方向，从而努力地沿着这个方向，充分地发挥自己的潜能，使自己走向成功。

阅读案例

一句"玩笑"，两种人生

李罡和王巽是毕业于同一所职业技术学院计算机专业的同学，两人毕业后都来到了南方的同一家软件公司，并且还在同一个部门。在一次青年职工座谈会上，总经理殷切地希望年轻人要树立人生目标，并为之奋斗。会后，两人开玩笑，说目标就是公司总经理，看谁先当上。表面是句玩笑话，两人心中却已当真。

王巽在大学曾是班级团支部书记，做事认真、冷静、有计划；李罡做事相对灵活、圆滑、办事有冲劲。两人性格迥异，决定了不同的人生。

三年后，李罡当上了部门副主任，王巽还是一名普通员工。十五年后，王巽已经是公司总经理，而李罡仍为原来的部门副主任。原先职位在上的李罡现在成了王巽的下属，李罡承认自己输了，但不明白自己到底输在哪儿了。

自从当年立下总经理目标后，王巽制定了自己的人生规划。头三年，王巽认真研究部门业务，了解公司业务市场、客户心理、管理知识，强化专业技能。第四年到第八年，王巽利用业余时间自考了本科，后来又读了研究生，潜心研究计算机领域的最新发展，学习管理专业知识，并在国内学术期刊发表文章，渐渐成为该领域的业务尖子。从第十年起，王巽不仅以技术为主，重视业务，还开始加强各方人际关系，赢得了较好的人脉。当总经理调任时，人们不约而同地想到了王巽，她技术强、业务精、人脉广，是总经理的最佳人选。

李罡则不同，一开始就关注仕途，三年便当上了部门副主任。可是一上任就感到各方的压力，业务能力一般，关注仕途又丢掉了专业技术。当了两年的副主任，处理问题总难以服众。这时看到一些老同学自己开公司、当老板，心中甚是羡慕，他也悄悄在外合伙开了一家公司，但由于经营不善，不到一年公司倒闭了。他不甘心失败，又相继开了与自己专业毫不相干的服装店、小餐馆，可是干一样亏一样。瞎忙活了四年才发现，自己真的不适合经商，还是在公司好。本想在公司好好发展，却发现原来的同事都有了很大的进步，要想赶上就必须付出更大的努力。他一会儿忙业务，一会儿搞技术，生活、工作忙得不可开交，却什么也没有干好。当王巽当上总经理后，李罡勉强还是副主任，但再不改观，恐怕也要“下课”了。

案例分析：每个人都有或大或小的人生计划，而少有人想到人生的发展需要规划。翻阅伟人传记，发现他们都有一个共同点：从小就有远大的人生目标，并终身为之努力奋斗，这个过程近似今天的职业生涯规划。虽然大多数人是凡人，但不可否认，清楚人生目标并不断奋斗的人，往往更容易取得成功。可见，我们进行职业生涯规划，找到正确的前进方向，掌握有效的行动措施，充分发挥自我管理的主动性，以及充分开发自身的潜能。只有这样，我们的人生才能有更好的发展。

有规划不一定就能成功，但成功的人一定是有规划的人。

阅读案例

职业生涯规划应该从什么时候开始最好?

经常有学生问：我是一名刚入校的新生，我们这个学期开设了职业生涯规划这门课，尽管我也知道应该早点开始自己的职业生涯规划，但毕竟刚入校，离找工作还很远，现在就开始规划是不是太早了？然而，大三的学生也说，我们现在都在忙着找工作，我只考虑能否找到一份好工作，现在再去思考职业生涯规划是否已经为时太晚了?

案例分析：职业生涯规划的开始没有早晚，职业生涯规划为的是要有计划地安排自己的职业发展乃至人生发展，可是人生真的能完全按照自己的规划去实现吗？

职业生涯规划的目的不仅仅是帮助大学生找到一份工作，更重要的是帮助个人真正了解自己，正确估量内外环境的优势和限制，为自己策划和设计出合理可行的职业生涯发展方向，并运用适当的方法，采取有效的措施，克服职业生涯发展中的困难和障碍，使自己的才能得到充分发挥，从而实现个体职业生涯的可持续发展，最终实现自己的职业生涯目标和人生理想，获得事业上的成功。

（一）职业生涯规划有利于确定职业发展目标

职业生涯规划是大学生为自己的成才和发展订立的心理契约，是自己对未来美好的承诺。职业生涯规划可以唤醒了解自我的意识，寻找全面、准确地了解自我的方法，教我们对自我进行分析。通过分析，认识、了解、评估自己的能力，评价自己的智慧，确认自己的性格，判断自己的情绪，找出自己的特点，发现自己的兴趣，明确自己的优势，衡量自己的差距。通过分析，为自己职业生涯选择的最大化、人生价值的最大化提供可能，并进而确定符合自己兴趣与特长的职业生涯路线，正确设定自己的职业生涯发展目标，并制定计划，使自己的才能得到充分发挥，以实现职业生涯发展目标。

（二）职业生涯规划有利于引导个人潜能的发挥

米歇尔罗兹（Michelozzi，1998）指出：生涯规划有突破障碍、开发潜能和自我实现三个积极目的，一个人最大的幸福，是能以自己选择的方式生活，择其所爱、爱其所择。在职业生涯发展过程中，很多大学生对追求理想的工作或人生目标充满疑虑，甚至不敢想象或者设立理想目标，总觉得不现实。所以，没有职业生涯规划的人，即使有巨大的潜能，也很容易把精力放在小事情上，小事情使他们忘记了自己本应做什么。一份行之有效的职业生涯规划将会引导大学生正确认识自身的个性特质、现有与潜在的资源优势，帮助大学生重新对自己的价值进行定位并使其持续增值；引导大学生对自己的综合优势与劣势进行对比分析；使大学生树立明确的职业发展目标与职业理想；引导大学生评估个人目标与现实之间的差距；引导大学生进行前瞻与实际相结合的职业定位，搜索或发现新的或有潜力的职业机会；使大学生学会如何运用科学的方法采取可行的步骤与措施，不断增强职业竞争力，实现自己的职业目标与理想。

（三）职业生涯规划可以提升应对竞争的能力

当今社会处在变革的时代，各行各业充满着激烈的竞争。“物竞天择，适者生存”，职业活动的竞争非常突出。要想在这场激烈的竞争中脱颖而出并立于不败之地，必须规划好自己的职业生涯，这样才能做到心中有数，不打无准备之仗。而不少大学毕业生不是首先做好自己的职业生涯规划，而是拿着简历与求职书到处乱跑，总想会撞到好运气，找到好工作。如果一味地想着“撞大运”，结果只能是浪费大量的时间、精力与资金，到头来感叹招聘单位有眼无珠，不能“慧眼识英雄”，叹息自己“英雄无用武之地”。这部分大学毕业生没有充分认识到职业生涯规划的意义与重要性，认为找到理想的工作靠的是学识、业绩、耐心、关系、口才等条件，认为职业生涯规划纯属纸上谈兵。这是一种错误的理念，实际上未雨绸缪，先做好职业生涯规划，有了清晰的认识与明确的目标之后再把求职活动付诸实践，从人生更长远的角度来看，这样的效果要好得多，也更经济、更科学。

（四）职业生涯规划促使大学生做好大学期间的生涯发展规划

大学生涯是人生发展中非常重要的阶段。大学阶段的学习、生活、社会工作情况直接或间接地决定了大学生未来的职业生涯发展方向与高度。大学生涯规划是大学生为自己的成长、成才和发展所订立的契约。大学生为实现自己的规划目标，就要制订大学阶段的学习和能力培养计划，并根据自己的爱好、实际能力和社会需求制定正确的大学生涯发展目标和有效的实施步骤。有了发展目标，大学生就会如饥似渴地追求知识、充实自己、完善自己，整个大学阶段的学习和生活就会由被动变为主动；有了发展目标，大学生就会集中精力、心无旁骛地投入其中，建立一种自我激励机制，即使遇到一些困难和挫折，也会全力以赴地去克服，不达目的不罢休，真正激发自己的成才欲望和动力。

（五）职业生涯规划帮助大学生理性选择职业生涯发展道路

很多大学生在面临职业选择时，往往存在从众和盲目攀比心理，甚至受他人价值观严重影响，如果对自身进行一番职业生涯规划，将使自己的职业生涯选择更加理性。因为职业生涯规划能够帮助大学生澄清自身需要，掌握和运用职业生涯开发和管理的知识和技能，从而帮助大学生在遵循自身个性特点、能力优势的基础上结合社会需要，真正选择一条适合自身发展的职业生涯道路。

（六）职业生涯规划为未来的职业成功打好基础

一个人在人生舞台上扮演什么样的角色，选择什么样的生活方式，主要由自己来把握。大学生的大学生活形态，取决于自己是否有适合自己的职业生涯规划。要想未来拥有成功的职业生涯，体验到爱与被爱的幸福，享受受人尊敬、获得成就感所带来的快乐，实现自己的人生价值，就应按规划有步骤、有计划地去实施，为自己的人生发展多储备能量，创造机会。

项目二　职业生涯规划的内容

一、职业生涯规划的要素

“知己知彼，百战不殆”，这句话道出了职业生涯规划的要素。职业生涯规划的五大要素是知己、知彼、抉择、目标和行动。尽管我们每个人会基于不同的分析而有侧重地考虑职业生涯规划的内容，但不论是谁，要使自己的职业生涯规划能够得以成功实现，都必须重视职业生涯规划的这五大要素。

著名职业生涯规划专家罗双平曾用公式总结了职业生涯规划的五大要素，即：“成功的职业生涯规划=知己+知彼+抉择+目标+行动”。知己就是向内看，就是要了解自己，明确认识自己的兴趣、爱好、能力、价值观、个性特征以及家庭、学校、社会对自己的影响等。知彼就是向外看，就是探索外在世界，特别是与职业生涯发展有关的工作世界，主要了解职业的特性，不同职业所需要的能力、就业的渠道、岗位的工作内容、行业发展的前景、工作要求及薪资待遇等外在社会特性。

因此，知己、知彼无疑是后面各项的基础，也是一个好的职业生涯规划的开始。它们之间的关系如图3-1所示。其中，内圆表示个人的内在世界（知己），外圆表示外

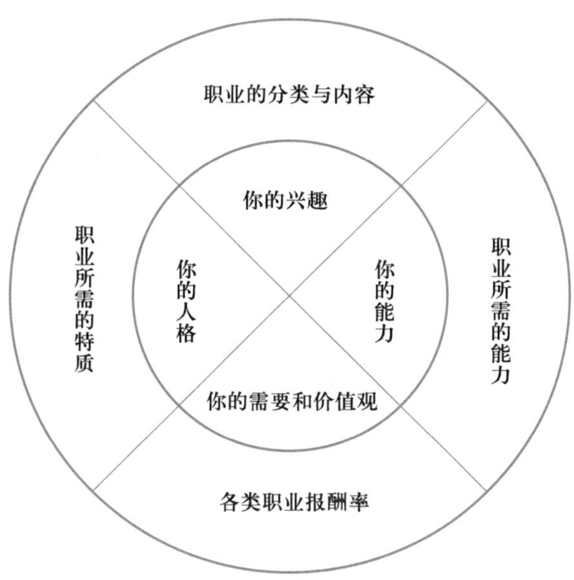

图3-1 影响大学生职业生涯规划的因素

在的工作世界（知彼）。

目标就是在知己、知彼的基础上，确定符合现实的、能充分发挥自己专长和强项、自己有浓厚兴趣并且与环境相适应的职业生涯目标。

抉择，包括抉择技巧、抉择风格、抉择目标，以及抉择可能面临的冲突、阻力、助力等，就是在知己、知彼的基础上，对可能的备选项进行权衡、比较，分析其中的优势、劣势、阻力、助力等因素。做到了知己知彼，有了正确的职业生涯决策，职业生涯规划也就有了成功的可能性。但可能毕竟不等于实现，要将可能转变为现实，还需要扎实有效的行动。行动是非常关键的要素。只有美好的愿望和目标，没有把目标付诸实施的行动，也是徒劳。只有按照规划采取积极行动，我们确定的职业生涯发展路线才能最终实现。在这五者中，知己、知彼是前提，正确的抉择是方向，清晰的目标是关键，扎实的行动才是根本。它们之间的关系如图3-2所示。

以上五个要素是相互关联的，做到知己、知彼后，抉择、目标和行动才有现实的基础，才能制定出适合自己的职业生涯规划。

二、职业生涯规划的类型

职业生涯规划按照时间维度分类，可分为人生规划、长期规划、中期规划与短期规划四种类型。

（一）人生规划

人生规划就是一个人根据社会发展的需要和个人发展的志向，对自己未来的发展道路做出一种预先的策划和设计，也就是自己的人生目标。人生规划使我们在规划职业生涯的同时，可以更理性地思考自己的未来，尝试性地初步选择适合自己从事的职业和生活。人生规划的时间跨度可达40年以上，其规划的目的是确定整个人生的发展目标。

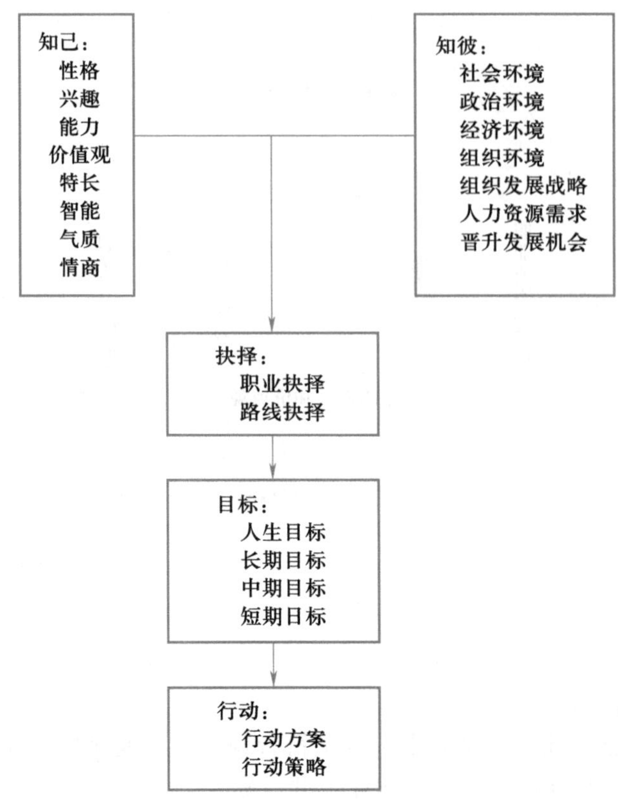

图3–2　大学生职业生涯规划的基本要素

（二）长期规划

长期规划是指5~10年的职业生涯规划，目的主要是设定较长远目标。对职业生涯进行长期的规划，能够使大学生明晰各个阶段的职业目标，保持整个职业生涯阶段的连贯性和持续性，使总体目标更容易循序渐进地达成和实现，进而产生最大的职业动力。大学生如果有条件的话，应该进行这种长期的职业生涯规划，激励自己为达到各个阶段的目标而不懈努力。

（三）中期规划

中期规划一般为2~5年的职业目标与任务。中期规划是规划时间年限与大学生生涯年限基本符合的大学生职业生涯规划。大学时期正处于职业准备和选择的职业生涯探索阶段，它的主要目的就是通过选择、尝试与磨合，找到最适合自己的职业。大学生的职业生涯中期规划，就是大学生根据这个阶段的主要特点和任务要求，在确立总体目标之后，以实现就业为阶段目标，对自己的大学学业生涯制订相应的行动计划和实施方略。

（四）短期规划

短期规划一般是2年以内的规划，主要是确定近期目标，规划近期完成的任务。如对专业知识的学习、业务知识的掌握等。近期规划的特点是主要以大学学制为阶段进行目标分解和策略实施，其最根本的目的是为了实现总体目标而在学业上做好准备，使自己顺利毕业并找到目标职业。短期规划的侧重点以就读期间的职业学习和职业准备为主要内容，规划期限基本以大学生涯的结束为终止。

对大学生而言，短期规划具有针对性，更具有可操作性。通过短期规划，大学生可以在认识自我、了解职业的基础上，从自身条件和社会需求出发，确定职业发展的方向，明确职业目标，制订大学期间的学习、培训、实践计划，不断地挑战自我、超越自我，为将来迈出校门、走向社会做好准备，为总体目标的实现打下良好的基础。由于规划的时间跨度不长，因此短期规划也比较易于评估与修正。

从字面上看，个人职业生涯规划从短期规划到中期规划，再到长期规划，直至整个职业生涯规划，如同拾级而上的台阶，一步步发展。但在实际操作中，时间跨度太长的规划，由于环境、个人的变化而难以把握；而时间跨度太短的规划又意义不大。所以，一般提倡大学生职业生涯规划掌握在2~5年比较好。这样既便于根据实际情况设定可行目标，又便于随时根据现实的反馈进行修正和调整。

实训活动

“畅想20年”新闻发布会

活动目的：

通过畅想20年后的自己，初步思考自己的职业生涯规划。

活动流程：

（1）你对20年之后的自己肯定有很多憧憬，你曾经仔细想过20年以后的自己是怎样的吗？现在，请大家闭上眼睛，调整呼吸，一起来畅想一下20年后的自己吧。

（2）4~6人为一组，选择一个你们共同关心的主题，想想20年后要达到畅想中的自己，你该怎么做？20年后，你将处在人生的什么位置？你的事业发展到什么阶段？你是怎样达到这个阶段的？假如你畅想自己20年后成为集团董事长，那么，你是怎么一步步成为董事长的？注意：要保证畅想的合理性。

（3）同一小组的成员不但要收集你所畅想的内容和信息，还要集思广益，设想记者团可能会提出的问题，并做好回答的准备。

（4）每一小组的同学针对其他小组的主题，设想3~5个问题作为对其他小组发言的提问。

（5）每一小组推举1名同学作为新闻发言人，2名同学作为记者。新闻发言人根据本组的畅想情况进行发言，记者负责收集本小组成员对其他组发言提出的问题。

新闻发言人的职责：用5分钟的时间阐述畅想内容，然后用5分钟的时间接受记者的提问。

记者的职责：对新闻发言人进行主题提问。这些问题可以是你们小组的成员共同提出的，也可以根据新闻发言人阐述内容现场提出你们认为重要的问题。

现场讨论：

（1）在畅想活动中，你看到20年后的景象是什么？

____

（2）你的理想与现实能契合吗？

____

（3）怎样做才能实现你的理想职业和理想生活？

____

活动分析：

通过对自己理想职业生涯状态的畅想，能够了解自己期待的职业生涯愿景是如何一步步实现的。

三、职业生涯规划的步骤

一个完整、有效的职业生涯规划应包括自我分析、外部环境分析、目标确立、实施策略和评估反馈五个环节。

所有这些步骤或环节的顺序并不是固定不变的，在实际的职业生涯规划中，每个人的职业生涯规划、设计、开发、管理各有其独自的特色。为帮助大学生进一步理解个人职业生涯规划的基本步骤，下面提供一种个人进行职业生涯规划的思路。

（一）自我分析

自我分析是个人职业生涯规划的第一步，自我分析是个人职业生涯规划的基础，也是获得可行的规划方案的前提。有效的个人职业生涯规划要求规划者首先对自己做全面的分析，通过自我分析，正确、深刻地认识和了解自己，这样才能对自己未来的职业生涯做出最佳的抉择。如果忽视了自我分析，职业生涯规划就很容易中途夭折。

自我分析的主要内容包括与个人相关的所有因素，如兴趣、个性、性格、能力、特长、学识水平、思维方式、价值观、情商以及潜能等。即弄清楚自己是谁，自己想要做什么，自己能做什么，自己适合做什么。常言道，“当局者迷”，一个人对自己的认识总是片面的，所以，在自我分析中还应当包括他人的意见，我们称之为“角色建议”。

（二）外部环境分析

“知彼”更重于“知己”。毫无疑问，环境因素对个人职业生涯发展的影响是巨大的，作为社会生活中的个体，只有顺应外部环境的需要，趋利避害，最大限度地发挥个人优势，才能实现个人目标。

外部环境分析包括对政治环境、经济环境、社会环境、行业环境和组织（企业）环境的分析。即评估和分析外部环境条件的特点、发展与需求变化趋势、自己与环境的关系以及环境对自己的有利条件与不利条件等，以确定自己是否适应组织环境或者社会的变化以及怎样调整自己以适应社会的需要。这样，大学生的职业生涯规划才会切实可行，而不致流于空泛。短期的规划比较注重组织（企业）环境的分析，长期的规划更多地注重政治、经济、社会环境的分析。

（三）目标确立

大学生职业生涯目标的设定，是未来职业生涯规划的重要组成部分。一个人事业的成败，很大程度上取决于有无正确适当的目标。目标的设定，是继专业选择后，对大学职业生涯的新抉择。这一抉择是以自己的最佳才能、最适性格、最大兴趣、最有利的环境等信息为依据的，所以，目标抉择才是职业生涯规划的核心。职业生涯目标的确定，是指可预想到的、有一定实现可能性的最长远目标，包括人生目标、长期目标、中期目标和短期目标。一般来说，我们首先可根据个人素质与社会大环境确立人生目标和长期目标，然后通过目标分解，再划分为符合需要的中期、短期目标。

（四）实施策略

所谓职业生涯实施策略是指为实现职业生涯目标而制订的行动计划。在我们确定职业生涯目标后，就要制订相应的行动方案来实现目标。没有达成目标的行动，目标就难以实现，更谈不上事业的成功。实施策略的制定要具体可行，容易评测，包括职业生涯路线、教育培训安排、实践计划等。例如，为了达成目标，在专业学习方面，计划学习哪些知识、掌握哪些技能以提高专业能力；在社会工作方面，计划采取什么措施来提高工作效率；在潜能开发方面，计划采取什么措施开发潜能，等等，都要有具体的计划与明确的措施。这些计划要特别具体，以便定时检查。

（五）评估反馈

有效的职业生涯规划还要求我们不断地反省、修正目标和策略方案。人生仿佛在一片陌生的海域航行，我们无法预测下一分钟将会发生什么情况，现实社会中种种不确定因素的存在，会使实际行动与原来制定的职业生涯目标有所偏差，这就需要及时针对规划的目标和行动方案做出调整，从而保证我们的职业生涯顺利持续下去，最终实现最高人生理想。从这个意义上说，评估反馈的确是一个再认识、再发现的过程。

对于许多大学生来说，职业生涯规划也许是一个比较模糊的概念，因而就更谈不上对自己进行职业生涯规划了。其实，在制订职业生涯规划时，只要对自己有一个基本认识，同时掌握一定的方法，就能对自己进行职业生涯规划，为自己的职业生涯发展画一个蓝图。

四、职业生涯规划的方法

一份好的职业生涯规划可以使大学生充分地认识自己，客观地分析环境，科学地树立职业目标，正确地选择职业，同时运用恰当的方法，采取有效的措施，克服职业生涯发展中的险阻，避免人生陷阱，从而获得事业的成功。在进行职业生涯规划时，大学生们还要注意选择合适的方法。

（一）自我规划法

自我规划法是职业生涯规划专家推荐的一种简单易行的方法。这是许多职业咨询机构和心理学专家进行职业生涯咨询和职业生涯规划时常常采用的一种方法。它需要大学生自己独立思考并回答七个问题，找出自己职业生涯规划的优势和劣势，综合七个问题的答案，设计出自己的职业生涯规划。

（1）Who am I?（我是谁？）

（2）What do I want to do?（我想做什么？）

（3）What can I do?（我能做什么？）

（4）What can support me?（环境支持或允许我做什么？）

（5）What is my advantage?（我的优势是什么？）

（6）What is my disadvantage?（我的劣势是什么？）

（7）What can I be in the end?（我最终的职业目标是什么？）

回答了这七个问题，找到它们的共同点，就能帮助我们制定出自己的职业生涯规划。该方法尤其适合即将毕业的大学生。

第一个问题“我是谁”。需要对自己进行一次深刻的反思。要先考虑自己扮演的社会角色，还要凸显自己的性格特点、能力素质、优点和缺点，争取尽可能多地回答这个问题，帮助认清自己的“真实面目”。随后再想想哪些答案是需要修改的，哪些需要增加，尽量准确地表达自己的想法。完全确定答案后，按重要性对答案进行排序。

第二个问题“我想做什么”。是对自己职业生涯发展的一个心理趋向的检查。在从小到大的成长过程中，每个人在不同的时期都可能有不同的理想，这主要与不同阶段的环境、兴趣、性格有关。但随着年龄的增长，这种职业理想会逐渐固定下来，并形成人生目标。大学生在具体回答的时候，需要回忆从儿时到现在每个阶段的理想，依次把它们列出，再依照理想实现的程度大小对这些答案进行排序。

第三个问题“我能做什么”。则是对自己能力与潜力的考察。一个人职业的定位最根本的还要归结于他的能力，而其职业发展空间的大小则取决于自己的潜力。对于一个人潜力的了解应该从个人的兴趣、做事的韧劲、临事的判断力以及知识结构是否全面、是否及时更新等方面考察。考虑成熟之后，就可以把自己确定的能力和潜力归纳出来，这也需要认真地排序。

拓展阅读

第四个问题“环境支持或允许我做什么”。主要考察影响大学生职业生涯规划的主、客观因素。主观方面因素包括同事关系、上下级关系、亲戚关系等，而客观方面因素包括经济发展、人事政策、企业制度、职业发展空间等。有些人在做职业选择时常常忽视主观方面的因素，没有将一切有利于自己发展的因素调动起来，从而影响了自己的职业生涯选择。因此，在进行职业生涯选择时应该把主、客观两方面的因素都综合起来，把一切有利于自己发展的因素调动起来。

第五个问题“我的优势是什么”。主要分析自己的优势，需要从四个方面考虑：

（1）能干什么。明确自己的能力大小，看看自己的优势。通过对自己的分析，旨在深入了解自身，根据过去的经验，推断未来的工作方向与机会，从而彻底解决“我能干什么”的问题。只有从自身实际出发，顺应社会潮流，有的放矢，才能达到成功。

（2）学习了什么。即在大学期间，从专业学习中获得了哪些知识，在社会实践活动中提高与升华了哪些方面的能力。努力学好专业课程是职业生涯规划的前提。要重视学习、善于学习。同时要善于归纳、总结，把单纯的知识真正内化为自己的智慧。

（3）曾经做过什么。即在大学期间，自己担当了什么学生职务，在社会实践活动中取得什么样的成就，积累了什么工作经验等。所以，大学生应该有针对性地选择与职业目标相一致的工作项目，坚持不懈地努力工作，这样才会使自己的经历更有说服力。

（4）做过的最成功的事是什么。即在大学期间，自己做过了哪些成功的事情，是如何成功的。通过分析，可以发现自己的长处，并以此作为深层次挖掘个人潜力的动力之源，形成职业生涯规划的有力支撑。

第六个问题“我的劣势是什么”。主要分析自己的劣势。在职业生涯规划中，不可回避自己的弱点。回答这个问题需要注意两点：

（1）性格的不足。人无法避免与生俱来的一些弱点，这就意味着自己在某些方面存在着先天不足，是你力所不能及的。安下心来，跟别人好好聊聊，看看别人眼中的你是什么样子，与你预想的是否一致，找出其中的偏差并弥补，这将有助于自我提高。对于性格方面的缺点，要学会取长补短，扬长避短。

（2）经历、经验的欠缺。对于经历、经验的欠缺并不可怕，怕的是自己还没有认识到或认识到了而一味地掩盖自己的不足，正确的态度是认真对待，善于发现，努力克服和提高。

明晰了前面六个问题，就会从各个问题中找到对实现有关职业目标有利和不利的条件，列出不利条件最少的、自己想做而且又能够做的职业目标，那么第七个问题“我最终的职业目标是什么”自然就清楚明晰了。

阅读案例

职业选择和职业目标确定分析

张某，某高校计算机专业女生，在临近毕业时难以确定自己的职业方向。就目前来说，计算机专业属于热门专业，找一份差不多的工作并不难。但由于是女生，在就业时会受到一些限制，同时自己对教师的职业比较喜欢。在多种矛盾存在的情况下，我们不妨和她一起进行一次有关职业生涯规划方面的认真思考，并通过对其职业生涯的规划，确定其就业方向。

Who am I?（我是谁？）。某高校计算机专业毕业生；优秀学生干部；学业成绩优秀，英语水平国家六级；辅修过心理学、管理学；参加过高校演讲比赛，拿过名次；家庭状况一般，父母工作稳定，身体健康，暂时还不需要有人特别照顾；自己身体健康。

What do I want to do?（我想做什么？）。首先，很想成为一名老师，这不仅是儿时的梦想，而且比较喜欢这种职业；其次，可以成为公司的一名技术人员；此外，如果能继续攻读本科或将来出国读管理方面的硕士，回国成为一名企业管理人员也是可以接受的。

What can I do?（我能做什么？）。做过家教，虽然不是自己的专业，但与孩子交流有天生的优势；学生成绩进步时很有成就感；当过学生干部，与其他人相处比较好，组织过几次有影响的大型活动；实习时在公司做过一些开发，虽然没有大的成就，但感觉还行。

What can support me?（环境支持或允许我做什么？）。有人推荐去一家公司做技术开发；去年曾有几所学校来系里招聘教师，但不是做老师，而是要去学校做技术维护，今年不确定是否有学校再来招聘教师；有同学开了一家公司，希望自己能够加盟，但自己不了解这个公司的具体业务，也不知道它有多大的发展前途。

What is my advantage?（我的优势是什么？）。学习成绩优秀，具有较强的动手操作能力和较全面的专业技能，作为学生干部，锻炼了自己的组织能力和管理能力。

What is my disadvantage?（我的劣势是什么？）。由于长期的学校学习，缺乏一定的社会经验和从事职业所需要的工作经验；性格上不属内向，但也不是特别活跃，喜欢安静。

What can I be in the end?（我最终的职业目标是什么？）。最后的选择可能有四种，分别如下：

第一种，到一所学校当老师。自己有这方面的兴趣和理想，在知识和能力方面并不欠缺，在提倡素质教育大趋势下，与师范类专业相比，自己有专业方面的优势，讲授知识时可以让学生了解更多的前沿知识，特别是现在计算机在中学生中有了相当的普及和基础，并且自己有信心成为学生心目中理想的好老师。不足之处就是缺乏作为一名教师的基本训练以及一些技巧，但这可以逐步提高。

第二种，到公司做技术人员。收入会高一些，但从这几年的发展看，这种行业起伏较大，同时由于技术发展较快，需要随时对自己进行知识更新，压力较大，信心不足，兴趣也不是很大。

第三种，去同学的公司。丢掉专业，从最底层做起，风险较大，这与自己求稳的心理性格不符，同时家庭也会有阻力。

第四种，如愿获得奖学金，能够出国读书，回国后去做一名企业管理人员。不确定因素较多，且可把握性较小，容易处于被动状态。

单纯从职业生涯发展上看，这四种选择都有其合理性，但如果从个体而言，第一种选择显然更符合她本人的职业取向。从心理学上看，选择第一种能够使得她得到最大的满足，在工作中也最容易投入，做出一定的成绩后会有很大的成就感。从职业前途看，教师这个职业也日益受到社会的尊重，社会地位呈上升趋势。从性格上看，这种职业也比较符合她。主要困难是非师范生进入教师这个职业的门槛比较高，如果能够在确定自己的最终目标后努力去弥补与师范生在职业技巧方面的差距，那么，她实现自己的职业理想将为时不远。

（资料来源：职业生涯规划案例，略有修改。）

（二）大学生职业生涯愿景模型法

1. 个人愿景的含义

愿景（意愿、图景），原本是企业战略管理的概念，它概括了企业的未来目标、使命及核心价值，是企业哲学中最核心的内容，是企业最终希望实现的图景。它就像灯塔，始终为企业指明前进的方向，指导着企业的经营策略、产品技术、薪酬体系甚至商品的摆放等所有细节，甚至有人认为，愿景是企业可持续发展的灵魂。个人愿景是人们心中所真正追求的愿望的景象。通俗地说，就是一个人心灵深处用景象呈现出来的奋斗目标，是一个人一生最热切渴望达成的事情，它是一个特定的结果，一种期望的未来或意象。当个人为自己认为至高无上的目标献上无限心力的时候，愿景就是一种自然的、发自内心的强大力量。

愿景有多个方面。物质上的欲望，个人的健康、自由方面的欲望，对社会方面的贡献，对某领域知识的贡献等，都是人们心中真正愿望的一部分。总的来说，个人愿景主要包括以下几个方面：

（1）自我形象：你希望成为什么样的人？假如你可以变成你向往的那种人，你会有哪些特征？

（2）有形财产：你希望拥有哪些物质财产？希望拥有多大数量的物质财产？

（3）家庭生活：在你的理想中，你的家庭生活环境是什么样？

（4）个人健康：你对于自己的健康、身材、运动以及其他和身体有关的事情，有什么期望？

（5）人际关系：你希望和你的同事、家人、朋友以及其他人保持哪一种关系？

（6）职业状况：你理想中的职业状况是什么样子？你希望你的努力可以发挥什么样的影响力？

（7）个人休闲：在个人的学习、旅游、阅读或其他的活动领域中，你希望创造出什么样的成果？

2. 如何建立个人愿景

个人在制订职业生涯发展规划时应当围绕某个愿景，即个人经过搜索所确定的长期职业定位，这是人们选择和发展自己的职业时应当围绕的中心。在这里，职业生涯愿景是指个人在职业实践过程中经过一段时间的探索，经过与外界互动逐渐沉淀下来的理想职业生涯目标，是目标职位的期望情景的总和。职业生涯愿景应当包含很多内容，这些内容对于个人的职业生涯目标是全面而且细致的描述。其中，价值观、个人性向、知识技能等最为重要，是构成个人职业生涯愿景的核心部分，如图3–3所示。

拓展阅读

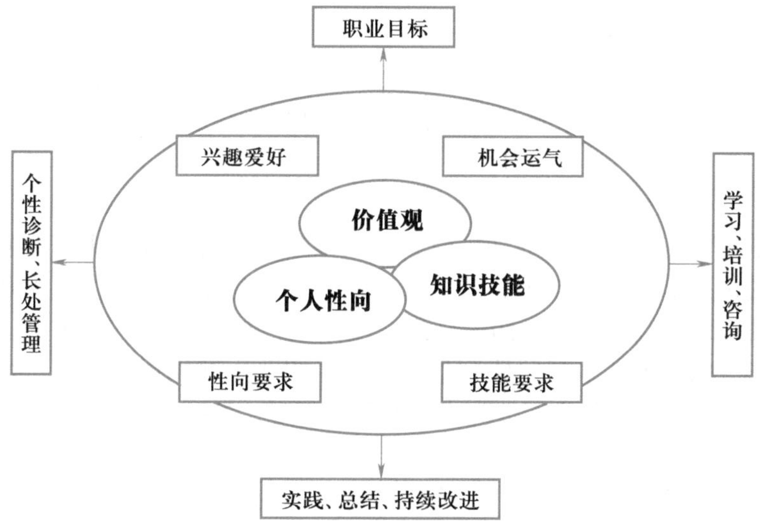

图3–3　职业生涯愿景模型图

上述职业生涯愿景模型包含如下意思：基于价值观、个人性向、知识技能的核心，职业生涯愿景（图中的大椭圆）是每一个人经过职业的发展实现职业目标的梦想。对应于个人的职业生涯愿景，每个人都有长处和不足，其长处和不足都是在同外界环境的相互作用中确定的。长处体现在心理（精神、思想）、阅历（实际经验）、工作技能、自我认知四个方面；不足也相应体现在对照职业生涯愿景的实现，个人尚有待把握的机会运气、兴趣爱好、性向要求、技能要求四个方面。只有尽可能地发挥长处、善用长处、弥补不足，使得个人在机会的把握、兴趣的导航、技能的增长、性向的管理接近并重合于职业生涯愿景时，职业生涯目标才能得以实现。机会运气只眷顾随时做好准备的人，随时做好准备很大程度上就是对于个人知识技能的积累以及心理的调整，所以把握好机会同工作技能的胜任一样需要通过不断的学习、培训来争取。基于兴趣、个性心理活动特征，需要通过评估来确定类型、依靠互动来进行训练、借助善用和拓展实现调整；技能、风格互动等同阅历相关的素质培育需要不断的实践、总结、持续改进得以固定、内化。

拥有个人愿景是自我管理和自我超越的关键因素，虽然每个人都有自己的愿景，但在很多情况下，人们对自己的愿景的认识往往是模糊的，甚至是误解的，这样就会造成行动的盲目。因此，对于每个人来说，关键并不是如何建立个人愿景，而是如何厘清个人愿景。

个人愿景可以指引自己的生活，在日常工作、生活和进行职业生涯选择时提供必要的指导。撰写个人愿景的过程就是找到自己愿景的过程。简单步骤为：想象实现愿景后的情景，形容个人愿景，检验并弄清楚愿景。

为此，可用下列问题来指导思考过程：什么是你最乐意去做的十件事情？哪三件事情是你每日工作中必须要做才能觉得是完美的？什么是你最重要的价值取向？他人是如何评价你和你的成就的？你认为自己的强项是什么？他人如何评价你的弱势以及你如何看待自己的弱势？你的生活中许多重要的方面，都需要在个人愿景陈述中涉及。为每一个方面写下一个重要的目标。如身体健康，工作或职业发展，家庭、社会关系改善，财务安全，智力提升等。

认真回答上述问题后，就可以开始撰写自己的个人职业生涯愿景了。愿景一般在50字以内，但不用考虑限制，高度概括自己最想要的生活就可以。

五、职业生涯规划的模式

拓展阅读

关于大学生职业生涯规划的理想模式虽然很多，但目前普遍认为美国伊利诺伊大学教授斯温提出的职业生涯规划模式比较适用于大学生进行职业生涯规划。它充分考虑了职业生涯规划的基本因素，涵盖自我、教育（职业）、环境三个方面，他提出著名的金三角图形，将职业生涯风险降到最低。斯温职业生涯规划模式由三个三角形和一个圆形组成，而职业决定是它们彼此直接的关联程度，如图3–4所示。

一个规范的职业生涯规划，应该包括三个方面：

（1）个人特质的澄清与了解。个人特质的澄清与了解部分，包括个人的需要、兴

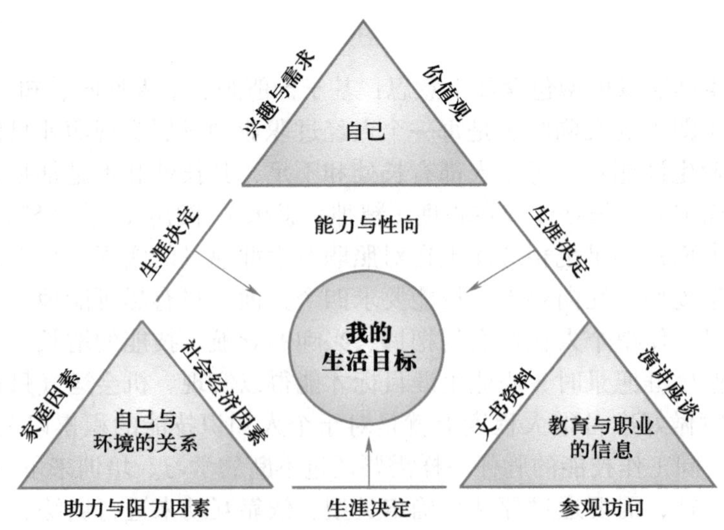

图3–4　斯温职业生涯规划模式

资料来源：张添洲《生涯发展与规划》，第172页。（取自斯温，1989）

趣、能力倾向以及价值观念等。了解自己，是职业选择或职业生涯规划的最基本要求。清楚地描绘出自我轮廓，知道自己的优点、缺点，有助于在做职业生涯决定时，增加对自己最有利的选择筹码。这些特质，可以通过对职业生涯的探索活动如参与各种不同类型的讲座或活动、多加寻求朋友或长辈的反馈以探索自己的兴趣等，也可以通过自我评定或心理测验等进行了解。

（2）教育与职业资料的提供。教育与职业资料的提供部分，构成三角形模式图的右下方，是整个职业生涯目标决策过程中不可或缺的部分。缺乏对职业世界的了解，职业选择时宛如盲人摸象，不切实际。个体的职业认定常受到刻板化印象的影响，比如性别、学历等，也有的职业或专业的名称也许只有一字之差，但其内容、性质或发展却相差很多，因而正确资料的提供，毋庸置疑是职业生涯决策时的重要依据。建议多浏览产业及财经方面的媒体，广泛涉猎经济方面的知识，也可以登录政府所属的一些研究机构网站与数据库，让自己随时掌握财经变化与未来趋势。

（3）自己与环境关系的协调。环境因素的影响，大多是指社会文化以及机会因素。这些因素通常是个人无法掌握或控制的，例如家庭或重要人物的意见、社会重大事件的影响或经济景气的升降等。针对环境因素，平时应与家人多沟通，他人的期望可以是职业发展上的助力，也可能是阻力，因此，充分沟通，免除不必要的冲突，让职业生涯发展更顺畅。

这三个方面在职业生涯规划中同等重要，都是需要认真考虑的。

这个职业生涯规划模式，为职业辅导人员和受辅导人员提供了一个很好的参照结构以及思考方向。

在斯温的职业生涯规划模型中，圆形是此模式的核心部分，表示一个人想要达到的职业生涯目标。此目标的设定，深受环绕着核心的三个小三角形影响，每个小三角形都是职业生涯探索与规划的重点，其内涵如下：

（1）最上面的小三角形是指“自己”，代表个人的自我探索，包括对自己的能力、性向、兴趣、需求、价值观等的了解。

（2）左下角小三角形是指“自己与环境”的关系，强调个人与环境之间的关系，可分自己与社会的关系、自己与家庭的关系两部分。它主要包括家人、师长、朋友的期许和协助，社会资源的助力，来自不同意见的限制和阻力，乃至个人的经济和知识资源。

（3）右下角的小三角形是指“教育与职业的信息”，是对工作与教育世界的探索，包括职业信息的了解和对工作世界的认识两部分。认识工作世界的渠道有收集与职业相关的文书资料、参加演讲座谈会、实地参观访问等。

这三个三角形是职业生涯发展与规划的重点。斯温将复杂的职业生涯理论以简单、明了的形式呈现出来，使得职业生涯规划有架构可循。即使如此，每个人的主观判断对这三方面会有轻重不同的考虑和安排，并产生不同的职业生涯决定，所形成的职业生涯目标也因此呈现每个人的独特性和原创性。

从该模式中我们可以看出，这三个三角形是职业生涯发展与规划的重点，是每个人可以自我培养、自我加强、自我改进的方面。

大学生职业生涯规划应是持续循环的动态历程，以生涯觉察为大学生职业生涯规划的前期工作，再导入大学生的自我探索，以规范后续生涯探索的范围。在教育与职业和环境资源的探索之外，大学生将职业生涯选择再缩到更小的范围，形成不同的职业生涯选择方案；并针对职业生涯选择从事资源的拓展和能力的补充，实现这一阶段的职业生涯目标。而后，引发下一阶段大学生职业生涯规划的生涯觉察。

总之，大学生职业生涯规划是一套系统性的思考和方法，它以生涯觉察为前期工作，从知己知彼为起点，进行权衡抉择，制定目标，采取行动，达到目标并评估效果，再回到新的规划起点。

中国台湾学者林清文在斯温的职业生涯规划模式的基础上，提出了一个大学生职业生涯规划衍生模式，见图3-5所示。

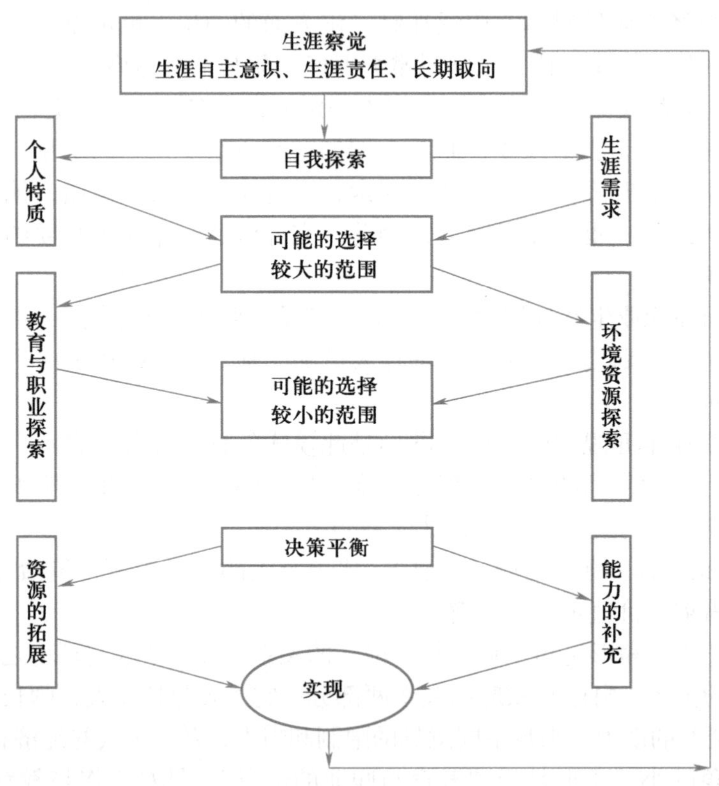

图3-5　职业生涯规划衍生模式

大学生还未进入职业世界，对环境的了解和自我的认识都不够深刻。在职业生涯规划时，除了兼顾三角模式的“自我的特质”“教育与职业信息”“自己与环境的关系”外，衍生模式更强调的是生涯规划意识，了解生涯规划的重要性，从自我探索、职业探索和环境资源的掌握等方面缩小自己的目标范围，在较小范围内进行平衡和决策，逐步发展自己的职业生涯，这是一个不断尝试的过程。

总之，职业生涯规划是一个不断改变的过程，在这个进程中，大学生不断评估自己的能力及价值系统，并与实际环境的需求相结合，就有可能做出一个最适合他们自己的决定，这对于其大学学业的成功是非常必要的。

实训活动

我和……的金三角

活动目的：

（1）了解和思考自己和周围环境中最重要的一份关系；

（2）通过选择、回忆，思考探索重要关系的酸甜苦辣；

（3）收获快乐的回忆，厘清关系的远近，指明未来发展的方向和行动。

活动材料：A4纸一张，彩笔若干。

活动时间：20分钟。

活动步骤：

（1）在A4纸上写下标题——我和……的金三角，请在“……”处写一个你认为自己生活中最重要的一个目标。

该对象是我周围环境中和我有重大关系，最想拿出来进行探索的。该对象可以是具体的，比如自己目前的状况，如自己的知识、技能；也可以是一个信息，如专业的信息、职业的信息；还可以是具体的对象，如社会环境、家庭环境等。该对象也可以是抽象的。

注意：需要提醒的是，这个“……”还可以探索我和我自己的关系，别忘了这是你一生需要探索的问题。

（2）在A4纸上画一个正三角形，并且分成ABCD四个区域（见图3-6）。

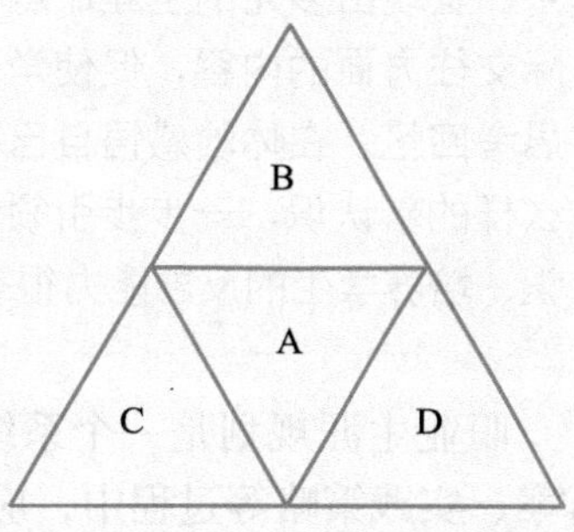

图3-6　正三角形形状

A区域：

刚才的“……”中，我选的目标是什么？写下目标名字。

B区域：

（1）我为什么选择这个目标来进行探索？

（2）我对这个目标到底有什么样的兴趣？是不是值得我努力去追求？

（3）我能以什么样的方式去实现它？

C区域：

（1）实现这个目标需要哪些支持？如社会的、家庭的、学校的。

（2）实现这个目标目前还有哪些阻碍或不利因素？

D区域：

（1）实现这个目标我最需要得到什么样的帮助？

（2）实现这个目标我能得到哪些帮助？如何得到这些帮助？

活动反思：

（1）感受：在这个探索过程中，我经历过怎样的一些心理变化？有过一些什么感受？

（2）收获：在这个探索过程中，我对自己、对他人、对环境、对我和这些因素关系有什么样的新认识?

活动总结:

完成这个探索的过程，就是你对自己目标再次回忆和思考的开始。过程中有高兴、有难过、有不舍、有遗憾。过程后也会有行动、有表达、有放弃、有争取。

活动启示:

通过四个问题的方式，思考我和我周围环境中最重要的一段关系，对大学生来说是很有意义的。我们可以在“……”部分写下所有我们能够谈论的对象。所以从中我们看到了自己的重要他人（父母、朋友、老师），这也是我们最重要的社会支持系统，看到了自己的兴趣（现实型、研究型、艺术型、管理型、社会型、常规型），看到了职业的资讯，看到了自己的思考（学习、择业、生活、时间、交友等）。

我和“……”的金三角活动设计是以斯温（Swain，1989）生涯规划模式的相关研究作为设计的理念和依据，本活动以“我”为核心，探索我和周围环境或者人物的关系，呈现出多元的生涯命题，活动目的明确、聚焦、针对性强。活动为自我认识、人际交往方面的内容，促使学生在完成每一步骤的过程中，不断地开动脑筋进行细致的思考回忆，在体验感悟自己在活动过程中思考对自己、对他人、对我和他的关系有什么样的新认识，一步步引领学生进行深入的思索，对于培养学生树立职业生涯规划意识、培养学生的反思能力很有帮助。

职业生涯规划是一个系统工程，在开展自我分析、确定个人职业生涯目标、行动方案、实践策略等过程中，应特别注意以下四个原则。

（1）定向。职业生涯规划首先要解决“干什么”的问题，即要确定具体从事的职业，是做管理还是做技术，是做会计还是做人力资源管理；是进大公司从基层做起，还是进小企业做中层管理者等。方向定错了，就会南辕北辙。有些毕业生认为自己适合做领导，就选择了做行政管理工作，工作几年后发现自己并不适合做管理工作，然后再考研究生、读博士，走专业技术路线，这样就浪费了很多时间。因此，职业生涯规划绝不能犯方向性错误。

（2）定点。就是要确定职业生涯发展的地点。不同地区社会经济条件差别很大，为个人提供的职业生涯发展条件和机会也存在显著差别。因此，在职业生涯规划过程中要确定实现自己职业生涯目标的具体城市和地区，以及有可能发生的地域转移。有些毕业生选择去经济发达地区；有的选择去边疆，支援西部开发；有的则选择回到家乡，参加家乡经济建设等。无论去哪里，都应该综合考虑多方面的因素，不可一时冲动，感情用事。

（3）定位。就是要根据自身的情况，为自己确定一个合适的职业目标定位。择业前要对自己的水平、能力、薪资期望、心理承受度等进行全面的分析，以便做出较为准确的目标定位。不可盲目悲观、自卑，把自己定位过低；也不要高估自己，导致期望值过高。一旦不能如愿，失望也就越大，很容易失去信心和动力。

（4）定心。就是要朝着既定的目标持之以恒地努力。在准确地“定向、定点、定位”之后，最重要的就是要“定心”。无论做什么，都需要“定心”，心神不定，朝三暮四，是难以取得成功的。因此，克服浮躁心理，树立长期视角，对实现职业生涯发展的长远目标具有至关重要的影响。

项目三　职业生涯规划理论

职业生涯规划理论具有较强的实用性，它是在心理学、人力资源管理学、社会学等学科理论的基础上经过不断整合与发展而建立起来的。正确认识职业生涯规划的相关理论，不仅有助于我们很好地掌握职业生涯规划的方法，提高职业生涯决策能力，而且可以引导我们全面认识自我、合理选择职业、积极开发潜能，制订出有效的职业生涯规划。

有关职业生涯规划理论，有多种不同的归类方法，其中比较有代表性的包括三类：职业生涯发展理论、职业生涯选择理论与职业生涯决策理论。

一、职业生涯发展理论

职业生涯贯穿我们的一生，在职业生涯发展的不同阶段，每个人有着不同的职业需求和人生追求。20岁时希望尽快进入角色，30岁时追求发展空间，40岁时力求突破，50岁时可能就力求平稳。正确认识职业生涯发展规律以及自己所处的职业生涯发展阶段对制订有效的职业生涯规划非常重要。

拓展知识

随着产业结构调整速度的加速，我们发现，一个人一生中很难只从事一种职业，一个人的成功也不一定是在稳定的职业中实现的，更多的是在职业流动中实现的。美国职业指导专家舒伯、金斯伯格、施恩等人经过长期的研究，提出了“生涯发展理论”。生涯发展理论指出，职业选择不是特定时间点的单一事件，人的职业选择和发展贯穿人的一生。

职业生涯发展理论是以心理学理论为基础，建立在社会实践指导以及经济产业分析活动之上的理论。这项理论使职业咨询从关心当前的职业适应发展为着眼整个职业生涯的规划。其代表人物为舒伯、金斯伯格、格林豪斯、施恩等。他们都对职业生涯发展的过程进行了专门的研究，将人们生命周期中的职业生涯划分为不同的发展阶段，假设每一个阶段都有自己独特的问题和任务，并提出了解决这些问题、完成这些任务的方法与对策。其中，舒伯是这一理论的集大成者。他是美国生涯辅导理论大师，其生涯发展理论综合了差异心理学、发展心理学、人格心理学以及职业社会学的长期研究成果，系统地提出了有关生涯发展的观点。

（一）舒伯的职业生涯发展理论

舒伯的职业生涯发展理论是建立在一种生涯整合观念之上，强调主客观的互相作用，这种互相作用实际上系统地阐述了一种生涯发展的模式。

舒伯认为可以根据年龄将每个人生阶段与职业发展任务相配合，且每个阶段各有其发展任务。他将职业生涯发展阶段分为五个阶段：成长（growth）、探索（exploration）、建立（establishment）、维持（maintenance）、衰退（decline），每个阶段又各有其次阶段。

1. 职业生涯发展阶段理论

（1）成长阶段（0~14岁）

成长阶段属于认知阶段。在这一阶段，儿童通过对家庭成员、朋友以及老师的认同及他们之间的相互作用，逐渐建立起自我的概念。这一阶段是对职业从好奇、幻想到兴趣，最终到有意识地培养职业能力的逐步成长过程。舒伯将这一阶段具体分为三个成长期。① 幻想期（10岁之前）。儿童从外界感知到许多职业，对于自己觉得好玩和喜爱的职业充满幻想并进行模仿；② 兴趣期（11~12岁）。个人以兴趣为中心，理解、评价职业，开始做出职业选择；③ 能力期（13~14岁）。个人开始考虑自身条件是否与喜爱的职业相符合，有意识地进行能力培养。

（2）探索阶段（15~24岁）

探索阶段属于学习、打基础阶段。在这一时期，个人将认真地探索各种可能的职业选择，对自己的天资和能力进行现实性评价，并根据未来的职业选择做出相应的教育对策，完成择业及初期就业。探索阶段具体又可分为三个时期。① 试探期（15~17岁）。综合认识和考虑自己的兴趣、能力与职业社会价值、就业机会，开始进行择业尝试；② 过渡期（18~21岁）。正式进入劳动力市场，或者进行专门的职业培训，由一般性的职业选择转为特定目标的选择；③ 尝试期（22~24岁）。选定工作领域，开始从事某种职业，对职业发展目标的可行性进行实验，若不适应则可能重新确定方向。

（3）建立阶段（25~44岁）

建立阶段属于选择、安置阶段。在这一时期，经过早期的试探与尝试后，最终确立稳定的职业，并谋求发展，获得晋升。这一阶段是大多数人职业生涯周期中的核心部分，是整个人生的高产期。建立阶段一般又分为三个时期：① 尝试期（25~30岁）。对初期就业选定的职业不满意，再选择、变换职业工作。各人变换次数不等，也可能满意初选职业而无变换；② 稳定期（31~44岁）。最终确定稳定的职业目标，并致力于实现这些目标；③ 职业中期的危机阶段（30~40岁）。处于转折期，可能会发现自己并没有朝着职业目标靠近或发现了新的职业目标，因而需重新评价自己的需求和目标。

（4）维持阶段（45~64岁）

维持阶段属于升迁和专业技能娴熟阶段。在这一阶段，劳动者一般已达到常言所说的“功成名就”状态，不再考虑变换职业工作，只力求维持已取得的成就和社会地位。

（5）衰退阶段（65岁以后）

衰退阶段属于退休阶段。健康状况和工作能力逐步衰退，结束职业生涯，学会接受一种新角色。

职业生涯发展理论基础是综合许多流派而建立起来的，舒伯根据布尔赫勒（Buehler，1933）的生命周期理论和列文基斯特（Lavighurst，1953）的发展阶段论，发展出了一个诠释职业生涯发展的概念模式。他提出12个基本主张：① 职业是一种连续不断、循序渐进且不可逆转的过程；② 职业生涯发展是一种有秩序，且有固定形态、可以预测的过程；③ 职业生涯发展是一种动态的过程；④ 自我观念在青少年时期就开始产生和发展，至青春期逐渐明朗，并于成年期转化为职业概念；⑤ 自青少年期至成人期，随着年龄的增长，现实因素（如人格特质及社会因素）对个人职业的选择愈加重要；⑥ 父母的认同会影响个人正确角色的发展和各个角色间的一致及协调，以及对职业计划及结果的解释；⑦ 职业升迁的方向及速度与个人的聪明才智、父母的社会地位、自身的地位需求、价值观、兴趣、人际技巧以及经济社会中的供需情况有关；⑧ 个人的兴趣、价值观、需求、父母的认同、社会资源的利用、个人的学历以及所处社会的职业结构、趋势、态度等均会影响个人职业的选择；⑨ 虽然每种职业均有特定要求的能力、兴趣、人格特质，但却颇具弹性，所以允许不同类型的人从事相同的职业，或一个人从事多种不同类型的工作；⑩ 工作满意度视个人能力、兴趣、价值观及人格特质是否能在工作中得到适当发挥而定；⑪ 工作满意度的程度与个人在工作中实现自我观念的程度有关；⑫ 对大部分人而言，工作及职业是个人人生的重心。

2. 职业生涯彩虹图理论

1976—1979年，舒伯在英国进行了为期四年的跨文化研究，之后提出了一个更为广阔的新观念——生活广度、生活空间的生涯发展观（1980）。这个生涯发展观，除了原有的发展阶段理论之外，较为特殊的是舒伯加入了角色理论，并将生涯发展阶段与角色彼此间交互影响的状况，描绘出一个多重角色生涯发展的综合图形。这个生活广度、生活空间的生涯发展图形，舒伯将它命名为“一生生涯的彩虹图”（life-career rainbow），见图3-7。

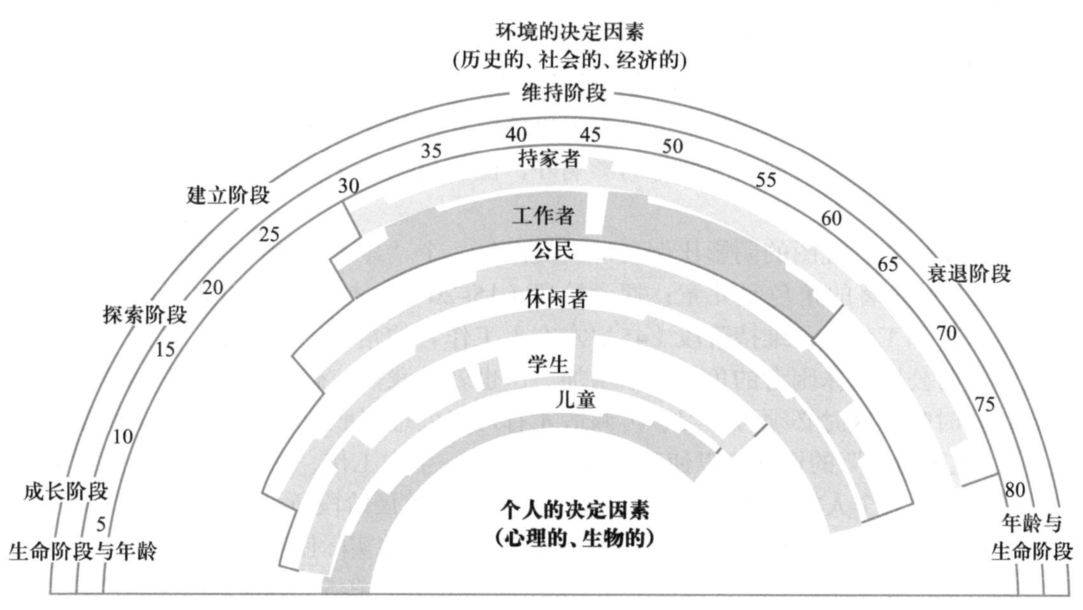

图3-7　一生生涯的彩虹图（舒伯，1980）

（资料来源：沈之菲.生涯心理辅导.上海：上海教育出版社，2000年版）

（1）横贯一生的彩虹——生活广度。在一生生涯彩虹图中，横向层面代表的是横跨一生的生活广度。彩虹的外层显示人生主要的发展阶段和大致估算的年龄：成长期（约相当于儿童期）、探索期（约相当于青春期）、建立期（约相当于成人前期）、维持期（约相当于中年期）以及衰退期（约相当于老年期）。在这五个主要的人生发展阶段内，每个阶段都有其特定的发展任务，各个阶段还可细分成更具体的时期，每一阶段需达到一定的发展水准或成就水准，而且前一阶段发展任务的达成与否关系到后一阶段的发展。舒伯特别强调各个时期年龄划分有相当大的弹性，应依据个体不同的情况而定。

例如，一个刚刚毕业初入职场的大学生，必须适应新的角色与学习环境，经过“成长”和“探索”，一旦“建立”了较固定的适应模式，同时“维持”了职场生活之后，又要开始面对另一个阶段——组建家庭。原有的已经适应了的习惯会逐渐衰退，继而对新阶段的任务又要进行“成长”“探索”“建立”“维持”与“衰退”，如此就变成了一个循环的过程。

（2）纵贯上下的彩虹——生活空间。在一生生涯彩虹图中，纵向层面代表的是纵贯上下的生活空间，由一组职位和角色组成。舒伯认为人在一生当中必须扮演九种主要的角色，依次是：儿童、学生、休闲者、公民、工作者、夫妻、家长、父母和退休者。

一生生涯彩虹图中未将“退休者”列入；夫妻、家长、父母等角色则并入“持家者”一类中。这里，不同角色的交互影响交织出个人独特的生涯类型。此外，角色也活跃于四种主要的人生舞台：家庭、社区、学校和工作场所。虽然个体也可能在其他舞台上扮演其他的角色，但大多数人基本上不超出上述的角色范围与舞台。一个人不管愿不愿意，在踏入学校之后，其一生必然多数时候同时在不同的舞台上扮演不同的角色。从结婚、谋得第一个职业开始，六种不同角色先后或同时在人生的舞台上层现迭出，直至退休。退休之后，仍有几种角色会伴随延续至终。

一生生涯彩虹图中小的阴影部分表示角色的互相替换、盛衰消长。它除了受到年龄增长和社会对个人发展任务期待的影响外，往往与个人在各个角色上所花的时间和感情投入的程度有关。

从一生生涯彩虹图的阴影比例又可引发出另一个“显著角色”的概念。成长阶段（0~14岁）最显著的角色是儿童；探索阶段（15~20岁）是学生；建立阶段（30岁左右）是家长和工作者；维持阶段（45岁左右）工作者的角色突然中断，又恢复了学生角色，同时公民与休闲者的角色逐渐增加。这也就是我们一般所说的“中年危机”的出现，同时暗示这时必须再学习、再调适才有可能处理好职业与家庭生活中所面临的问题。“显著角色”的概念可以使我们看出一个人一生中工作、家庭、休闲、学习研究以及社会活动对个人的重要程度，以及对个体不同的发展阶段所具有的特殊意义。

下面以图3–7所勾画的生涯彩虹图为例说明彩虹图的实际使用。

第一层：子女角色。半圆形最中间一层，儿童的角色在5岁以前是涂满颜色的，之后渐渐减少，8岁时大幅度减少，一直到45岁时开始迅速增加。此处的儿童角色，其实就是为人子女的角色。因而这个角色一直存在。早期个体享受被父母养育照顾的温暖，随着成长成熟，慢慢开始同父母旗鼓相当，而在父母年迈之际，则要开始多花费一些心力来陪伴、赡养父母。

第二层：学生角色。在这个案例中，学生角色从4、5岁开始，10岁以后进一步增强，20岁以后大幅减少，25岁以后便戛然而止。但在30岁以后，学生角色再次出现，特别是40岁出头时，学生角色竟然涂满了颜色，但2年后又完全消失，直到65岁以后。这是由于处于现代科技发展日新月异、知识爆炸的社会，青年在离开学校、工作一段时间之后，常会感到自身学习已不能满足工作需要，需要重回学校以进修的方式来充实自我。也有一部分人甚至等到中年，儿女长大之后，暂时离开原有的工作，接受更高深的教育，以开创生涯的“第二春”。学生角色在35岁、40岁、45岁左右凸现，正是这种现象的反映。

第三层：休闲者角色。这一角色在前期较平衡地发展，直到60岁以后迅速增加，也许有人会惊讶舒伯把休闲者角色列入生涯规划的考虑之中。其实，平衡工作和休闲是一项非常重要的任务，特别是在如此快节奏、高效率的社会中，正如图3–7中的空白也构成画面一样，休闲是我们维持身心健康的一种重要手段。

第四层：公民角色。本案例角色从20岁开始，35岁以后得到加强，65~70岁达到顶峰，之后慢慢减退。公民的角色就是承担社会责任、关心国家事务的一种责任和义务。

第五层：工作者角色。该当事人的工作角色从26岁左右开始，颜色阴影几乎填满了整个层面，可见当事人对这一角色相当认同。但在40多岁时，工作者的角色完全消失，对比其他角色，不难发现，这一阶段，学生角色和家长角色都有不同程度的增强。两三年后，学生角色消失，家长角色的投入程度恢复到平均水平，而工作者的角色又被颜色涂满，直至60岁以后开始减少，65岁终止工作者角色。

第六层：持家者角色。这一角色可以拆分为夫妻、父母、（外）祖父母等角色，然后分别作图。此处家长的角色从30岁开始，头几年精力投入较多，之后维持在一个适当水平，一直到退休以后才加强了这一角色。76~80岁几乎没有了持家者的角色。虽然个体的生涯过程中还可能承担其他角色，但对于大多数人来说，上述这些是最基本的角色。在使用“生涯彩虹图”时，个体可根据自身情况，在此图的基础上进行适当调整。

实训活动

设计人生彩虹图

活动目的：

人的一生有多种角色，每个角色在不同年龄阶段的意义与重要性是不同的，掌握生涯发展阶段与角色彼此间交互影响的状态，描绘出一个多重角色生涯发展的综合图形。

通过活动体验可找到人生各个阶段清晰的角色定位和最佳的角色组合。

活动准备：

空白生涯彩虹图物料：普通A4纸打印纸。数量根据参与游戏人数确定，每人一份。

活动说明：

你的人生由你自己描绘，请认真思考、规划，面对你的生涯彩虹图（图3–8），你如何着色呢？请根据以下步骤设计出自己的人生彩虹图。

（1）选择单一或者多种颜色着色，反映出你目前所扮演的全部生活角色，颜色越重越浓，表明你投入越多。

（2）如果你的生活朝着你理想的方向改变，那么再在你理想的角色上着色。

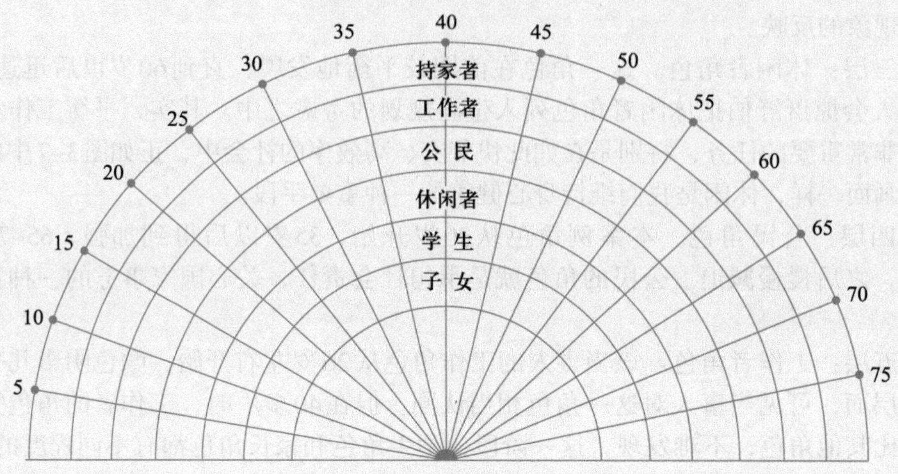

图3-8　彩虹图

活动分析：

（1）你认为自己现在处在生涯彩虹图的哪个阶段?

（2）在这一阶段你有没有对某个角色的投入和付出过多或过少呢?

（3）你有没有过早或过晚进入一个角色或结束一个角色呢?

（4）你认为在现阶段，哪一个人生角色是最重要的?

（5）回顾一下你的前一个人生阶段，你的实际角色分配有没有出现明显的比重偏差?

（6）看看是什么因素妨碍了你的理想实现，或者你准备做什么可以让你的理想尽可能实现。

（7）根据描绘的人生彩虹图，你有什么感受。

活动启示：

通过该活动，引导学生认识生涯发展的规律，了解不同生涯发展阶段及其主要特征，激发生涯角色与规划意识。

舒伯认为人的行为方向受到三种时间因素的影响：一是对过去成长痕迹的“审视”，二是对目前发展状况的“审视”，三是对未来可能发展方向的“展望”。这三种因素是相互影响的，过去是现在的成因，现在又是未来的基础。所以，用生涯彩虹模型需要掌握11个要点。

（1）职业是一种连续不断、循序渐进并不可逆转的活动过程。

（2）职业发展是一种有秩序、有固定形态、可预测的过程。

（3）职业发展是一种动态的过程，或交替，或循环，或阶段性地往复。

（4）自我观念在青春期就开始产生和发展，并于成年期转化为职业概念。

（5）自青少年至成年期，随着时间的推移及年龄的增长，现实因素如人格特质及社会因素对于个人职业的选择更加重要。

（6）父母的认同会在很大程度上影响一个人角色的发展，也会影响各个角色之间的一致性或协调性，以及个人对职业计划及行为结果的解释。

（7）职业升迁的方向及速度与个人的聪明才智、父母的社会地位、本人的地位需求、价值观、兴趣、人际关系以及经济社会中的供需情况有关。

（8）个人的兴趣、价值观、需求、父母的认同、社会资源的利用、个人的学历以及所处社会的职业结构、趋势、态度等均会影响个人职业的选择。

（9）虽然每种职业均有特定需求的能力、兴趣、人格特质，但往往具有一定的弹性，所以允许不同类型的人从事相同的职业，或一个人从事多种不同类型的职业。

（10）工作满意度的高低，视个人能力、兴趣、价值观等个人特质是否能在工作中得到有效的发挥而定。

（11）对于大部分人而言，工作及职业是人生的重心，虽然对少数人而言是不重要的。

职业生涯彩虹图理论是一项突破性的职业生涯理论，具有跨时代的不可取代的优点，但同样它也有其理论局限性，我们要辩证地看待和运用这一理论。

（1）职业生涯彩虹图理论的优势

生涯彩虹图可以很好地表示各个角色的变化，各个角色之间是交互作用的，某一个角色上的成功，特别是早期的角色如果发展得比较好，将会为其他角色提供良好的关系基础，甚至可能带动其他角色的成功。反之，某一个角色的失败，也可能导致另一角色的失败。不过，舒伯进一步指出，为了某一角色的成功而付出太大的代价，没有平衡协调各角色的关系，则有可能导致其他角色的失败。在每一个阶段对每一个角色投入程度可以用颜色来表示，颜色面积越多表示该角色投入的程度越深，空白越多表示该角色投入的程度越浅。作用主要是对自身未来的各个阶段进行调配，做出各种角色的计划和安排，使人成为自己的生涯设计师。

舒伯不断地发展与完善自己的理论。以往舒伯理论大多局限于生涯的发展阶段和对职业的自我观念论上，这些理论可以解释个体一生的生涯发展，其涵盖范围很广，但深度略显不够，随着生活广度与生活空间的生涯发展即一生生涯彩虹图的提出，恰恰弥补了原有的不足。在实际应用方面，其横向的发展阶段、发展任务（即生活广度的部分）和纵向的生涯角色的发展（即生活空间的部分），交织成一个具体的生涯发展结构，这对促进个体的自我了解、自我实现大有裨益。

（2）职业生涯彩虹图理论的局限性

由于社会的快速变迁，终身学习观念的提出以及人的寿命的增加，改变了生涯发展理论中关于中年期、老年期的角色与任务，这有待后来者进一步地探索和研究。职业生涯彩虹图理论似乎忽略了经济、社会因素对生涯发展方向的影响，并且学习的因素与职业发展历程的关系也需要进一步结合时间和空间的不同来分析。

（二）施恩的职业锚理论

1. 职业锚理论的概念

职业锚理论是由美国著名职业指导专家埃德加·H. 施恩（Edgar.H.Schein）教授提出的。

拓展知识

所谓职业锚，又称职业系留点，是指当一个人不得不做出选择的时候，他无论如何都不会放弃的职业中的那种至关重要的东西或价值观。实际就是人们选择和发展自己的职业时所围绕的中心。比如，在选择到底是接受公司将自己晋升到总部的决定，还是辞去现职去创办和经营自己的公司的时候，正是在这一关口，个人过去所有的工作经历、兴趣、资质等会集合成一个富有意义的职业锚。这个职业锚会告诉你，对个人来说到底什么东西是最重要的。

职业生涯发展是一个持续的探索过程，在这一过程中，每个人都在根据自己的天资、能力、动机、需要、态度和价值观等慢慢地形成较为明晰的与职业有关的自我概念。随着一个人对自己越来越了解，这个人就会越来越明显地形成一个占主要地位的职业锚。

职业锚理论主要包括以下3个方面内容：

（1）自省的动机和需要。以实际情况中的实际工作经验来自我检测和自我诊断，以他人的反馈为基础来认知自我。

（2）自省的才干和能力。以在组织的各种作业环境中的实际工作经验和成功为基础，来认知自我的能力。

（3）自省的态度和价值观。以自我与雇用组织和工作环境的准则和价值观之间的实际碰撞为基础，逐步重视自己所擅长的东西，并在这些方面改善自己的能力。

2. 职业锚的类型

1978年，施恩教授提出的职业锚理论包括五种类型：自主型职业锚、创业型职业锚、管理能力型职业锚、技术职能型职业锚、安全型职业锚。随着逐渐发现职业锚的研究价值，越来越多的人加入了研究的行列。在20世纪90年代，又发现了三种类型的职业锚：安全稳定型职业锚，生活型职业锚，服务型职业锚。施恩将职业锚增加到八种类型，并推出了职业锚测试量表。每种职业锚之间可能存在交叉，但是每一种又都有一个最突出、最强烈、最易识别的特性。

（1）技术/职能型（technical/functional Competence，简称TF）。技术/职能型的人，始终不肯放弃在专业领域展示自己的技能。追求在技术或职能领域的成长和技能的不断提高，以及应用这种技术或职能的机会。他们对自己的认可来自他们的专业水平，他们喜欢面对来自专业领域的挑战。他们可能愿意成为技术或职能领域的管理者，但管理本身不能给他们带来乐趣，所以极力避免全面管理的职位，因为这将意味着他们放弃在技术或职能领域的成就。

（2）管理型（General Managerial Competence，简称GM）。管理型的人始终不肯放弃升迁到组织中更高的管理职位的机会。他们追求并致力于工作晋升，倾心于全面管理，独自负责一个部分，可以跨部门整合其他人的努力成果，他们想去承担整个部分的责任，并将公司的成功与否看成自己的工作。具体的技术或职能工作仅仅被看作是通向更高、更全面管理层的必经之路。

（3）独立型（Autonomy Independence，简称AU）。自主独立型的人始终不肯放弃的是按照自己的方式工作和生活。他们希望随心所欲安排自己的工作方式、工作习惯和生活方式。追求能施展个人能力的工作环境，最大限度地摆脱组织的限制和制约。他们宁愿放弃提升或工作扩展机会，也不愿意放弃自由与独立。

（4）稳定型（Security Stability，简称SE）。稳定型的人始终不肯放弃的是稳定的或终身雇佣的职位。他们追求工作中的安全与稳定感。他们因为可以预测将来的成功从而感到放松。他们关心财务安全，例如退休金和退休计划。稳定感包括诚信、忠诚以及完成老板交代的工作。尽管有时他们可以达到一个高的职位，但他们并不关心具体的职位和工作内容。

（5）创业型（Entrepreneurial Creativity，简称EC）。创业型的人始终不肯放弃的是凭借自己的能力和冒险愿望，扫除障碍创立属于自己的公司或组织。他们希望凭借自己的能力去创建属于自己的公司或创建完全属于自己的产品（或服务），而且愿意去冒风险，并克服面临的障碍。他们想向世界证明公司是他们靠自己的努力创建的。他们可能正在别人的公司工作，但同时他们也在学习并评估将来的机会。一旦他们感觉时机到了，便会自己走出去创建自己的事业。

（6）服务型（Service Dedication to a Cause，简称SV）。服务型的人始终不肯放弃的是做一些有价值的事情。一直追求他们认可的核心价值，例如：让世界更适合人类居住、解决环境问题、增进人与人之间的和谐、帮助他人、增强人们的安全感、通过新的产品消除疾病。他们一直追寻这种机会，即使这意味着就算要变换公司，他们也不会接受不允许他们实现这种价值的工作变换或工作提升。

（7）挑战型（challenge，简称CH）。挑战型的人始终不肯放弃的是去解决看上去无法解决的问题、战胜强硬的对手或克服面临的困难。对他们而言，参加工作或职业的原因是工作允许他们去战胜各种不可能，新奇、变化和困难是他们的终极目标。例如战略咨询师仅对面临破产、资源耗尽的客户感兴趣，如果事情非常容易，那么他们就会觉得这些事情令人厌烦。

（8）生活型（Lifestyle，简称LS）。生活型的人始终不肯放弃的是平衡并整合个人、家庭和职业的需要的工作环境。他们希望将生活的各个主要方面整合为一个整体。正因为如此，他们需要一个能够提供足够的弹性让他们实现这一目标的职业环境，甚至可以牺牲他们职业的一些方面，如：提升带来的职业转换，他们将成功定义得比职业成功更广泛。他们认为自己在如何去生活，在哪里居住，如何处理家庭事情，以及在组织中的发展道路等方面是与众不同的。

经过几十年的发展，职业锚已经成为职业发展、职业设计的必选工具。许多大公司均将职业锚作为员工职业发展、职业生涯规划的主要参考点。

3. 职业锚的个人开发

在个人早期职业发展过程中进行职业规划和定位时，可以运用职业锚思考自己具有的能力，确定自己的发展方向，审视自己的价值观是否与当前的工作相匹配。

（1）提高职业适应性。一般而言，新雇员经过认识、塑造、充实规划自我等诸多职前准备，经过一定的科学的职业选择，进入企业组织，这本身即代表了该雇员个人对所选择职业有一定的适合性。但是这种适合性，仅是初步的，是主观的认识、分析、判断和体验，尚未经过职业工作实践的验证。

职业适应性是职业活动实践中验证和发展了的适合性。每个人从事职业活动，总是处于一定的物质环境和心理环境之中，个人从事职业的态度，受到诸多主客观因素的影响，例如个人对工作的兴趣、价值观、技能、能力、客观的工作条件、福利情况，他人和组织对自己工作的认可及奖励情况，人际关系情况，以及家庭成员对本人职业工作的态度，等等。个人的职业适应性就是能尽快习惯、调适、认可这些因素，也就是雇员在组织的具体职业活动中，将职业工作性质、类型和工作条件，与个人需要和价值目标融合，使自身在职业工作生活中获得最大的满足。因之，雇员由初入组织的主观职业适合，通过职业活动实践，转变为职业适应的过程，即是雇员搜寻职业锚或开发职业锚的过程。职业适应性是职业锚的准备或前提基础。

（2）借助组织的职业计划表，选定职业目标，发展职业角色形象。职业计划表是一张工作类别结构表，是将组织所设计的各项工作分门别类进行排列，形成一个较系统的反映企业人力资源配给情况的图表。雇员应当借助职业计划表所列职工工作类别、职务升迁与变化途径，结合个人的需要与价值观，实事求是地选定自己的职业目标。一旦瞄准目标，就要根据目标工作职能及其对人员素质的要求有目的地进行自我培养和训练，使自己具备从事该项职业的充分条件，从而在组织内树立良好的职业角色形象。

职业角色形象，是雇员个人向组织及其工作群体全面展现的自我职业素质，是组织或工作群体对个人关于职业素质的一种根本认识。职业角色形象构成主要有两大要素：一是职业道德思想素质，通过敬业精神、对本职工作热爱与否、事业心、责任心、工作态度、职业纪律、道德等等来体现；二是职业工作能力素质，主要看雇员所具有的智力、知识、技能是否胜任本职工作。雇员个人应当从上述两个主要的基本构成要素入手，很好地塑造自己的职业角色形象，为自己确定职业锚创造条件，打好基础。

（3）培养和提高自我职业决策能力和决策技术。自我职业决策能力，是一种重要的职业能力。决策能力大小、决策正确与否，往往影响整个职业生涯发展乃至一生。在个人的职业发展过程中，特别是职业发展转折关头，例如首次择业、选定职业锚、重新择职等，具有强制职业决策能力和决策技术十分重要。所以，个人在选择、开发职业锚时，必须着力培养和提高职业决策能力。

所谓自我职业决策能力，意指个人习得的用以顺利完成职业选择活动所需要的知识、技能及个性心理品质。具体来说，要培养和提高个人以下几方面的职业决策能力：（1）善于搜集相关的职业资料和个人资料，并对这些资料进行正确的分析与评价；（2）制定职业决策计划与目标，独立承担和完成个人职业决策任务；（3）在实际决策过程中，不是犹豫不决、不知所措、优柔寡断，而是有主见性，能适时地、果断地做出正确决策；（4）能有效地实施职业决策，能够克服计划实施过程中的种种困难。

职业决策能力运用于实际的职业决策时，需要讲求决策技术，掌握住决策过程。首先，搜集、分析与评价各项相关职业资料及个人资料，这一工作即是几种职业选择途径的后果与可能性的分析和预测。其次，对个人预期职业目标及价值观进行探讨。个人究竟有怎样的职业价值倾向？由此决定的职业目标是什么？类似的问题并非每个人都十分清楚。现实中，经常会发现价值观念不清、不确定的情况。所以，澄清、明确和肯定个人主观价值倾向与偏好当为首要任务，否则无法做出职业决策。最后，在上述两项工作的基础上，将主观愿望、需要、动机和条件，与客观职业需要进行匹配和综合平衡，经过权衡利弊得失，确定最适合、最有利、最佳的职业岗位。这一决策选择过程，是归并个人的自我意向、找到自己爱好的和擅长的东西、发展一种将带来满足和报偿的职业角色的过程。

自我测评

职业锚测评——发现你的真正价值

本测试共40题，每一个题目有6个选项，请分别标记出各选项与您自己情况的符合程度，“从不这么想”记为“1”，“偶尔这么想”记为“2”，“有时这么想”记为“3”，“经常这么想”记为“4”，“频繁这么想”记为“5”，“总是这么想”记为“6”，答案没有对错之分，请根据自己的真实感受快速作答。

测试时间15分钟，请您合理安排时间。

1. 我希望做我擅长的工作，这样我的内行建议可以不断被采纳。(　)

2. 当我整合并管理其他人的工作时，使我非常有成就感。(　)

3. 我希望我的工作能让我用自己的方式，按自己的计划去开展。(　)

4. 对我而言，安定与稳定比自由和自主更重要。(　)

5. 我一直在寻找可以让我创立自己事业（公司）的创意（点子）。(　)

6. 我认为只有对社会做出真正贡献的职业才算成功的职业。(　)

7. 在工作中，我希望去解决那些挑战性的问题，并且胜出。(　)

8. 我宁愿离开公司，也不愿从事需要个人和家庭做出一定牺牲的工作。(　)

9. 将我的技术和专业水平发展到一个更具有竞争力的层次是成功职业的必要条件。(　)

10. 我希望能够管理一个大的公司，我的决策将会影响许多人。(　)

11. 如果职业允许自由地决定我自己的工作内容、计划、过程时，我会非常满意。(　)

12. 如果工作的结果使我丧失了自己在组织中的安全稳定感，我宁愿离开这个工作岗位。(　)

13. 对我而言，创办自己的公司比在其他的公司中争取一个高的管理位置更有意义。(　)

14. 我的职业满足来自我可以用自己的才能去为他人提供服务。(　)

15. 我认为职业的成就感来自克服自己面临的非常有挑战性的困难。(　)

16. 我希望我的职业能够兼顾个人、家庭和工作的需要。(　)

17. 对我而言，我喜欢在专业领域内做资深专家，这比总经理更有吸引力。(　)

18. 只有在我成为公司的总经理后，我才认为我的职业人生是成功的。(　)

19. 成功的职业应该允许我有完全的自主与自由。(　)

20. 我愿意在给我安全感、稳定感的公司中工作。(　)

21. 当我通过自己的努力或想法完成工作时，我的工作成就感最强。(　)

22. 对我而言，利用自己的才能使这个世界变得更加适合生活或居住，比争取一个高的管理职位更重要。(　)

23. 当我解决了看上去不可能解决的问题，或者在必输无疑的竞赛中胜出，我会非常有成就感。(　)

24. 我认为只有很好地平衡了个人、家庭、职业三者的关系，生活才能算是成功的。(　　)

25. 我宁愿离开公司，也不愿频繁接受那些不属于我专业领域的工作。(　　)

26. 对我而言，做一个全面的管理者比在我喜欢的领域内做资深专家更具有吸引力。(　　)

27. 对我而言，用我自己的方式不受约束地完成工作，比安全、稳定更重要。(　　)

28. 只有当我的收入和工作有保障时，我才会对工作感到满意。(　　)

29. 在我的职业生涯中，如果我能成功地创造或实现完全属于自己的产品或点子，我会感到非常成功。(　　)

30. 我希望从事对人类和社会真正有贡献的工作。(　　)

31. 我希望工作中有很多的机会，可以不断挑战我解决问题的能力。(　　)

32. 能很好地平衡个人生活和工作，比达到一个很高的管理职位更重要。(　　)

33. 如果工作中经常用到我特别的技巧和才能，我会感到特别满意。(　　)

34. 我宁愿离开公司，也不愿意接受让我离开全面管理的工作。(　　)

35. 我宁愿离开公司，也不愿意接受约束我自由和自主控制权的工作。(　　)

36. 我希望有一份让我有安全感和稳定感的工作。(　　)

37. 我梦想着创建属于自己的事业。(　　)

38. 如果工作限制了我为他人提供帮助或服务，我宁愿离开公司。(　　)

39. 去解决那些几乎无法解决的问题，比获得一个高的管理职位更有意义。(　　)

40. 我一直在寻找一份最小化个人和家庭之间冲突的工作。(　　)

计分方法：

在40道题中挑出三个得分最高的项目，(如果得分相同，挑出最感兴趣的项目)，在每个项目得分的后面再加上4分，例如，第40题得分6分，则该题再加4分，得分变为10分。将每一题的分数填入下面的空白表格(计分表)中，然后按照“列”进行分数累加，得到一个总分，将每列总分除以5，得到每列的平均分，填入表3-1中。

记住：在计算平均分的总和前，不要忘记将最符合自己日常想法的三项，额外加上4分。

表3-1　职业锚统计表

类型	TF	GM	AU	SE	EC	SV	CH	LS
	1	2	3	4	5	6	7	8
	9	10	11	12	13	14	15	16
	17	18	19	20	21	22	23	24
	25	26	27	28	29	30	31	32
	33	34	35	36	37	38	39	40
总分								
平均分(总分/5)								

职业锚分为八种类型，你是哪一种类型呢？根据自己的得分，最高的得分项就是你的职业锚。

了解自己的职业锚，个人在进行职业规划和定位时，可以运用职业锚思考自己具有的能力，确定自己的发展方向，审视自己的价值观是否与当前的工作相匹配。只有个人的定位和要从事的职业相匹配，才能在工作中发挥自己的长处，实现自己的价值。尝试各种具有挑战性的工作，在不同的专业和领域中进行工作轮换，对自己的资质、能力、偏好进行客观的评价。

（三）适合我国国情的职业生涯发展阶段划分

国外的职业生涯发展理论对指导人们进行职业生涯规划有一定的借鉴作用，但这种划分方法，特别是时间节点的确定并不完全适合中国的社会现实。为此，提出一个更适合中国社会现实的职业生涯阶段划分方案是必要的。

拓展阅读

1. 职业生涯准备阶段（22岁以前）

找到第一份工作，正式进入就业领域之前的时期称为职业生涯准备时期。这是一个人就业前学习专业、职业知识和技能的时期，也是人的素质形成的主要时期。但对于这个职业生涯的起点，许多人是盲目的，甚至是由别人（通常是家长和老师）代替决定的。处于这一阶段的人，接受各种形式的教育，特别是要完成基础教育和专业教育，为未来一生的职业生涯做必要的准备。从发展趋势来看，职业生涯准备阶段因受教育时间的延长而延长。

职业生涯准备阶段除了接受教育，还包括工作寻找期。大学生在离开教育领域进入就业领域的过程中，要寻找既适合个人能力和兴趣，又能有较高收入和前景的工作。比较顺利的大学生，工作寻找期叠加于受教育期，不必花费单独的时间找寻工作。

2. 职业生涯探索阶段（22~30岁）

这一阶段的主要特征是从学校走上工作岗位，是人生事业发展的起点。在这一时期，人们要根据社会需要和自己本身的素质及愿望做出职业选择。但在人与职业结合并互动之前，谁也不能肯定这一选择就是最佳的选择。因此，进入就业领域初期，毕业生的最主要任务就是在与职业的互动中，在这一时期结束前决定自己的最佳贡献领域，即自己最喜欢并且最能干好的职业。在这个时期，一个人为了找到最适合自己的职业，可能要经历几次选择与磨合。可以多进行一些职业方面的尝试、探索，熟悉组织环境，熟悉工作内容并有初步的开创性成果。如果在本组织中得不到满足，那些有高成就需要的员工——往往是最优秀的员工，就会跳槽到其他组织，通过变换就业组织来实现这种愿望，以寻找自己的职业锚。

3. 立业与发展阶段（31~45岁）

这一时期是人的职业生涯的主体阶段，且占人生命过程的绝大部分时间。研究表明，毕业生通过上一阶段的尝试，逐渐选定自己的职业，从职业生涯探索阶段进入立业与发展阶段。这时，他们在职业生涯中关心的不再是横向发展以寻找职业锚，而是在选定的职业领域内部的纵向发展，但这一阶段可能会存在诸如发展稳定、取得阶段成功或遭遇发展瓶颈、面临中年危机等不同情况。对于大部分人来说，这一阶段应该致力于某一领域的深入发展，求得升迁与专精。处于这一阶段的人们，处在人生最富创造力的阶段，紧盯未来的职业生涯目标，按照职业生涯规划，扎实而又快速地在所选定的领域内取得成就，奠定在某一领域的地位，取得很可能是一生最重要的成就。

处于这一阶段的人们，要善于利用身边的资源，甚至开发潜在资源为自己的发展服务。特别重要的是，如何把个人的发展与组织的发展更好地结合，如何充分利用所服务的组织资源，对于个人职业生涯发展具有特别重要的意义。

4. 职业生涯中期阶段（46~55岁）

职业生涯中期的人们的职业发展处于一个巅峰状态，这些人往往是所从事职业领域里的权威专家或专业方面的学术带头人。然而，与前一个时期相比，这一时期的人们发展速度明显下降，有可能较长时间在原地踏步，出现所谓“生涯高原”现象。其原因在于两点：第一，个人潜力发掘殆尽；第二，组织内上升空间萎缩。尽管还可以继续做出成绩，但他们已经开始面对停滞的现实，对成就和发展的期望开始减弱，希望维持或保持自己已经取得的地位和成就的愿望大为增强。同时，他们也希望更新自己专业领域的知识和技能，或希望学习和掌握一些其他领域的知识或技能，以便在经济停滞或萧条时期能够保持住自己的地位。一部分人则尝试“生涯转移”，希望转入一个新的领域，寻找新的感觉和发展。

5. 职业生涯后期阶段（56岁~退休）

处于职业生涯后期的人们仍然是组织中的有效贡献者，他们部分人可能是组织中的绝对权威，但多数人则出现明显下降的趋势，许多人要从组织的高位退下来，让位给年轻人，他们希望找到自己的“学生”，以便延续自己的经验，并从学生的进步中获得新的成就感。另外，处于这个阶段的人开始准备着退休，并希望为适应退休后的环境而学习或培养自己某些方面的爱好，如书法、绘画等，希望参加有益于身心健康的活动，但发挥余热的愿望也十分强烈。

6. 离开职业生涯领域阶段（退休之后）

退休意味着离开职业领域，其职业生涯过程也宣告结束。对于大多数人来说，他们已经没有足够的能力继续进行劳动，但事实上，在这个阶段的初期，大多数人仍然具有一定的劳动能力，他们中的部分人，尤其是那些高级技术人员、高级管理人员和掌握一技之长的技术工人，仍然保留着工作的热情，希望为社会和组织发挥余热。

实训活动

职业生涯发展探索

活动目的：

划分目标的时间区段，设立个人的职业目标，初步认知自己的职业生涯规划。

活动流程：

（1）为自己写一份简历。

（2）把你的简历放在一边，准备一张空白纸，在上面画上表格。把你现在的情况填入表3-2。

表3-2　个人职业生涯现时情况表

阶段	规划时间	公司名称	岗位名称	岗位职责	能力、技能
职业准备期					
职业探索期					
职业选择期					
职业进入期					

（3）在另一张空白纸上，同样画上表格，按照自己人生规划时间填入表3-3。可以通过招聘网站等途径收集自己感兴趣的工作资料，把其他栏目填写进去，这张就是自己的计划目标。

表3-3　个人职业生涯计划目标情况表

阶段	规划时间	公司名称	岗位名称	岗位职责	能力、技能
职业适应期					
职业稳定期					
职业瓶颈期					
职业衰退期					

（4）现在将这两张表和简历，分别视为三个点，原点是自己的简历，现在所处位置就是现实情况表格，而各个阶段的目标点在计划目标表格上。

活动分析：

（1）开始记下从原点到现时的情况，你花费了多少时间，增加了哪些知识和技能。使用同样的方式，记下从现时到计划目标需要花费多少时间，还需要增加哪些知识和技能。所记下来的内容，就是一份过去历史的差距与未来的差距分析表。

（2）从这份差距表格，检讨自己在时间、学习、工作以及知识和技能是否在关联性上的落差太大，或是产生了偏差或滞后，重新检讨计划目标表格的内容。

（3）填补岗位跳跃过度的鸿沟，包括在现时情况表格上，尚未到位的还需要补强的资历与能力，调整预期的所需时限。

活动启示：

通过目标路径法完成的这份差距清单，我们才能进行经过反馈与修正的可靠行动计划，分别在心态、基础能力（基础知识、专业知识、务实知识和技能技巧）、业务能力（理解力、判断力、规划力、开发力、表达力、协调力、执行力等）、素质能力等方面，善用学习渠道进行潜能开发。

注意：检讨自己的差距，不是完全否定自己、否定过去，而应该以既有成就为基础，确实评价个人特点和强项，并评估个人目标和现状的差距，精准定位职业方向，重新认识自身的价值并使其增值，以发现新的职业机遇。

二、职业生涯选择理论

对许多大学生来说，问及他们要如何选择职业，他们往往一头雾水。这些人习惯于两种状态：一是跟着感觉走，害怕并拒绝由于认真地规划自己的未来所带来的心理压力，宁肯让“远虑”迟一些到来，也不愿让“近忧”侵扰自己安逸的生活；二是在别人铺设好的路上走，这路可能是由父母、老师或社会铺设好的，一旦没有这条路，他们就会不知所措、怨天尤人，甚至忘记自己的脚下也能走出一条路来。如果一个大学生不知道如何选择职业，就难以展开有质量的学业。为了使自己对未来更清楚，可以试着了解自己，可以试着探索影响职业选择的因素，这些因素了解清楚了，选择何种职业大抵也就有一个轮廓了。

美国波士顿大学教授弗兰克·帕森斯在1909年出版的《选择职业》一书中首次提出了人与职业相匹配是职业选择的观点，这是最早的职业辅导理论，也是用于职业选择的经典型理论之一。他认为，人的个性结构存在客观差异，强调心理因素在职业选择中的匹配作用，职业选择就是使职业兴趣、职业能力与职业所需要的素质相匹配。每个人都有自己独特的人格特质，不同职业需要配置不同特质的人员，每种人格模式的个人都有其相适应的职业类型，个人特质与工作要求之间配合的越紧密，职业成功的可能性越大。特质因素论的基本假定是：个人特质与工作要求条件可以相互适配，从而找出理想的职业生涯，因此又称为“适配理论”。

特质因素论的基本观点是：每个人均有稳定的特质，而职业也有一组稳定的条件（因素）。所谓“特质”，就是指个人的人格特征，包括志向、兴趣、成就、价值观和个性人格等，可以经由测验或量表等工具来加以测评，以反映出个人的潜能。“因素”（factor）则是指在工作上要取得成功所必须具备的条件或资格，这可以通过对工作的分析而了解。帕森斯认为，在选择职业的过程中，涉及三个主要的因素，即对自我爱好和能力的认识、对工作环境及其性质的了解、二者之间的协调与匹配。

根据帕森斯的理论，职业生涯规划就是要解决人的独特性和职业相匹配的问题。大学生在进行职业生涯规划时，可以分以下三步进行。

第一步，清楚地了解自己，除了了解自己的体质、智力、能力倾向、兴趣爱好、气质和性格等身心特点以外，还应分析自己的家庭背景、经济情况、学业成绩、课外活动、业余兴趣等。根据从各方面获得的关于自己的全面而客观的材料，最后对自己的特性作出客观的评价。

第二步，了解职业岗位的职责、所需的知识和技能以及有关的其他职业信息等。这些职业信息的内容包括：职业性质、工资待遇、工作条件及晋升可能性；任职的最低条件包括学历条件、所需的专业训练、身体要求、年龄、职业能力及其心理特点的要求；为准备就业而设置的教育课程计划，以及提供这种训练的教育机构、学习年限、入学资格和费用等；职业信息咨询渠道。

第三步，使个人与职业相匹配。在理解了自己的特性和职业的因素之后，就要通过分析比较，选择一项适合自己特点又有可能得到并能在职业上取得成功的职业。

帕森斯认为，人-职匹配分为两种类型：

（1）因素匹配（活找人）。例如需要有专门技术和专业知识的职业与掌握该种技能和专业知识的择业者相匹配；或脏、累、苦劳动条件很差的职业，需要有吃苦耐劳、体格健壮的劳动者与之相匹配。

（2）特性匹配（人找活）。例如具有敏感、易动感情、不守常规、个性强、理想主义等人格特性的人，宜于从事审美性、自我情感表达的艺术创作类型的职业。

人-职匹配理论之所以受到广泛的重视，产生深远的影响，成为后来许多理论的基础，就在于这种理论为人们的职业选择提供了最基本的指导原则——人职匹配原则，因此具有很强的可操作性。当然，这种理论模式也有其局限性，该理论只强调个人特质要与工作要求相匹配，忽视了社会因素对职业选择的影响和制约作用。而且它以静态的观点看待个人的特质，忽略了个人和职业都是不断变化的这一事实。

帕森斯的特质因素论作为职业生涯选择的经典性理论，至今仍然对职业生涯规划和职业心理学的发展具有重要的指导意义。

美国职业指导专家约翰·霍兰德自20世纪50年代开始职业人格和生涯选择理论的研究，创立了简洁的六边形职业个性模型（RIASEC）理论，更清楚明白地解释了人与工作环境匹配的关系。

克朗伯兹1983年开始注意决策的个人规则及相应的困难，他认为在进行职业生涯决策时可能遇到以下五种困难：

① 人们可能不会辨认已有的可解决的问题；

② 人们可能不努力做决策或解决问题；

③ 因为错误的原因，人们可能会消除一个潜在的、满意的选择对象；

④ 因为错误的原因，人们可能会选择较差的选择对象；

⑤ 在感到没有能力达到目标时，人们可能会经受痛苦和焦虑。

在进行职业决策时，我们要重视以上困难，特别是克服不努力进行决策或解决问题的困难，要积极面对可能出现的问题，通过自身的努力寻求自己最优的选择。

课后练习

思考与练习

1. 假如你要为自己设计一份职业生涯发展报告，你倾向于使用什么方法？为什么？
2. 联系实际，谈谈在开展职业生涯规划时应注意哪些问题。
3. 职业生涯发展阶段理论有哪些？你认为哪种分类方式更合理？

探索与实践

学会职业生涯规划的评价

活动准备：

把班级分成若干小组，运用学习过的职业生涯规划知识，从现实性、激励性等方面逐一评价每个人的职业生涯规划。

活动过程：

（1）在小组内，自己先评价自己的职业生涯规划，填写到表3–4里。

（2）由小组每个成员评价，评价结束后，由组长汇总小组内成员的评价，填写到下列表格中。

（3）把评价过的职业生涯规划，再交给老师，由老师再进行评价，评价结束后，把老师的评价写到表格里。

表3–4　职业生涯规划评价表

<table>
<tr><td colspan="2">规划标题：</td><td>姓名：</td></tr>
<tr><td>自我评价</td><td colspan="2"></td></tr>
<tr><td>集体评价</td><td colspan="2"></td></tr>
<tr><td>教师1评价</td><td></td><td rowspan="3">教师评价汇总</td></tr>
<tr><td>教师2评价</td><td></td></tr>
<tr><td>教师3评价</td><td></td></tr>
</table>

活动分析：

（1）分析自己职业生涯规划的合理性和完整性。

（2）分析自己职业生涯规划存在的问题。

（3）对于存在问题，思考如何更好地结合今后的学习加以修正。

模块四 职业生涯规划的自我探索

通过本模块的学习，应该达到以下目标：

知识目标：

了解职业气质、职业性格、职业兴趣、职业能力、职业价值观、职业理想相关理论及自我认知的方法。

了解职业气质、职业性格、职业兴趣、职业能力、职业价值观、职业理想与职业发展的匹配关系。

能力目标：

具有分析自己的职业气质、职业性格、职业兴趣、职业价值观、职业理想的能力，进而找到适合自己的职业。

通过职业测评进行自我探索，初步明确自我职业定位。

素养目标：

认识到自我认知对职业生涯规划的重要性；塑造职业性格、培养职业兴趣、提升职业能力，澄清职业价值观，在实现中华民族伟大复兴中国梦的实践中显示出最大的自我价值。

每到毕业季，许多大学生将证明自己专业能力的各类证书放在一起，看似足以无忧，可是当面对选择时却依然迷茫。面对选择时的迷茫，面对人生路口时的犹豫，都是缺乏自我认知的表现。一个人对自我无知，就容易失去方向，而失去目标也就失去动力，被熙攘的人流裹挟随行，自己的潜能也就失去了能生根发芽、枝繁叶茂的根基和沃土。老子有一句箴言：“知人者智，自知者明。胜人者有力，自胜者强。”著名生理学家、心理学家巴甫洛夫说：“无论什么时候，永远不要以为自己已经知道了一切。不管人们把你们评价的多么高，但你们永远要有勇气对自己说：我是个毫无所知的人。”大学生即将面临人生中最重要的选择——职业选择，探索自我尤其重要。

实训活动

说说我的优势

活动目的：

结合成长经历，使同学们能够找到自身优势，并且愿意在集体面前展示出来，帮助同学们初步认识自己，正确对自我进行认知。

职业生涯规划的核心理念在于“适性扬才”。自我认知是影响职业生涯规划的决策的首要因素。良好的自我认知，有助于学生找到适合自己的理想工作。

活动内容：

请同学们写出自己身上存在的最重要的优势。

（1）你显著的气质特征是什么？请用不少于5个词来描述，程度高的排在前面。

____

（2）你最显著的性格特征是什么？请用不少于5个词来描述，程度高的排在前面。

____

（3）你对哪方面最感兴趣？请用不少于5个词来描述，程度高的排在前面。

____

（4）你哪方面的能力相对较强？请用不少于5个词来描述，程度高的排在前面。

____

（5）你最看中的价值标准是什么？请用不少于5个词来描述，程度高的排在前面。

____

（6）你的职业理想是什么？请用不少于5个词来描述，程度高的排在前面。

____

综上所述，总结自己的优势。

____

活动要求：

请注意自己独立思考，不与他人交流，也不受他人影响。

写完后在小组内展开交流：自己写了什么，并说说理由。其他同学可以针对该同学认识自我优势是否客观、真实，说说你的看法。

听了其他同学的发言后，你对自己所写的内容在认真思考的基础上可以有所修改，但给大家修改的机会只有一次。所以，一定要慎重决定。

活动分享：

需要注意的是，以上梳理出来的自我总结，是对过去和现在自己的概括。每一个人都会改变和成长，自我探索是一生的事。未来的你是什么样子，是今后你的行动在回答。

通过澄清和发现自己的优势，并对自己的优势重要性进行排序，让同学们深切地体会到：世界上的每个人都不可能十全十美，也不可能一无是处。要学会全面评价和接纳自己，做一个能清醒认识自己优势，同时又喜欢自己的人。

自我探索是客观了解自我的必经过程，人生只有在不断地自我探索中，才能寻找到真正的自我。一个人只有正确认识自己，才能确定适合自己的人生发展目标，走适合自己发展的人生道路。然而，有很多大学生在择业前缺乏对自我的剖析，不清楚自己的职业价值观取向，不知道自己的性格、气质、能力、兴趣适合做什么工作，导致对自己的期望过高或过低。为了更好地进行职业生涯规划，可以通过分析个人情况、利用职业测评等了解自己的气质类型、性格特点、兴趣类型、能力倾向、价值取向等，制订适合自己的职业生涯规划和实施方案。

项目一　职业气质与职业性格探索

一、职业气质探索

（一）职业气质的含义

气质是个体不以活动的目的和内容为转移的、典型的、稳定的心理活动的动力特征，表现在人的心理活动和外部动作的速度、强度、灵活性等方面。职业气质是指从事某种职业的群体普遍的、外在显现的风格气度以及影响职业选择及结果的个人气质特点。如有的人生机勃勃，有的人沉默寡言、举止安详；有的人庄重冷静，有的人多愁善感；有的人思维敏捷，而有的人则反应迟钝、动作缓慢等。这些特点都是气质的表现。气质只表明人的心理活动动力方面的差异，影响和制约着人的行动及其后果，具有积极和消极两个方面。所以，认清自己的气质，有助于职业生涯规划的成功。

（二）气质的类型

气质类型说始于古希腊医生希波克拉底的体液学说，以及后来罗马医生盖伦提出的气质说，但现代心理学借用了最初胆汁质、多血质、黏液质和抑郁质名称，根据气质的心理特征指标（如感受性、耐受性、反应的敏捷性与情绪的兴奋性的高低、大小以及可塑性、内外倾向性等）进行了严格科学的划分，将气质分为胆汁质、多血质、黏液质和抑郁质四种类型，并确定了相应的内涵。它们各有其特点，当遇到具体事情时，各人的气质特点就会不由自主地表现出来。

人的气质特征千差万别，上述四种气质类型分类的意义只是相对的，实际上，单纯属于某类典型气质的人很少见，大多数人只是不同类型的混合，或近似于某种类型，或介于某些类型之间。在全部人口中，气质的一般型和两种类型的混合型的人占多数，典型型和两种以上类型混合型的人占少数。因此，在测定某一个人的气质时，不要硬性地把他划入某种典型型，而要测定气质特征和神经过程基本特性，据此预测人的行为和进行自我职业生涯规划。

拓展活动

（三）职业气质与职业匹配

气质本身并不决定一个人的职业成就和社会贡献大小，每一种职业领域都可以找到各种不同气质类型的成功代表，同一气质的人在不同的职业部门也能做出突出的贡献。据相关研究，著名文学家普希金、赫尔岑、克雷洛夫、果戈理分别属胆汁质、多血质、黏液质和抑郁质，但他们在文学领域都取得了杰出成就。

气质是制约人们选择职业的重要因素之一，不同职业对人的气质有特定的要求，如医务人员要求耐心、细致，飞行员要求机智灵敏、注意力集中。在转行就业群体中，经常发现这样的现象，有人性情暴烈却选择了教师职业，有人反应迟缓却选择了救援职业，工作一段时间后匆忙转行，究其原因，并不是这些人能力较差，而是因为他们的气质与所从事的职业不相适应。可见，气质不仅影响一个人职业的选择，而且影响职业活动的效率，甚至影响具体工作的成败。了解自己的气质类型，可以有针对性地选择适合自己的职业，也可以在职业生活中做到扬长避短。

不同气质类型的心理行为特征表现、工作特点及适合的职业见表4-1。

表4-1　气质类型与职业匹配表

类型	心理行为特征	工作特点	对应职业
胆汁质	精力旺盛，反应迅速；情感体验强烈，情绪发生快而强，易冲动，但平息快；直率爽快，开朗热情，外向，但急躁、易怒，往往缺乏自制力；有顽强的拼劲和果敢性，但缺乏耐心	适合做社交性、文艺性、多样性、要求反应敏捷且均衡的工作；而不太适宜做需要耐心细致钻研的工作	出色的导游员、勘探工作者、销售员、节目主持人、演讲者、外事接待人员等
多血质	活泼好动，反应迅速，动作敏捷、灵活；易动感情，富于生气，情绪发生快而多变，表情丰富，外向，但情感体验不深；容易适应新环境；兴趣广泛且易变化，注意力易转移	适合做反应迅速、动作有力、应变性强、危险性大、难度较高而费力的工作；不适宜从事稳重、细致、持久、耐心的工作	外交人员、管理人员、驾驶员、医生、律师、运动员、新闻记者、冒险家、服务员、侦察员、警察、演员等
黏液质	安静、沉着、稳重、反应较慢，思维、言语及行动迟缓，不灵活，不易转移注意力；心平气和，不易冲动；坚韧、执拗、淡漠	适合做有条不紊、刻板平静、难度较高的工作，不适宜从事剧烈多变的工作	外科医生、法官、管理人员、出纳员、播音员、会计、调解员等
抑郁质	有较高的感受性，观察精细，对外界刺激敏感，但反应迟缓，动作迟钝；多愁善感，体验深刻、持久，但外表很少流露，内向；谨慎小心，不善与人交往，胆小、孤僻、忸怩；遇困难或挫折易畏缩	适合做兢兢业业、持久细致的工作，不适宜做要求反应灵敏、处理果断的工作	技术员、打字员、排版工、检查员、登录员、化验员、刺绣工、机要秘书、保管员等

在现实生活中，并不是每个人的气质都能归入某一气质类型。除少数人具有某种气质类型的典型特征之外，大多数人都偏于中间型或混合型，也就是说，他们较多地具有某一类型的特点，同时又具有其他气质类型的一些特点。

虽然不同气质的人只要发展相应的能力和性格都能适应某种工作，但是选择适合于这些职业要求的某种气质特征的人，将更容易发挥其长处，缩短训练时间，提高成功率，减少失误率，甚至防止事故发生。实际上，对大多数职业而言，之所以把气质作为职业生涯决策所要考虑的心理因素之一，是为了个人更好地适应工作，提高效率。但在一些特殊职业中，高风险性的特殊职务对任职者的气质提出了特定的要求，应当通过科学的职务分析，确定工作岗位的特征以及该岗位对任职者的特定气质要求，运用心理测量方式严格选择任职者。

实训活动

气质测试

判断一个人的气质类型，应该考察其主要气质和其他气质之间的关系，简单判定某个人是什么气质类型是武断的。气质测试会测评出被测试者在每种气质类型上的得分情况，然后说明被测试者的主要气质、一般气质和次要气质分别是什么，可帮助被测试者更好地了解自己。

本测验共有60道题，可帮助你大致确定自己的职业气质类型。在回答下列问题时，若与自己的情况“很符合”记2分，“较符合”记1分，“一般”记0分，“较不符合”记-1分，“很不符合”记-2分，并填入气质测验答卷（表4-2）中。

1. 做事力求稳妥，一般不做无把握的事。
2. 遇到可气的事就怒不可遏，想把心里的话全说出来才痛快。
3. 宁可一个人干事，不愿很多人在一起。
4. 到一个新环境很快就能适应。
5. 厌恶那些强烈的刺激，如尖叫、噪音、危险镜头等。
6. 和别人争吵时，总是先发制人，喜欢挑衅别人。
7. 喜欢安静的环境。
8. 善于和人交往。
9. 羡慕那种善于克制自己情感的人。
10. 生活有规律，很少违反作息制度。
11. 在多数情况下情绪是乐观的。
12. 碰到陌生人觉得很拘束。
13. 遇到令人气愤的事，能很好地自我克制。
14. 做事总有旺盛的精力。
15. 遇到问题总是举棋不定、优柔寡断。
16. 在人群中从不觉得过分拘束。
17. 情绪高昂时，觉得干什么都有趣；情绪低落时，又觉得做什么都没有意思。
18. 当注意力集中于某一事物时，别的事很难使我分心。
19. 理解问题总比别人快。
20. 碰到危险情境，常有一种极度恐怖感。
21. 对学习、工作怀有很高的热情。
22. 能够长时间做枯燥、单调的工作。
23. 符合兴趣的事情，干起来劲头十足，否则不想干。
24. 一点小事就能引起情绪波动。
25. 讨厌做那种需要耐心、细致的工作。
26. 与人交往不卑不亢。
27. 喜欢参加热烈的活动。

28. 爱看感情细腻、描写人物内心活动的文艺作品。
29. 工作学习时间长了，常感到厌倦。
30. 不喜欢长时间谈论一个问题，愿意实际动手干。
31. 宁愿侃侃而谈，不愿窃窃私语。
32. 别人总是说我闷闷不乐。
33. 理解问题总比别人慢些。
34. 疲倦时只要短暂的休息就能精神抖擞，重新投入工作。
35. 心里有话宁愿自己想，不愿说出来。
36. 认准一个目标就希望尽快实现，不达目的，誓不罢休。
37. 学习、工作同样一段时间后，常比别人更疲倦。
38. 做事有些莽撞，常常不考虑后果。
39. 老师或他人讲授新知识、技术时，总希望他讲得慢些，多重复几遍。
40. 能够很快地忘记那些不愉快的事情。
41. 做作业或完成一件工作总比别人花时间多。
42. 喜欢运动量大的剧烈体育运动，或者参加各种文艺活动。
43. 不能很快地把注意力从一件事转移到另一件事上去。
44. 接受一个任务后，就希望把它迅速解决。
45. 认为墨守成规比冒风险更稳妥。
46. 能够同时注意几件事物。
47. 当我烦闷的时候，别人很难使我高兴起来。
48. 爱看情节跌宕起伏、激动人心的小说。
49. 对工作坚持认真严谨、始终一贯的态度。
50. 和周围人的关系总是相处不好。
51. 喜欢复习学过的知识，重复做能熟练做的工作。
52. 希望做变化大、花样多的工作。
53. 小时候会背的诗歌，我似乎比别人记得更清楚。
54. 别人说我“出语伤人”，可我并不觉得是这样。
55. 在体育活动中，常因反应慢而落后。
56. 反应敏捷，头脑机智。
57. 喜欢有条理而不太麻烦的工作。
58. 兴奋的事情常使我失眠。
59. 老师讲新概念，常常听不懂，但是弄懂了以后很难忘掉。
60. 假如工作枯燥无味，马上就会情绪低落。

表4-2　气质测验答卷

胆汁质	题号	2	6	9	14	17	21	27	31	36	38	42	48	50	54	58	总分
	分数																

续表

多血质	题号	4	8	11	16	19	23	25	29	34	40	44	46	52	56	60	总分
	分数																
黏液质	题号	1	7	10	13	18	22	26	30	33	39	43	45	49	55	57	总分
	分数																
抑郁质	题号	3	5	12	15	20	24	28	32	35	37	41	47	51	53	59	总分
	分数																

评分方法：

将每题得分登记在结果统计表上，并计算各类型的总分。

气质类型分析：

（1）如果某一项或两项的得分超过20，则为典型的该气质。如，胆汁质超过20分，则为典型胆汁质；黏液质和抑郁质项得分都超过20，则为典型黏液质-抑郁质混合型。

（2）如果某一项或两项以上得分在20分以下、10分以上，其他各项得分较低，则为该项一般气质。如一般多血质，一般胆汁质-多血质混合型。

（3）若各项得分均在10分以下，但某项或几项得分较其余项为高（相差5分以上），则为略倾向于该项气质（或几项的混合）。如略偏黏液质型，多血质-胆汁质混合型，其余类推。一般来说，正分值越高，表明该项气质特征越明显；反之，分值越低，表明越不具备该项气质特征。

确定了自己的气质类型后，则可对应表4-1“气质类型与职业匹配表”中的内容，了解自己的气质特点及其职业适合性。

二、职业性格探索

阅读案例

根据自己的性格特点选择最容易适应的职业

某医药职业技术学院的张丽，暑假开始在一家社区医院实习。她人在医院，心却在医药销售上，因为医院的工作又苦、又累、又枯燥，而且门槛很高。看到很多师兄、师姐毕业以后都做了医药销售，且薪资可观，她羡慕不已。但她不知道自己是否适合这份工作，心中有些犹豫。带着能否做医药销售和如何让自己更胜任医院工作这两个问题，她走进了一家咨询公司。

在做了一个半小时的个性测试之后，她和咨询师进行了交谈。测试结果是张丽并不适合做销售工作，因为她是一个比较文学气的女孩子，内心充满幻想，情绪容易波动，挫折承受力低，不太适合从事竞争激烈的工作，而且人际关系处理能力并不是很强。咨询师的建议是，比较适合做药剂师。咨询师建议她不管能不能留下来，多向实习老师学习，单位需要的是成熟的社会人，这并不是从打扮上来说，而是希望能有责任心和恒心。

咨询师最后再三强调，他只是给建议而并不是帮人做决定，但张丽觉得他的建议还是比较中肯的，而且和她自己以及别人对她的认知差不多。她决定放弃曾经羡慕过的医药销售工作，留在医院实习的她做得比以前更认真，得到了院方的赞赏。

（资料来源：陈蓉，陈敏．职业生涯规划．上海：上海教育出版社，2005年版）

案例分析：张丽在进行职业选择时没有只考虑薪水和工作环境，而是意识到性格与职业发展的关系，对职业选择很慎重。她通过职业测评和咨询，选择了适合自己的工作，并在工作中不断地改善自己的个性。科学的职业测评能让人更全面地了解自己的性格，清楚自己的优势，选择适合的工作并在工作岗位上发挥潜力。

（一）职业性格的含义

性格是人对现实的态度和行为中比较稳定的、独特的心理特征的总和，诸如正直、诚恳、热忱、谦虚、懒惰、粗心、傲慢等。职业性格是指人们在长期特定的职业生活中形成的、与职业相联系的、稳定的心理特征，是指一个人在各种职业场合一贯表现出来的某种特征。例如，一个人对待工作总是担当负责、一丝不苟、踏实认真，在待人处世中总是表现出热情忠厚、与人为善、坚毅果断、豪爽活泼，在对待自己的态度上总是表现为谦虚、自信等，这种对人对己稳定的态度和习惯化的行为方式所表现出来的心理特征就是这个人的性格。

拓展阅读

心理学认为，人的性格与职业适应性有着密切的关系。如果一个人的性格与所从事的职业很符合，就可能在事业上获得成功；反之，则会使从业者的心理健康受到损害，甚至会妨碍事业的成功。人的性格通过教育是可以改变的，在学习知识、技能的同时，如果能注意塑造自己良好的性格，将有助于人的健康发展。

（二）梅尔斯–布瑞格斯性格类型指标（MBTI）

人的性格千差万别，或热情外向、或羞怯内向、或沉着冷静、或火爆急躁。职业心理学的研究表明，不同的职业有不同的性格要求。虽然每个人的性格都不能百分之百地适合某项职业，但却可以根据自己的职业倾向培养、发展相应的职业性格。不同性格特征的人员，对企业而言，决定了每个员工的工作岗位和工作业绩；对个人而言，决定着自己的事业成败。

既然性格对职业的选择以及事业成败有着重大的影响，那么该如何判断自己的职业性格？心理学上有一些比较经典的性格测验，例如，16PF从乐群性、冒险性、情绪稳定性、独立性等角度进行测评；MBTI从外倾—内倾性、感知—直觉性、理智—感情性、判断—观察性四个维度进行测评。不管哪种测评方法，我们都可以参考测评结果，找到合适的职业。

梅尔斯–布瑞格斯性格类型指标（Mger-Briggs Type Indicator，MBTI）是凯瑟琳·布瑞格斯和她的女儿伊沙贝尔·布瑞格斯·梅尔斯根据瑞士心理学家荣格的心理类型理论而编制的。它是一种必选型、员工自报告式的性格测试问卷，用以衡量和描述人们在获取信息、做出决策和生活取向等方面的偏好。这套工具为人们提高自我认识，了解人际间的差异与相似提供了一种有效的方法。MBTI是世界上使用最为广泛的性格类型测试工具。

布瑞格斯等认为，大部分人在20岁以后会形成稳定的MBTI性格，从此便很难变化。MBTI的性格会随年龄的增加、经验的丰富逐步发展。根据MBTI的理论，对于MBTI中任何类型的人而言，均有相应的优点和缺点，有适合自己的工作环境和适合自己的岗位特质。使用MBTI进行职业生涯开发的关键在于如何将个人的性格特点与职业特点进行结合。

该量表包括四个维度，每个维度由对立的两极构成：外倾—内倾；感觉—直觉；思维—情感；判断—知觉。

（1）外倾—内倾（extraversion-introversion，简称E-I）。指我们与世界相互作用的方式和能量的疏导方式。外倾的人心理能量指向外部世界，与他人在一起的时候感到兴奋，希望成为注意的焦点，愿意与他人共享个人信息，喜欢先行动后思考，兴趣广泛，在工作和人际关系中表现得都很积极主动；内倾的人心理能量指向内部世界，喜欢独处，不愿意成为他人注意的焦点，只愿与少数人共享个人信息，安静而显得内向，喜欢先思考后行动。

拓展阅读

（2）感觉—直觉（sensing-intuition，简称S-N）。指我们感知世界、接受信息的方式。感觉型的人倾向于通过自己的感官来获取有关环境的事实和信息，注意和留心事物的细节，他们是实际的；直觉型的人习惯于通过想象、无意识等超越感官的方式来获取信息，他们更注重事情的含义、象征意义和潜在意义。直觉型的人对于洞察力、抽象的事物和未来等方面有明显的偏好。

（3）思维—情感（thinking-feeling，简称T-F）。指我们做决策的方式。思维型的人崇尚逻辑，习惯于通过分析数据、权衡事实来做出符合逻辑的、客观的结论和选择，很少把个人感情牵扯到决策中去；情感型的人则习惯于通过自己的价值观和感受做出决定，通常会对信息做出个人的主观评价，注重人际和睦。

（4）判断—知觉（judging-perceiving，简称J-P）。指我们对待所做出的决策以及面对外部环境采取行动的两种态度。判断型的人通过思维和情感去组织、计划和调控自己的生活，他们习惯井然有序的生活，喜欢将事情管理得井井有条，他们确立目标会按时完成，并注重结果，通过完成任务获得满足；知觉型的人则倾向于用感觉和直觉的方式去对事情做出决定，他们通常是灵活机动的、开放的，他们喜欢自发、随意地处理问题，愿意保持开放性的选择，注重过程，喜欢通过接触新事物获得满足。

以上四个维度加以两两组合，可以组成16种性格类型，见表4-3。

表4-3　梅尔斯-布瑞格斯性格类型

		感觉型（S）		直觉型（N）	
		思维（T）	情感（F）	情感（F）	思维（T）
内倾型（I）	判断（J）	ISTJ	ISFJ	INFJ	INTJ
	知觉（P）	ISTP	ISFP	INFP	INTP
外倾型（E）	知觉（P）	ESTP	ESFP	ENFP	ENTP
	判断（J）	ESTJ	ESFJ	ENFJ	ENTJ

每一种性格类型是一种天生的倾向性、一种特定的行为和思维方式，并无好坏之分。每一种类型都有自己的MBTI代码（见表4–4）。代码由四个字母构成，偏好的编码顺序为：E或I，S或N，T或F，J或P。如果一个人的类型偏好编码是ESFP，那么他就是这样一种人：外倾（E），习惯于通过感觉（S）获取信息，依据情感（F）来做决定，主要通过知觉（P）的方式与外界发生联系。而一个INTJ的人则是一个内倾的（I），习惯于通过直觉（N）来获取信息，依据思维（T）来做决定和通过判断（J）与外界发生联系的人。

（三）职业性格与职业匹配

视频

每个人通过专业的问卷测试，了解自身的性格特点，从而选择适合自己性格类型的职业，这就是该理论的指导思想。下面简要列出16种性格类型的特点和适合的职业类型，但MBTI是不会告诉你，你一定是什么样子的，它仅仅根据你对该量表的回答提示可能的选择。

表4–4　MBTI各种性格类型的主要特征与可能的职业倾向

性格类型	主要特征	职业倾向
ISTJ（内向感觉思维判断型）	沉静、认真；贯彻始终，受人信赖而取得成功；讲求实际，重视事实，有责任感；能够合情合理地去解决应做的事情，坚定不移地把它完成，不会因为外界事物而分散精力；以做事情有次序、有条理为乐——不论是在工作上、家庭上或是在生活上；重视传统和忠诚	管理者、行政管理、执法者、会计或者其他能够让他们利用自己的经验和对细节的注意完成任务的职业
ISFJ（内向感觉情感判断型）	沉静、友善，有责任感和良知，谨慎；能坚定不移地承担责任；做事贯彻始终、不辞劳苦和准确无误；忠诚，替人着想，细心；往往记着他所重视的人的种种微小事情，关心别人的感受；努力创造一个有秩序、和谐的工作和家居环境	教育、健康护理（包括生理、心理）、宗教服务或者其他能够运用自己的经验亲力亲为帮助别人的职业，这种帮助是协助或辅助性的
INFJ（内向直觉情感判断型）	寻求思想、关系、物质等之间的意义和联系；希望了解什么能够激励人，对人有很强的洞察力；有责任心，坚持自己的价值观，对于怎样更好地服务大众有清晰的远景计划；在对于目标的实现过程中有计划而且果断坚定	宗教工作、咨询服务（包括个人、社会、心理等）教学教导、艺术或者其他能够促进情感、智力或精神发展的职业
INTJ（内向直觉思维判断型）	在实现自己的想法和达成自己的目标时有创新的想法和非凡的动力；能很快洞察到外界事物间的规律并形成自己长期的远景计划；一旦决定做一件事就会开始规划并直到完成为止；多疑、独立，对于自己和他人的能力和表现的要求都非常高	科学或技术领域、计算机、法律或者其他能够运用智力创造和技术知识去构思、分析和完成任务的职业
ISTP（内向感觉思维知觉型）	灵活、容忍、有弹性；是冷静的观察者，当有问题出现时，便迅速行动，找出可行的解决办法；能够分析哪些东西可以使事情进行顺利，又能够从大量资料中找出解决问题的重心；很重视事件的前因后果，能够以理性的原则把事实组织起来；重视效率	熟练工种、技术领域、农业、执法者、军人或者其他能够让他们动手操作、分析数据或事情的职业

续表

性格类型	主要特征	职业倾向
ISFP（内向感觉情感知觉型）	安静、友好、敏感、和善，欣赏目前和他们周遭所发生的事情；喜欢有自己的空间，喜欢能按照自己的时间表工作。对于自己的价值观和自己觉得重要的人非常忠诚，有责任心。不喜欢争论和冲突；不会将自己的观念和价值观强加到别人身上	健康护理（包括生理、心理）、商业、执法者或者其他能够让他们友善、专注于细节的相关服务的职业
INFP（内向直觉情感知觉型）	理想主义者，对于自己的价值观和自己觉得重要的人非常忠诚；希望外部的生活和自己内心的价值观是统一的；好奇心重，很快能看到事情的可能性，能够加速对理念的实践；试图了解别人、协助别人发展潜能；适应力强，如果和自己的价值观没有抵触，往往能包容他人	咨询服务（包括个人、社会、心理等）、写作、艺术、娱乐工作者或者其他能够让他们运用创造和集中于自身的价值观的职业
INTP（内向直觉思维知觉型）	对于任何感兴趣的事物都寻求合理的解释；喜欢理论性的和抽象的事物，热衷于思考而非社交活动；安静、内向、灵活、适应力强；对于自己感兴趣的领域有超凡的、集中精力深度解决问题的能力；有怀疑精神，有时喜欢批判，善于分析	科学或技术领域或者其他能够让他们基于对自己的专业技术知识独立、客观分析问题的职业
ESTP（外向感觉思维知觉型）	灵活、忍耐力强、实际、注重结果；认为理论和抽象的解释非常无趣；喜欢积极地采取行动解决问题；注重当前，自然不做作，享受和他人在一起的时刻；喜欢物质享受和时尚；学习新事物最有效的方式是通过亲身感受和练习	市场销售、工程和技术人员、商业、执法者、服务性工作者或者其他能够让他们利用行动关注必要细节的职业
ESFP（外向感觉情感知觉型）	外向、友好、包容；热爱生活、人类和物质上的享受；喜欢和别人共事；在工作中讲究常识和实用性，注意现实的情况，使工作富有趣味性；富有灵活性，自然不做作，易于接受新朋友和适应新环境；与别人一起学习新技能可以达到最佳的学习效果	健康护理（包括生理、心理）、教学、教导、教练、儿童保育、熟练工种或者其他能够让他们利用外向的天性和热情去帮助那些有实际需要的人们的职业
ENFP（外向直觉情感知觉型）	热情洋溢、富有想象力；认为人生有很多的可能性；能很快地将事情和信息联系起来，然后很自信地根据自己的判断解决问题；总是需要得到别人的认可，乐于赏识和帮助别人；灵活、自然不做作，有很强的即兴发挥能力，语言流畅	咨询服务（包括个人、社会、心理等）、教学、宗教工作、艺术、公关人员或者其他能够让他们利用创造和交流去帮助促进他人成长的职业
ENTP（外向直觉思维知觉型）	反应快、睿智，有激励别人的能力，警觉性强、直言不讳；在解决新的、具有挑战性的问题时机智而有策略；善于找出理论上的可能性，然后用战略的眼光分析；善于理解别人；不喜欢例行公事，很少会用相同的方法做相同的事情，倾向于一个接一个地发展新的爱好	科学、管理、技术、艺术、销售人员或者其他能够让他们有机会不断承担新挑战的职业

续表

性格类型	主要特征	职业倾向
ESTJ（外向感觉思维判断型）	讲求实际，注重现实，注重事实；果断，很快做出实际可行的决定；善于将项目和人组织起来将事情完成，并尽可能用最有效的方法得到结果；注重日常的细节；有一套非常清晰的逻辑标准，有系统性地遵循，并希望他人也同样遵循；以较强硬的态度去执行计划	管理者、行政管理、执法者、财务经理或者其他能够让他们运用对事实的逻辑和组织完成任务的职业
ESFJ（外向感觉情感判断型）	有爱心、有责任心、善于合作；希望周边的环境温馨而和谐，并为此果断地营造这样的环境；喜欢和他人一起精确并及时地完成任务；事无巨细，会保持忠诚；能体察到他人在日常生活中的所需并竭尽全力提供帮助；希望自己能受到他人的认可和赏识	教育、健康护理（包括生理、心理）、宗教或者其他能够让他们运用个人关怀为他人提供服务的职业
ENFJ（外向直觉情感判断型）	热情、有同情心，反应敏捷，有责任感；非常注重他人的感情、需求和动机；善于发现他人的潜能，并希望能帮助他们实现；能成为个人或群体成长和进步的催化剂；忠诚，对于赞扬和批评都会积极的回应；友善、好社交；在团队中能很好地帮助他人，并有鼓舞他人的领导能力	宗教、艺术、教学、教导或者其他能够让他们帮助别人在情感、智力和精神上成长的职业
ENTJ（外向直觉思维判断型）	坦诚、果断，有天生的领导能力；能很快看出组织程序和政策中的不合理性和低效能性，发展并实施有效和全面的系统来解决问题；善于做长期的计划和目标的设定；通常见多识广，博览群书，喜欢拓展自己的知识面并将此分享给他人；在陈述自己的想法时非常强而有力	管理者、领导者、工程人员或者其他能够让他们运用实际分析、战略计划和组织完成任务的职业

每种性格类型都有自己的优点和缺陷，体现了我们对人、职业和生活的态度和取向，代表一种行为和态度的偏好。每种类型都对应了可能的职业兴趣和工作环境的偏好，而且能够从性格分析的角度解释为什么我们喜欢这样的工作。因此，MBTI可以很好地帮助我们认识自己，从而更好地把握自己的职业倾向。

人的性格类型与职业之间具有一定的相关性。一方面，不同的性格类型适应不同的职业要求。性格影响着一个人的职业适应性，选择职业要考虑性格的职业品质，尽量选择适合自己性格特点的工作。不同的职业对人有不同的性格要求，选择适合自己的工作，有利于个体顺利适应工作环境、提高工作效能、增进个体对工作的满意感和认同感。另一方面，不论哪一种性格，都是在一定的社会历史条件下，在长期的社会实践中逐步形成的。职业也可以影响和造就从业者的性格，从而使得从业者更加适合职业的要求。在职业环境中，个体可以主动改变自己，主动塑造与职业相适应的性格特征，更好地适应职业环境。

实训活动

拓展活动

认识你的性格类型

对照表4-5的描述，写出每一个维度自己偏好的字母。

表4-5　MBTI性格测试表

<table>
<tr><td colspan="2">请在下面的连续尺度上判断你的偏好（你偏向于：____）
（E）外倾型的人←————————→（I）内倾型的人</td></tr>
<tr><td>喜欢注意外部世界的人和活动，通过与人的互动和实际行动获得能量</td><td>喜欢注意自己内在的观点和经验，通过反思自己的思想、记忆、情感获得能量</td></tr>
<tr><td>与他人在一起时感到振奋
希望成为注意的焦点
先行动，再思考
喜欢边想边说出声
易于被了解；愿与他人共享个人信息
说的比听的多</td><td>独自一人时感到振奋
避免成为注意的焦点
先思考，再行动
在脑中思考
注意隐私；只与少数人共享个人信息
听的比说的多</td></tr>
<tr><td>热情地交流
反应迅速，喜欢快节奏
较之精深更喜欢广博</td><td>不把热情表现出来
思考之后再反应，喜欢慢节奏
较之广博更喜欢精深</td></tr>
<tr><td colspan="2">请在下面的连续尺度上判断你的偏好（你偏向于：____）
（S）感觉型的人←————————→（N）直觉型的人</td></tr>
<tr><td>喜欢具体真实的信息，以文字方式观察，对实际经验有兴趣，以感官接受信息，关注事实和细节，而不解释其意义</td><td>以图像化方式观察，关注事实间的关系和联结，把感官感觉到的信息立即翻译成一定模式，归入结论结构</td></tr>
<tr><td>相信确定而有形的事物
喜欢具有实际意义的新主意
崇尚现实主义与常识
喜欢琢磨和运用已有的技能
留心特殊的和具体的，喜欢给出细节
循序渐进地给出信息
着眼于现在并喜欢实际的人</td><td>相信灵感和推理
喜欢新主意和新概念只出于自己的意愿
崇尚想象力和新事物
喜欢学习新技能，但掌握之后容易厌倦
留心普遍和有象征性的，喜欢使用隐喻和类比
跳跃式地以一种绕圈的方式给出信息
着眼于将来并喜欢欣赏有创造力的人</td></tr>
<tr><td colspan="2">请在下面的连续尺度上判断你的偏好（你偏向于：____）
（T）思维型的人←————————→（F）情感型的人</td></tr>
<tr><td>在判断和决策过程中受客观价值驱动，以逻辑的、分析的、超然物外的方式考虑事情的前提和后果，希望发现普遍性的标准和原则</td><td>做决定受主观价值驱使，喜欢考虑它对自己和他人的重要性，设身处地地考虑决定的影响，乐于支持他人，赞扬他人，创造和谐</td></tr>
</table>

续表

后退一步，客观地分析问题 崇尚逻辑、公正和公平，有统一标准 自然地发现缺点，有吹毛求疵的倾向 可能被视为无情、麻木、漠不关心 认为诚实比机敏更重要 认为合乎逻辑的感情才是正确的 受获得成就的驱使	向前看，关心行动给他人带来的影响 注重情感与和睦，看到规则的例外性 自然地想让别人快乐，易于理解别人 可能被视为过于感情化、无逻辑、脆弱 认为诚实与机敏同样重要 认为所有感情都是正确的，无论有意义与否 受被人理解的驱使
请在下面的连续尺度上判断你的偏好（你偏向于：____） （J）判断型的人←————→（P）知觉型的人	
喜欢有计划、有秩序、结构化的生活方式，遵守时间表，重视对生活的规划和调整，希望对事情提前安排，并马上付诸行动，尽早完成	喜欢随机的、灵活的生活方式，重视体验式地理解生活，而非控制它，不喜欢受计划和决定的限制，常在最后时刻做出选择，随时适应变化的能力很强
做完决定后感到快乐 具有工作原则：先工作再玩（有时间的话） 确立目标并按时完成任务 想知道自己的处境 看重结果 通过完成任务获得满足 把时间看成有限的资源，认真对待时间期限	因保留选择的余地而快乐 具有玩的原则：先玩再工作（有时间的话） 当有新的情况时便改变目标 喜欢适应新环境 看重过程 通过着手新事物而获得满足 把时间看成无限的资源，认为时间期限是活的

经过以上四个维度的分析，你得到四个比较偏向的特性：________。这四个特性就代表了你的性格类型和职业偏好。如果你对自己的分析没有把握，可以通过互联网查询相应的量表进行科学测评。

MBTI测试注意事项：

（1）自己根据维度解释判断自己的性格类型往往不准，必须使用可靠性得到充分验证的专业测试工具进行测试，并与对这个性格类型系统和测试工具有深入了解的专业顾问进行充分沟通，由顾问对测试结果进行修正或确认后，才能比较科学地确定你的性格类型。

（2）每一种性格倾向（性格类型）都没有绝对的“好”与“差”之分，但不同特点对于不同的工作存在“适合”与“不适合”的区别，从而表现出具体条件下的优势与劣势。

（3）不要强求改变自己的性格类型，而应该通过把握自己的优势与劣势，扬性格和天赋之长，避性格和天赋之短，选择最适合自己的职业生涯发展路径

项目二　职业兴趣与职业能力探索

兴趣和能力是影响人们工作满意度、职业稳定性和职业成就感的重要因素，也是职业生涯规划中进行自我探索的一个重要方面。因此，希望每位同学都能找到自己真正感兴趣的职业，尽可能地去做自己喜欢的事。然而，现实和理想总是有差距的，在“你的兴趣在哪里”“你到底能干什么”这些问题上总是有些不太令人满意的回答。有的同学说，感觉自己好像没什么兴趣，也不知道自己到底能干什么。有的则说，自己的兴趣太多，不知道选择哪个好，自己能力不强，不知道能干好什么，而且，以后它们真的能成为我要从事的职业吗？还有的同学可能处于更大的困惑中，我以前喜欢这个专业，但当真正接近它的时候才发现它原来并不是我想要的，我真正想干的、能干的事情到底是什么？兴趣和能力到底对职业选择有多大的帮助？

一、职业兴趣探索

阅读案例

从IT高职专业走出来的文学逐梦青年

唐鲁利，计算机软件专业，大连东软信息学院继续教育学院2017届专科毕业生，现就职于北京某文化传媒有限公司，从事图书策划编辑工作。唐鲁利在很小的时候就非常喜欢读书，自己常写一些文章，并且在各市级刊物上发表过多篇文章。高考前一次偶然参观充满浓浓文艺气息的东软，使她高考时毅然选择了东软计算机软件专业。

唐鲁利毕业时选择了北京某文化传媒有限公司的编辑职位，因为编辑从策划、联系作者到审校，直至一本书的出版上市都可以全流程去接触与学习。从最开始的助理编辑，到现在的策划编辑，唐鲁利一步步实现了梦想。“直到现在，我也丝毫不后悔当初的选择，虽然现在从事的是完全不同于专业的工作，但学习计算机软件过程中锻炼出的逻辑思维能力，却成为我从众多竞聘者中脱颖而出的撒手锏。我将专业知识灵活运用到工作中，尤其是与工科出身的作者沟通交流时，会有更多共同话题，在帮作者梳理书稿脉络和选题时，我也能快速理解作者的想法并理出清晰的体例。”“就算毕业后不想进入IT行业，我建议大家依旧不要扔掉自己的专业技能，比如找到自己相对感兴趣的一个方向，闲暇时候还可以继续研究，像微信小程序开发、Python等。我虽然确定自己以后可能不会从事开发相关的工作，但从实用性的角度考虑，仍然利用业余时间研究了Python，因为在互联网时代，你所掌握的技能随时都可能应用到生活的各个方面。”

案例分析：事实上，很多公司并不缺少技术过硬的研发人员，缺少的是拥有一定的技术功底、对宣传策划和活动组织具有良好领悟力和执行力的人。唐鲁利求职成功的案例，让我们看到了理工科同学加强文学修养、文理兼备的重要性。

很多大学生都希望凭自己的专业知识找到一份理想的工作，以便学有所用。然而，很多毕业生在就业市场上无法找到一个“对口”的工作，激烈的竞争迫使大学生们在求职时不得不另辟蹊径。当专业优势不再成为优势、求职陷入困境时，很多大学生便选择了一条“兴趣求职”的道路，“兴趣”成了求职制胜的法宝。

（一）职业兴趣的含义

现在有两份工作摆在你面前：一份工资待遇高，但与自己的兴趣不吻合；另一份工资待遇低，却是自己喜欢的。你将如何选择呢？

“我会选择自己喜欢的工作。”相信你会这样回答，而且是大多数人的答案。之所以如此，是因为它不过是一个假设。问题是否可以这样来考虑，“先接受那份待遇高而自己不感兴趣的工作，积累一定的财富后，再去追求自己的兴趣爱好也不迟啊！”这才是大多数人的真实想法。

很多人都忽视了这样一个事实：工作本身也是生活的一部分，工作质量的高低决定了生活质量的高低。工作并不是毫无感情的，它对于人生的意义绝不亚于衣食住行。实际上，它更是实现理想的途径，是幸福快乐生活的隐形伴侣。

对于现代人而言，工作不只是简单地为了解决吃饭，人们更希望通过工作或事业的发展来达到自我价值的实现。一项工作不仅是花上几个小时赚得一份薪水，而且是将自己的天赋贡献给世人的最伟大的礼物。如果认定工作就是意味着心甘情愿地向他人提供资源和知识，那么生活就会发生转变。

“我到底喜欢什么？”这是每一个人在面临人生选择的时候必须回答的问题。了解自己的喜好，倾听自己内心的声音是最重要的。兴趣是最好的老师，只有拥有兴趣才能充分调动生命的激情和创造性，从而引领我们走向成功。人生最大的失败不在于没有得到想得到的，而在于没有去做想做的。事实上，幸福的一生就是一直能做自己喜欢的事情。

兴趣是指个体积极探究事物，力求认识参与事物，并具有积极情绪色彩的心理倾向，是认识过程中表现出来的指向特定对象的稳定而持久的个性特点。它是推动人们去寻求知识和从事活动的心理因素。推而论之，职业兴趣事实上就是个体力求了解某种职业或进行某种职业活动的心理倾向。对某种职业感兴趣的人在学习工作中就能全神贯注、积极热情，富有创造性地努力完成任务；对自己的工作毫无兴趣的人，即使聪明能干，也不大可能在本专业或本行业中有所建树。

对于职业兴趣，心理学家开展了多方面的研究，提出了有助于我们认识自己的职业兴趣的观点。具体来说，兴趣对职业生涯的影响主要表现在以下三个方面。

1. 兴趣是选择职业生涯的重要依据

正像在日常生活中喜欢从事自己感兴趣的活动一样，具有一定兴趣类型的人更倾向于寻找与此有关的职业（类型），特别是在外界环境限制较小时，更倾向于选择自己感兴趣的职业。因而，对自己的兴趣或兴趣类型有了正确的评估后，就可以预测或帮助自己的职业生涯选择。

2. 兴趣可以增强职业生涯适应性

兴趣可以通过工作动机促进能力的发挥，兴趣和能力的合理结合会大大提高工作效率。曾有人进行过研究：如果从事自己感兴趣的职业，则能发挥全部才能的80%~90%，而且长时间保持高效率而不感到疲劳；若对所从事工作没有兴趣，则只能发挥你全部才能的20%~30%。

3. 兴趣影响工作满意感和稳定性

兴趣影响工作满意感和稳定性，是由兴趣的本质性质所决定的，在某些情况下（如不考虑经济因素），兴趣甚至具有决定性作用。一般来说，从事自己不感兴趣的职业很难让人感到满意，并由此导致工作的不稳定。有人曾对一些成功人士进行过调查，结果表明：他们之中94%以上的人都从事着自己喜爱的工作。换句话说，工作的基础条件就是喜好和兴趣。一个对工作感到不满意的人，不管如何努力，都不会有优越的表现。最初择业的时候，影响人们选择的常常是薪水高低等因素，但慢慢会发现，如果长期干自己不喜欢的工作，会倍感厌倦。

大学生在选择职业时，不仅需要知道自己有能力从事什么样的工作，也需要知道自己对哪类工作感兴趣并能满足自己的意愿。只有将能力和兴趣结合起来考虑，才更有可能取得成功。诺贝尔物理学奖获得者丁肇中说："兴趣比天才重要。"

一个人如果能根据自己的兴趣去选择职业，他的主动性将会得到充分的发挥。即使十分疲倦和辛劳，也会兴致勃勃，心情愉快；即使困难重重也绝不轻易灰心丧气，而会想尽办法、百折不挠地去克服它。兴趣是成功的一个重要的推动力，它能将自己的潜能最大限度地调动起来，使自己长期专注于某一方向，做出艰苦的努力，取得令人瞩目的成绩。因此，在制订职业生涯规划或择业时，大学生必须考虑自己的兴趣。

（二）职业兴趣类型

在职业生涯规划中，我们更多地关注职业兴趣，尽管很难为所有的兴趣划出一个明确的界限。而对职业兴趣类型的研究影响比较大、且有配套的兴趣量表的，当属美国心理学家、职业指导专家约翰·霍兰德的相关理论。

霍兰德的职业兴趣理论主要是从兴趣的角度出发来探索职业指导的问题，霍兰德六边形职业个性模型（RIASEC）理论的核心包括四个假设：① 多数人属于下列六种类型中的一种：现实型（realistic type，简称R）、研究型（investigative type，简称I）、艺术型（artistic type，简称A）、社会型（social type，简称S）、管理型（enterprising type，简称E）、常规型（conventional type，简称C）；② 有六种对应的环境类型，如图4-1所示；③ 人们寻找一种能够发挥其技能和能力，表达其态度和价值，并承担适当的问题与任务的环境；④ 行为是由人格和环境交互作用决定的。

从图4-1可以看出，六种不同的人格按照一定的秩序（RIASEC）排列成一个六角形。相邻的人格类型与工作环境之间具有较高的相似性，而间隔越远，意味着人格与环境之间的相似性越低。人与职业是否匹配，是人-职匹配理论所关心的核心问题。霍兰德认为，由于同一职业群体内的人具有相似的人格，所以他们对许多情境和问题做出相似的反应，并且营造特有的人际环境，而不同人格的人需要有相应的职业环境与之相匹配。

六边形模型直观地描述了类型理论，帮助人们确定其人格模式与环境的一致性程度，提高对人格特质与工作环境之间的一致或不一致的认识。如果知道自己的人格类型和职业类型，我们就可以预测自己的职业选择、工作变换、职业成就、个人竞争和教育及社会行为。

霍兰德认为人的人格类型、兴趣与职业密切相关，某一类型的职业通常会吸引具有相同人格特质的人，而具有相同人格特质的人对许多生活事件的反应模式也是相似

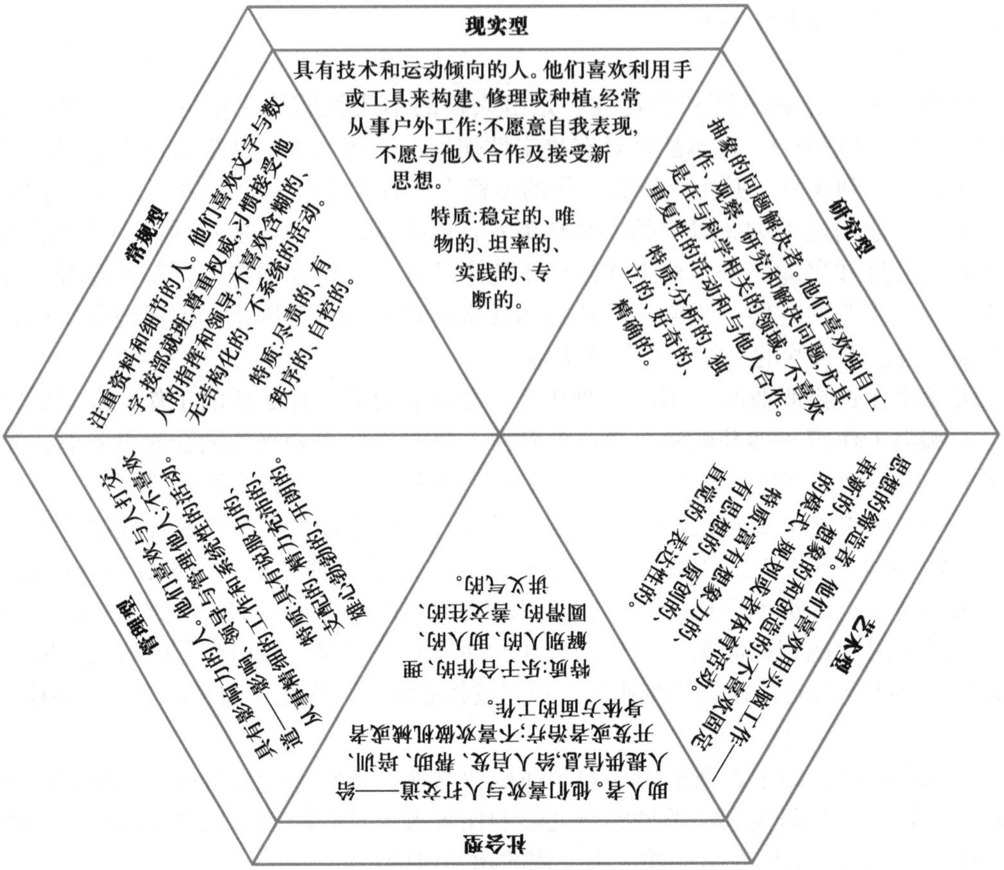

现实型

具有技术和运动倾向的人。他们喜欢利用手或工具来构建、修理或种植,经常从事户外工作;不愿意自我表现,不愿与他人合作及接受新思想。

特质:稳定的、唯物的、坦率的、实践的、专断的。

研究型

抽象的问题解决者。他们喜欢独自工作、观察、研究和解决问题,尤其是在与科学相关的领域。不喜欢重复性的活动和与他人合作。

特质:分析的、独立的、好奇的、精确的。

艺术型

思想的缔造者。他们喜欢用头脑工作——革新的、想象的和创造的;不喜欢固定的模式、规划或者体育活动。

特质:富有想象力的、有思想的、原创的、直觉的、表达性的。

社会型

助人者。他们喜欢与人打交道——给人提供信息,给人启发、帮助、培训、开发或者治疗;不喜欢机械或者身体方面的工作。

特质:乐于合作的、理解别人的、助人的、圆滑的、善交往的、讲义气的。

管理型

具有影响力的人。他们喜欢与人打交道——领导与管理他人;不喜欢从事精细的工作和系统性的活动。

特质:具有说服力的、精力充沛的、支配的、雄心勃勃的、开朗的。

常规型

注重资料和细节的人。他们喜欢文字与数字,按部就班,尊重权威,习惯接受他人的指挥和领导,不喜欢含糊的、无结构化的、不系统的活动。

特质:尽责的、有秩序的、自控的。

图4-1　人格类型的六角模型（霍兰德，1985）

（资料来源：Holland，1992）

的。在这一理论的基础上，霍兰德对职业环境类型按与人格类型相同的模式进行研究和分析，对职业环境类型采用了与人格类型相同的名称，见图4-2所示。

霍兰德认为，一种职业环境就是一种职业氛围，而这种职业氛围又是由具有类似人格特质的人所创造出来的特定环境，它具有特定的价值观念、态度倾向和行为模式。这六种类型在不同的职业和环境中都或多或少地存在着，只是其中的两三种会占据主

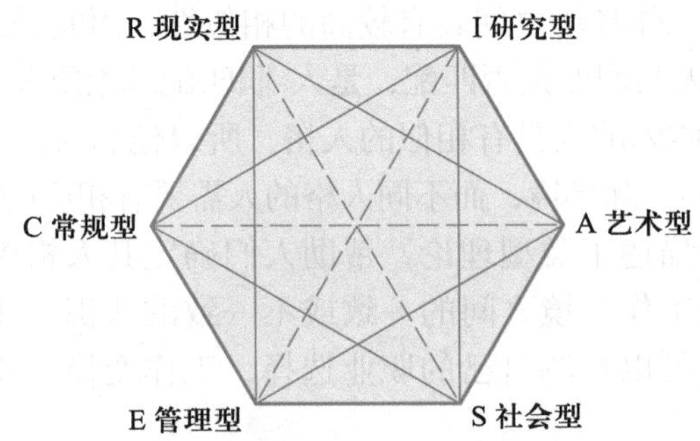

图4-2　六边形模型对人格特质和职业环境之间相似关系的描述

（资料来源：霍兰德，1997）

导地位。如果人格类型与职业环境适配，就有可能取得令人满意的结果，如增加职业满意度、带来职业成就感和提高职业稳定性等。

在六边形模型上，任何两种职业类型之间的距离越近，其职业环境及人格特质的相似程度越高。例如，管理型和研究型在模型上正好处于相对的位置，这就意味着它们的相似性最低；管理型和现实性则具有中等程度的相似性。

六边形模型也表明了六种人格特质类型之间的一致性。在六边形模型中，六种类型被表示为以下三种关系。① 相邻关系。如RI、IR、IA、AI、AS、SA、SE、ES、EC、CE、RC、CR，属于这种关系的两种类型的个体之间共同点较多，现实型（R）、研究型（I）的人都不太偏好人际交往，这两种职业环境中也都较少机会与人接触。② 相隔关系。如RA、RE、IC、IS、AR、AE、SI、SC、EA、ER、CI、CS，属于这种关系的两种类型个体之间共同点较相邻关系少。③ 相对关系。在六边形上处于对角位置的类型之间即为相对关系，如RS、IE、AC、SR、EI、CA，相对关系的人格类型共同点少，如常规型的人多墨守成规、擅长自控，而艺术型的人则富有创新精神、擅长表达等。因此，一个人同时对处于相对关系的两种职业环境都兴趣很浓的情况较为少见。

（三）职业兴趣与职业匹配

六边形模型可以帮助我们对人格特质类型与职业环境类型之间的适配性进行评估。例如，一个社会型人格特质占主导地位的人在一个社会型职业环境中工作会感到更舒畅，但是如果让他在一个现实型的工作环境中工作，他可能就会感到不舒服、不满意，因为社会型和现实型具有不同的特质。但在现实生活中，没有一个人会恰好完全符合其中某一种类型，而往往会是六种类型的组合，不过这六种类型起主导地位的顺序会呈现从主到次的变化。出于实际运用的考虑，霍兰德的六种类型的层次被缩减为3种最强或者说得分最高的类型组合。例如，一个现实型-研究型-管理型组合（字母代码为RIE）的人，可能会跟现实型人格特质有最大的相似性，其次是研究型，再次是管理型。

拓展活动

根据霍兰德匹配理论，特定职业可以划分到这六种类型中，每种类型的表现以及对应的职业可参见表4-6。

表4-6　人格与职业匹配的六种类型

人格类型	人格倾向	适合职业
现实型	喜欢有规则的具体劳动和需要基本操作技能的工作；动手能力强，做事手脚灵活，动作协调；偏好于具体任务，不善言辞，不善交际，不适应社会性质的职业 性格：持久的、感觉迟钝的、不讲究的、谦逊的	从事各类工程技术工作、农业工作，通常需要一定体力，需要运用工具或操作机器 主要职业：木工、电器技师、工程师、营养专家、建筑师、运动员、农场主、森林工人、园艺工人、城市规划人员、军官、机械操作工、维修工、安装工人、矿工、电工、司机、测绘员、牧民、渔民等
研究型	思想家而非实干家，抽象思维能力强，求知欲强，肯动脑，善思考，不愿动手；喜欢独立的和富有创造性的工作；知识渊博，有学识才能，不善于领导他人 性格：好奇的、个性内向、变化缓慢的	从事科学研究和科学实验工作 主要职业：科研人员、科技工作者、实验员、数学家、物理学家、化学家、植物学家、动物学家、科学报刊编辑、地质学家等

续表

人格类型	人格倾向	适合职业
艺术型	喜欢艺术性质的职业和环境，具有特殊艺术才能；有创造力，乐于创造新颖、与众不同的艺术成果，渴望表现自己的个性 性格：冷淡疏远的、独创的、非传统的	从事各类艺术创作型工作 主要职业：广告管理人员、公共关系专家、作家、演员、记者、诗人、画家、作曲家、编剧、舞蹈家、音乐教师、雕刻、摄影艺术、室内装修、服装设计等
社会型	乐于助人，喜欢从事为他人服务的工作和教育工作；喜欢参与解决大家共同关心的社会问题，渴望发挥自己的社会作用；寻求亲近的人际关系，比较看重社会义务和社会道德 性格：不灵活的、亲切仁慈的	从事各种直接为他人服务的工作，如医疗服务、教育服务、生活服务等 主要职业：联络者、外交工作者、教师、学校领导、医护人员、导游、社会福利机构工作者、社会群众团体工作者、咨询人员、思想工作者等
管理型	追求权力、权威和物质财富，具有领导才能；喜欢冒险、具有野心；喜欢从事领导及企业性质的职业；独断、自信、精力充沛、善社交等 性格：善辩的、精力旺盛的、寻求娱乐的、努力奋斗的	从事那些组织与影响他人共同完成组织目标的工作 主要职业：厂长、各级领导者、管理者、企业家、政治家、律师、推销员、批发商、零售商、调度员、广告宣传员等
常规型	尊重权威、喜欢按计划办事，习惯接受他人的指挥和领导，不喜欢冒险；顺从、谨慎、保守、实际、稳重、有效率；喜欢有系统、有条理的工作任务 性格：有责任心、依赖性强、高效率、猜疑心重	从事各类文件档案、图书资料、统计工作及与报表之类相关的各类科室工作 主要职业：会计、统计、出纳、办公室职员、税务员、银行职员、秘书、计算机操作员、打字员、成本核算员、法庭速记员等

（资料来源：张再生.职业生涯开发与管理.天津：南开大学出版社，2003年版）

霍兰德以职业兴趣理论为基础，先后编制了职业偏好量表、自我导向搜寻表和霍兰德人格特质模型词汇表等职业兴趣量表，作为职业兴趣的测查工具。通过测试可以得到一个粗略的霍兰德人格特质和职业环境类型。当得到3个字母的代码组合如RCE、SEC或ESR之后，再用《职业指南》或《霍兰德职业代码词典》来生成职业前景。有些3个字母的代码所提供的职业很少或根本不存在，这时要考虑不同于原来的3个字母代码的其他组合。3个字母的代码可以形成6种可能的组合。例如，代码是SAI，除了寻找代码为SAI的职业之外，还要查看SIA、ASI、AIS、ISA和IAS这几个代码所提供的职业选择。如果这样得出的职业选择仍然很少，就要用代码的前两个字母组合的代码，考虑这两个字母的代码所提供的职业选择。例如，代码为SAI，就要查看任何同时含有S和A的3个字母的代码所提供的职业选择。

拓展阅读

实训活动

霍兰德职业兴趣类型测评

请从表4-7中圈出能够描绘自己的词，少数词汇可能会出现两次。在练习的过程中如果有不理解的词，请查阅字典。完成练习后再看有关如何计分的说明。

表4-7　霍兰德人格类型词汇表

第Ⅰ组：实用型（R）	第Ⅱ组：研究型（I）	第Ⅲ组：艺术型（A）
1. 爱好运动的	16. 分析的	31. 艺术的
2. 顺从的	17. 富有创造性的	32. 富有创造性的
3. 坦诚的	18. 批判性的	33. 无序的
4. 功利的	19. 好奇的	34. 情绪化的
5. 机械的	20. 独立的	35. 善表达的
6. 户外型的	21. 聪明的	36. 理想主义的
7. 坚持的	22. 逻辑的	37. 不实际的
8. 实际的	23. 擅长数学的	38. 独立的
9. 现实的	24. 有条不紊的	39. 创新的
10. 粗犷的	25. 精确的	40. 具有洞察力的
11. 害羞的	26. 爱探询的	41. 直觉的
12. 稳定的	27. 合理的	42. 新颖的
13. 强壮的	28. 缄默的	43. 感知的
14. 有技巧的	29. 讲科学的	44. 爱思考的
15. 节俭的	30. 好学的	45. 敏感的
R：	I：	A：
第Ⅳ组：社会型（S）	**第Ⅴ组：管理型（E）**	**第Ⅵ组：常规型（C）**
46. 接纳的	61. 追求物欲的	76. 顺从的
47. 利他的	62. 冒险的	77. 传统的
48. 关心他人的	63. 有抱负的	78. 依赖的
49. 易合作的	64. 口齿伶俐的	79. 有效率的
50. 富有同情心的	65. 坚持己见的	80. 有条不紊的
51. 友好的	66. 自信的	81. 服从的
52. 大方的	67. 坚决的	82. 整洁有序的
53. 乐于助人的	68. 支配型的	83. 有组织的
54. 仁慈的	69. 精力充沛的	84. 坚持的
55. 理想主义的	70. 热心的	85. 实际的

续表

第Ⅳ组：社会型（S）	第Ⅴ组：管理型（E）	第Ⅵ组：常规型（C）
56. 好心的	71. 有影响力的	86. 精确的
57. 善于说服人的	72. 善于说服人的	87. 可靠的
58. 负责的	73. 政治性的	88. 系统的
59. 随和的	74. 丰产的	89. 传统的
60. 善解人意的	75. 足智多谋的	90. 控制能力强的
S：	E：	C：

（资料来源：Robert D.Lock著，钟谷兰，曾垂凯，时勘等译.把握你的职业发展方向.北京：中国轻工业出版社，2006年版）

计分说明：

每选择一项计1分，然后把各项得分汇总，填在相应的空白处。

检查一下回答的一致性。项目中，第2和第76、第7和第84、第17和第32、第20和第38、第24和第80、第25和第86、第36和第55、第57和第72等词是相同的。回答每有一对一致时请给自己1分，至少要有6对一致才能通过一致性的检验。

得到这三个字母的代码组合之后，再使用《职业指南》或对照本节链接内容《霍兰德职业代码词典》来生成职业前景。

二、职业能力探索

如果说职业气质、职业性格、职业兴趣或许能决定一个人的择业方向，以及在该方面所乐于付出努力的程度，那么职业能力则能说明一个人在既定的职业方面是否能够胜任，更能说明一个人在该职业中取得成功的可能性。

（一）职业能力的含义

在心理学中，能力是个性结构特征中的效能系统，关系到心理活动和行为的效率。能力是指直接影响人的活动效率，并使活动的任务得以顺利完成的、最必需的个性心理特征，是一种个体完成活动的主观条件。能力总是和人完成一定的活动联系在一起，人的能力是在活动中形成、发展和表现出来的。倘若一个人不参加某种活动，就难以确定他具有什么样的能力，离开了具体活动既不能表现人的能力，也不能发展人的能力。因此，每个人只有努力发现和积极培养自己的能力，才能为今后从事的职业活动做好准备。

职业能力是指在职业活动中表现出来的能力即职业能力，职业能力是人从事某些职业所应具备的能力，职业能力的高低将直接影响成就的大小、事业的成败。职业能力既与特殊能力有关，又与一般能力密不可分，可对应称之为特殊职业能力和一般职业能力。比如，从事建筑规划的设计师，要具备绘画等特殊能力，这是由他们的职业性质决定的。除了这些必要的特殊职业能力，他们还要具备必需的观察能力、记忆能力、想象能力以及一定的分析思维能力等一般职业能力。在职业活动中，我们注重发展自己的特殊能力的同时，也应注重一般能力的发展，这样才能提高职业活动的效率。

拓展阅读

（二）职业能力的类型

拓展活动

当一个人的能力和工作的要求相匹配时，最容易发挥自己的潜能，并且获得一种满足感。相反，当一个人去做自己力所不能及的工作时，就会感到焦虑，甚至产生挫败感。而当一个人能力超出工作要求太多时，又容易感到工作缺乏挑战。因此，在选择职业时，我们同样要寻求个人能力与职业技能要求的适配。我们需要清楚能力有哪些分类，从而清楚自己具备什么样的能力，职业又要求我们具有什么样的能力。

实训活动

夸夸我自己

活动目的：

通过活动了解自己所拥有的能力

请在5分钟内尽可能多地写下自己所拥有的能力。

与你的同学分享，看看谁写得多。

大家写的一样吗？有什么不同？

活动分享：

汇总大家所写的能力，并将这些能力进行分类，可以分为几类？

能力按照其获得的方式（先天具有与后天培养），可以分为能力倾向和技能两大类。

1. 职业能力倾向

职业能力倾向，是指一个人所具有的有利于其在某一个职业方面成功的潜力素质的总和，也就是为有效地进行某类特定职业活动所必须具备的、潜在的特殊能力素质，是经过适当的训练或被安置于适当的环境下，完成某项职业活动的潜在可能性或潜力。

传统的智力理论认为人类的认知是一元的、个体的智能是单一的、可量化的，而美国教育家、心理学家霍华德·加德纳在1983年出版的《智力的结构》一书中提出："智力是在某种社会或文化环境的价值标准下，个体用以解决自己遇到的真正的难题或生产及创造出有效产品所需要的能力。"他认为，智力是多元的——是由同样的多种能力而不是一两种核心能力构成的，而且各种能力不是以整合的形式存在，而是以相对独立的形式表现出来。这一理论被称为多元智力理论（Multiple Intelligence）。加德纳的研究表明，人类至少有8种不同的智能。

（1）言语-语言智力（verbal-linguistic intelligence）是指听、说、读、写的能力，表现为个人能够顺利而高效地利用语言描述事件、表达思想并与人交流的能力。这种智力适合的职业是政治活动家、主持人、律师、演说家、编辑作家、记者、教师等。

（2）逻辑-数理智力（logical-mathematical intelligence）是指运算和推理的能力，表现为对事物间各种关系如类比、对比、因果和逻辑等关系的敏感，以及通过数理运算和逻辑推理等进行思维的能力。这种智力适合的职业是科学家、工程师、会计师、数学家、电脑软件研发人员等。

（3）视觉-空间智力（visual-spatial intelligence）是指感受、辨别、记忆、改变物体的空间关系并借此表达思想和情感的能力，表现为对线条、形态、结构、色彩和空间关系的敏感，以及通过平面图形和立体造型将它们表现出来的能力。这种智力适合的职业是画家、雕刻家、建筑师、航海家、博物学家和军事战略家等。

（4）音乐-节奏智力（musical-rhythmic intelligence）是指感受、辨别、记忆、改编和表达音乐的能力，表现为个人对音乐，包括节奏、音调、音色和旋律的敏感，以及通过作曲、演奏和歌唱等表达音乐的能力。这种智力适合的职业是作曲家、指挥家、歌唱家、演奏家、乐器制造者和乐器调音师等。

（5）身体-动觉智力（bodily-kinesthetic intelligence）是指运用四肢和躯干的能力，表现为能够较好地控制自己的身体，对事件能够做出恰当的身体反应，以及善于利用身体语言表达自己的思想和情感的能力。这种智力适合的职业是运动员、舞蹈家、外科医生、演员和发明家等。

（6）交往-交流智力（interpersonal intelligence）是指与人相处和交往的能力，表现为觉察、体验他人情绪、情感和意图并据此做出适宜反应的能力。这种智力适合的职业是教师、律师、推销员、公关人员、谈话节目主持人、管理者和政治家等。

（7）自知-自省智力（self-questioning intelligence）是指认识洞察和反省自身的能力，表现为能够正确地意识和评价自身的情感、动机、欲望、个性、意志，并在正确的自我意识和自我评价的基础上形成自尊、自律和自制的能力。这种智力适合的职业是哲学家、小说家、律师等。

（8）自然认知智力（naturalist intelligence）是指善于观察自然界中的各种事物，对物体进行辩论和分类的能力。这项智能有着强烈的好奇心和求知欲，有着敏锐的观察能力，能了解各种事物的细微差别。这种智力适合的职业是天文学家、生物学家、地质学家、考古学家、环境设计师等。

上述8种智力在个人的智力结构中都占有重要的位置、处于同等重要的地位。每个人都同时拥有相对的8种智力，而这8种智力在每个人身上以不同方式、不同程度的组合使得每个人的智力各具特点。

对于世界上的每一个人来说，不存在谁更聪明的问题，只存在不同的个体各自在哪个方面聪明及怎样聪明的问题。每个人都是独特的，每个人又都是出色的。教育的起点不在于一个人有多么聪明，而在于怎样使他变得聪明，在哪些方面变得聪明。在加德纳看来，智力是以能否解决实际生活中的问题和创造出社会所需要的有效产品的能力为核心的，也是以此作为衡量智力高低的标准的。因此，智力是个体解决实际问题的能力和生产出或创造出具有社会价值的有效产品的能力。

职业能力倾向性的大小，可以通过职业能力倾向测验加以评定。职业能力倾向测验可以有效地测量人的某种职业潜能，从而预测一个人在一定职业领域中成功的可能性的高低。职业能力倾向测评是预测一个人在职业生涯中成功可能性的一种考评手段，它测评的是一个人在生活、学习和实践中积累形成的潜在职业能力。它通过对被测者的测量和评价，使大学生更清醒地认识自我，并对自身素质状况、发展潜力、个性特点等心理特征作出科学深入的了解。职业能力倾向测评不仅帮助大学生明确自己的职业生涯发展方向，协助大学生进行职业生涯探索，更好地做出职业生涯规划，而且对于一个急切求职择业的毕业生来说，可以缩小求职的选择面。

职业能力倾向测评主要包括普通能力倾向测验和特殊职业能力倾向测验。

普通能力倾向测验含有若干个分测验，可以同时测量受测者多方面的能力倾向，帮助受测者了解自己在未来的学业或职业上哪方面更能够取得成功。因此，普通能力倾向测验大多用于学生入学前的专业选择或就业前的职业辅导。

普通能力倾向测验具体包含下列9种能力倾向：

（1）G——智能倾向（intelligence aptitude）。智能是一般的学习能力。对说明、指导语和各原理的理解能力，推理判断能力及迅速适应新环境的能力。

（2）V——言语能力倾向（verbal aptitude）。言语能力是对言语相互关系及文章和句子意义的理解能力，以及表达信息和自己想法的能力。

（3）N——数理能力倾向（numerical aptitude）。数理能力是准确、快速地进行数学运算和数字推理的能力。

（4）S——空间判断能力倾向（spatial aptitude）。空间判断能力是对立体图形以及平面图形与立体图形之间关系的理解能力。

（5）P——形状知觉能力倾向（form perception aptitude）。形状知觉能力是对实物或图形的细微部分正确知觉的能力。即对图形的形状和阴影的细微差异、长度的细小差异进行辨别的能力。

（6）Q——书写知觉能力倾向（clerical perception aptitude）。书写知觉能力是直观地比较、辨别词和数字，对字词、印刷符号、票据之细微部分正确知觉的能力，以及发现错误或校正的能力。

（7）K——运动协调能力倾向（motor coordination aptitude）。运动协调能力是正确而迅速地使眼和手或手指协调，并迅速完成作业的能力，以及正确而迅速地作出反应动作的能力。使手能跟随着眼所看到的东西迅速运动，进行正确控制的能力。

（8）F——手指灵巧度能力倾向（finger dexterity aptitude）。手指灵巧度能力是快速而正确地活动手指，使手指能很好地操作细小东西的能力。

（9）M——手腕灵巧度能力倾向（manual dexterity aptitude）。手腕灵巧度能力是随心所欲地、灵巧地活动手和腕的能力。即拿取、放置、调换、翻转物体时手的精巧运动和腕的自由运动能力。

实训活动

职业普通能力倾向自我测评

下面是测量上述9种能力倾向的简易量表（表4-8），每种能力倾向都有5道试题。测验时，请仔细阅读每一道题，采用五级评分法对自己进行评定。

表4-8　职业普通能力倾向自我评定简易量表

测评项目	自我评定等级				
（一）智能倾向（G）	强（1）	较强（2）	一般（3）	较弱（4）	弱（5）
1. 快而容易地学习新内容					
2. 快而正确地解答数学题目					

续表

测评项目	自我评定等级				
3. 学习成绩总的来说处于上游					
4. 对文章的字、词、段落、篇章的理解、分析和综合运用的能力					
5. 对学习过的材料的记忆能力					
（二）言语倾向（V）	强（1）	较强（2）	一般（3）	较弱（4）	弱（5）
1. 善于表达自己的观点					
2. 阅读速度和理解能力					
3. 掌握词汇的程度					
4. 语文成绩					
5. 写作能力					
（三）数理能力倾向（N）	强（1）	较强（2）	一般（3）	较弱（4）	弱（5）
1. 做出精确的测量					
2. 笔算能力					
3. 口算能力					
4. 做算术应用题的能力					
5. 数学成绩					
（四）空间判断能力倾向（S）	强（1）	较强（2）	一般（3）	较弱（4）	弱（5）
1. 解答立体几何方面的习题					
2. 画三维的立体图形					
3. 看几何图形的立体感					
4. 想象盒子展开后的平面形状					
5. 想象三维的物体					
（五）形态知觉能力倾向（P）	强（1）	较强（2）	一般（3）	较弱（4）	弱（5）
1. 发现相似图形中的细微差别					
2. 识别物体的形状差异					
3. 注意物体的细节部分					
4. 观察物体的图案是否正确					
5. 对物体的细微描述					
（六）书写知觉能力倾向（Q）	强（1）	较强（2）	一般（3）	较弱（4）	弱（5）
1. 快而准确地抄写资料（如姓名、日期、电话号码）					
2. 发现错别字					

续表

测评项目	自我评定等级				
3. 发现计算错误					
4. 能很快查找编码卡片					
5. 自我控制能力（如较长时间抄写资料）					
（七）运动协调能力倾向（K）	强（1）	较强（2）	一般（3）	较弱（4）	弱（5）
1. 玩电子游戏					
2. 篮球、排球、足球一类的运动					
3. 乒乓球、羽毛球运动					
4. 打算盘					
5. 打字能力					
（八）手指灵巧度能力倾向（F）	强（1）	较强（2）	一般（3）	较弱（4）	弱（5）
1. 灵巧地使用很小的工具					
2. 穿针眼、编织等使用手指的活动					
3. 用手指做一件小工艺品					
4. 使用计算器的灵巧程度					
5. 弹琴					
（九）手腕灵巧度能力倾向（M）	强（1）	较强（2）	一般（3）	较弱（4）	弱（5）
1. 用手把东西分类					
2. 在推拉东西时手的灵活度					
3. 很快地削水果皮					
4. 灵活地使用手工工具					
5. 在绘画、雕刻等手工活动中手的灵活性					

普通能力倾向测验统计分数的方法如下：

第一，对每一类能力倾向计算总计次数。每一道题目分“强”“较强”“一般”“较弱”“弱”五等级，供自评。每组5道题完成后，分别统计各等级被选择的次数总和，然后用公式计算该类的总计次数（把“强”定为第一项，“较强”定为第二项，以此类推。）第一项之和就是选“强”的次数和，公式如下：

总计次数=（第一项之和 ×1）+（第二项之和 ×2）+（第三项之和 ×3）+（第四项之和 ×4）+（第五项之和 ×5）

第二，计算每一类能力倾向的自评等级。公式为：

自评等级=总次数/5

第三，将自评等级填入表4–9。

表4–9　职业普通能力倾向自评等级统计表

职业能力倾向	自评等级	职业能力倾向	自评等级
G		Q	
V		K	
N		F	
S		M	
P			

拓展阅读

根据结果，对照本节链接内容“职业对人的职业普通能力倾向的要求”，可以找出自己合适的职业（方格中加底线的数字所代表的职业能力倾向等级，表示此职业必须达到职业能力的最低水平）。

特殊职业能力倾向测验是专为测验某一特殊能力倾向而设计的。国际上常用的特殊职业能力倾向测验有以下几种：

（1）文书能力倾向测验。该测验主要测量受测者是否具有处理办公室日常事务的基本能力。该测验内容主要包括快速阅读能力、文件整理的效率、物品和人名的速记、文书校对的正确性、数字运算能力、必要的管理知识与社会适应性等。

（2）机械能力倾向测验。该测验主要测量受测者是否具有从事各种机械职业或学习机械技能的基本素质。该测验主要包括四个分测验：以测验手足活动及辨别知觉能力为主的机械能力测验，手部运动正确性测验、形式知觉能力测验和机械理解测验。

（3）美术能力倾向测验。该测验主要测量受测者是否具有从事美术工作的基本素质。该素质有六个方面：手艺技巧、意志、美学的技能、知觉、创作中的想象力和美的判断能力。

（4）音乐能力倾向测验。该测验主要测量受测者是否具有从事音乐工作的基本素质。该测验包括辨别音调（旋律、和声）能力、节奏感（节拍、速度）能力和音乐感受（短句、平衡、风格）能力。

（5）法律能力倾向测验。该测验主要测量受测者是否具有从事法律工作的基本能力。包括理解能力、精确速记能力、类比推理能力、归纳与演绎推理能力、了解与运用词汇能力、分析能力。

（6）医学能力倾向测验。该测验是为测量学生的一般能力和医药知识而编制的。包括：视觉记忆、内容记忆、科学词汇、资料检索、科学名词解析、逻辑推理、对现代社会的了解等。

（7）科学与工程能力倾向测验。该测验主要是为预测科学研究与工程成就的可能性而设计的。包括：用代数公式表示科学上的关系测验、物理学知识测验、算术推理测验、代数测验、科学术语测验、机械关系测验。

2. 技能

技能是指在能力和知识的基础上，通过反复地学习和练习而培养形成的相对稳定的行动方式，如表达能力、阅读能力、人际交往能力等。辛迪·梵和理查德·鲍尔斯将技能分为3种类型：工作内容（专业知识技能）、适应性（自我管理技能）和功能性（可迁移技能或通用技能）。人们往往比较容易想到自己所具有的专业知识技能，但实际上后两种技能更为重要。后两种技能可以使个人有可能在更广阔的范围内选择职业而不被所学的专业局限。它们对于每个人在竞争中胜出具有关键性的作用，并能够在工作中得以更长久地发展。而雇主们对它们的重视程度，也往往超过了对单纯知识技能的重视。

（1）专业知识技能是指一般需要通过教育或者培训获得的具有一定专业性和系统性的知识或能力，也就是个人所学的科目、所懂得的知识。它们常常与专业学习或工作内容直接相关，如是否掌握计算机编程、营销理论、会计原理等。

专业知识技能不能够进行迁移，是建立在特殊的专业知识基础上的，一般需要经过有意识的、专门的培训才能掌握。很多大学生因为不喜欢自己所学的专业，而找工作时又必须要求“专业对口”而苦恼，此时，通过升本或考研来更换专业似乎是唯一可行的方法。事实上，知识技能并非只有通过正式的专业教育才能获得，通过一些课外培训、专业会议、讲座或研讨会、自学、资格认证考试、就职单位上岗培训等方式也可以学到专业知识。

在招聘过程中，专业知识技能绝对不是用人机构所唯一重视的。当前的状况是知识技能的重要性被夸大，这样的后果是导致许多的大学生投身于各种各样的考证队伍中，以获得一大堆的证书来“充实”自己的简历，但他们往往忽视了自我管理技能和可迁移技能的培养。

实训活动

列举你的专业知识技能

活动目的：

了解自己目前已经掌握的专业技能情况

活动过程：

想想曾经上过的或正在上的最有价值、感觉最愉快的学校课程，分析在这些课程中获得的专业知识技能。在纸上写下所学的课程、培训方案、讲座和工作坊等的名称，每一项用单独一张纸写。然后，把每门课的内容拆分成更小的部分、单元、项目或章节，并问问自己：“我学到哪些内容或知识是我想在现在或未来的工作中使用的？

（1）在学校课程中学到的知识能力，如软件编程、模型建造等。

（2）在工作（包括兼职和勤工俭学）中学到的知识能力，如美化图片、视频剪辑等。

（3）从课外培训、研讨班学到的知识能力，如绘画、展会布置等。

（4）从志愿者工作中学到的知识能力，如小动物饲养、社区服务等。

（5）从爱好、娱乐休闲、社团活动、家庭职责中学到的知识能力，如摄影等。

（6）通过阅读、上网、看电视等方式学到的知识能力，如PPT课件制作等。

现在对上面的经历进行分析，尽可能全面地列举出你所掌握的专业知识技能，再从中分别挑选出自己感觉比较精通的和你在工作中应用或希望应用的专业知识技能，最后排列出对你来说最重要的五项专业知识技能。

请同学、朋友帮助你回想在校内外还学习过哪些专业知识。无论这些知识属于什么类型或掌握程度如何，都不要忽略它们，因为也许就是这些独特之处才能助你在竞争中胜出。

请把思绪转向未来，想一想目前还不具备的、但希望拥有而且自信自己能够学会的知识。请在此列出：

____

现在，考虑一下刚才确认的专业知识技能，问问自己，曾经利用该技能做过什么？试着在了解的每项知识技能的前面加上一个动词，如专业知识技能“服装”，可以加上相关动词，如绘制、设计、整理、缝制、改进、试穿和准备等。

活动思考：

需要注意的是，技能的组合更为重要。通常所说的“复合型人才”，是指具有两种或两种以上的技能组合的人。技能的组合才是一个人最强且独特的核心竞争力，使得大学生在人才市场上更具有竞争优势，也更有可能圆满地完成工作。例如，学习计算机专业的大学生很多，但既精通计算机专业知识又精通绘画、摄影的人就不那么多了，而在计算机制图工作中，如能把这两种技能组合起来，制图就会更加完美。

想一想，在上一个活动你所列出的知识技能之间可以相互组合吗？它们的组合能够使你更好地完成什么样的工作？

____

____

与你的同学相比，除了你们共同的专业以外，你还掌握哪些其他的知识是你的同学所没有的吗？你有特别擅长的吗？

思考一下：这些知识技能是否有可能应用在你未来的专业工作中？

我独特的知识技能：______________________________

____

（2）自我管理技能是指个体在不同的环境中是如何管理自己的，是勇于开拓创新还是循规蹈矩，是认真还是敷衍了事，是否在压力下能保持镇定，是否对工作有热情，是否有自信等技能。这种技能经常被看作是个性品质，因为它们被用来描述或说明人具有的某些特征。这些特征是能够通过主观努力培养和训练的，能够帮助个人更好地适应周围的环境。通常包括时间管理能力、团队协作能力、潜能开发能力、人际沟通能力、情绪管理能力、问题解决能力等素质技能。

自我管理技能是成功所需要的品质，是个人最有价值的资产。对于大学生来说，在校期间培养良好的自我管理技能显得尤为重要。自我管理技能无论是一个人先天具有的还是后天习得的，都需要练习。它们可以从非工作（生活）领域迁移转换到工作领域。也就是说这些技能并不是通过专门的课程学习到的，而是在日常生活中随时随地培养的。

这些技能是企业非常看重的，甚至超过专业技能等可再生的能力素质，因为它们有助于个人协调处理复杂的工作事件，是成功所需要的品质。事实上，人们被解雇或离职，更多的时候是因为缺乏自我管理技能而不是因为缺乏专业能力。

（3）可迁移技能也被称为通用技能，可迁移技能是指在某一种环境中获得的，并可以有效地移用到其他不同的环境中的技能，是个人能够持续运用和最能够依靠的技能。如某人从事保险销售员工作时练就的与人们沟通交往的技巧，在担任公司的销售经理时，也极有可能用这些技巧去同客户打交道，建立良好的关系。可迁移技能主要在日常活动中获得并不断得到提升，且在许多领域里都可以得到进一步的完善和增强。所有的学生都可以通过正式教学活动或其他活动发展这些技能。

与专业知识技能相比，可迁移技能无所谓更新换代，而且无论你的需求和工作环境有什么样的变化，它们都可以得到应用。随着我们工作经验和生活阅历的增加，可迁移技能还会得到不断的发展。既然它们在许多工作中都会用到，那么它们的重要性就不容忽视。事实上，在职业生涯规划中，人们常常把关注的焦点放在专业知识技能上，而忽视了可迁移技能和自我管理技能。其实，就像水面上露出的冰山一角，专业知识技能是最容易被识别的，也最容易习得，但是专业知识性技能是如何被使用的，使用的效果如何，却恰恰取决于隐藏在水面下的更大的冰山底座，也就是可迁移技能和自我管理技能。

从整体上看，可迁移技能具有可迁移性、普遍性和实用性。

我国人力资源部门参照英国职业核心技能体系拟定了适合我国国情的职业核心技能测评体系。该体系分为8个模块，即交流表达能力、数字运算能力、革新创新能力、自我提高能力、与人合作能力、解决问题能力、信息处理能力、外语应用能力。可以看出，这8个模块中有一半以上与人文素养有关。为了进一步说明可迁移技能的培训与考评体系的内涵，我们分模块解释其要义。

（1）交流表达能力：通过对口头或书面形式，以及其他适当形式，准确、清晰地表达主体意图，与他人进行双向（或多向）信息传递，以达到相互了解、沟通和影响的能力。

（2）数字运算能力：运用数字工具获取、采集、理解和运算数字信息，以解决实际工作中的问题的能力。

（3）革新创新能力：在前人发现或者发明的基础上，通过自身努力，创造性地提出新的发现、发明或者改进革新方案的能力。

（4）自我提高能力：在学习和工作中自我归纳、总结，找出自己的强项和弱项，扬长避短，不断加以自我调整改进的能力。

（5）与人合作能力：与他人相互协调配合、互相帮助的能力。包括正确认识自我，尊重与关心别人，能对他人的意见、观点、做法采取正确的态度的能力。

（6）解决问题能力：在工作中把理想、方案、认识转化为操作或工作过程和行为，并最终解决实际问题、实现工作目标的能力。

（7）信息处理能力：运用计算机处理各种形式的信息资源的能力。

（8）外语应用能力：在工作和交往活动中实际运用外语的能力。

这些对大学生就业和获得自身发展具有重要作用。在校大学生应着力培养良好的可迁移技能，为今后的人生道路与职业生涯发展铺垫基石。

实训活动

寻找自己的成就故事

请写下生活中让你有成就感的具体事件，然后对这些事件进行分析，看看其中都用了哪些可迁移技能。请写出明确的时间、地点，做了什么事情，取得了什么成就，遇到了什么困难，怎么克服的，回忆并尽可能写出细节。

列举的这些“成就事件”并非一定是工作上或学习上的，也可以是在课外活动中或家庭生活中发生的，但这些事件只要符合以下两条标准即可被视为“成就”：① 做这件事时体验到的美好感受；② 完成后觉得非常有成就感、自豪感。如果同时还获得了他人的认可和表扬则更好，不过这并不是最重要的。

在列举“成就”故事时，每一个故事都应包含以下内容。

（1）希望达到的目标，即需要完成的事情。（任务）

（2）面临的障碍、限制或困难。（条件）

（3）具体行动步骤，即你是如何一步步克服障碍、达到目标的。（行动）

（4）对结果的描述，即取得了什么成就。最好能够用某种方法衡量或以数据说明。（结果）

写出5个故事（越多越好）。如果有条件，请两三个同学组成一组，逐一进行讨论分析。找出每位同学在故事中重复出现的技能，就是你喜爱和擅长的技能。将这些技能按优先次序加以排列。

例如，作为职业生涯规划教育的必要技能培训内容之一，要求制作符合自己的职业生涯规划书并用PPT在课堂上进行演示讲解。在此次职业生涯规划书的制作过程中，同学们可以向同学、老师请教，可以上网搜索相关的资料和图片，然后制作文字与内容搭配适宜、图片精美的PPT。

在学习制作PPT的过程中涉及的技能有：快速学习；善于利用人际资源；寻找帮助；清晰地沟通；搜索信息；图片文字处理、编辑和组织；面对新情况，表现出灵活性和很强的适应能力，敢于迎接挑战；积极主动，耐心；关注细节；克服压力；PPT的制作方法。

其中，前六项都是可迁移技能，中间四项是自我管理技能，最后一项是专业知识技能。

我的成就故事：____________________。

我喜爱使用并且擅长的技能：____________________。

当你取得成就时，要养成记录相关细节的习惯，坚持记录细节将是非常有价值的，特别是在你写简历和求职信或准备面试时，给出你成就的相关细节记录，也就是为你所声称具有的技能提供了依据，招聘者都希望你能提供证据来支持你的经历。

（三）职业能力与职业匹配

职业能力对职业生涯的重要性是不言而喻的，职业的成功不仅与人的个性特点、知识技能、工作态度、人际关系等因素有关，而且与一个人的职业能力密切相关，无论从事什么职业总要有一定能力做保证。没有相关能力，很难从事某种工作。在一生中，人要从事各种各样的社会生活和生产活动，必须具备多种能力与之相适应（见表4–10）。如果我们对某项工作有兴趣，但缺乏做好这项工作的能力，将来即使做这样的工作，完成工作任务也是一件困难的事情，达到优秀绩效的可能性就更小。因此，在做职业选择时应遵循以下原则：① 能力类型与职业相吻合的原则。研究表明，职业可以根据工作的性质、内容和环境而划分为不同的类型，并且对人的能力也有不同的要求。② 能力水平与职业层次相吻合的原则。对一种职业或职业类型来说，由于所承担的责任不同，又可分为不同层次。职业的不同层次对人的能力有不同的要求。能力水平要与职业层次一致或基本一致，因此，根据自己的能力确定了职业类型后，还要根据自己所达到的能力水平确定相吻合的职业层次。③ 充分发挥能力倾向原则。大学生在进行职业生涯规划时更应该注重的是自己的能力倾向，并通过能力倾向测评准确地掌握自己的能力倾向，更好地确定自己的职业发展方向，使自己的能力得到充分的发展。

表4–10　职业能力与职业适应性对照表

职业能力类型	特点	匹配的职业类型
语言表达能力	对字词的理解和适应能力，对词、句子、段落、篇章的理解能力，以及善于清楚而准确地表达自己的观点	教师、营业员、服务员、护士等
数理能力	迅速而准确的运算能力	会计、出纳、统计、建筑师、药剂师等
空间判断能力	能看懂几何图形、识别物体在空间运动中的关系、解决几何问题的能力	医生、裁缝、电工、木工、无线电修理工、机床工等
形态知觉能力	对物体或图像的有关细节的知觉能力，如对于图形的阴暗、线的宽度和长度做出视觉的区别和比较，能看出细微的差异	生物学家、建筑师、测量员、制图员、农业技术员、动植物技术员、兽医、药剂师、画家等
事务能力	对文字或表格式材料细节的知觉能力，发现错字或正确的校对数字的能力	设计人员、会计、出纳、文秘等
动作协调能力	迅速准确和协调地做出精准的动作及运动反应能力	驾驶员、飞行员、运动员、舞蹈家等
手指灵巧度	手指迅速准确和协调的操作小物体的能力	外科医生、雕刻家、画家、纺织工等
手腕灵活度	手灵巧而迅速活动的能力	运动员、舞蹈家、画家等

实训活动

盘点你的能力

参照前面能力分类，列出自己最重要的能力，并简要写下能力实例。

（1）我最重要的五项专业知识能力：________________

（2）我最重要的五项自我管理能力：________________

（3）我最重要的五项可迁移能力：________________

现在，你是否对自己的能力有了更多的了解。

分析自己已经掌握的能力，从而能够对自己有更好的定位，做到扬长避短。对你来说，最重要的是把精力集中在擅长并且喜欢的能力上。

考虑一下，在你未来的职业生涯中，哪些能力最可能被用到？上述哪些能力需要进一步拓展？怎样去拓展这些能力？

项目三　职业价值观与职业理想探索

每个人都可能不止一次地设想过自己将来从事的工作，有的人可能设想自己会从事一份高薪的工作，而有的人可能想只要有份工作可以糊口，满足自己的日常开支即可；有的人希望工作可以给他带来一切，包括权利、地位、金钱，而有的人想通过工作来实现自己的人生价值……不同的人对工作的态度、看法也是不一样的。到底是什么使得人们会产生这些不同呢？这就涉及人的职业价值观和职业理想问题。

一、职业价值观探索

（一）职业价值观的含义

价值观是指一个人对周围的客观事物（包括人、事、物）的意义、重要性的总体评价和看法，是我们在生活和工作中所看重的原则、标准或品质。它指向我们一生中最重要的东西，反映了实施主体的需要、利益、情感、愿望和追求，以及实施主体实现自己利益和满足自己需要的能力、活动方式等方面的主观特征，是以“信什么、要什么、坚持什么和实现什么”的方式存在的人的精神目标系统，因此它也是一套自我激励机制。

价值观是一种内心尺度，它支配着人的行为、态度、信念等，支配着人认识世界、明白事物对自己的意义和自我了解、自我定向、自我设计等，同时为自己的行为提供充足的理由。

职业价值观是人们在职业生活中表现出来的一种价值取向，是人们在选择职业时的一种内心尺度，是人们对待职业的一种信念和态度。职业价值观是人们对社会职业的需求表现出来的评价，是人生价值在职业问题上的反映。

每一个大学生由于其所受教育的不同和所处环境的差异，在职业取向上的目标和要求也是不相同的。在许多时候，每一个人可能都要在一些得失中做出选择，而左右我们选择的往往就是自己的职业价值观。例如，从事科研工作能满足智力刺激、成就感、独立性和社会地位等价值观，但不能满足经济报酬、社会交往、安逸舒适等价值观；成为一名公司白领可获得经济报酬、社会交往以及成就感方面的满足，但可能无法实现独立性、安全感等价值观。没有一种职业能完全满足一个人所重视的各种价值观，因而了解自己各种价值观的权重排序是非常必要的一件事情。

（二）职业价值观的类型

职业价值观是职业生涯规划的基础。如果在职业生涯生活中找到了自己的价值，那么工作就会变得有意义、有目的，工作就会成为一种乐趣。如果工作没有使你得到满足，生活就会变得乏味、单调而令人烦躁。

职业价值观通常都是与某种职业紧密相连的，并且职业价值观也可以作为个体和工作进行匹配的基础。职业价值观可以通过相关价值观量表进行测量。舒伯、施瓦茨等提出了“工作价值观量表”“价值观量表”“工作价值观评估”等多种职业价值观量表，表4–11是职业指导和规划软件System of Interactive Guidance and Information（SIGI Plus）列出了16种工作中的基本价值观。

表4–11 SIGI Plus有关工作的价值观

与工作相关的价值观	与职业相关的价值观
晋升 希望能够按照预期的步骤被提升，或者直接步入一个更高级的职位。想避开没有发展前途的工作	对社会的贡献 几乎所有的工作都对社会有贡献，但你希望自己的工作的贡献在于提高社会整体的健康、教育和福利水平
机遇 希望用自己的能力去解决问题，工作不太容易，但它能带给自己成就感	高薪 希望职业的平均收入比其他职业要高（这里的平均指的是最高和最低收入的中间值）
交通便利 希望工作离家很近，来回不需要很多的时间。希望有便捷的公共交通工具，或者能与人合伙开车	独立 希望自己做老板，自己做决策，没有压力、无拘无束地工作，而不必每日听从指令
灵活机动的时间 希望有一个灵活的时间表，只要你能投入所需的时间，就可以调整自己的工作时间表	领导能力 希望领导别人，吩咐他们做事，并对自己及下属的行为负责。当事情出错时，愿意承担责任
福利 希望自己的工作能够提高除了报酬以外的福利，如医疗保险、住房公积金、学费补助、儿童保育服务等	休闲 希望工作时间短或者休假时间长，感到在业余时间内所得到的满足感对自己很重要，因此不希望工作打扰自己的休闲活动
在职学习 希望学习新的技能和思想，以便从事一项更高级的工作；或者仅仅是为了享受学习本身的乐趣	声望 希望自己的工作能得到他人的尊重，他人愿意听从你的观点、向你寻求帮助

续表

与工作相关的价值观	与职业相关的价值观
愉快的工作伙伴 希望和令人愉快的人在一起工作，他与自己有共同的兴趣和观点，易于相处	保障 希望工作不要因经济衰退或在技术、政府开支以及社会趣味方面的变化而变化不定，避免周期性地上下波动
固定的工作地点 希望工作地点稳定	多样性 希望参与不同的活动，解决不同的问题，和不同的人交流，去不同的地方，而不是一成不变地工作

（资料来源：Robert D.Lock著，钟谷兰，曾垂凯，时勘等译.把握你的职业发展方向.北京：中国轻工业出版社，2006年版）

职业价值观分为内在和外在两种。内在价值观涉及一个人所做工作的内容及如何作用于社会；外在价值观指的是外在的一些因素，如薪酬、工作地点与环境。一个人看重什么价值，事实上是一个比较难以确切回答的问题。在择业时，有人追求优厚的收入和福利待遇；有人钟情于社会地位高的职业；有人喜欢工作环境轻松愉快；更多的受过高等教育的年轻人仍然把能否充分发挥自己的才能视为择业的第一标准。作为人们对待职业的一种信念和态度，职业价值观往往决定了人们的职业期望，影响着人们对职业方向和职业目标的选择。当人们按照自己的价值观生活时，会得到最大程度的满足感。对自己的价值观有清晰认识的人，在进行职业生涯规划时比较容易做出决策。澄清个体的价值观是有效职业生涯规划的重要组成部分。

（三）职业价值观与职业匹配

实训活动

职业价值观探索

对职业价值观的探索是职业生涯规划的基础。如果在职业生涯规划中找到了自己的价值观，那工作就会变得有目的、有意义，工作就会是一种乐趣而不是一种折磨。如果工作没有使自己得到满足，生活就会变得乏味、单调而令人烦躁。

如果此刻对自己的职业价值观模糊不清，请参考下面的标准化测评，进一步了解自己的职业价值观。

本测验共52题，可帮助被测试者大致确定自己的职业价值观类型。在回答下列问题时，若自己认为“很不重要”记1分，“较不重要”记2分，“一般”记3分，“比较重要”记4分，“非常重要”记5分。

（1）你的工作必须经常解决新的问题。（　）

（2）你的工作能为社会福利带来看得见的效果。（　）

（3）你的工作奖金很高。（　）

（4）你的工作内容经常变换。（　）

（5）你能在你的工作范围内自由发挥。（　）

（6）工作能使你的同学、朋友非常羡慕你。（　）

（7）你的工作带有艺术性。（　）

（8）你的工作能使人感觉到你是团体中的一分子。（　）

（9）不论你怎么干，你总能和大多数人一样晋级和涨工资。（　）

（10）你的工作使你有可能经常变换工作地点、场所或方式。（　）

（11）在工作中，你能接触到各种不同的人。（　）

（12）你的工作上下班时间比较随便、自由。（　）

（13）你的工作使你不断获得成功的感觉。（　）

（14）你的工作赋予你高于别人的权力。（　）

（15）在工作中，你能试行一些自己的新想法。（　）

（16）在工作中，你不会因为身体或能力等因素被人瞧不起。（　）

（17）你能从工作的成果中知道自己做得不错。（　）

（18）你的工作经常要外出、参加各种集会和活动。（　）

（19）只要你做这份工作，就不再被调到其他意想不到的单位和岗位上去。（　）

（20）你的工作能使世界更美丽。（　）

（21）在你的工作中，不会有人常来打扰你。（　）

（22）只要努力，你的工资会高于其他同龄的人，升级或涨工资的可能性比做其他工作大得多。（　）

（23）你的工作是一项对智力的挑战。（　）

（24）你的工作要求你把一些事务管理得井井有条。（　）

（25）你的工作单位有舒适的休息室、更衣室、浴室及其他设备。（　）

（26）你的工作有可能结识各行各业的知名人物。（　）

（27）在你的工作中，能和同事建立良好的关系。（　）

（28）在别人眼中，你的工作是很重要的。（　）

（29）在工作中，你经常接触到新鲜的事物。（　）

（30）你的工作能使你常常帮助别人。（　）

（31）你在工作单位中，有可能经常变换工作内容。（　）

（32）你的工作作风使你被别人尊重。（　）

（33）同事和领导人品较好，相处比较轻松。（　）

（34）你的工作会使许多人认识你。（　）

（35）你的工作场所很好，比如有适度的灯光，安静、清洁的工作环境，甚至恒温、恒湿等优越的条件。（　）

（36）在工作中，你为他人服务，使他人感到很满意，你自己也很高兴。（　）

（37）你的工作需要计划和组织别人的工作。（　）

（38）你的工作需要敏锐的思考。（　）

（39）你的工作可以使你获得较多的额外收入，比如，常发实物、常购买打折扣的商品、常发商品的提货券、有机会购买进口货物等。（　）

（40）在工作中你是不受别人差遣的。（　）

（41）你的工作结果应该是一种艺术品而不是一般的产品。（　）

（42）在工作中你不必担心会因为所做的事情领导不满意，而受到训斥或经济惩罚。（　）

（43）在你的工作中能和领导有融洽的关系。（　）

（44）你可以看见你努力工作的成果。（　）

（45）在工作中常常要求你提出许多新的想法。（　）

（46）由于你的工作，经常有许多人来感谢你。（　）

（47）你的工作成果常常能得到上级、同事或社会的肯定。（　）

（48）在工作中，你可能做一个负责人；虽然可能只领导很少几个人，你信奉“宁做兵头，不做将尾”的俗语。（　）

（49）你从事的工作，经常在报刊、电视中被提到，因而在人们的心目中很有地位。（　）

（50）你的工作有数量可观的夜班费、加班费、保健费或营养费等。（　）

（51）你的工作比较轻松，精神上也不紧张。（　）

（52）你的工作需要和影视、戏剧、音乐、美术、文学等艺术打交道。（　）

评分与评价：

上面52道题分别代表13项职业价值观，请根据表4-12“职业价值观测评说明”中每一项前面的题号，计算每一项的得分总数，并把它填在每一项的得分栏里，然后在表格下面依次列出得分最高和最低的3项。

表4-12　职业价值观测评说明

项目	得分	所属项目	价值观	说明
1		2，30，36，46	利他主义	工作的目的和价值，在于直接为大众的幸福和利益尽一份力
2		7，20，41，52	美感	工作的目的和价值，在于能不断地追求美的东西，得到美感享受
3		1，23，38，45	智力刺激	工作的目的和价值，在于不断进行智力的操作，动脑思考，学习以及探索新事物，解决新问题
4		13，17，44，47	成就感	工作的目的和价值，在于不断创新，不断取得成就，不断得到领导与同事的赞扬，或不断实现自己想要做的事
5		5，15，21，40	独立性	工作的目的和价值，在于能充分发挥自己的独立性和主动性，按自己的方式、步调或想法去做，不受他人的干扰

续表

项目	得分	所属项目	价值观	说明
6		6，28，32，49	社会地位	工作的目的和价值，在于从事的工作在人们的心目中有较高的社会地位，从而使自己得到他人的重视与尊敬
7		14，24，37，48	管理	工作的目的和价值，在于获得对他人或某事物的管理支配权，能指挥和调遣一定范围内的人或事物
8		3，22，39，50	经济报酬	工作的目的和价值，在于获得优厚的报酬，使自己有足够的财力去获得自己想要的东西，使生活过得较为富足
9		11，18，26，34	社会交际	工作的目的和价值，在于能和各种人交往，建立比较广泛的社会联系和关系，甚至能和知名人物结识
10		9，16，19，42	安全感	不管自己能力怎样，希望在工作中有一个安稳的局面，不会因为奖金、加工资、调动工作或领导训斥等经常提心吊胆、心烦意乱
11		12，25，35，51	舒适	希望能将工作作为一种消遣、休息或享受的形式，追求比较舒适、轻松、自由、优越的工作条件和环境
12		8，27，33，43	人际关系	希望一起工作的大多数同事和领导人品较好，相处在一起感到愉快、自然，认为这就是很有价值的事，是一种极大的满足
13		4，10，29，31	变异性	希望工作的内容应该经常变换，使工作和生活显得丰富多彩，不单调、枯燥

从得分最高、最低的3项中，可以大致看出被测试者的价值观倾向，在选择职业时可以参考。

得分最高的3项是____________________。

得分最低的3项是____________________。

说明：职业价值观测评只是给出一个解释的可能和一个参照的途径，但不代表就一定要严格按照它的解释去执行。

价值观的澄清在职业生涯选择上扮演着很关键的角色。简单地说，价值观的澄清能带领我们去想明白生命中很重要的问题：什么对你来说是重要的？当你失去什么的时候，会变得不快乐或很难受？

很多人在面临职业选择时，核心的冲突经常是来源于价值观的冲突，矛盾在多种价值观中间反复犹豫而无所适从。“鱼和熊掌不可兼得”是我们生活中常常面临的难以调节的矛盾。这个时候，我们需要澄清自己的核心价值。因此，当你有职业选择的疑问时，不妨认真检视：未来想从事的工作（及与之伴随的生活）是否能够实现那些对自己而言重要的价值观？我们可以通过以下7个步骤澄清自己的价值观：

（1）自主选择。自发地提出所有自己可能会考虑的价值观。

（2）从多个选项中选择。在同一领域的其他价值选项面前，能够抛弃其他价值，选择出一种价值。

（3）对每个可选项的后果有周到的思考。能够清楚地知道每种价值到底意味着什么，会带来什么、失去什么。在信息和认知完全充分的情况下，经过全面的思考和比较，深思熟虑后，仍然选择这一价值。

（4）对所选的价值的珍视和爱护。为自己的选择感到骄傲，不为放弃其他的价值选项而后悔，内心对这一价值是满意的、珍视的。

（5）对该价值的坚持和维护。愿意公开宣布自己的价值选择，愿意公开为它辩护。

（6）按自己的选择来实践。用这项价值观指导自己的各项选择，按价值观的方向去行动。

（7）重复或一贯地如此行动。长期地、多次地实践这种价值观。

拓展活动

在明确个人价值观之后，还需将之与社会主流价值观进行比较，主动调整个人价值观，使之与社会主流价值观一致，避免不良的价值取向，从而使职业选择的价值评判体系更趋合理和科学。另外，要特别提醒的是，成熟、独立和成功的人，会根据自己的价值观而行动，而不是依照别人的价值观行动。

二、职业理想探索

（一）职业理想的含义

职业理想是人们在一定的世界观、人生观和价值观的指导下，对自己未来要从事的职业、工作部门、工作种类与发展目标作出的设计和想象，以及对自己在事业上获得成就的向往和追求，即个人渴望达到的职业境界。职业理想是人们对职业活动和职业成就的超前反映，与人的价值观、职业期待、职业目标密切相关的。

职业理想可分为三个层次来实现：① 第一层次是把职业作为谋生的手段，对于职业发展前景、职业成就等基本没有考虑。② 第二层次是把职业作为满足个人兴趣、特长的手段，主要关注的是个人的满足，没有涉及社会理想的境界。③ 第三层次是把职业作为个人创业、技术创新，最大限度地施展个人才华，为社会和人类的共同幸福作贡献。

在人生历程中，职业生涯占据了绝大部分时间，人们对未来的向往和追求，不是被动地进行职业活动，而是理性地、现实地、自觉地规划自己的物质生活和精神生活，将职业理想作为激励自身行动的一种信念，并通过职业选择和从事具体的职业来得以实现。职业随着社会的不断进步而不断变化，同时带动人们的职业理想相应发生变化。就个人而言，随着年龄的增长、社会阅历的丰富、知识水平的提高，职业理想也会发展和变化，并具有明显的个性特征。

（二）职业理想与职业发展

职业理想是职业生涯规划的动力因素，职业生涯规划有助于职业理想的实现，二者相辅相成，相互作用。

阅读案例

始于梦想，源于永不停歇的奋斗与追求

全国劳动模范、先进工作者张波涛是大唐集团龙滩水力发电厂设备维护部副主任，高级工程师。2005年，身为“80后”的张波涛从华北水利水电学院热能与动力工程专业毕业，带着青春和理想，义无反顾地来到远离家乡的龙滩水电站，开启了让他为之骄傲的水电人生。刚走出校园就到国家重点工程龙滩水电站工作，面对世界最大的空冷式水轮发电机组、厂房恶劣的施工环境，他深知只有经过摔打和磨炼才能真正使自己成长和成熟。于是，他白天深入安装一线，与安装师傅同甘共苦，熟悉设备结构，跟踪机组安装调试过程，不断学习安装调试技术和经验；晚上回到宿舍查找资料，潜心研究，将白天跟班过程中遇到的难题与学校所学理论知识相结合，认真领会工艺意图。

2007年5月21日，龙滩1号机组正式投入商业运行，同时实现了龙滩“即投产、即稳定、即盈利”的目标。这对于刚刚组建不到一年的龙滩电厂来说，是一份沉甸甸的责任。“1号机组移交时，新组建的队伍到底怎么样，关键时候能不能打硬仗、打胜仗，啃硬骨头，所有自筹建以来的种种努力即将接受安全生产的检阅。”张波涛回忆说。移交最为紧张，72个小时的艰苦鏖战，他始终站在一线，未曾丝毫懈怠，最终完成了1号机组顺利接机。

2015年12月，大唐集团授牌创建设备维护创新工作室，张波涛作为技术负责人，开启了维护部技术创新领头人之路。他通过重新设计封母法兰连接结构，成功解决了母线温度高的难题，每年可避免造成经济损失约100万元。在他的带领下，设备维护创新工作室结合生产工作实际，完成国产化改造工作，解决了进口励磁设备安全隐患无法根除、软件功能升级困难、备件价格高、供货周期长等诸多问题。

案例分析：张波涛在普通岗位上做出来的成绩，始于梦想，源于永不停歇的奋斗与追求。

职业理想是实现职业愿望的力量源泉和精神支柱，激励着人们献身于自己的事业中，顽强拼搏、坚忍不拔地开拓创新，用行动去实现自己的职业目标，从而取得成功。

1. 职业理想引导职业选择

由于职业理想是人们对未来职业的向往，一个人一旦确立了科学的职业理想，就应当朝着实现这一理想的方向去努力。而为了实现自己的职业理想，首先必须选择一个与之相适应的职业，这个职业可以是自己所从事的职业，也可以是自己所创造的职业，否则，职业理想就无法或者很难得到实现。因此，在进行职业选择时，其职业理想将起着非常重要的导向作用。

2. 职业理想推动职业发展

由于职业理想是人们对未来职业的追求，它不仅包括工作的地域、工作的种类、工作的部门，还包括工作的成就。无论是就业，还是创业，每个人都有自己的职业理想。为了实现自己的职业理想，在高职院校学习期间，就必须积极进行相关知识的积累和相关能力的培养，为选择自己理想的职业做准备。走上职业岗位后，还要能够利

用自己所学的知识和所掌握的能力，努力地、创造性地做好岗位工作，力争取得优异的工作成就，并最终获得职业发展。

3. 职业理想成就职业成功

职业理想是成就职业、推动社会进步的精神力量，有了这样的力量，在职业准备、职业选择还是在就业或创业的过程中，无论遇到什么样的困难，无论遇到什么样的挫折，就都会朝着已经确立的职业目标前进，直到取得事业上的成功。

（三）职业理想的树立

职业理想是职业生涯规划的起点，在职业生涯规划中起着指导和调节作用。一个人选择什么样的职业，以及为什么选择某种职业，通常都是以其职业理想为出发点的。任何人的职业理想必然要受到社会环境、社会现实的制约。

实训活动

写下自己的墓志铭

想象自己将要离开这个世界，请你为自己的墓碑写下墓志铭。当你的亲友来扫墓时，看到它就会想到你是一个怎样的人，你为这个世界做了什么样的事情。

让我们先来看看启功先生的《自撰墓志铭》。

启功先生是中国现代著名的书法家、教育家、古典文献专家、文物鉴定家、诗人。1977年，66岁的启功为自己写下《自撰墓志铭》："中学生，副教授。博不精，专不透。名虽扬，实不够。高不成，低不就。瘫趋左，派曾右。面微圆，皮欠厚。妻已亡，并无后。丧犹新，病照旧。六十六，非不寿。八宝山，渐相凑。计平生，谥曰陋。身与名，一齐臭。"而27年后，这篇墓志铭最终被镌刻在他的墓碑上。

现在请认真思考，总结你的一生或必将来到的一生。写下自己的墓志铭。现在，请你按以下模板来编写自己的"墓志铭"：

姓名：________性别：________

生年：________卒年：________享年：________

（1）一生最大的理想与目标：

（2）在不同年纪时的成就：

（3）对社会、家庭或其他人的贡献：

（4）我是一个怎样的人：

将上述拟好的"墓志铭"与其他同学分享并讨论：

（1）你感到哪些人的人生目标吸引你并令你尊重？

（2）哪些人的成就是"真正"的成就？为什么？

（3）你认为对社会或他人有贡献者是谁？

（4）假如你要替自己重写"墓志铭"，你会怎样写？

活动分析：

通过这个墓志铭体验死亡，也许你就会明白，你想做一个怎样的人，做哪些事情，树立什么样的职业理想。使自己更加尊重生命、珍惜大学生活、反思生命的意义，为实现自己的梦想与中华民族伟大复兴的中国梦而奋斗。

社会发展的需要是职业理想的客观依据，凡是符合社会发展需要和人民利益的职业理想都是高尚的、正确的，并具有现实的可行性。人们的职业理想，在不同历史时期，其具体内容和实现方式是不同的。只有确定了正确的职业理想，选择一个具体的职业，在这个职业劳动中勤奋努力、兢兢业业，不断开拓进取，才能实现自己的职业理想。

要树立正确的职业理想，首先，必须全面认识自己。一是全面认识自己的生理特点；二是全面认识自己的心理特点；三是全面认识自己的知识、技能水平和将来可能达到的状态；四是正确认识自己的学识能力等与未来职业需要之间的差距。其次，要全面、科学地了解社会、了解职业。一是要了解党和国家的路线、方针、政策；二是要了解我国社会的经济构成及其发展状况；三是要了解我国的基本国情；四是要了解各地区的产业结构、行业结构和职业结构；五是要了解各种产业、行业和职业对从业者共同的基本要求和不同的具体要求；六是要了解自己所学专业对应的职业群，以及该职业群在中国特色社会主义现代化建设中的地位和作用；七是要了解该职业群中各种职业的社会价值、工作性质、工作条件、工作待遇、从业者的发展前景，以及该职业群中各种职业对人员的素质要求。只有结合自己所受教育、自己的能力水平、自己的个性特点及身体状况确定一个适合自己的、切实可行的职业目标，才能确立一个可以实现的职业理想。

在中国特色社会主义新时代，职业理想是通过职业定向的确立而实现的，高职学生的职业理想更应把个人志向与国家利益和社会需要有机地结合起来，才能指引自己努力提高职业素质水平，以便为社会提供更多、更高水平的劳动。因此，在确立职业理想时，应该把学以致用或选择相近的职业作为自己理想的职业。

在大学生毕业后的头两年，大多数人都会感觉到现实与自己职业理想的落差非常大，职业理想与现实发生冲突非常正常。职业理想虽然因人而异，没有绝对的标准。但是，必须指出的是，职业理想必须以个人能力为依据，超越客观条件去追求自己的所谓理想，是不现实的。这就要求大学毕业生在选择职业之前一定正确评估自己，给自己一个合理的定位。

在实际生活中，现实往往与职业理想发生矛盾。很多人不能按照自己的理想标准选到合适的职业，于是有的人索性不就业，坐等理想职业的出现；有的人随便谋个有收入的职业混日子；有的人对与自己的职业理想不相符的工作怨天尤人、无所作为。这些现象发生的根源，皆在于择业者没有能正确认识职业理想与现实的关系，没有认真地分析自己的职业理想确定的是不是脱离实际，自己的职业素质符合不符合你所选择的职业要求。

对于即将毕业的大学生来说，职业理想与“饭碗”的矛盾会经常发生。这种现象一旦发生时，既不要怨天尤人，也不要心灰意冷，而是要冷静地看待。用这段时间积累经验，同时通过增加对自己兴趣、能力等方面的认识调整自己的职业理想，积极寻找机会，从而为自己的长期发展奠定基础。

要懂得职业理想不等于理想职业。一般认为当个人的能力、职业理想与职业岗位最佳结合时，即达到三者的有机统一时，这个职业才是你的理想职业。而只要你的职业理想符合社会需要，而自己又确实具备从事那种职业的职业素质，并且愿意不断地付出努力，迟早会有一天实现自己的职业理想；而理想职业却带有很大的幻想成分。如果你所选择的职业岗位已无空缺，而你又需要立即就业，那就先降低一点自己的要求。因为如果没有工作，即意味着没有实现职业理想的可能。而就业以后，可以在主观的作用下向自己的职业理想靠近，例如对自己的兴趣、爱好进行一定的调整。

（四）职业理想与职业选择

每个人的职业理想既受主观因素的制约，又受客观条件的影响。目前，由于生产力水平的限制，还存在脑力劳动与体力劳动的差别、城乡差别、简单劳动与复杂劳动的差别。同时，不同的职业在个人收入和福利待遇上也存在着差别。因此，树立不同的职业理想，就会影响到人们的职业选择。

1. 以社会利益为重的职业理想

具有这种职业理想的人，把是否有利于社会作为自己选择职业的最重要的标准。在个人愿望与社会需求发生矛盾的时候，能以社会需要为重，个人的职业选择服从社会的需要。正如马克思说的那样："我们在选择职业时应遵循的主要方针是人类的幸福和自我完善。"

2. 以个人的兴趣与爱好为重的职业理想

具有这种职业理想的人在选择职业时，往往首先考虑的是个人兴趣和爱好。当职业适合自己的兴趣爱好时，热情很高，干劲十足，而当职业不符合自己的兴趣时，往往不会安心工作。如果只强调个人的兴趣与爱好，必然会脱离社会实际。人们的职业兴趣并不是天生的，而是可以通过自己的职业实践重新培养和确定的。

3. 以经济收入为重的职业理想

具有这种职业理想的人，选择自己的职业时主要考虑的是个人经济收入的多少。尽管谋生仍然是人们职业活动的重要目的之一，但仅把经济收入作为选择职业时考虑的问题，把挣钱看成是职业劳动的唯一目的，而忘记了职业劳动的社会"经济人"，这不是我们提倡的职业理想和职业选择。

4. 以社会地位和声望为重的职业理想

具有这种职业理想的人选择自己职业时，比较看重职业的社会地位和声望。在社会生活中，职业的社会地位高低是一种客观存在，也有人们主观认识上的差别。但是，我们要看到，对社会职业的评价不断会有新的标准。同时，以职业来评价人的现象也在逐渐消失，三百六十行，行行都可以出状元。在一个平凡的岗位也可以做出让人羡慕的成绩，也可以获得社会的认可和人民的尊重。因此，那种以为只要从事声望较高的职业，即使不用努力工作贡献社会，自己的价值也自然会高的观点是十分错误的，也是不可取的。

5. 以职业舒适为重的职业理想

持这种职业理想的人，选择职业时，既不追求职业的社会地位，也不过分奢望职业的经济收入，而只是追求职业的舒服、安逸与"痛快"。其实，如果一个人一味地追求个人的舒服、安逸与"痛快"，而忘记了职业的社会责任与社会义务，其结果是不可能有个人真正意义上的舒服、安逸与"痛快"的，而且很有可能因为自己的愿望没有能够实现而陷入"痛苦"之中。

项目四　自我认知的方法

自我认知就是对自我进行全面的分析，认识和了解自己的特点，以便准确地为自己定位。自我认知的内容包括自己的兴趣爱好、能力特长、气质性格、学识技能、智商情商以及协调、组织管理、活动能力等。自我认知与定位是大学生进行职业生涯规划的前提和基础；自我认知帮助那些面临职业选择的大学生一步步逼近最真实的自我，并由此规划人生，确定自己想要的职业和生活。

在人的认识活动中，对人的认识是最困难的，因为人是发展变化的，所以社会对一个人总体评估往往要等到“盖棺定论”。而在认识人的活动中，对自己的认识就更加困难，所谓“当局者迷”，自己对自己的评价往往不准。所以，自我认知需要科学的方法。

一、橱窗分析法

心理学认为，对个人的了解好像橱窗一样，可大可小。为便于理解，我们把橱窗放在直角坐标系中加以分析。坐标的横轴正向表示别人知道，坐标横轴负向表示别人不知道；纵轴正向表示自己知道，负向表示自己不知道。坐标橱窗如图4-3所示。

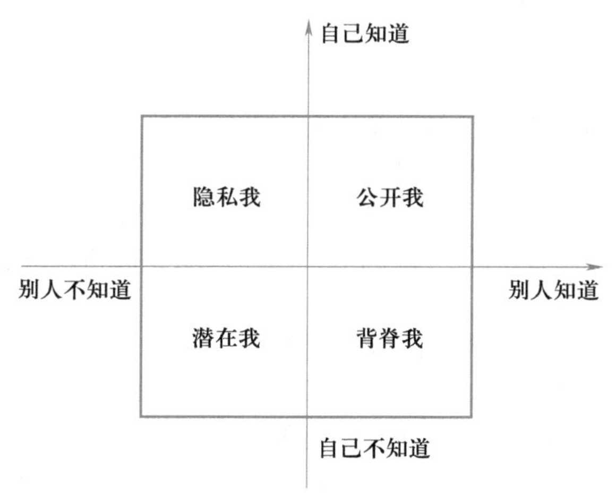

图4-3　坐标橱窗

这个坐标橱窗图明显地把自我分成了4部分，即4个橱窗。

橱窗1：“公开我”。这是自己知道、别人也知道的部分，其特点是个人展现在外，无所隐藏的部分，比如身高、学历、年龄、婚姻状况等。

橱窗2：“隐私我”。这是自己知道、别人不知道的部分，属于个人内在的私有秘密部分。其特点是个人秘密不外显，比如自私、嫉妒等平常自己不愿袒露的缺点，以及心中的愿望、雄心、优点等不敢告诉别人的部分。可以采取撰写自传或日记的方式来了解自我，可以了解自己成长的大致经历和自我计划情况等。

橱窗3：“潜在我”。这是自己不知道、别人也不知道的部分，是蕴藏着无限潜能但有待于进一步开发的部分。其特点是开发潜力巨大，但通常别人和自己都不容易发觉。我们可以通过人才测评来发现自己平时注意不到的潜力，也可以在学习和生活过程中，多做尝试来发现自己的潜力。

橱窗4："背脊我"。这是自己不知道、别人知道的部分，就像自己的背脊一样。其特点是我们可以采取同家人、朋友等交流的方式，也可以借助录音、录像等了解自己，要做到开诚布公，对别人提出的意见有则改之，无则加勉。

在进行自我分析时，"背脊我"和"潜在我"是自我中的盲点，因此认识自我的重点是了解橱窗3"潜在我"和橱窗4"背脊我"这两部分。

"潜在我"是影响一个人未来发展的重要因素，因为每个人都有巨大的潜能。据科学研究发现，人类平常只发挥了极小部分的大脑功能。如果一个人能够发挥一半的大脑功能，将轻易地学会40种语言，背诵整套百科全书，获得12个博士学位。著名的心理学家奥托提出，一个人一生所发挥出来的能力，只占他全部能力的4%，也就是说一个人96%的能力还未开发。世界控制论奠基人N.维纳提出："可以完全有把握地说，即使是做出了辉煌成就的人，在他的一生中利用他自己的人脑潜能还不到百亿分之一。"由此可见，认识与了解"潜在我"，是自我认识的重点之一。

"背脊我"是准确对自己进行评价的重要方面，如果自己诚恳地、真心实意地征询他人的意见和看法，就不难了解"背脊我"。要做到这一点，需要开阔的胸怀、正确的态度和有则改之、无则加勉的精神，否则，就很难听到别人的真实评价。

二、心理测试（问卷）法

心理测试的基本原理是，通过一个人对问题情境的反应来推论他的心理特征，也就是从个体的外在行为模式来推知其内在心理特征。因而，心理测试是间接地而不是直接地测量人的心理特征。心理测试的方法很多，主要包括：智力测试、人格测试、职业性向测试及能力测试。通过心理测试可以深入地分析和评价自己不知道且别人也不知道的一面——"潜在我"。

为了最大限度地发挥心理测试的效用，进行心理测试时需要注意的问题是：首先，应该选用一个心理学专家编制、权威性比较高的标准化的测验量表，最好能在专家指导下使用；其次，在做测试的过程中，一定要按自己的真实想法填答，切忌寻找标准答案，避免主观情绪；最后，要选择一个安静、没有外界干扰的环境。

三、经验法

经验法是指在人际交往中依据过去活动成果由他人或本人对自己进行主观地分析和评价。

每个人都会做一些平凡的事情，包括平凡的工作。如果一个人愿意把自己放在一个平凡的岗位上，以自我为改变的关键，不断反省自己，找到更好的方法，成功就一定会等着他。

在了解自我的时候，大多数人习惯内省式的自我分析。由于没有系统地学过通过内省进行自我分析的方法，我们很难避免分析过程中的主观因素。在现实生活中，最好利用他人的评价或找一些客观事实来帮助我们进行自我分析。

当别人说“你最擅长做……”“这件事只有你做才能圆满完成”“你在别的方面不敢保证，但做这方面的工作你准行”等诸如此类的话时，将这些评价详细地记录下来。如此做数个星期之后，系统地分析你的笔记，你会发现，你的行为有一定的模式，原来你一直在人前显露自己某方面的兴趣及才华，这些兴趣及才华很可能是你从未意识到的。假如你相信“当局者迷，旁观者清”的话，你就不会对这些发现掉以轻心，因为它们会引领你发掘出自己真正的潜能所在。通过这个分析，你会很容易找到自己的优势。

实训活动

拓展阅读

认识你自己的二十问法

下面是一种自己可操作的认识自己的方法，不妨试一试。

这是帮助你认识自己的一种方法，分两步进行。

第一步：问你自己10次或20次“你是谁？”请你把头脑里浮现出来的答案一一写出来。请尽量不要过多思考，以最快的速度完成下面的句子。

例如：我是××（姓名），我是××学校的学生，等等。由于这是自我分析材料，可以不给别人看，所以想到什么就回答什么，不要有什么顾虑。回答每次提问的时间为20秒，如果写不出来，可以略去，继续往下写。

第二步：对自己的答案进行分析。分析的内容包括以下几个方面：

（1）答案的数量和质量。即一共写出几个答案，答案中哪些方面的内容较多。如果能写出9~10个答案，则大体上可以认为没有特别的障碍。如果只能写出7个或更少的答案，则可以认为是过分压抑自己。回答时，会以感到无聊、感到害羞、时间不够等为借口，不能回答更多的问题。

（2）回答内容的表现方式。有三种情况：① 符合客观情况的，如“我是女生”“我是大学生”等；② 主观解释的情况，如“我是老实人”“我胆小”等；③ 中性的情况，即谁都不能作出判断的情况。如果主观评价和客观评价都有，可以认为取得平衡；如果倾向于主观或客观，则不能取得平衡。在主观评价中，最好是既说到自己好的方面（令人满意的特征），也说到自己不足之处（不令人满意的特征）。如果只说到好的，会使人觉得是自满；只作不好的评价，又令人感到没有信心。

（3）回答的内容是否涉及自己的未来。哪怕只有一个答案涉及未来（如“我是未来的CEO”），也说明自己有理想和抱负，在现实生活中充满生机。如果没有一个答案涉及未来，则可能说明自己对未来考虑不多。

课后练习

思考与练习

1. 为什么要进行自我探索？自我探索的主要领域有哪些？
2. 自我认知的方法有哪些？你是如何评价自我的？

3. 你经常采用哪种方法了解自我？你认为哪种方法更适合自己？为什么？

4. 简述霍兰德的人-职匹配理论，谈谈你更适合哪种类型的职业环境？

5. 分析自己的职业价值观倾向，如何运用正确的职业价值观指导自己进行职业选择？

6. 通过自我探索，自己如何做到人-职匹配？

探索与实践

说说我的十大优势

职业生涯规划的核心理念在于“适性扬才”。自我认知是影响职业生涯规划决策的首要因素。良好的自我认知，有助于大学生找到适合自己的理想工作。

通过这一章的学习，大学生对自己有了更为深入的了解和认识。下面我们就来借助几个问题梳理一下，对自己的特点加以总结性概括。

1. 自我兴趣方面：

____

2. 自我气质性格方面：

____

3. 自我职业价值观方面：

____

4. 自我能力方面：

____

5. 你身体素质方面的优势是什么？

____

6. 你社会资源方面的优势是什么？

____

综上所述，总结你的十大优势。

____

模块五 职业生涯规划的环境探索

通过本模块知识的学习，应该达到以下目标：

知识目标：

了解职业生涯规划的环境探索的内容。

能力目标：

掌握职业环境探索的方法，具有分析影响职业生涯规划环境因素的能力。

素养目标：

增强职业环境探索及环境分析的意识，主动把握个人职业生涯的发展。

大学生在进行职业生涯规划时，要充分认识到外界环境对职业生涯规划的影响，要注意分析社会环境、组织环境及个体环境，哪些是自己今后走向职业岗位的有利条件，哪些是不利条件。只有充分了解环境影响因素，才能做到在复杂的环境中找到自己的职业位置，职业生涯规划才能具有实际的意义。

一份有效的职业生涯规划要求大学生在全面认识了解自己的同时，也要清楚地认识到外部环境特征，以评估职业机会。

任何人都是社会的一分子，都不可能离群索居。“采菊东篱下，悠然见南山”的生活方式只有在古代才可能发生。现今的社会，科学技术的发展改变了人们的生活方式和企业的运作模式。互联网技术早已使地球变小，使个人空间扩大，直接影响到个人生活的方方面面。同时，在这个变革的社会里，没有一成不变的事物。今天最热门的技术，明天可能就无人理睬；去年时兴的职业，今年可能就被打入“冷宫”。因而个人要想谋求职业生涯的发展和成功，就必须考虑外部环境的需求和变化趋势，不断适应环境变化。

进行环境分析的要求是，通过环境分析弄清环境对职业发展的要求、影响及作用，对各种影响因素加以衡量、评估，并做出反应，以便更好地进行职业生涯规划与职业选择。总的来说，职业生涯的宏观环境因素包括两方面的内容：社会环境因素和组织环境因素。

项目一 职业生涯规划的社会环境探索

拓展阅读

社会环境是指社会的政治体制、国家职业政策法规、社会经济状况、社会职业制度、社会文化习俗、社会职业评价和社会需求等客观因素所形成的职场就业的总体氛围。社会环境因素决定了社会职业岗位的数量、结构、层次等，社会环境因素决定了人们对不同职业岗位的接受、赞誉或贬低的程度，决定了个人步入职业生涯的基本方式、开始职业生涯后的基本态度以及由此引起的个人职业生涯的变化。

当前我国正面临着战略发展机遇期，总体发展稳中向好，宏观环境稳定繁荣。对于大学生来说，在机遇无限的时代，应该通过对社会环境的探索，了解所在地区的政治、法律、经济、科技、文化等环境，以寻求各种发展机会。

一、政治环境

政治环境是指一个国家的政治制度和政府制定的有关法规与政策等方面的环境。国家的政治环境对职业的发展具有很大的促进和制约作用。经济发展与政治环境之间具有十分紧密的关系，政治环境良好，才能保障实现更高质量、更有效率、更加公平、更可持续、更为安全的发展；政治环境不好，就会阻碍改革创新、扰乱市场秩序、破坏经济发展。政治环境关乎着职业发展的前景与变化，从而直接影响到个人的职业发展。政治制度和氛围还会潜移默化地影响个人的追求，从而对职业生涯产生影响。要想在当今社会找到一份满意的职业，实现自己的人生价值，对政治环境的分析与洞察是必不可少的。

（一）国家就业政策

文件导读

国家就业政策是职业生涯发展的根本导向。为促进高校毕业生就业和实现稳就业，党的十八大以来，我国出台了很多鼓励择业、就业或创业的政策，努力保障择业者的利益，对职业选择产生了积极的影响。（1）精准就业服务。依托国家大学生就业服务平台，开展大中城市联合招聘、“24365校园网络招聘”等系列活动，组建专业化就业创业导师队伍，为高校毕业生提供职业规划、职业体验、求职指导等服务；（2）扩大企业就业规模。《关于进一步做好高校毕业生等青年就业创业工作的通知》（国发办〔2022〕13号）等政策，实施高校毕业生中小微企业就业支持计划，给予社会保险补贴税费减免等扶持政策，稳定扩大国有企业招聘规模，并相继出台了系列政策；（3）支持创新创业和灵活就业。支持高校毕业生自主创业，给予一次性创业补贴，给予社会保险补贴等。为此，2021年10月出台了《关于进一步支持大学生创新创业的指导意见》；（4）实施“三支一扶”计划、农村教师特岗计划、大学生志愿服务西部计划等高校毕业生基层服务项目，开发一批社区服务、科研助力、社会组织就业岗位。2021年国务院印发的《“十四五”就业促进规划》，立足新发展阶段，完整、准确、全面贯彻新发展理念，构建新发展格局，统筹发展和安全，提出“十四五”期间要实现更加充分更高质量就业，为扎实推动全体人员共同富裕奠定重要基础。要坚持经济发展就业导向，不断扩大就业容量，推动形成高质量发展与就业扩容提质互促共进的良性循环。

（二）人力资源优化配置政策

人力资源优化配置政策是职业生涯发展的催化剂。为了科学合理优化人力资源配置，我国陆续发布了许多政策，如《关于构建更加完善的要素市场化配置体制机制的意见》《“十四五”就业促进规划》等政策，要求健全统一规范的人力资源市场体系，加快建立协调衔接的劳动力、人才流动政策体系和交流合作机制；加快人力资源服务业高质量发展，推动人力资源服务于实体经济融合发展，引导人力资源服务机构围绕产业基础高端化、产业链现代化提供精准专业服务；运用政府购买服务机制，支持经营性人力资源服务机构、社会组织等市场力量参与就业服务、职业指导、职业培训等工作。为了响应国家号召，各省份积极制定地方层面人力资源优化配置的行业政策，推动人力资源行业发展。

（三）人才强国战略

人才强国战略，就是通过人力资源开发方式把人口转变为人才，依靠人才的创新性，实现国家发展与强盛的战略目标。习近平总书记在党的二十大报告中明确指出要“深入实施人才强国战略”。主要聚焦在更多大师、战略科学家、一流科技领军人才和创新团队、青年科技人才、卓越工程师、大国工匠、高技能人才、堪当民族复兴重任的高素质干部队伍、拔尖创新人才、德智体美劳全面发展的社会主义建设者和接班人等十大类国家战略人才。对于新时代深入实施人才强国战略提出了新的战略目标、新的实施路径与新的人才类型要求。

二、法律环境

党的二十大报告提出了新时代新征程全面依法治国的总体要求，开启了全面依法治国新征程，描绘了法治中国建设新蓝图。

法律环境是指国家或地方政府所颁布的各项法律、法规、法令和条例等，它是职业活动的准则。就业是最大的民生。党中央高度重视就业工作，更是明确把稳就业放在“六稳”“六保”之首，将就业优先政策置于宏观政策层面，并相继制定和颁布了一系列相关法律法规，形成了以《宪法》为依据、以《劳动法》为基础、以《高等教育法》《就业促进法》《劳动合同法》《劳动争议调解仲裁法》《社会保险法》为主干以及相关法律法规为配套的劳动法律保障体系。这些法律法规开启了就业促进工作的新时代，为解决日益严重的就业问题提供了有力的制度保障。

文件导读

作为新时代的大学生，我们无时无刻不感受到法律的重要性。对于我们的职业生涯发展，良好的法律环境为职业发展提供了基本保证，有着举足轻重的地位。我们要想规划好职业生涯，就必须认真地分析当前的法律环境对我们的影响。

三、经济环境

经济环境是影响职业选择和职业生涯发展的重要因素，制约着就业的数量和质量。经济模式变化、经济国际化发展、经济增长率、经济景气度、经济建设速度和国家、地区的产业政策，都会引起职业和岗位供给的变化，从而给人们带来机会增减的影响，评估经济环境，特别是其变化趋势，对于大学生职业生涯规划有重要的现实意义。

（一）经济形势

新时代我国经济呈现经济发展新常态，经济运行总体回升、供需两端持续恢复；经济结构不断优化、发展质量稳步提升；就业物价总体平稳、人民生活继续改善。同时，我国经济韧性强、潜力大、活力足，长期向好的基本面没有改变，新发展格局正在加快构建，高质量发展正在全面推进，经济发展具有良好支撑和有利条件，推动经济成长的新动力正在加快孕育，并能够在特定时期出现大量的职业需求和提供更多的职业岗位，直接影响人们的职业定向与职业选择。

（二）经济政策

国家经济政策是国家履行经济管理职能，调控国家宏观经济水平、结构，实施国家经济发展战略的指导方针，对企业经济环境有着重要影响。党的二十大报告指出，在经济建设上，要完整、准确、全面贯彻新发展理念，加快构建新发展格局，着力推动高质量发展，构建高水平社会主义市场经济体制，建设现代化产业体系，全面推进乡村振兴，促进区域协调发展，推进高水平对外开放，推动经济实现质的有效提升和量的合理增长。从中央到地方，宏观政策、微观政策、结构政策、科技政策、改革开放政策、区域政策、社会政策加快落地。尤其是党的二十大以来，先后出台了《关于全面深化农村改革加快推进农业现代化的若干意见》《关于深化体制机制改革加快实施创新驱动发展战略的若干意见》《关于大力推进大众创业万众创新若干政策措施的意见》《关于深化投融资体制改革的意见》《关于实施乡村振兴战略的意见》等多项措施、政策，这些经济政策在助力经济爬坡过坎中不断释放“稳”的力量。

（三）经济趋势

中国经济发展不能简单地追求经济增速，而要更多注重经济质量的提升和经济效益的增长，推进经济结构转型和增长动能转换。2023年的中央经济工作会议提出，要坚持“稳字当头、稳中求进”。把稳增长放在更加突出位置，“稳”就是要保持宏观经济政策基本稳定，精准有力实施宏观调控，强化政策协调协同，突出做好稳增长、稳就业、稳物价工作，为经济持续向好打下坚实基础；“进”就是深化改革创新、加快推进动能转换、全面提升经济发展质量。完整、准确、全面贯彻新发展理念，紧紧围绕高质量发展这个首要任务和构建新发展格局这个战略任务，推动经济实现质的有效提升和量的合理增长。

四、科技环境

科技环境指的是一个国家的技术水平、技术政策、新产品开发能力以及技术发展的动向等，一个国家经济增长速度，在很大程度上与重大技术发明采用的数量和程度相关；一个企业的盈利状况也与其研发费用的投入程度相关。

科技的迅猛发展为人们创造了新的生活，也带来新的社会变革，对职业变迁、职业调整产生着巨大推动的作用，推动了职业的新增和细化。良好的科技环境可以形成产业及职业的集聚效应。科技革新乃至科技革命的完成创造着新的生产经营方式，从而形成了一个又一个新的社会分工或社会职业，吸纳了一批又一批新的从业人员去从事推动社会经济新一轮增长的社会实践。

（一）整体导向：科技进步下的产业和行业发展

党的二十大报告指出，“经济高质量发展取得新突破，科技自立自强能力显著提升，构建新发展格局和建设现代化经济体系取得重大进展”是未来5年我国全面建设社会主义现代化国家开局起步的关键时期的主要目标任务之一。

科技创新可以驱动新产业和新业态的兴起，以科技创新赋能产业高质量发展，推动战略性新兴产业融合集群发展，催生了信息技术、人工智能、生物技术、新能源、新材料、高端装备、绿色环保等新兴产业。当前，以人工智能、物联网、5G通信技术、光电芯片技术、大数据为代表的智能化技术正在对传统产业进行全方位、全角度、全链条的改造，在创新领域、绿色低碳、智慧城市、人力资源服务业等领域培育新增长点，为我国经济发展注入新动能、创造新的发展机遇。随着创新技术发展、新兴产业的产生，科技进步在引发就业高端化的同时，也增加了高素质人才资源的稀缺性，引发了全球性人才争夺战。

（二）科技环境与职业发展

科技的进步推动了职业的新增和细化，不仅带动了相关产业链的发展，也为创业和就业提供了更多机会。在我国科技环境不断发展成熟的过程中，新的职业增长及职业结构都发生着裂变和重组，约有1亿劳动力需要更换职业，充分融入以新型信息技术为背景的新职业中。“十四五”时期，新一代信息产业将成为我国在新发展阶段所形成的新发展格局中的核心力量，在现代产业经济体系建设中的支撑和引导作用越来越强，中央和地方各级政府均在加强部署，持续推进信息技术创新发展。在多方合力作用下，新一代信息技术产业持续释放动能，这是历史新机遇。

阅读案例

数智农业推动新兴职业发展

广西鸣鸣果园集团是万亩沃柑标准化果园的经营企业，作为国家和省级农业科技示范园区的核心建设单位，鸣鸣果园的农业信息科技公司聚集了一批数字化农业技术人才，在全国率先完成了基于果树编码的种植数字化地图管理系统的研发与应用。从实时动态定位、无人机航拍、农作物图像识别技术的应用，到地块分布、滴灌布局、巡检记录、作物档案、农事记录等信息集成，都显示出数字化技术员的职业能力与智慧。

从系统建成并投入使用起，鸣鸣果园的每株果树都有与GPS坐标定位对应的独立编号，记录了其种植时间与日常管理全过程。以空中视角呈现的地图被直观地展示在果园大屏上，显示着经过采集、分析和可视化加工的大数据，管理人员可以在线掌握种植基地精准到每个地块、每个岗位以至于每棵果树的各项数据，远程研判、指挥林间日常管理及水果采摘，实行全产业链质量安全的监控与追溯，实现了经营管理的标准化与数字化。同时，鸣鸣果园形成了果树数字资产，每个沃柑都能通过物联网和数字地图查到出产的果树和生产记录，“用数据定义的好水果”已出口到加拿大等国际市场。

格林斯利（北京）农业技术服务有限公司员工陈鑫从事过农业技术推广员、葡萄基地负责人、农资店运营者等工作。从2020年开始，陈鑫将土壤、水、植物及环境数字化检测技术与农业生产实践深度融合，为云南葡萄种植户提供数字化的技术服务，帮助葡萄种植户实现从经验种植决策到依靠数据种植决策的转变，切实帮助种植户实现了增产增收，深受农户欢迎。

（资料来源：中国就业培训技术指导中心.中华人民共和国职业分类大典（2022年版）应用指南.北京：中国劳动社会保障出版社，2022年版，有改动。）

五、文化环境

社会文化环境通常是指在一定社会形态下的教育水平和道德规范、价值观念、宗教信仰以及世代相传的风俗习惯等被社会所公认的各种行为规范。

文化环境包括教育条件和水平、社会文化设施及人们的教育程度、文化水平、价值观念、风俗习惯及审美标准，社会文化反映人们的基本信念、价值观。受教育的程度影响人们的需求层次，价值观念影响人们对组织目标、组织活动和组织存在的态度；风俗习惯影响到人们进行或禁止某些活动，审美的标准则会影响到人们对于组织活动的意义、方式和结果的态度。在良好的文化环境中，个人能受到良好的教育和熏陶，从而为职业发展打下更好的基础。

中华优秀传统文化经过几千年传承，形成了具有稳定特殊的文化体系，中华优秀传统文化作为一种文化底蕴扎根于我们心中，如“天行健，君子以自强不息”等，可以帮助学生培养健康职场人生观，帮助学生养成积极职场世界观。如果一个地区的人们崇尚职业的新奇性和变换性，那么这个地区的人在各个企业之间的流动频度就高。我国社会文化的复杂性决定个人职业选择与职业发展要考虑企业所在地的文化因素，如我国沿海地带的公民可能喜欢与雇主保持契约关系，而内地公民可能喜欢传统的、稳定的雇佣制度。

项目二 职业生涯规划的组织环境探索

组织环境是指大学生所进入的行业环境、企业环境和职位环境的总和，是大学生面对的具体职场环境。个人所在的组织环境对个人职业生涯发展有着重要的影响，当组织环境适宜于个人发展时，个人职业更容易取得成功。但组织环境同社会环境一样，也在不断地变化，这些变化同样对职业提出了不同的要求。因此，在制订职业生涯规划时，个人所在的组织环境也是应考虑的重要因素。从组织内部环境看，影响职业发展的因素也是多方面的，主要包括以下几点。

一、行业环境探索

行业环境就是各个不同行业总体环境的总和。每一个行业，总会有一定的特殊性与差异性，对人才的规格、技能、层次、特征都会提出不同需求。每一个进入职场的大学生，都必须对各自预备进入的行业有一个全面、系统的了解，特别是对各个行业从业人员的受教育程度、职业培训要求、基本素质、能力倾向、个性、兴趣、体质、体能等，应该有一个深入的把握，从而降低进入职场的成本，提高就业的经济与社会效益。

行业环境分析包括对目前所从事行业和将来想从事的目标行业的环境分析。分析内容包括行业的发展状况、国际国内重大事件对该行业的影响、目前行业优势与问题、行业发展趋势等。

（一）行业发展现状

在分析行业环境时，一定要结合社会环境的发展趋势。由于科学技术的飞速发展，会使某些行业如同夕阳降落，逐渐萎缩消亡；也有许多极具发展前途的朝阳行业不断出现并发展起来。每个行业都处于行业发展的不同阶段，需要分析该行业是处在形成期、成长期、成熟期，还是衰退期，特别是在不远的将来，该行业继续发展的势头、对人才的需求状况。

（1）形成期。即某一行业刚形成的阶段。在此阶段，一般来说企业规模比较小，产品生产市场占有率低、社会知名度低，研发产品和提升技术是这个阶段的重要职能，市场竞争压力较小。

（2）成长期。在此阶段，行业的产品已经日臻完善，市场迅速扩大，企业的销售额和利润迅速增长，行业规模扩大，竞争日趋激烈，部分企业被淘汰退出市场。市场营销和生产管理成为关键性的职能。

（3）成熟期。在此阶段，一方面，行业市场趋于饱和，销售额难以增长，甚至在此阶段后期开始下降；另一方面，行业内部竞争更加激烈，合并、兼并、倒闭大量出现，行业更加集中，产品成本和市场营销的有效性成为行业的关键因素。

（4）衰退期。在此阶段，市场萎缩，行业规模逐步缩小，竞争依然惨烈，大量企业倒闭，这个阶段的行业就是所谓的“夕阳行业”。

（二）国家政策对行业的影响

要了解国家对行业实施的政策，是支持、鼓励和引导，还是限制、控制和制约。要尽量选择那些有前景、发展空间较大的行业，如我国近年来狠抓环境保护，推行可持续发展战略和清洁生产工艺；实施蓝天碧水工程，退耕还林、退草还林、保护生物多样性，提高能效和开发利用清洁可持续能源，在农业生产中控制化学制品的使用，开发“绿色食品”等，这使环境保护业如初升朝阳，充满生机，从而使环保设备生产、环保技术咨询等行业迅速发展，提供了大量的就业岗位。如果不了解国家政策对行业的影响情况，为了一时利益盲目进入那些污染后果严重的行业谋职，必将会给自己的职业生涯造成严重的不良后果。

（三）重大事件对行业的影响

行业的发展往往容易受到国内国际重大事件的影响，这些事件为行业发展提供新的路线指导、新的发展思路、新的观察风向，进而影响到该行业能否提供较多的就业机会。如重大国际体育赛事通过投资赛事获得超出预期的社会价值和经济回报，对建筑业、旅游业、服务业等行业提供发展和较多的职业机会。随着数字信息化和各行各业的转型升级，体育赛事在催生新兴业态、新模式方面刺激了部分新兴行业的萌芽及发展，迅速拉动了“云赛事”、智慧场馆“0接触”，为防护用品业、在线办公行业、非接触类经济等行业提供了较大的发展空间

（四）行业人才需求状况

行业现在需要什么样的人才？将来需要什么样的人才？有哪些具体的用人要求？随着社会经济发展和社会技术革新的不断进步，人才需求呈现多元化特点，企业不再需要单纯的技术专家，而是具备实践能力、创新意识、团队协作能力的复合型人才和具备跨界整合、人机协作、数据分析能力的专业人才。

（五）行业薪酬走向

行业性质是一个决定薪酬水平的关键性因素，不同行业薪酬差距非常明显，通过

互联网可以很容易地搜集到各个机构调查的行业薪酬状况和预测。另外，还可以通过访问在行业中工作的人，了解行业真实的薪酬状况，并与自己在互联网上查到的信息进行真实性比对。

总之，通过分析和了解影响职业生涯的行业因素，有利于个人选择有发展前途的行业和职业，有助于更好实现个人职业目标。行业分析除了要考虑行业的发展前景，还要考虑行业发展的可能障碍。同时，只有将行业情况与自身条件结合起来分析才有现实意义。

二、企业环境探索

企业是从业者赖以生存和发展的土壤。一方面，每个企业都有自己的发展目标、运作模式，了解企业的基本情况是成为企业一员的基础，便于自己以后迅速适应新环境。另一方面，为了生存和发展，企业本身也要随时关注、适应社会大环境的变化，并采取相应的变革措施，这必将影响到其成员的个人生涯。科学的职业生涯规划一定要把个人的发展与组织的发展结合起来考虑，才会一帆风顺。

企业环境分析包括企业在本行业中的地位、现状和发展前景，所面对的市场状况，产品在市场上的发展前景，能够提供的岗位等，具体包括以下五方面内容。

（一）企业实力

企业实力体现在企业在社会中的地位和声望如何，企业目前的产品、服务和活动范畴是什么，企业的发展领域在哪些方面，发展前景如何，战略目标是什么，技术力量和设施是否先进，企业在本行业中具备很强的竞争力，是发展、扩张还是处于一个很快就会被吞并的地位等方面。现在很多企业都试图“做大”，动辄成立企业集团，求职者要学会细心观察，分析企业在“做大”的同时是否也在“做强”，还是空有其壳，企业有没有长久的生命力。

面对不同的企业，究竟如何判断企业实力？一看企业财力。通常好的企业必然有充足的资金储备和很好的利润，如果企业的现金流很小，盈利能力很差，那么就不具备很强的实力；二看企业规模。大型企业产量大、技术高、生产集中，在经济中起主导作用。以制造类企业为例，有大型的生产工厂相配套，才能消化大的订单，有一个较好的市场份额；三看用工质量。企业职员的质量与数量也反映了一个企业的实力，有实力的企业必然有一大批专业的人才，拥有一批优秀的员工是企业能否蓬勃发展的关键，领导的正确引导是方针，员工能够保质保量完成任务才是关键；四看业务布局。有实力的企业一定全方位发展，并且业务布局完善、清晰，产业结构多元化。五看研发实力。一个企业要想可持续发展，在市场中具有较强的竞争力，研发能力将成为保持企业竞争活力的关键因素。六看企业环境。企业环境属于企业的软实力，办公环境好的企业，会在外观上给人一个良好的印象，从而判断企业的情况。

拓展阅读

综合来说，判断企业实力，一定要多查资料多下功夫，进行全面的了解，这样才能为自己谋得一份好工作或者寻找到一个合格的合作伙伴。

（二）企业领导人

企业领导人已经成为一个企业组织获得成功的重要因素，企业领导人的基本素质和能力直接影响到企业的前途和兴衰成败。在企业发展中，企业领导人的作用主要表现在：运用高瞻远瞩的战略头脑和战略眼光，准确敏锐地把握企业战略的关键所在；发扬不断创新、追求卓越的企业家精神，不断探索和把握新的市场机会，改进和开发新产品和新服务；正确的优化资源配置的战略思路；综合分析企业未来环境、未来条件，促进各战略目标的平衡与协调；制定能够有效发挥企业优势、克服劣势，利用机会避免威胁的战略规划。

阅读案例

2022年“25位年度影响力企业领袖”之一——吉利集团董事长李书福

李书福，吉利控股集团董事长。

1986年，李书福以制造冰箱及冰箱零配件开始创业历程，随后进入摩托车制造业。并于1997年进入汽车制造业，20多年来，他大力发展民族汽车工业，始终坚持技术创新和人才培养，坚持走自主创新的道路，在中国汽车行业率先取得发动机、变速箱等核心技术领域的重大突破。在战略转型的基础上，吉利集团开发出一系列受到市场欢迎的自主品牌汽车，并逐渐走向国际市场。

秉持高度包容和协同发展的全球化经营理念，李书福带领集团成功完成了一系列国际化战略布局，不仅推动沃尔沃汽车取得了品牌的复兴和持续发展，还实现了吉利汽车与沃尔沃汽车、伦敦电动汽车等公司的效应协同。在他带领下，集团还收购宝腾汽车49.9%的股份以及英国豪华跑车品牌路特斯51%的股份，成为沃尔沃集团、戴姆勒集团第一大股东，进一步拓展了集团全球布局。

李书福着眼于未来，在汽车自动驾驶、智联互联、能源多元发展方面具有前瞻眼光，他敢于变革突破，致力于打造全球领先的技术创新能力，从而推进集团旗下各品牌协同发展。在李书福的带领下，吉利不仅突破了甲醇汽车的技术瓶颈，还打通了甲醇全产业链体系，形成醇、运、站、车、捕的循环生态和多元场景，实现了从小批量试点运行到大规模推广应用的跨越。

作为汽车行业老将，他勇挑重担，亲自挂帅出任极氪董事长。在他59岁这一年，吉利也向高端智能电动车领域发起新冲击。为了做强科技生态圈，他收购魅族，跨界造起了手机。他始终坚信，人总会老去，但企业可以永葆青春。

李书福说：“我现在的梦想是将太阳能、风能和再生循环能源充分利用起来，让太阳能和二氧化碳合成绿色甲醇，为国家的双碳目标和能源安全做出贡献。如果这条路越走越宽广，中国就不再需要进口那么多原油，只要利用中国工业排放中10%到11%的二氧化碳和不稳定的可再生能源，合成绿色甲醇，就完全可以取代现在所有的进口原油。

不仅如此，李书福还致力于推动教育发展，吉利控股集团在1999年创办了民办高校——北京吉利大学（现吉利学院），随后创办了三亚学院、湖南吉利汽车职业技术学院、浙江汽车工程学院等教育机构，为社会培养人才近15万名。

作为改革开放的第一代创业者，李书福在30余年的时间里，带领吉利在中国民营实业上走出了一条自己的路，实现了自己最初的梦想。

案例分析：高质量、高效率的战略制定有赖于高水平、高素质的企业领导者。许多成功企业实践证明，在危及企业生死存亡的紧急时刻，往往由脱颖而出的战略管理者力挽狂澜，及时制定战略规划或调整战略重点，才使企业转危为安，谋求更高层次的生存和发展。

（三）企业文化

企业文化是一个组织由其价值观、信念、仪式、符号、处事方式等组成的特有的文化形象，是全体员工在长期的生产经营活动中形成并共同遵循的最高目标、价值标准、基本信念和行为规范。企业文化的核心在于企业大多数人认同并奉行的价值观，外在表现为基于对价值观认同的组织行为和个体行为。价值观一旦被认同，就形成一种强有力的思想意识，使企业具有了相当的凝聚力和向心力，成为一种强势的企业文化，发挥出惊人的激励作用，它为员工提供一种对企业组织的认同感和归属感。优秀的企业文化不仅可以创造并维持适合员工发展的、使员工备受鼓舞的企业内部环境，而且可以让员工在和谐互动、自我完善的文化氛围中能充分实现自身价值，使企业和自身始终保持顽强的生命力和不竭的创造力。所以，员工的职业生涯规划是为企业文化所左右的。如果个人的价值观与企业文化有冲突，难以适应企业文化，在组织中就难以发展。企业文化不是空洞的标语口号，真正的企业文化存在于每个人心底，从日常行为中自然流露出来。没有优秀的企业文化便不会有卓越的企业。总之，企业文化是企业的灵魂，一个好的企业文化，可以带动企业的健康发展，对企业效益的提高注入了新的力量。企业文化对企业员工的道德观念、价值取向、行为方式等有着重要的影响，与个人职业发展有着极为密切的关系。

阅读案例

三一集团的企业文化

三一集团有限公司创建于1988年。自成立以来，三一集团秉承“创建一流企业，造就一流人才，做出一流贡献”的企业宗旨，打造了业内知名的“三一”品牌。三一集团主导产品涵盖混凝土机械、挖掘机械、起重机械、筑路机械、桩工机械、风电设备、港口机械、石油装备、装配式建筑PC机械等全系列产品。

在立足装备制造主营业务基础上，三一集团正大力发展新能源、金融保险、住宅产业化、工业互联网、军工、消防、环保等新业务。目前，三一集团已经成为国内风电成套解决方案和可再生清洁能源的提供者，同时也是中国成熟的PC成套装备提供商。这些成就的取得离不开三一重工的企业文化。

三一使命：品质改变世界。

三一愿景：创建一流企业，造就一流人才，做出一流贡献。

企业精神：自强不息，产业报国。

核心价值观：先做人，后做事。

三一作风：疾慢如仇，追求卓越。

经营理念：一切为了客户，一切源于创新。

企业伦理：公正信实，心存感激。

三一信条：人类因梦想而伟大，金钱只有诱惑力，事业才有凝聚力。竭尽全力，实现三一；依托三一，实现自我。

（四）企业制度

关于企业制度的内容，法律并没有作明确规定，每个企业由于自身的业务特点不同，其规章制度的内容差别也非常大。一般来说，企业制度大致分为两大类，第一类是约束性的制度，第二类是激励性的制度。约束性的制度包括管理制度、用人制度、绩效考核制度、奖惩制度、加班制度、员工行为规范等，以及一些规范性的制度，包括工作期间哪些事情必须做，哪些事情是不可以做的，等等。企业制度不仅是约束、规范员工的做事习惯，还能帮助、教会员工更快地完成工作。激励性的制度如培训制度、晋升制度、福利制度等。没有制度或者制度不合理，员工的职业生涯发展就难以实现，甚至可能流于空谈。因此，尽可能了解企业用人制度，如能否提供教育培训机会，提供的条件有哪些？自己将来有没有可能在此企业担任更高级的职务或担负更大的责任？个人待遇提升的空间有多大？这样才能更大程度地维护自己的利益。

（五）企业岗位

岗位是企业的组织细胞，也是个体实施职业行动的具体规定。岗位跟职位不同，职位是随组织结构定的，而岗位是随事定的，也就是我们常说的因事设岗。岗位是组织要求个体完成的一项或多项责任以及为此赋予个体的权力的总和。岗位与人对应，通常只能由一个人担任，一个或若干个岗位的共性体现就是职位，即职位可以由一个或多个岗位组成。

在不同的企业里，都存在一些关键性岗位，这些岗位直接关系到企业的正常运营。因此，在这些岗位的人员选择上，企业招聘非常慎重，除了严格的招聘和选拔程序外，在劳动合同的签订上，企业也往往为这些岗位的新员工设置一定的离职壁垒。所以，岗位环境分析应注意以下方面：（1）岗位工作具体内容；（2）岗位职责和任职资格；（3）岗位工作环境条件；（4）岗位操作规范及操作守则；（5）岗位考核内容；（6）与相关岗位工作人员的关系要求。因此，可以说，岗位分析为企业建立较为公平合理的薪酬制度提供了前提条件，也为正确求职做好了铺垫。

项目三　职业生涯规划的个体环境探索

个体成长的环境是指个体家庭背景、教育背景以及社会时尚、主流价值观等因素影响的总和，它们对个体知、情、意的成型，对个体能力与素质的生成，有着具体的、个别化的、不可忽略的作用。每个大学生对自己的个体成长环境的正、负因素必须有一个理性的评价。

一、家庭背景因素

在个体的成长过程中，家庭是孩子成长的第一所学校，父母是孩子发展的第一任老师，家庭同样有着与学校教育相当的影响力。因此，家庭背景因素对子女在职业导向方面的影响，是由家长在家庭生活和家庭教育中渗透不同的导向而潜移默化施加的。

家庭背景是一个模糊而内容比较广泛的概念，父母的职业、家庭在社会中的地位、家庭的经济收入、父母受教育的水平、人口结构、籍贯甚至民族等都属于家庭背景的范畴。尤其是我国传统的家族意识，和自己所在家族有关的人都可以视为家庭背景的有效部分。

（一）家庭教养方式

不同的家庭教养方式对子女的性格、兴趣、职业价值观和职业理想等的培养和熏陶，直接影响子女职业兴趣和职业能力的发展、子女对职业的选择和认同感。父母教养方式大体可以分为情感型、信任型、专制型、溺爱型、忽视型几种类型。而学生在进行职业规划时会潜移默化地受到父母教养方式的影响，因为不同的教养方式会导致孩子性格迥异，孩子在日常学习和生活中的表现大多取决于父母的教养方式。

趋向于情感型和信任型教养方式的父母，与孩子之间感情好，信任孩子，心理沟通契合，这类教养方式培养出来的孩子往往独立性更强，做出的职业规划也会更成熟稳重。反之，专制型、溺爱型和忽视型家庭教养方式则可能导致学生在进行职业规划时受到过多客观因素的限制。比如专制型的父母教养方式使学生几乎没有自主选择权，这样制定的职业规划从来都不是学生自己想要的职业规划，而是父母的职业规划；又比如溺爱型父母教养方式出来的孩子，尽管他们可能会自己制定职业规划，但会忽略自身能力与职业规划是否匹配，从而导致制定的职业规划缺乏可行性。而忽视型的父母教养方式容易导致孩子性格叛逆，在选择职业时受情绪影响，不够客观，做出的职业规划也是不成熟的。

不良的父母教养方式不利于大学生提高自身的就业能力，科学合适的教养方式会正向影响大学生的职业探索能力，进而提升大学生的就业能力。

阅读案例

自以为是，自断职门

周某，一直生长在溺爱与娇纵的环境中，养成了自以为是、随口褒贬他人、讲究形式主义、浅尝辄止的性格特点。周某毕业时，来到一家在福州的跨国公司应聘重要职位。经过学校推荐，又经过笔试与心理测试，周某与另一位同学同时入围，进入最后的角逐。他们二人同专业、同班级、同寝室，平时十分了解，如今成了竞争对手，心情各异。先是周某的同学进面试房间，考官问他："两人都很优秀，但只能录用一个，若不能被录取，有何想法？"周某的同学回答："如果未被录用，说明我条件与贵公司还有差距，继续努力，提高素质，寻找新的机会。同时祝贺同学被录用。""周某和你是同学，他和你比，谁最适合我们的岗位？”周某的同学实事求是地分析了自己的优势与不足，也客观地说明了周某的长处。考官嘉许地点点头。接下来，周某被叫入，考官问他：“听说你与前一位同学同班、同寝室，你觉得他为人怎样？”周某滔滔不绝：“我的同学的确与我同班，但他成绩不如我，为人处世也不如我，他最大的特点是懒惰、死板、机械主义……总之，从学校到同学，都认为我比他强。”考官也点了点头。

结果，周某未被录用，而周某的同学却得到了这家知名公司的录用。

（资料来源：陈蓉，陈敏.职业生涯规划.上海：上海教育出版社，2005年版，有删改。）

案例分析：周某由于被家庭溺爱，凡事以自我为中心，结果还未走上社会就遭到了社会的拒绝。人是社会中的人，客观、公正、非情感化地评价自我与他人，是融入群体的前提，也是与他人和谐相处的不可或缺的基础。由此可见，家庭教育与管教方式，对子女的兴趣、爱好、性格的熏陶与培育，及其个人职业能力的发展有着直接影响。

同时，家庭背景还是大学生就业的重要社会关系资源。即使在国外，许多经理级和资深职位也是由人际关系而不是通过招聘广告获得的。因此，“亲友介绍”在我国目前社会环境下，仍然是求职人员获取岗位的重要途径，必须高度重视并充分利用。

（二）家庭氛围

家庭氛围是影响子女职业选择的另一个重要因素。温暖、理解的家庭氛围让子女感到自信与尊重，有利于形成积极的自我；粗暴惩罚等不适的家庭氛围会使子女产生无助感、不确定感和不安全感，让子女在职业决策中感受到较多的困难和冲突。民主型家庭长大的孩子，自律性较强，出现问题会考虑父母的意见；专制型家庭长大的孩子与父母交流思想较少，职业认知方面缺乏自主性，父母可能直接干预，甚至是决定子女的职业选择；溺爱型家庭长大的孩子则主体意识淡薄，职业选择主动性较差，倾向依赖父母。研究发现，家庭财富水平越高，在子女职业导向上越呈现自由择业倾向；家庭受教育程度越高，在子女职业导向上越倾向于专业技术导向，表现出“子承父业”的特征；家庭权力地位越高，在子女职业导向上越倾向于社会服务导向。

（三）家庭期望值

家庭期望值影响着子女的职业选择，来自不同家庭期望值的个体往往在职业选择时对薪酬的预期存在一定的差异。家庭期望值高的学生普遍压力大，对自己的要求高，进行职业生涯规划时表现得比较成熟。家庭期望值比较高的学生，在思想上有一定的自由空间，他们在进行职业探索和职业选择时更多考虑家庭的需要和自己的发展前程，对自己和社会的认识也比较理性和客观。他们既有父母的鼓励和支持，又可以考虑自己的志趣爱好，进行自我探索和职业探索时持一种轻松乐观的态度，更容易分析出适合自身发展和社会需求的职业及行业。

实训活动

家族职业树

活动目的：

了解职业可以从自己熟悉的人开始，通过绘制家族成员的职业树，引导学生了解自己家族成员的职业及这些职业对于自己未来职业生涯选择与发展产生的重要影响，在家族职业树的绘制中体验与感悟自己的职业生涯选择方向，思考未来职业定位。

活动流程：

第一步，访谈。对自己的每一位亲属分别进行访谈，了解他们所从事的职业与工作内容、入职资格及入职过程、是否胜任，若再次选择会选择何种职业？为什么？他们对自己职业发展的期待。

第二步，绘制家族职业树。在白纸上画一棵树的形状，请把家庭中亲属及他们的职业填在图5-1的家族职业树上。

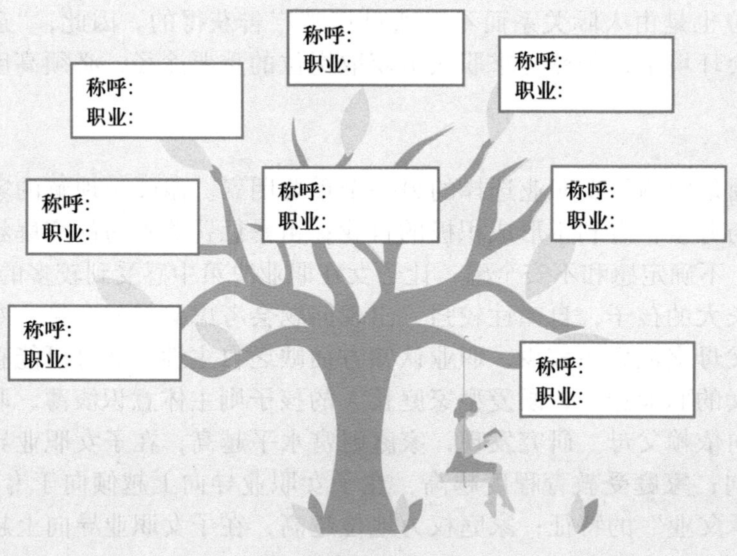

图5-1　家族职业树

第三步，观察你的家族职业树，回答以下问题，进而探索职业世界。

我的家族中大多数成员从事的职业是________________

我想要从事这种职业吗？为什么？________________

爸爸是如何描述他的职业的？爸爸的描述对我的影响是

____

爸爸平时常常提到哪些职业？________________

妈妈是如何描述她的职业的？妈妈的描述对我的影响是________

妈妈平时常常提到哪些职业？________________

家族中谁对职业的描述对你印象最深刻？他们如何描述________________________

____

家族中对彼此羡慕的职业是____

家族中对彼此羡慕的职业是如何评价的：（例如“表哥在医院当医生，不仅收入高，社会地位又高。”）____

他们认为自己的职业未来发展趋势：____________________________________

他们认为从事该职业需要具备的条件：__________________________________

我觉得家人对我未来职业选择的影响是__________________________________

哪些职业是我优先考虑的：____

哪些职业是我绝不考虑的：____

选择职业时，我最看重的条件是____

现场讨论：

1. 讲一讲自己的某个家族成员的职业故事。

2. 分组把大家家族成员的职业都“贡献”出来，进行一下分类（分类标准各小组自定）。

3. 我最想从事我的家族或者同学家族中的哪位成员的职业，为什么？

二、教育背景因素

教育背景是对一个人学习环境和学习能力的概述，而对教育背景的详细讲述，展示着一个人的经历和学习能力的过程，并通过这个过程来进一步实现自我价值和进一步的蜕变。教育背景包括专业设置、课程设计、教学制度（所学课程、专业课程、进修课程）、职业技能等。学校的教育模式、教学特色、教学优势、教师的行为模式及教育导向等，都影响到个体综合素质的发展和个性特征的形成，直接影响学生的职业选择。

高等职业教育不仅培养学生掌握未来所从事职业的基本专业知识和专业技能，而且注重引导学生弘扬社会责任感、爱岗敬业、艰苦奋斗和集体主义精神，把握所学专业的现状和发展趋势，从而坚定职业理想、强化职业认知，引导学生正确认识自身的个性特质，客观评估个人目标与现实之间的差距，发现自身的潜在优势，对未来职业进行客观评价,帮助学生进行职业定位和合理选择。

一般来说，学生职业选择受自身所学专业和职业指导水平的影响，社会需求量大的专业的学生较易进行职业决策，而社会需求量小的专业的学生进行职业决策时则相对较困难。学校教育往往引导学生进行职业选择，接受过职业指导的学生在职业生涯规划、就业理念、自信心和自我效能感等方面表现出较少的职业决策困难。在学校教育指导下，越来越多的毕业生选择走向基层、服务农村、奔向西部地区，到国家最需要的地方去建功立业。这说明学校教育是个人职业选择的重要影响因素。

阅读案例

出其不意的技能展示

朱某是某职业技术学院新闻传播专业的毕业生，他在接到某市晚报面试通知后准时赴约。一起面试的人很多，但面试中计算机出了故障，致使面试无法正常进行。时间一分一秒地过去了，计算机还没修好。面试的学生中已有不少人在议论纷纷，有的人对报社耽误时间表示不满。

报社的招聘主管根据应聘者的简历，让写有“精通计算机”的应聘者试试，看能否把计算机修好。在这关键时刻，有些人就打退堂鼓了。朱某由于在校期间选修过“计算机维护与修理课程”，于是毛遂自荐，利用平时积累的知识，沉着地进行各种测试，终于找到了计算机的故障，很快将计算机修好了。

朱某出人意料的表现，使报社招聘人员发现了一位拥有多种技能的毕业生。他幸运地赢得了报社的职位。

（资料来源：陈蓉，陈敏.职业生涯规划.上海：上海教育出版社，2005年版，有删改。）

案例分析：机会只会给有准备的人，所谓技多不压身，哪怕偶尔的机会，只要有真本领，也会给应聘者带来意外收获。特别是在今天这样一个多元化社会里，复合型人才永远是最受欢迎的。高职高专毕业生进入职场时，必须从自己的专业教育背景出发选择就业的区域、行业与单位。比如旅游专业导游方向的毕业生，如果不仅能说会道，具备出色的导游才能，而且还有驾驶证、懂摄影，肯定会受到专业旅游公司的青睐。

三、心理类型因素

个体的心理发展与职业生涯的发展存在着密切的关系，根据大学生心理发展的普遍规律以及职业生涯规划的一般特征，影响大学生职业生涯规划的个体心理因素大致归结为以下几个方面。

（一）职业生涯认知

职业生涯认知是指个体对职业生涯规划的理论知识及其相关因素的学习和理解而逐渐形成的职业生涯规划意识和职业价值观。包括职业生涯理念、职业生涯规划意识和职业价值观。职业生涯理念主要包括对职业及其相关因素的认知和理解，对职业生涯规划的概念、理论及实施过程中必须考虑的因素的认知与理解。职业生涯规划意识即对现阶段大学生进行职业生涯规划的必要性的认识，其中对职业生涯规划对于大学生顺利就业、实现未来人力资源合理开发的作用的认识尤为重要。职业价值观包括对职业的社会意义、社会需求、职业声望以及个人的职业需求、职业期望、择业动机等的认识，以及在此基础上形成的稳定、科学的职业生涯价值取向。职业价值观在很大程度上影响大学生在职业生涯规划中的选择与决策。

（二）职业自我意识

职业自我意识指的是个体对自身职业能力的正确评价以及对自身与职业之间关系

的认识。

首先是自我评价，主要包括大学生对自己的需要、兴趣、性格、能力、价值观、学识、特长等的了解和评价。自我评价应尽可能保持客观，不仅正视自己的缺点，对优点也应该给予充分的肯定。正确的自我评价有利于大学生发掘自身的职业倾向性和适应性，才能够明确职业方向，选择合适的职业，从而进行准确的职业目标定位，向着既定的目标而努力。

其次是对职业匹配性的评价，即大学生对自己与某些职业适合与否的认识。对职业匹配性的正确评价有利于大学生实现“我想干什么”的理想职业自我与“我能干什么”的现实职业自我之间的统一。

最后是自信心，即大学生对自身现有能力和潜能的客观认识和正确评价。拥有良好的自信心，能够帮助大学生保持乐观的心态，积极寻找机会，敢于接受挑战，勇于克服困难，有利于培养更强的自我调控能力和心理承受能力，推动自己以出色的胆识和才智就业、创业，成功实现职业生涯规划的目标。

（三）职业个性心理

个性的差异决定了每个人在选择职业上是有所不同的。在大学生的心理发展过程中，由于每个人的需要、兴趣、气质以及性格等因素的不同，都会在很大程度上影响其职业类型的选择。大学生在职业生涯规划中可能会有很多种需要，不同的需要引发不同的职业生涯追求方向，并形成不同的职业生涯规划动机和行为。同时，多种需要之间存在冲突，只有不断调整需要，才能保证职业生涯规划的顺利开展。兴趣也是一个重要的影响因素，不同的兴趣适合不同的职业类型。同时，兴趣能够提高大学生职业生涯规划的效率，它是大学生职业生涯规划过程中的精神动力，不仅有利于提升大学生的能力，而且能推动大学生锲而不舍地追求某一职业目标，保证职业生涯规划过程的稳定性和连贯性。气质和性格不仅影响大学生职业的选择，而且影响大学生职业生涯的发展及取得的成就。因此，大学生在职业生涯规划过程中尤其要注重职业性格的养成。

阅读案例

一位园艺栽培师的成长

安歌，从某财政税务高等专科学校电子商务专业毕业时，是一个活泼好动、求知欲强、兴趣广泛的毕业生。他很活跃，注意力经常转移，兴趣广博但不能持久。最初他按专业对口的想法应聘来到某公司任电子商务统计员，做起来得心应手，很快就得到领导赏识。但当领导交给他一项带有系统性的商贸统计电子改革项目时，他的兴趣突然转向了广告，于是跳槽来到某广告公司。他先做业务员，很快成为单位的业务骨干，所接业务量在公司里也数一数二。当广告公司准备提拔他做营销经理时，他又开始厌烦了。如此反复多次，工作5年中，他换了6种工作，而且每种工作都做得不错。最后，他结识了后来成为妻子的女友，来到女友父亲所在的乡下农场，帮助做一些园艺植物栽培方面的辅助工作。由于他的女友性格温和、沉着、稳重，更由于他很爱女友，在恋爱和工作中，他渐渐变得沉稳、专注，每天与女友一起做嫁接花木、培养观赏植物的事，而且做得津津有味。同时，他买来大量专业书籍，钻研、探究植物、土壤、气候、营养、栽培等学问。几年过去了，安歌所从事的植物栽培工作提升为一种真正的创造。他将人工栽培的银杏嫁接到野生的银杏上、将野生的红枫树与加拿大进口的枫树配对嫁接……他所在的山区小农场越办越兴旺，岳父也将公司交给他来经营，当地政府将他作为致富奔小康的典型进行宣传，他本人也被选为当地县政协常委。安歌终于找到了自己的最佳位置。

（资料来源：陈蓉，陈敏.职业生涯规划.上海：上海教育出版社，2005年版，有删改。）

案例分析：安歌成功的关键在于改变性格，专注于持久的兴趣，使聪明才智效应释放了出来。因此，每个求职大学生都必须明确地给出自己与哪些类别的职业相匹配的答案，从而按图索骥，找到属于自己的位置。如服从型的人，喜欢按指示办事，典型职业可选择秘书、办公室职员、翻译人员；孤独型的人，不喜欢与人交往，较适合的工作有校对、雕刻、油漆；重复型的人，喜欢按照一个模式办事，爱好重复的、有设计的、有标准的工作，适合印刷、装配、机房、纺织等岗位。严谨型的人，比较注重细节，按一套规则和步骤办事，做事追求完美，应该去应聘会计、出纳、统计、档案管理等工作。

总之，通过以上分析，可以理出一条清晰的线索，确定自己的职业生涯在这个行业、企业中有足够的发展空间，衡量自己的目标能够在此行业、企业得以实现的可能性。

职业大调查

1. 目的

了解自己的职业追求，确定自己的理想职业。

2. 方法

（1）请考虑一下你喜欢的三个职业并填写在表5-1中，你最看重这些职业的哪些方面?

表5-1　职业调查表

	名称	你最看重的方面
职业一		
职业二		
职业三		

①工资高；②福利好；③工作容易找；④工作环境好；⑤工作稳定；⑥能提供较好的培训机会；⑦有较高的社会地位；⑧工作轻松；⑨能充分发挥自己的才能；⑩符合自己的兴趣；⑪工作的社会价值大。

（2）向父母或有关人员了解这个职业或查阅有关资料，了解这个职业。

因此，我的理想职业是______________________________。

3. 分析

上面这个练习将帮助你把注意力放在理想职业上。你可能早就知道了自己想从事什么职业。但是不管怎样，做完这个练习，你就能更清楚自己正在寻找什么。在这个练习中，设计自己的理想职业，这将帮助你明确什么对你是真正重要的。

课后练习

思考与练习

1. 试分析个体环境因素对你的职业生涯规划的影响。
2. 社会环境和组织环境因素对自己职业生涯规划的影响表现在哪些方面?

探索与实践

招聘会调研

1. 目的

进一步收集自己的理想职业信息，进行必要的评价，从而做出初步的职业选择。

2. 方法

深入招聘会中去了解职场，是职业认识的一个好方法。通过探访招聘会，你可以了解到不同类型的公司对人才的不同需求，可以了解到岗位和相关职业素质的联系，还可以了解薪资待遇、晋升体系等内容。

以小组为单位，到当地的人才招聘市场或者校园招聘会调研。可以通过问卷调查、人物访谈、观察总结、分类对比等方式了解行业、企业、招聘岗位、人才素质要求、薪资待遇、晋升通道等。

每小组集体讨论，撰写一份1 000字的调研报告，制作一份PPT在下次课堂上分享。

通过调研、思考、总结和分享学习，相信你会发现一个新的职场世界。

3. 分析

通过对现实以及未来职业的探索，在对职业进一步认知与判断的基础上缩小自己的目标职业范围，按照理想职业的标准，形成自己未来的职业库，为模块六的职业生涯规划的决策实施提供依据。

模块六　职业生涯规划的决策实施

通过本模块的学习，应该达到以下目标：

知识目标：

了解职业生涯决策的理论、职业生涯目标确立的原则和方法。

能力目标：

掌握职业生涯决策风格类型，能够熟练运用职业生涯决策的方法，制定适合自己的职业生涯目标，能较好地解决职业生涯实施过程中遇到的问题。

具有撰写职业生涯规划书的能力。

素养目标：

运用科学的理论指导自己的职业生涯决策，科学规划自己的职业生涯。

经过职业生涯规划的自我探索和环境探索，大学生需要综合两方面的信息，进行初步的职业生涯决策，为自己设立职业生涯目标，确定大致的职业发展方向。

项目一　职业生涯决策的实施

职业生涯决策不是一件容易的事情，但又是每个大学生无法回避的事情。决策无处不在，无时不在。从早晨起床到晚上入睡，我们都在不停地做着决策：如何安排一天的时间和活动，穿什么衣服、吃什么食物，上什么课程、参加什么活动、与什么人交往，等等。从小到选择吃饭类型，大到选择职业甚至伴侣，生活中充满了各种各样的决策。特别是人的职业生涯发展是一个漫长而曲折的过程，人们在其中常常会面临无数次选择，尤其在选择人生的第一份职业或重新定位自己的职业等生涯发展的几个关键点上，所做出的决策正确与否，将决定人们今后职业发展的方向，并在一定程度上影响着职业生涯的发展。

一、职业生涯决策概述

（一）职业生涯决策的含义

拓展阅读

职业生涯决策是个人在多项与职业生涯相关的选择之间权衡利弊，以达成最大价值的历程。进行职业生涯决策，有助于把握自己的职业发展方向，明确自身的职业发展目标，从而确保自己沿着目标不断前进。整个职业生涯发展过程都会不断面临决策问题。职业生涯决策的过程，是综合个人对自我的认识，以及对教育与职业等外在因素的判断，在面临职业生涯抉择情景时所做出的各种反应。其构成要素包括决策者个人目标、可供选择的方案与结果以及对结果的评估，即目标、选择、结果、评价四个要素。

目标是指所要达到的目的，这是职业生涯决策这一行为之所以存在的根本；选择是指在达成目标的过程中有多种途径，对采取哪一种途径做出选择；结果是指每一种选择所衍生出来的附加物；而评价是指对各个选择后的结果进行合理的评估。

在进行职业生涯决策时，还要考虑以下几个问题（见图6-1），以确保“目标”“选择”“结果”“评价”这四大要素的合理性。

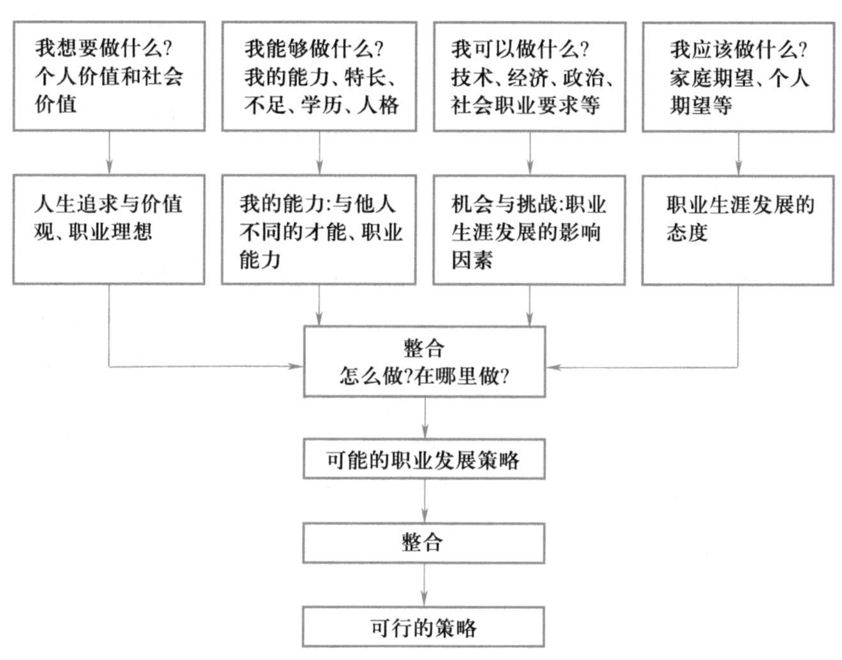

图6-1　职业生涯决策思考框架

（1）我可以做什么：分析环境中的挑战与机遇。

（2）我能够做什么：分析自己的优势与限制。

（3）我想要做什么：个人的价值取向、兴趣爱好等。

（4）我应该做什么：是否符合社会价值、家庭期望、个人期望等。

这些问题是职业生涯决策之前必须要考虑的问题，它们会指引着我们的职业生涯决策更加务实。

（二）职业生涯决策的理论

克朗伯兹社会学习理论强调职业生涯决策中的行为和认知，他提出了对职业生涯决策影响的4个因素：① 遗传天赋与特殊能力；② 环境条件及重要事件；③ 学习经验；④ 工作取向的技能。在个人发展的历程中，上述四种因素相互作用，从而使个体沿着某一或其他职业生涯路径。

① 遗传天赋是指那些与生俱来的方面，包括外貌、身高、体质、性别、智力等，有些人天生就在音乐、艺术、体育方面有天赋。它可以拓展或限制你的职业偏好和

能力。

② 环境条件是指工作机会的数量和性质、各种职业的收入比率、劳动法规和工会法规、自然事件（如地震、干旱、洪水、飓风）、自然资源的可获得性及需求、技术的发展、社会组织的改变、家庭教养、经验和经济因素等。

③ 学习经验是一个人的职业偏好在他先前吸收的各种学习经验共同作用的结果，可能会因为个人经历的不同而不同。学习经验有两种基本的类型，一种是工具性学习经验，当个体采取作用于环境的方式获得满意的结果，就产生了工具性学习经验，包括三种成分：先行条件、行为和结果；另一种是关联性学习经验，当个体将一种以前属于中性的情境与一种积极的或消极的情境匹配时，就会产生关联性学习经验。

④ 工作取向的技能是指前面提到的各种因素交互作用，形成个人特有的工作取向的技能，包括解决问题的能力、工作习惯、工作的价值标准、情绪反应、知觉和认知的历程等。

职业生涯决策的另一个重要部分，是了解个体怎样处理一项任务。完成任务的能力包括目标设置、价值澄清、产生可能的选择、获得职业信息。

克朗伯兹于1977年以学习理论对职业生涯决策技巧的作用进行研究，提出了帮助他人进行职业生涯决策的7个步骤模式。① 界定问题。厘清自己的需求及时间或个人限制，并制定出明确的目标；② 拟订行动计划。思考可能达成目标的行动方案，并规划达成目标的流程；③ 澄清价值。界定个人的选择标准，作为评量各项方案的依据；④ 找出可能的选择。收集资料，找出可能的方法；⑤ 评价各种可能的选择。依据自己的标准来评价各种可能的选择；⑥ 系统地删除。有系统地删除不合适的方案，挑选最合适的选择；⑦ 开始行动。开始执行行动方案。

二、职业生涯决策风格类型

大学生在职业生涯规划过程中，很多学生表现出缺乏对职业和自我的合理认识和定位，犹豫不决、不知所措，面对各种就业机会感到迷茫，对于职业决策和职业选择能力不足，无法做出明确的职业决策，由此而引起一系列的反应。比如焦虑、挫折感，甚至不敢正视现实、面对未来，这其实是职业决策困难的典型表现。

案例阅读

刘紫薇，是一名21岁的商务英语专业大三学生。她乐观、外向、健谈、热情，喜欢结识新朋友，人缘好，比较敏感，对人和事通常都有细致的洞察力。她喜欢独立做决定，很有责任感，擅长写作，学业成绩优秀，多次获得奖学金。她最大的生活梦想就是周游世界，最大的职业梦想是成为白领精英。

她做过一些测评，如MBTI的人格类型是ESFJ，霍兰德职业兴趣与能力倾向量表的结果是社会型，价值观量表中显示她看中的是职业中的社会交往，认为工作的目的和价值，在于能和各种人交往，建立比较广泛的社会联系和关系，甚至能和知名人物结识。

因此，她想从事跟人打交道的工作，最好能运用自己的写作特长和口语能力。经过考虑，她觉得行政秘书、人力资源专员或外贸企业营销工作这三种工作都可以作为自己的选择，而她父母的意见是女孩子做行政秘书，工作稳定，也能照顾家庭。究竟哪一种职业更适合自己的发展和生活的平衡，她难以做决定。

案例分析：职业决策是人生必经的门槛，是大学毕业生必须面对的人生关键一步。拥有一个好的职业，能够充分发挥自己的聪明才智，成就一番事业。针对当前大学生职业选择中存在的随意性大、被动就业的问题，应该使大学生掌握一些有效的职业决策理论和方法，加强大学生职业决策能力的培养。

对于如何作决策，每个人都有自己独特的方式，或者说每个人的决策风格是不同的，在职业生涯决策上也是如此。决策风格是指个体在面对决策情境时表现出的习得的、习惯性的反应模式。

（一）丁克里奇描述性职业生涯决策风格模式

1966年，丁克里奇通过访谈研究确定了职业生涯决策时所采用的策略和决策类型。她将个体的教育、职业和个人决策时所采用的风格分为8类。① 冲动型。冲动地选择第一个能够得到的选项，不再考虑其他的信息或选择。在一些无关紧要的小事上采取这种策略也无妨，但在一些对人生有重大影响的决策上可能造成严重而持久的破坏作用；② 宿命型。遇事不由自己决策，将应当由自己决定的事交给境遇或所谓的命运来决定，结果落得后悔失望；③ 顺从型。遵从他人对决策的指导，而不是独立地做出决策。盲目顺从别人为你做出来的决定，很可能引起将来对所依赖的人的抱怨；④ 延迟型。以推迟延宕的方式将对问题的思考和行动往后推迟，直到最后一刻才做决策。推迟的真实原因可能来自对现实责任的逃避；⑤ 烦恼型。过度收集信息，反复比较，使用信息时却难以做出决定；⑥ 计划型。使用像标准化决策模型所推荐的理性策略，当事人即使面对纷繁复杂的现实决策环境，也能够做好妥善的规划。他们往往很注重自己的经验，也很了解自己的能力、兴趣和价值观，他们做出的决策往往具有可行性和满意性，是应当积极提倡的决策类型；⑦ 直觉型。将自己的直觉感受作为决策的基础，但不能说明原因；⑧ 瘫痪型。接受做决策的责任，但是感觉过于焦虑而不能对决策做出有建设性的工作。

丁克里奇通过研究发现，所有被试中只有25%的被试报告决策时使用了计划的或标准化策略，其余人则使用了其他六种策略。更有意思的是，只有2/3的学生稳定地使用同一策略，另外1/3的学生则针对不同情况使用不同策略。

上述8种决策风格没有绝对的优劣之分，各有其适用的范围和局限性。例如直觉型决策反映了决策者能够迅速提取相关信息的能力，也可以说他是一个反应快的理性决策者。那种喜欢到处咨询或模仿他人者，有依赖的倾向，但也有可能把个人的认知偏差减小到最小。决策风格既受个性的影响，又受到环境的塑造，并非绝对无法改变。

（二）哈瑞恩职业生涯决策风格模式

目前使用得较多的是哈瑞恩在丁克里奇基础上所做的划分，提出四种决策风格：

理智型、直觉型、依赖型和犹豫型。

1. 理智型

理智型决策者具备深思熟虑、分析、逻辑的特性。强调综合全面地收集信息，经过理性分析，对自己认识明确，对环境了解清楚，并且综合考虑个人与环境因素，分析利弊得失，做出并执行相应的计划。理智型的决策形态是做出合理、客观决策的充分保障。大部分职场成功人士在规划自己的职业生涯时，都是非常理性的。

2. 直觉型

直觉型决策者在做出决策时往往跟着感觉走，决策依据就是自己的感受和情绪反应，较冲动，很少能系统地收集相关信息。他们往往较少在一个领域纵深下去，所以较难在同一工作上晋升到较高的职位。因而，直觉型的人可能常常会对结果不满意。当然，也有一部分直觉型的人，在“直觉”的引导下，恰好达到了理想的目标。但是直觉的引导毕竟不能取代科学、理性的决策。

3. 依赖型

依赖型决策风格的人较为被动、顺从，非常看重他人对自己的看法和评价，个人行为的目标是为了满足他人和社会的需求。

4. 犹豫型

犹豫型是指个体不愿做出任何选择的决策风格，犹豫型决策者会挣扎、会痛苦。这种类型比较容易延误良机，是对个体负面影响最大的决策风格。

每个人的生活风格不一，所选择的生活方式也不一样，从结果上来看，理智型和直觉型的决策风格更容易给个体带来高满意度的职业生涯规划。

实训活动

了解你的职业生涯决策风格

活动目的：

了解自己的职业生涯决策风格，指导自己做出正确的职业生涯选择。

活动步骤：

1. 请想一想：

你今天做了哪些选择和决定？______

这些选择和决定中哪些是比较容易做出的？哪些是比较难做出的？

你是如何做出这些选择和决定的？______

2. 请回忆迄今为止，你在生活中的五个重大决定。按以下内容予以描述：

（1）目标或当时的情景：______

（2）你当时面临的所有选择：______

（3）你做出的选择：______

（4）你的决策方式：______

（5）你对结果的评估：______

活动分析：

1. 你如何描述自己在上述几项选择中的决策风格？它们有共同之处吗？

____

2. 现在请你回顾一下，有没有想过自己通常采用了什么样的决策风格？

____

结合以上分析的四种决策风格特征，我们通过表6-1可以清晰地看出上述四种决策风格在决策时间、搜集信息、决策的自主性和连续性等方面的差异。

表6-1　四种决策风格类型的差异比较

类型	时间		信息		自主性		连续性	
	早做决定	迟做决定	信息充分	信息缺乏	自主	依赖	一致	多变
理智型	√		√		√		√	
直觉型	√			√	√		√	
依赖型		√		√		√	√	
犹豫型		√	√		√			√

拓展活动

做决策的过程中，鱼与熊掌兼得是许多人的梦想，然而在现实中往往难以实现。如何选择才能达到自己的最高满意度，才是现实选择的关键。

等待奇迹、依赖他人，只能解决暂时的问题，但问题其实仍然存在。累积的问题产生压力，会让自己更感到焦虑不安，于是也会进退维艰、犹豫不决。而犹豫不决又给自己造成莫大的压力，因此只好等待。

其实，面临抉择时，眼前的任何选择都有得有失、有利有弊。所以，理性决策，才是慎思、明辨和笃行的决策。仔细思考各种选择的得失并选择对自己最具有优越性的决策，接纳该选择可能会有的缺失，最后坚定不移地付诸行动。决策不只是风格问题，更是一项需要培养的能力。

实训活动

了解你的职业生涯决策风格类型

活动目的：

了解自己的职业生涯决策风格类型并指导自己做出正确的职业选择。

表6-2职业生涯决策风格类型测试表中所列的各项陈述句子，是一般人在处理日常事务及职业生涯决策时的态度、习惯及行为方式。请评量每一陈述句与自己实际情形的符合程度。注意每一个选项无所谓对错，只要符合自己的真实情况即可。当完成下面的选择之后，将得分计算出来，看看自己属于哪一类型的决策风格。

表6-2 职业生涯决策风格类型测试表

序号	情况陈述	符合	不符合
1	我常匆促做草率的判断	□	□
2	我常凭一时冲动做事	□	□
3	我经常改变我所做的决定	□	□
4	做决定之前，我从未做任何准备，也未分析可能的结果	□	□
5	我经常不经慎重思考就做决定	□	□
6	我喜欢凭直觉做事	□	□
7	我做事时不喜欢自己出主意	□	□
8	做事时我喜欢有人在旁边，以便随时商量	□	□
9	发现别人的看法与我不同，我便不知道该怎么办	□	□
10	我很容易受到别人意见的影响	□	□
11	在父母、师长或亲友催促我做决定之前，我并不打算做任何决定	□	□
12	我经常让父母、师长或亲友来为我做决定	□	□
13	碰到难做决定的事情，我就把它摆在一边	□	□
14	遇到需要做决定时，我就紧张不安	□	□
15	我做事总是东想西想，下不了决心	□	□
16	我觉得做决定是一件痛苦的事情	□	□
17	为了避免做决定的痛苦，我现在并不想做决定	□	□
18	我处理事情经常犹豫不决	□	□
19	我会多方收集做决定所必需的一些个人及环境的资料	□	□
20	我会将收集到的资料加以比较分析，列出选择的方案	□	□
21	我会衡量各项可行方案的利益得失，判断出此时此地最好的选择	□	□
22	我会参考其他人的意见，再斟酌自己的情况来做出最合适自己的决定	□	□
23	经过深思熟虑之后，我会明确决定一项最佳的方案	□	□
24	当已经确定所选择的方案，我会展开必要的准备行动并全力以赴做好	□	□

计分方法：

选择符合的记1分，不符合的不计分。得分最高一组代表主要决策风格类型。如表6-3所示。

表6-3 职业生涯决策风格类型测试结果

题号组	1—6题组	7—12题组	13—18题组	19—24题组
得分				
决策风格	直觉型	依赖型	犹豫型	理智型

经过测试，显示你是哪一种类型的决策风格？你喜欢这样的自己吗？你将如何改变使自己的决策更科学、更准确？

虽然我们做决定的方式都有模式可循，但也不是一成不变的。有时候遇到不同的问题，我们也可能以不同的方式做决定。所以以上四种不同的决策风格，我们都有可能在不同的时机、不同的情境下加以运用。

三、职业生涯决策的原则

拓展阅读

尽管每个个体的职业选择、职业决策过程和职业目标都不同，但要做出一个合适的职业决策需要决策者在决策过程中遵循一些基本的原则，其中包括决策的思维方式、决策组织、拟定备选方案等方面的原则要求。职业决策过程中应遵循以下原则。

（一）目标导向原则

目标导向理论是由行为学家罗伯特·豪斯提出来的。该理论认为，要达到任何一个目标必须经过目标行为，而要进入目标行为又必须先经过目标导向行为。两种行为对动机强度的影响是截然相反的。为了解决这一矛盾，使动机强度经常保持在一个较高的水平上，就必须交替运用目标导向行为和目标行为。也就是说，当一个目标实现后，应适时地提出新的更高的目标，以便进入一个新的目标导向过程，从而使动机强度维持在较高的水平上，使人保持一种积极的状态。目标导向行为是一个选择、寻找和实现目标的过程。一般而言，它能提高人的动机水平。因此，在职业生涯中要不断提出富于挑战性的目标，进而去攀登一个又一个更高的人生高峰。

（二）可行性原则

可行性是指在做职业决策时要考虑到实际情况，并具有可执行性。很多大学生刚开始时雄心壮志，一心想着出人头地。实际社会里的工作，有时确实会存在一定跨越，但是更多的时候却是一种积累的过程，包括资历的积累、经验的积累、知识的积累，所以职业规划不能好高骛远，而要根据自己实际情况和社会情况，一步一个脚印、踏踏实实地走下去。

（三）时间梯度原则

职业决策时间梯度是指由于人生具有发展阶段和职业生涯周期发展的任务，职业生涯规划与管理的内容就必须分解为若干个阶段，并划分到不同的时间段内完成。每一阶段都有“起点”和“终点”两个时间坐标，人生就是这样一个阶段一个阶段发展下去的。所以，如果没有明确的时间梯度，会使职业生涯规划陷于空谈和失败。

（四）一致性原则

目标有不同的类型和阶段，各目标之间应有一致性而不能相互冲突，我们每个人的精力是有限的，顾此就会失彼，每件事都想做好，结果可能导致每件事都做不好，因此，制定职业目标时应考虑各具体目标的统筹兼顾。例如主要目标与分目标是否一致，目标与措施是否一致，个人目标与组织目标是否一致？否则，许多大学生会产生“鱼和熊掌皆想兼得”的生涯决策矛盾。

（五）激励性原则

激励性原则是指通过一定的手段使大学生的职业需要和愿望得到满足，以充分激发大学生的内在动力，使大学生各方面的潜能得到最大限度的发挥。职业生涯决策要具有激励性，只有具有内在激励性的决策目标才能使个体自觉完成实现目标而不依赖外力的督促。科学合理的激励机制可以最大限度地激发大学生在职业生涯决策中的内在动力，正确运用激励性原则，可以激励大学生更加积极地面对挑战和困难，主动地追求自己的目标。

四、职业生涯决策的方法

决策无处不在，我们每天都要做出无数个决策，其中大部分是凭直觉不假思索做出来的，以机敏审慎的态度做出的理性决策并不多。心理学研究发现，人们在做一些简单决定的时候，比如今天要吃什么、要看一部什么样的电影时，60%依靠理性，40%依靠感性；而在做一些复杂决定时，比如要不要跟某个人结婚、想要从事什么样的工作时，60%要依靠感性，40%依靠理性。一个决策越是重要，决策的难度就越大，但无论大事还是小事，要做出正确的决策，没有科学的方法是不行的。如果不是基于科学、严谨的选择与决策程序，再小的事情都会出现决策失误。职业生涯决策是人生中所面临的最为艰难的决策之一，是大学生不能逃避的。

拓展阅读

理性的职业生涯决策必须经历以下几个步骤：① 尽可能多地发现问题并将其罗列出来，应用一定的技术和方法，根据其重要程度排列出顺序；② 探索不同的可行方案，对采用不同方案后的得失进行充分的论证；③ 做出选择；④ 接受现实的考验和反馈信息，对选择作出修订；⑤ 做出决策。

职业生涯决策有很多技术和方法，有定性分析，也有量化分析，进行职业生涯决策往往需要应用多种技术和方法才能做出。

（一）决策平衡单法

作职业生涯决策时比较常用的方法是金树人引用詹尼斯和曼恩（Janis & Mann，1977）设计的决策平衡单法。

决策平衡单法将不同的选择方案放在自我—他人、精神—物质四个维度进行评估，兼顾了内部需求和外部环境因素，是一种职业生涯决策的好方法。该方法用于决策职业生涯方向很有效。

决策平衡单法可以帮助我们具体地分析每一个可能的选择，考虑各种方案实施后的利弊得失，最后排出优先顺序，确定选择方案（见表6–4）。

表6–4　职业生涯决策平衡单表

<table>
<tr><th colspan="2" rowspan="4">因素及权重</th><th colspan="6">职业选择</th></tr>
<tr><th colspan="2">职业选择一
（　　）</th><th colspan="2">职业选择二
（　　）</th><th colspan="2">职业选择三
（　　）</th></tr>
<tr><th colspan="6">加权计分</th></tr>
<tr><th>得（+）</th><th>失（−）</th><th>得（+）</th><th>失（−）</th><th>得（+）</th><th>失（−）</th></tr>
<tr><td rowspan="5">个人物质方面的得失</td><td>1. 收入</td><td></td><td></td><td></td><td></td><td></td><td></td></tr>
<tr><td>2. 未来的发展</td><td></td><td></td><td></td><td></td><td></td><td></td></tr>
<tr><td>3. 升迁的机会</td><td></td><td></td><td></td><td></td><td></td><td></td></tr>
<tr><td>4. 工作环境的安全</td><td></td><td></td><td></td><td></td><td></td><td></td></tr>
<tr><td>5. 休闲时间</td><td></td><td></td><td></td><td></td><td></td><td></td></tr>
</table>

续表

因素及权重		职业选择					
		职业选择一 （　　）		职业选择二 （　　）		职业选择三 （　　）	
		加权计分					
		得（+）	失（-）	得（+）	失（-）	得（+）	失（-）
个人物质方面的得失	6. 生活变化						
	7. 对健康的影响						
	8. 就业机会						
	9. 社交范围						
	10. 其他						
他人物质方面的得失	1. 家庭经济						
	2. 家庭地位						
	3. 与家人相处的时间						
	4. 其他						
个人精神方面的得失	1. 生活方式的改变						
	2. 成就感						
	3. 自我实现的程度						
	4. 兴趣的满足						
	5. 挑战性						
	6. 社会声望的提高						
	7. 所学应用						
	8. 其他						
他人精神方面的得失	1. 父母						
	2. 师长						
	3. 配偶						
	4. 子女						
	5. 其他						
总　　分							
得失差数							

填表说明：

（1）每个项目的得分或失分，可以根据该方案具有的优势（得分）、缺点（失分）来回答。

（2）合计每个方案的优点总分和缺点总分，正负相加，算出客观的得失差数。

（3）根据自己的真实想法作答，正确评估每个方案对自己的重要性。

（4）每个项目的重要性因人、因时、因地不同。对于此刻的你，可以根据考虑项目的重要性与迫切性，乘上权重（加权范围为1~10倍）。项目的价值观或因素的重要性越大，它的权重值就越高。

（5）将平衡单上的原始分数乘上权重，分数差距变大，最后把“得失差数”算出来，并据此做出最终的决定。

（6）比较每一种方案的综合得分，据此做出职业生涯决定，此决定就是用职业生涯决策平衡单法所做出的综合效用最大化的决定。

决策平衡单法需要从自我—他人、精神—物质四个维度，平衡考虑四大主题；自我物质方面的得失、他人物质方面的得失、自我精神方面的得失、他人精神方面的得失。

在自我物质方面的考虑因素主要包括：薪水、福利待遇、工作环境、休闲时间、生活变化、工作胜任程度、升迁机会、对健康的影响等。在他人物质方面的考虑因素主要包括给家庭带来的经济支持、工作对家庭地位的影响、与家人相处的时间等。在自我精神方面的考虑因素主要包括成就感、自我实现、生活方式、工作的挑战性、社会地位和声望的影响等价值观以及个人兴趣爱好、家人是否支持等。在他人精神方面主要涉及父母、师长、配偶、孩子等。这些因素是决策平衡单的重要组成部分，也是对每个可能的选择进行理性分析的重要内容。

明白了决策平衡单法的四大主题后，看一下采用决策平衡单法做职业生涯决策的具体步骤：① 列出各种可能的职业选择，一般来说2~4个；② 从四个考察维度列出你选择职业生涯考虑的因素；③ 对每个考虑因素按照自己的情况设置权重（1~10分），1分表示最不看重，10分表示最看重；④ 考虑这些因素在每个选择中的得失程度（-1~1分），-1分为全失，1分为全得；⑤ 把各因素的权重和相应的得失分数相乘后再相加，得出每一职业选择的总分；⑥ 按照总分列出职业抉择的优先级。

阅读案例

李晴的职业生涯决策平衡单

李晴学的是理工科专业，但是一直对心理学感兴趣。李晴打算在毕业后，考心理学专业的研究生。但是，由于心理学专业研究生毕业后不容易就业，薪水也不高，并且跨专业考研存在一定的困难，父母、老师和很多同学都不赞成李晴的想法。因为外部有很多反对意见，李晴自己也有些犹豫。处在人生道路的十字路口，李晴做了表6-5所示的决策平衡单，并最终坚定地做出了自己的选择。

表6-5　李晴的职业生涯决策平衡单

因素及权重		考虑项目			
		本专业研究生		心理学研究生	
		计分			
		得（+）	失（-）	得（+）	失（-）
个人物质方面	就业前景（4）	1.0			-0.4
	薪水（5）	0.8		0.1	

续表

因素及权重		考虑项目			
		本专业研究生		心理学研究生	
		计分			
		得（+）	失（-）	得（+）	失（-）
个人物质方面	是否成功（3）	0.8			-0.3
	对健康的影响（8）		-0.8	0.6	
他人物质方面	与家人相处（6）		-0.4	0.3	
个人精神方面	工作对象（9）		-0.6	0.8	
	兴趣（10）		-0.9	1.0	
	价值观（9）	0.1		0.7	
他人精神方面	家人支持（5）	1.0			-0.3
本专业研究生总分=4×1.0+5×0.8+3×0.8-8×0.8-6×0.4-9×0.6-10×0.9+9×0.1+5×1.0=-6.9					
心理学研究生总分=-4×0.4+5×0.1-3×0.3+8×0.6+6×0.3+9×0.8+10×1.0+9×0.7-5×0.3=26.6					

案例分析：如表6-5所示，结果一目了然。通过理性的分析，把纷繁复杂的信息通过平衡单的方法清楚地呈现在面前。虽然外部很多反对的声音，但是这些反对的理由并不是李晴所看重的，如薪水、就业前景、考研是否成功等。李晴清楚地看到了自己最看重的是兴趣、爱好以及价值观，因此，李晴顺从了自己内心的声音，而不是他人的想法，坚定地做出了自己的选择。

看了李晴的决策平衡单，如果自己正面临着要做决定的境地，“鱼和熊掌”只能取其一，犹豫不决的你请参照本节的思考练习题，马上尝试一下这个决策的工具吧！

（二）SWOT分析法

SWOT分析法最早是由美国旧金山大学的管理学教授海因茨·韦里克在20世纪80年代初提出来的。SWOT分析是市场营销管理中经常使用的一种功能强大的分析工具，是检查个人技能、能力、职业、喜好和职业机会的有用工具。通过它，我们很容易知道自己的个人优点和缺点在哪里，并且会仔细地评估出自己所感兴趣的不同职业道路的机会和威胁所在。

SWOT是四个英语单词的缩写，即优势（strength）、劣势（weakness）、机会（opportunity）和威胁（threat）。一般来说，优势和劣势从属于个人自身，而机会和威胁则来自外部环境（包括组织环境和社会环境）。

SWOT分析可以通过三个步骤完成：

（1）分析环境。主要包括内部环境和外部环境，内部环境指能力、优势等因素；外部环境指社会、家庭、行业状况、就业形势等。

（2）构建SWOT矩阵。将以上四个方面的因素按对职业生涯决策的影响程度排列出来，其各个问题的重要程度可以用对比矩阵技术分析得出。

（3）组合决策类型。遵循内部因素与外部因素结合的原则，组合出四种类型（表6-6）。

表6-6　SWOT分析图

内部因素→ 外部因素↓	优势 S_1~S_n:	劣势 W_1~W_n:
机会 O_1~O_n:	机会—优势（OS） 1	机会—劣势（OW） 2
威胁 T_1~T_n:	威胁—优势（TS） 3	威胁—劣势（TW） 4

构建这样的组合是为了制定出相应的策略，以发挥优势因素，利用机会因素，克服劣势因素，化解威胁因素。SWOT方法要求必须对组合类型进行系统、综合的分析，才能得出一系列适合自己的可选择的对策。由于各种因素都在随时间发生变化，你的选择应该时时调整，大学生可以每隔一段时间做一次，三年中至少要做两次。

SWOT分析的目的是为了强化优势，抓住机会。如何化解威胁，对待劣势，应具体情况具体分析，如果威胁一直存在，不能回避，就要用优势战胜它。如果劣势不构成职业生涯发展的障碍，就不需要太在意；反之，则要尽可能地弥补。但一般而言，花时间去弥补劣势，不如花同样的时间强化自己的优势。事业的成功主要靠的是优势、长项，而不是劣势和短处。

因此，运用SWOT分析方法进行职业生涯规划机会评估时，要尽可能地对面临的各种职业生涯发展机会进行评估和设计，然后确定职业生涯目标，选出最优发展机会。职业生涯机会评估是制订职业生涯规划相当重要的阶段，职业生涯评估的好坏往往关系到以后的发展机会。错误的职业生涯评估只会使自己耽误时机，错过其他好的发展机会；正确的职业生涯机会评估会使自己成功地抓住机会，取得事业的成功。

1. 评估自己的优势和劣势

（1）优势分析——自己出色的地方，特别是与竞争对手相比处于优势的方面

每个人都有自己的独特的技能、天赋和能力。在当今分工非常细的环境里，每个人有可能擅长于某一领域，而不是样样精通。例如，有些人不喜欢整天坐在办公室里，而有些人则一想到不得不与陌生人打交道时，就惴惴不安。请列表列出自己喜欢做的事情和长处所在。

① 你曾经做过什么。即已有的人生经历和体验，如在学校期间担当的职务，曾经参与或组织的实践活动，取得的成就及经验积累，获得过的奖励等。这些可以从侧面反映出一个人的素质状况。在进行自我分析时，要善于利用过去的经验，选择、推断未来的工作方向与机会。

② 学习了什么。在学校期间，从学习的专业课程中获得什么，接受过什么培训，自学过什么，有什么独到的想法和专长？努力学习专业课程是职业生涯规划的重要前提。要注意学习、善于学习，同时要善于归纳、总结，把单纯的知识真正内化为自己的智慧，为自己多准备些能源。专业课程也许在未来的工作中并不起多大作用，但在

一定程度上决定你的职业生涯方向。

③ 最成功的是什么。你可能做过很多事情，但最成功的是什么？为何成功，是偶然还是必然？通过分析，可以发现自我性格优越的一面，比如坚强、果断，以此作为个人深层次挖掘的动力之源和魅力闪光点，这也是职业生涯规划的有力支撑。

（2）劣势分析——与竞争对手相比处于落后的方面

通过列表，可以找出自己不是很喜欢做的事情和弱势。找出自己的短处与发现自己的长处同等重要，因为可以基于自己的长处和短处做两种选择。或者努力去改正常见的错误，提高技能，或是放弃那些自己不擅长的技能。列出自己具备的很重要的强项和对自己的学习、选择产生影响的弱项，然后再标出那些对自己很重要的强、弱项。针对自己的缺点进行学习、锻炼。

① 性格弱点。“人非圣贤，孰能无过。”人无法避免与生俱来的弱点，这就意味着在某些方面存在着先天不足，如不善交际、感情用事等。一个独立性强的人会很难与他人默契合作，而一个优柔寡断的人很难担当企业管理者的重任。卡耐基曾说，人性的弱点并不可怕，关键要有正确的认识，认真对待，尽量寻找弥补、克服的办法，使自我趋于完善。

② 经验或经历中所欠缺的方面。也许你曾多次失败，就是找不到成功的捷径；或者需要你做某项工作，而之前从未接触过，这都说明经历的欠缺。欠缺并不可怕，可怕的是自己还没有认识到，而一味地不懂装懂。正确的态度是认真对待，善于发现，努力克服和提高。

2. 找出自己的职业机会和威胁

现在是一个充满竞争的时代，不同的行业、企业都面临着不同的外部机会和威胁，所以找出这些外部因素将帮助你成功地找到一份合适自己的工作。因为这些机会和威胁会影响你的第一份工作和今后的职业生涯发展。

如果企业处于一个常受到外界不利因素影响的行业里，那么这个企业能提供的职业机会将是很少的。相反，如果企业是处于有很多积极的外界因素影响的行业，那么它将能给你提供广阔的职业前景。在弄明白这些以后，需要做的是列出感兴趣的一两个行业，然后认真评估这个行业所面临的机会和威胁。

（1）机会分析——有利于职业选择和职业发展的一些机会

① 对社会大环境的认识与分析。当前社会的政治、经济、科技、文化发展趋势有利于你的职业选择和职业发展吗？具体在哪些方面有利？

② 对自己所选企业的外部环境分析。企业在本行业中的地位与发展趋势如何？面对的市场环境怎样？有无职位空缺？需要具备哪些条件才能进入？

③ 人际关系分析。哪些人可能对你的职业发展起到帮助？作用如何？会持续多久？如何与他们保持联系？

（2）威胁分析——存在潜在危险的方面

知识过时、同行竞争、薪酬过低等都是潜在的危险，特别是知识过时。其实我们之前在学校里所学的知识，等我们毕业时差不多就已经过时了40%。工作几年后，如果我们停止了学习，以前掌握的知识就会完全老化，不能适应社会和企业的需要了。

这样步步追问，一幅清晰的职业生涯机会前景图就呈现在你的面前。要注意的是，运用SWOT分析法进行职业生涯机会评估时，要尽可能考虑全面，权衡各种发展机会，然后从中选出最优的发展机会。

阅读案例

职业发展SWOT分析

小郝是某职业技术学院计算机专业的学生，在校期间专业成绩优秀，多次到企业进行实训实习，且一直担任学生干部，得到了老师和同学们的认可。但是小郝性格有些急躁，容易冲动，有时很难踏踏实实地完成工作。现在，小郝面临毕业，想找一份与专业相关的工作，那么，他是如何进行自己的SWOT分析呢？

首先，完成SWOT的矩阵构建（如表6-7所示）。

表6-7　SWOT矩阵构建

内部因素	优势（S）：可以控制并可以利用的内在积极因素 （1）专业成绩优秀 （2）学生干部管理经验 （3）企业实习经历 （4）专业知识背景 （5）人际关系和谐	劣势（W）：可以控制并努力改善的内在消极因素 （1）学历层次较低 （2）就业竞争激烈 （3）缺乏工作经验 （4）性格急躁、易冲动
外部因素	机会（O）：不可控制，但可以利用的外部积极因素 （1）职业前景好 （2）计算机就业市场大 （3）计算机人才较受重视	威胁（T）：不可控制但可以弱化的外部消极因素 （1）严峻的就业形势 （2）企业的高学历消费 （3）企业看重实际经验

将内部因素与外部因素进行匹配，找出解决策略。

（1）SO策略：发挥自身优势，并充分利用外部机会。

（2）ST策略：利用自身优势，想办法规避外部的威胁，在职业生涯初期，一定要做到扬长避短。

（3）OW策略：充分利用外部机会，来弥补自身的不足。

（4）WT策略：通过努力减少自身的劣势，进而规避外部的威胁。

通过SWOT分析，同学们要注意在职业生涯发展中，应充分发挥自身优势，克服劣势因素，利用机会因素，化解威胁因素，立足当下，着眼未来，做出适合自己的职业目标选择。

总结一下关于SWOT职业规划的精要：

自我定位+行业、社会定位+科学合理的计划+强有力的执行力=成功

实训活动

我的SWOT分析

请运用之前学到的知识，厘清自己的技能、能力、兴趣，分析个人优缺点，通过SWOT分析，厘清自己的优势和劣势及职业生涯发展机会，并在此基础上制定出自己的职业生涯发展目标及行动策略（如表6-8所示）。

表6-8　我的SWOT分析表

<table>
<tr><th colspan="3">SWOT分析法</th></tr>
<tr><td>内部个人因素</td><td>优势优点：</td><td>弱势缺点：</td></tr>
<tr><td>外部环境因素</td><td>发展机会：</td><td>阻碍威胁：</td></tr>
<tr><td>自己真实的卖点</td><td colspan="2"></td></tr>
<tr><td>总体鉴定
（评估指定的
生涯发展目标）</td><td colspan="2"></td></tr>
<tr><td>具体规划
（规划3~5年具体目标）</td><td colspan="2"></td></tr>
</table>

（三）CASVE循环法

由于我们的个体差异和个人偏好，很难对职业生涯规划或问题解决建立一个精确的、按部就班的程序。但我们可运用认知信息加工理论（CASVE循环模型）了解职业生涯决策的过程。20世纪90年代初期，彼得森、辛普森和利尔敦（G.W.Peterson，J.P.Sampson & R.C.Reardon）等用认知信息加工（cognitive information processing，简称CIP）理论来描述个人的职业生涯发展。该理论认为，职业生涯发展是关于一个人如何做出职业生涯决策以及在职业生涯问题解决和职业生涯决策过程中如何使用信息的。

该理论把职业生涯发展与规划的过程视为学习信息加工能力的过程，按照信息加工的特性构成了一个信息加工金字塔，即认知信息加工模式图，见图6–2。

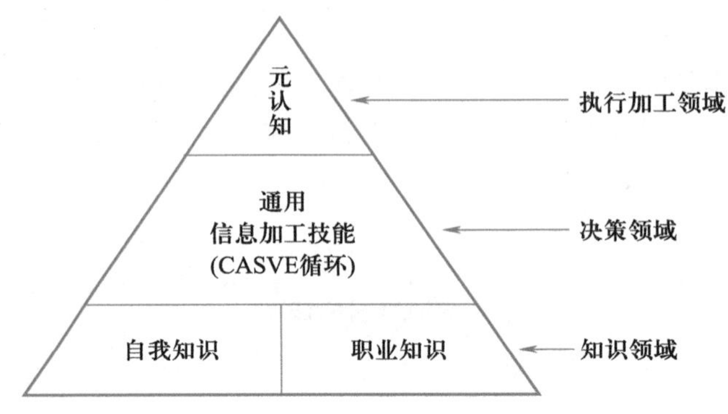

图6–2　认知信息加工模型

（资料来源：彼得森，冈萨雷斯著，时勘译.职业咨询心理学.北京：中国轻工业出版社，2007年版）

在认知信息加工中，位于塔底的是知识领域：第一个领域是自我知识（了解自己），包括兴趣、性格、技能、价值观；第二个领域是职业知识（了解职业世界），构成了金字塔基底的另一半，包括有关个人职业的信息和进行职业组织的计划，构成了职业生涯决策的基础；第三个领域（金字塔的中间）是决策领域，（知道自己是怎样做决策的），涉及理解和掌控决策的过程。第四个领域是元认知（回想自己所做的决策），这一部分构成了金字塔的最顶部，包括自我对话、自我意识和认知监控的执行加工领域。

认知信息加工理论关注的是如何决策，在这一过程中，我们使用5种信息加工技能，即沟通（communication）、分析（analysis）、综合（synthesis）、评估（value）、执行（execution）五个阶段，构成了决策的CASVE循环，见图6–3。

CASVE循环可以在整个职业生涯问题解决和职业生涯决策制定过程中为你提供指

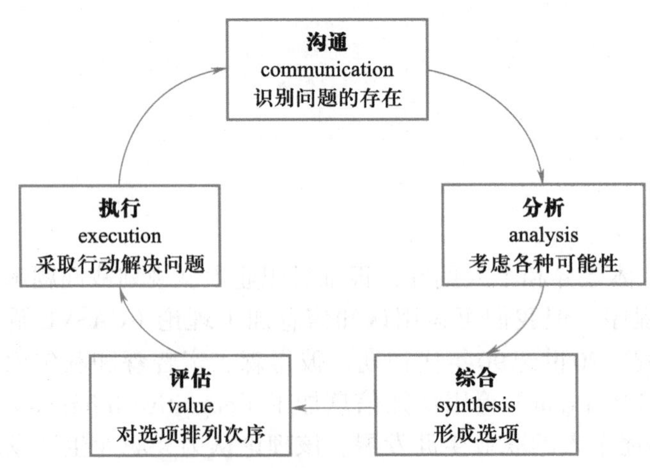

图6–3　决策的CASVE循环图

（资料来源：彼得森，冈萨雷斯著，时勘译.职业咨询心理学.北京：中国轻工业出版社，2007年版）

导。CAVSE循环由沟通、分析、综合、评估和执行五个步骤组成。

1. 沟通

这是意识到“我需要做出一个选择”的过程，个人发现理想与现状有差距，意识到问题的存在，这是决策的开始。个人如果没有意识到自己的需要，那么后面的步骤都无从谈起。比如，许多大学一年级的学生，常常觉得职业生涯规划离自己还很遥远，认为找工作是大三的事，大一只要好好学习就够了。只有当他们具备了职业生涯规划的意识，了解到找工作不是一蹴而就的事情，才会开始产生这方面的需求，从而进入职业生涯决策的下一阶段。

2. 分析

这是“了解自己和我的各种选择”的阶段，将问题的各个组成部分相互联系起来，对现状进行评估，了解自己和自己可能的选择，对所有的信息进行分析。这还包括确认要做出的决策——决策的性质、具体的目标、决策的标准等。不少人将目标与达成目标的手段混淆，比如为了学历而读书，但实际上学历只是手段，就业才是最终目的。如果没有弄清自己的目标，比如出国或者专升本是为了什么，就开始盲目行动，必然不会有好的结果。可以说，分析是决策过程中最容易出现问题的阶段。许多人倾向于用简单化的方式得出结论，直接跳到行动步骤，而未能真正弄清问题的关键，也未能收集充足的信息。

3. 综合

在分析的基础上，个人形成可能的解决方法并进一步收集相关信息，确认自己的选择。这里需要注意的是，不要在没做探索之前就匆忙决定，这样会将自己的选择面限制得很窄。在职业生涯规划中，我们提倡先扩展个人的职业前景清单（通常要列出至少10个可以从事的职业），打开视野，充分地看到自己所拥有的可能性，然后在收集信息的基础上适当压缩至3~5个最后选项。

4. 评估

从可行性和满意度两方面评估信息，并按评估结果对所有选择进行排列，得出最终的选择。比如可以将所有的重要价值观列成表作为评判的标准，并按每一项对所有的选择进行加权计分，最后按总分排序。具体的方法请参照前面的“决策平衡单”练习。

5. 执行

这是“实施我的选择”的阶段。在这一阶段将把思考转化为行动，包括形成手段，并确定一系列逻辑步骤以达到目标，实施一个有计划的行动方案。

6. 沟通再循环

沟通再循环是一个“了解我已经做了一个好的选择”的阶段。CASVE循环是一个自身不断循环的过程，在执行阶段之后，个体又回到沟通阶段，以确定做出的选择是否良好，现实与理想状态间的差距是否已经消除，决策者的不平衡状态是否解除。如果CASVE循环的问题解决过程是成功的，那么原先在沟通阶段体验到的消极情感就会转化为积极的。如果仍然是消极的，那么就需要再次进入CASVE循环。

在问题解决和决策过程中，很多时候人们会很快地完成CASVE循环的五个阶段，或者在某一个特定的阶段稍有延迟。CASVE模型无论是对解决个人问题还是解决团体问题都非常有用。用系统的方法思考这五个步骤，能够提供一个有用的工具，使我们成为一个更有效率的人。

实训活动

用CASVE循环分析你的决策

请使用CASVE循环来分析你在前面的活动练习中所写出的五个重大决策以及你现阶段面临的职业决策问题。可以参考以下问题进行：

（1）你是怎样意识到自己的需求的?

（2）你是如何分析这个问题、收集相关信息（包括关于你自己和关于问题解决的信息）的?

（3）你是如何形成解决方案的？以你今天的眼光，你是否能看到自己当时所没有看到的其他可能性?

（4）你是如何在不同的解决方案之间做选择的？你的选择标准是什么?

（5）你是如何落实行动的？过程是否如你所预期的那样?

（6）你怎样评价自己当时的决策过程？你对结果感到满意吗？如果不满意，是哪个步骤出现了问题?

（7）如此分析了五个重大决策的过程之后，你对自己的职业生涯决策模式有了什么新的了解？这对你处理现阶段所面临的职业生涯决策问题有什么指导意义?

五、职业生涯决策的阻力

实训活动

影响职业生涯决策的因素

请回想迄今为止，在生活中所做的五个重大决策，并按以下几项内容予以描述：

① 目标或当时的情境；② 你所有的选择；③ 你做出的选择；④ 你的决策风格；⑤ 对结果的评估。

我的五个重大决策是：________________________________。

反思所写下的五个已经做出的重大决策，分析哪些因素影响到自己的决策，然后按照影响职业生涯决策的四个因素进行分类。分析一下它们各自的影响程度有多大，它们是有力地促进了你的发展还是对你的决策造成了阻碍。

1. 影响自己职业生涯决策的遗传与特殊能力：____________________。
2. 影响自己职业生涯决策的环境和重要事件：____________________。
3. 影响自己职业生涯决策的学习经验：________________________。
4. 影响自己职业生涯决策的任务取向的技能：____________________。

职业生涯规划的决策制定非常重要。无论是在职场还是生活中，我们都面临着各种各样的选择，如高考志愿填报时如何选择院校、专业；择业时同时收到了两家公司的录用通知，不知道该去哪一家公司；这些重大的职业决定会影响我们很多年的生活。然而做出决策的过程对很多人而言非常困难，尤其是在一些特定的情况下，那么什么因素阻碍了我们进行有效的职业生涯决策？

（一）来自个人的阻力

要做出有效的生涯决策，我们就必须保证自己在决策中身体、情绪和精神都处在巅峰状态。就像我们进行比赛，需要以良好的状态做参赛准备，这样才能发挥出最高的水平，增加获胜的概率。如果疲惫不堪或者紧张焦虑、无法集中精力进行职业生涯决策，那么最终的表现肯定不理想。那些在职业生涯决策中感觉困难的人，通常没有处于良好的决策状态。

1. 受教育程度

受教育程度对个人的知识结构、决策能力与职业价值观等方面均产生重要的影响。个人受教育程度越高，其知识结构相对而言越完善，决策能力越强，在职业价值观方面就有更加清晰的认知。受教育程度高的大学生在面临职业决策时，比受教育程度相对低的大学生具备更多优势，因而职业决策难度也相对更低。

2. 规划能力

大学生职业决策困难的水平与个人的职业规划能力相关。大学期间，针对自身的专业及性格特点，有些大学生会为自己提早做好职业规划，并按照规划付诸相应的行动。在规划明确时，个人职业目标相对清晰，大学生在毕业季面临职业决策时困难程度会更低。

3. 决策时的即时状态

在决策过程中会面临许多障碍，这些障碍会影响即时决策。职业生涯决策最终定位在行动执行上，职业目标的设定、执行受职业规划观念的影响和制约，同时反过来影响职业生涯决策的方式。目标设定是否合理、有效，目标执行是否成功，都影响个体继续探索相关知识的动力，以及产生积极与否的评价。

4. 信息基础

整个决策过程就是一个信息加工处理的过程，信息的全面性、准确性在一定程度上决定了决策的科学性。在整个职业生涯决策过程中，信息为决策者提供依据，信息的掌握情况对个体职业生涯决策质量起到非常重要的影响。职业生涯决策需要考虑自己的职业价值观、兴趣、个性等自我情况，以及在职业、家庭、个人生活方面的各种选择，这些因素构成了决策信息的基础。缺乏信息基础进行职业生涯决策，就像医生不进行诊断就开药，是盲目的、鲁莽的，严重损害职业生涯决策的有效性。

5. 决策的知识和技能

有些人似乎有很好的自我知识，对自己的各种选择也很了解，但却做出了糟糕的职业生涯决策。他们总是在不断地尝试“纠正错误”。还有一些人，通过做大量职业测评了解自己的兴趣、天赋等个人特质，花费了大量时间但依然做不出决策。这主要是因为他们不能对各种信息进行加工而不能做出一个选择。

6. 心理特征

心理因素如气质类型、自我驱动力、忍耐力、适应性、抗压能力等方面等会对职业决策产生影响。学生所处学校、就读的专业等因素已经是现实，不易改变，但是个人抗压能力、气质类型、适应力等心理因素可以在大学阶段得到培养，提高职业决策能力，减轻职业决策压力。

这里要着重讲一下非理性信念对职业生涯决策的影响。非理性信念在每个人的身上都会存在，因为人类这个群体仅仅是有限理性的。有一些和职业相关的非理性信念，比如“每个人终身只有一份适合他的职业”“测验和专家会告诉我适合做什么”“我现在不做决定，或许将来会有更好的职业等着我”“只有赚大钱的工作才是好工作”“只要我有兴趣，就一定能成功”等，对职业生涯决策的影响是负面的，也是非常大的。但是，如果自己心里真的有这些非理性信念，个体往往很难认识到，因为个体认为这是非常合理的。因此，在非理性信念影响下的职业生涯决策困难，大多需要借助专业咨询人员的帮助才能顺利做出决策。一些常见的与生涯相关的非理性信念如表6–9所示。

表6–9　常见的与生涯相关的非理性信念

一、自我方面

——有关个人价值

- 我必须得到他人的认可。
- 我不知道自己该干什么，我真没用。

——有关工作能力的信心

- 只要我愿意去做，我就能做任何事。
- 虽然我很喜欢/很希望当一个……但如果我真去做的话，我很有可能会一事无成。

二、职业方面

——有关工作的性质

- 这个行业不适合男生/女生。

——有关工作的条件

- 我所做的工作应该满足我所有的要求。
- 专业工作所要求的条件是非常苛刻的。

三、决策方面

——方法

- 也许有某项测试可以明确指出我最适合从事什么工作。
- 在我采取行动之前，我必须有绝对的把握。

——结果

- 一旦我做出了职业选择，就很难再改了。
- 如果我改变了决定，那我就失败了。
- 在我的生涯发展中，我只能做一次决定。

四、满意的生涯所需条件方面

——他人的期待

- 我所选择的职业也应该让我的家人、亲友感到满意。

——自己的标准

- 除非我能找到最佳的职业，否则我不会感到满意。
- 只有做到我想做到的，我才会感到快乐。

这些“非理性信念”的不合理之处在于其过于绝对化。“应该”“必须”这样的表述方式都体现了思想观念的束缚，将个人的选择限制在狭小的范围内，缺乏弹性，最终阻碍了个人长久健康的发展。

对于非理性信念，如果你能对其作适当的调整，改为“我希望如此（而非‘应该’或‘必须’如此），但如果不能实现，我也可以接受”，那么你的认识可能更加切合实际，更有利于你的健康发展。在平时生活中，你可以有意识地多审视自己的观念，看看它们是否合理，有没有对你的生涯发展造成阻碍。你还可以与他人谈论或阅读这方面的有关书籍，不断反思和更新自己的观念，这是个人成长的重要内容之一。下面是解决非理性信念的6步法：

（1）你所要验证的想法是＿＿＿＿＿＿＿＿＿＿＿＿＿＿＿＿＿＿＿＿

（2）你如何找证据来验证自己的想法？

（3）支持你想法的证据是＿＿＿＿＿＿＿＿＿＿＿＿＿＿＿＿＿＿＿＿

（4）不能支持你想法的证据是＿＿＿＿＿＿＿＿＿＿＿＿＿＿＿＿＿＿

（5）你可以有的较理性的想法是＿＿＿＿＿＿＿＿＿＿＿＿＿＿＿＿＿

（6）如果你能以较理性的想法来思考，你会＿＿＿＿＿＿＿＿＿＿＿＿

总之，只要我们在生涯选择和决定时避免武断（在缺乏支持证据的情况下做决定）、草率（依据某单一事件就做出决定）、绝对（以极端的想法来判断或觉察事件）三种倾向，能够按照前面阐述的各个方面实事求是，综合考虑，就能做出比较有效的生涯选择和决定，为自己定出一个合理的生涯目标。

（二）来自他人的阻力

人是社会的人，是在人际关系中存在的人，一个人往往与周围很多人有着千丝万缕的联系，这些联系往往影响着你做出的每一个决定。当自己还是个孩子的时候，喜欢什么、想做什么往往受到父母的影响；长大了又会经常受到同辈群体的影响；成家以后，你的决定又会受到爱人、孩子、老人的影响……

研究家庭系统和职业生涯决策的学者们已经观察到，那些与家庭其他成员融和得极其密切的人，也就是在家庭中个人界限不是很明确的人，往往在职业生涯决策中很难保持自己情绪和心理上的独立。此外，如果家庭中的成员之间没有办法在义务、经济、责任、价值观等方面达成一致，也会阻碍个体的职业生涯决策。

这个时候需要个体明确自己的界限才能做出自己的决策。比如，什么时候需要自己做决定，什么时候考虑到其他家庭成员的因素，有些事情是你有能力、有义务去做的，有些事情是你能力范围之外的，等等。当然，当阻碍产生时，和家人之间的沟通是非常必要的，这样才能让自己的职业生涯决策得到家人的理解和支持。

（三）来自社会的阻力

社会对大学生职业决策困难的影响主要体现在国家或当地政府在大学生就业上提供的政策支持及就业举措。当地政府或相关组织落实一系列就业政策或举措能够帮助大学生明确职业决策方向，提供职业决策方向性指导建议。社会就业环境对个人职业决策困难具有直接的影响，以政府就业政策为主，它通过政策宣导及政策支持，为大学生职业决策提供一盏明灯，或启发职业决策或减轻就业压力。

实训活动

生命之花

生命之花，又叫作平衡轮，是一个生涯教练工具。这个工具可以帮你：（1）看到生活的全貌；（2）发现自己真正想做的事情；（3）澄清目标并开始行动；（4）合理安排计划与分配时间精力。

现在，开始绘制自己的生命之花！

第一步：画一个空白的花。

在下面空白处，先画上一个圈（尽可能地大），然后是画两条相互垂直的线段，再加两条斜线。画面变成了8个等分的花瓣。一个空白的生命之花就出现了（见图6-4）。

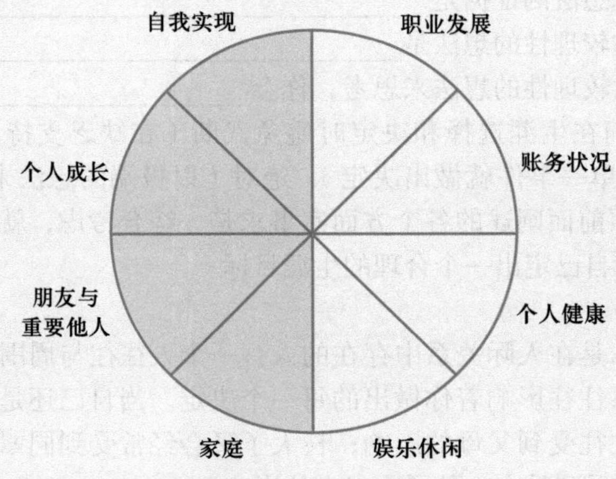

图6-4　生命之花

第二步：依次填上对自己生命平衡与幸福最重要的8项内容。

标准版的生命之花的内容按顺时针顺序依次为：

职业发展——你的职业发展方面。

财务状况——你的财务方面。

个人健康——身体、心理健康方面。

娱乐休闲——你的空闲娱乐方面。

家庭——如果有自己的家庭，指自己的。未组建家庭的，代表原生家庭。

朋友与重要他人——你总还有不是亲人、却是不可失去的人。

个人成长——知识、能力、眼界、心灵的成长，都是个人成长。

自我实现——也许与工作无关，比如发挥你的天赋，实现你价值的事。

仔细看看，你会发现这个平衡轮内有玄机，上半部分主要是外向的，目标型的。下半部分更多是内向的，关系型的。有人的生命之花上半截很好，下半截不好，头重脚轻，这种迟早会失衡。而脚重头轻的人，则容易过于保守和安逸。

第三步：每个花瓣里填写最重要的三件事。

在每一个圆弧边画一个小点，不要多，代表一个事项。每个维度就填写最重要的三件事情。你可以尝试填写更多，但是不要超过5项！

第四步：填入完成这些事项的时间计划。

时间计划要注意：（以一个月来分配）

（1）优先安排比较硬性的事项。一般来说，职业和财务时间都是硬性安排。

（2）然后安排健康时间和家庭时间。因为你的身体需要持续的、有规律的时间，所以健康时间最好提前安排；因为你家人的时间相对固定，家庭时间也可提前分配。这些时间不需要太长。

（3）然后是个人成长与自我实现的时间。这部分时间其实是整个罗盘的启动机，很考验你的智慧。

（4）娱乐休闲和朋友与重要他人放在最后。

按照这个原则，把每个月的每一个晚上也就差不多都安排好了。最后整体看看：

有没有前后冲突？有没有可以合并的？比如，个人成长、朋友家庭聚会等有时可以整合。有没有机动时间？一周至少给自己留一天的机动时间。

这样，一个月的计划就定下来了。画完后，你有哪些心得体会？

____

____

按此计划，一个月后，再来看看“这朵花”，你又会有何感想呢？

____

____

项目二　职业生涯目标的确立

职业生涯目标是个人一生职业生涯发展的方向、设想和希望达到的目标。为了有效地实现自我价值，以便保证在事业上取得更大的成就，每个人都需要对个人所从事的职业、要为之服务的工作单位和组织、要担负的职务以及在工作岗位上的发展道路进行全面的规划，确立明确的职业生涯目标。

一、确立职业生涯目标的意义

每个人都是自己人生事业的规划者、设计师，一个人的职业生涯是生命、生活的重要组成部分。选择了一份职业，就是选择了一种社会角色，进而选择了一种生活方式。职业为个人带来了权利和义务，确立了一个人在社会上的功能、作用与定位，影响着个人生活的方方面面。

（一）职业生涯目标的方向作用

职业生涯目标代表着个人职业生涯发展的最高成就，它建立在充分认识自己、了解职业的基础之上，是个人成熟、理性、坚毅、责任、强烈进取意识的集中反映。没有目标的人如同大海中的孤舟，没有方向，不知所终。人生没有目标，一生将碌碌无为，事业无成。明确而适合的目标，是漫漫职业生涯路途中的灯塔，可以指引人生走向成功。

阅读案例

沙漠中的北斗星

比塞尔是西撒哈拉沙漠中的一个小村庄。这儿从来没有一个人走出过大漠，据说不是他们不愿离开这块贫瘠的地方，而是尝试过很多次都没有走出去。英国皇家学院的院士肯·莱文对这种现象感到很奇怪。他来到这个村子向这里的每一个人问其原因，每个人的回答都一样，从这里无论向哪个方向走，最后结果总是转回出发的地方。

为了证实这种说法，他尝试着从比塞尔村向北走，结果三天半就走了出来。莱文非常纳闷，比塞尔人为什么就走不出去呢？为了进一步找到原因，莱文雇了一个比塞尔人，让他带路，而莱文自己收起指南针等现代设备，只拄了一根木棍跟在后面。

十天过去了，他们走了大约1 200千米的路程。第11天的早晨，他们果然又回到了比塞尔。这一次莱文终于明白了，比塞尔人之所以走不出大漠是因为他们根本就不认识北斗星。

在一望无际的沙漠里，一个人如果跟着感觉往前走，他会走出许许多多、大小不一的圆圈，最后的足迹十有八九是一把卷尺的形状。比塞尔村处在浩瀚的沙漠中间，方圆几千米没有一个参照物，若不认识北斗星又没有指南针，想走出沙漠，确实是不可能的。

这个与莱文一起配合的青年就是阿古特尔。阿古特尔因此成为比塞尔的开拓者，他的铜像竖在小城的中央。铜像的底座上刻着一行字：新生活是从选定方向开始的。

（资料来源：赵北平，雷五明.大学生涯规划与职业发展.武汉：武汉大学出版社，2006年版）

职场何尝不是每一个人职业生涯的撒哈拉沙漠，每个人的职业生涯就像要走出一望无际的沙漠一样，在亲身经历之前一切都是未知的，成功注定在沙漠的另一边。每天的工作都是在走向成功。职业生涯的发展首先从选定方向开始，职业发展方向就是职业理想的方向。

（二）职业生涯目标的激励作用

职业生涯目标对人有巨大的推动、激励作用。为实现这个目标，每个人都需要自觉地进行有关个人知识、技术与能力等方面的人力资本投资活动。它不仅促进个人达到和实现目标，还帮助个人真正了解自己，并且进一步评估内外环境的优劣、限制，规划出各自合理可行的职业生涯发展方向。

清晰而长远的职业生涯目标是个人职业发展的不竭动力和指路航标，它激励着人们克服困难、排除干扰与诱惑，向着明确的方向不懈地前进，直到实现目标。

（三）职业生涯目标的约束作用

人生的目标，不仅是理想，同时也是约束。有约束，才有超越，才有发展，才有"自由"。外面的世界很精彩，太多的诱惑，会让人迷失方向，也会使意志被削弱。有所得，必然有所失；懂得取舍，才能终成大业。

职业生涯目标的设定是职业生涯规划的核心。一个人事业的成败，很大程度上取决于有无正确、适当的职业生涯目标。没有职业生涯目标如同驶入大海的孤舟，四野茫茫，没有方向，不知道自己走向何方。只有树立了职业生涯目标，才能明确奋斗方向，犹如海洋中的灯塔，引导你避开险礁暗石，走向成功。

在新时代的变革中，我们每个人都应及早做好职业生涯规划，树立明确的目标，认清自己，在自己的内在潜能上不断探索、觉察和发展，并有意识地努力创造有利条件，才能正确掌握人生方向，创造属于我们自己的成功人生。

二、确立职业生涯目标的内容

大学生职业生涯目标的制定，是职业生涯规划的重要组成部分。职业生涯目标在个人职业生涯规划中是必需的、首要的内容。职业生涯目标的设定，是大学生在继专业选择后的新抉择。这个抉择是以自己的最佳才能、最适性格、最大兴趣、最有利的环境等信息为依据的。大学生一旦确定了自己的职业生涯发展方向和未来职业生涯目标，人生就会变得更加有意义，未来的路会清晰、明确地摆在面前。什么应当做，什么不应当做，为什么而做，为谁而做，怎样做……所有的要素都那么透明地显现出来。对于积极向上、渴望务实的大学生来说，目标无疑是人生的指南针。

拓展阅读

实训活动

你的职业目标

在毕业后的三年里，你希望达到哪些目标？这个调查表没有列出所有的选项，如果你认为对你很重要的一项没有列出，就把它加在其他一栏中。

利用表6-10，按优先顺序排出你最先考虑的三项。

拓展活动

表6-10　职业目标排序

职业目标	排序	职业目标	排序
打下坚实的基础		做自己企业的主人	
达到管理水平或取得几项职业资格		开发新产品或服务项目	
平衡好个人生活和事业之间的关系		为社会发展做贡献	
出国旅游		在我的研究领域成为专家	
完成具有挑战性的任务		影响公司的战略	
在多国之间调动工作		其他	

一个人有了目标，便有了人生奋斗的方向，在为实现理想和目标而奋斗的过程中，

体验人生乐趣，生活将充满激情与活力，潜能将被挖掘与开发，经常有意识地进行创造、奋斗，才能使职业生涯更加成功，为人生开辟出一条坦途。职业生涯目标如此重要，那么大学生应当如何确立个人职业生涯目标呢？

确定一生的目标，要以人生的终极目标为方向，按照远近依次确定，越近期的目标，越要具体可行（图6–5）。

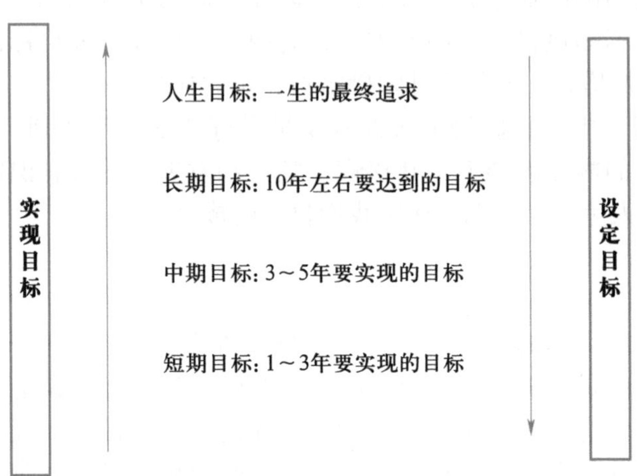

图6–5　职业生涯目标设定

在现实生活中，有短期目标的大学生较多，有中期目标的大学生较少，有清晰的长期目标或人生目标的大学生更少。许多大学生不愿设定或没有人生目标，常常是因为他们认为人生目标太遥远，而社会、人生变化难以预料。

其实，所有人的人生目标始终存在，就在自己的心中。它是你所拥有的、潜在的和你所珍爱重视的、追求的东西的有机融合。忽视它，意味着你已经拥有的不能被有效地用来实现你所看重和追求的，意味着潜在的无法有效地被开发，意味着要不断承受难以真正实现追求的遗憾和痛苦。开发它，就像是将一个质地精美但外表朴实无华的玉石材料雕刻成一件价值连城的艺术品。

（一）人生目标

是指整个人生的发展目标，时间长度在10年以上。人生目标使我们在规划人生的同时可以更理性地思考自己的未来，初步尝试性地选择未来适合自己从事的事业和生活，尽早（一般多从学生时代）开始培养自己综合能力和综合素质。

（二）长期目标

长期目标以5~10年的目标为宜。确定长远职业生涯目标，建立自己的职业和事业需要，必须能够配合工作环境的需求才行。能从市场角度探求人生的人，一定能拥有明晰的职业生涯目标。眼光放远，不要囿于现实。也就是说，放眼未来，预测可能的职业进步。寻找自己最渴望和追求的东西，用心去思考和发现自己的长期职业生涯目标。

看清自己的期望，是个人谋略的重要工具。只有想要什么，才可能有什么。如果你深深地渴望某件东西，实际争取的意愿就大，成功的可能性就会增加。有人说，目标是从发现得来的，而非追求得到。长期职业生涯目标，一靠自己思考、反思而得来，是以自己的价值观、信念、能力、特性与自己的理想或志向一起进行分析，把可能性与志向做一个新的组合；二靠自己创见得来。异乎寻常的创意，使之超脱现实思想限制，以便拓展更广阔的眼界，利于长远职业生涯目标的确定。

制定职业生涯长期目标应符合8个标准：① 目标是自己认真选择的；② 和组织、社会的发展需求相结合；③ 目标很符合自己的性格、兴趣、能力、价值观和职业理想，能为自己的选择感到骄傲，而且愿意告诉别人；④ 目标对于个人应有意义，同时与自我价值和人生目标一致；⑤ 是打算以行动完成的职业生涯远景规划图；⑥ 是从几个选择中挑选出来的，并对选择结果一一做过评估；⑦ 适合自己的整个生活模式；⑧ 不必要明确实现时间，在一定范围内实现即可。

（三）中期目标

中期目标一般为3~5年，它相对于长期目标要更具体一些，可以规划到具体的职业、职位、岗位以及要达到的程度。

职业生涯中期目标应当符合下列规范要求：① 要与长期目标保持一致；② 是结合自己的志愿和组织的环境及要求制定出的目标；③ 有比较明确的语言规定对目标进行定量说明；④ 有比较明确的实现时间，且可作适当的调整；⑤ 对目标的实现的可能性做出评估；⑥ 基本符合自己的价值观并充满实现的信心；⑦ 应既有激励价值，又要现实可行。

（四）短期目标

短期目标一般为1~3年的职业目标。已经选定了长期目标和中期目标，现在需要足够的理智和准确度，把长期目标、中期目标具体化、现实化、可操作化，短期目标是结果和行动之间的桥梁。

短期目标必须清楚、明确、现实、可行，如果对短期内期望完成的事业有清晰而完整的概念，那么基本已完成了目标的制定。

每一个短期目标应设立输出目标和能力目标。所谓输出目标，即为达到长期目标而设定的具体实施目标，是能以标准衡量是否完成的目标。所谓能力目标，则是为达到输出目标所需要的相应能力，是对于“为了达成我的输出目标，我必须擅长什么”问题的解答。输出目标与能力目标是携手并进、互相支持的。

职业生涯短期目标应当符合下列规范要求：① 目标必须清晰、明确、现实，具备可操作性；② 服从于中期目标；③ 对现实目标有把握；④ 顾及组织内外环境，目标要实际；⑤ 辨别和衡量各短期目标的重要性，依其重要程度和可能实现的时间，排列目标实施顺序；⑥ 辨认输出目标中隐含的需求能力目标，找出差距，明确增强能力的努力方向；⑦ 规定目标完成时限，包括起始时间和终结时间；⑧ 预测目标成功与否以及成功的程度。

在确定目标过程中应注意的问题：① 目标要符合社会与组织的需要；② 目标要符合自身的特点，并使其建立在自身的优势之上；③ 目标要高远但决不能好高骛远；④ 目标幅度不宜过宽；⑤ 注意长期目标和短期目标间的结合，在制定人生目标和长期目标时，要多考虑一些自身因素和社会因素，而制定中期目标和短期目标时，则要更多地考虑组织因素。通过制定个人的短期目标、中期目标和长期目标，形成完整的个人目标体系。

阅读案例

分阶段实现大目标

1984年，在东京国际马拉松邀请赛中，名不见经传的日本选手山田本一出人意外地夺得了世界冠军。当记者问他凭什么取得如此惊人的成绩时，他说了这么一句话：凭智慧战胜对手。

当时许多人都认为这个偶然跑到前面的矮个子选手是在故弄玄虚。马拉松赛是体力和耐力的运动，只要身体素质好又有耐力就有望夺冠，爆发力和速度都还在其次，说用智慧取胜确实有点勉强。

两年后，意大利国际马拉松邀请赛在意大利北部城市米兰举行，山田本一代表日本参加比赛。这一次，他又夺得了世界冠军。记者又请他谈谈经验。山田本一性情木讷，不善言谈，回答的仍是上次那句话：用智慧战胜对手。这回记者没有在报纸上挖苦他，但对他所谓的智慧迷惑不解。

十年后，这个谜终于被解开了。山田本一在自传中是这么写的：每次比赛之前，我都要乘车把比赛的线路仔细地看一遍，并把沿途分阶段用比较醒目的标志记下来，比如第一个标志是银行，第二个标志是一棵大树，第三个标志是一座红房子……这样一直到赛程的终点。比赛开始后，我就以百米的速度奋力向第一个目标冲去，等到达第一个目标后，我又以同样的速度向第二个目标冲去。40多千米的赛程，就被我分解成这么几个小目标后就轻松地跑完了。起初，我并不懂得这样的道理，我把我的目标定在40多千米外终点线上的那面旗帜上，结果我跑到十几千米的时候就疲惫不堪了，这是因为我被前面那段遥远的路程吓倒了。

（资料来源：卜欣欣，陆爱平.个人职业生涯规划.北京：中国时代经济出版社，2004年版）

为了形象地理解这一点，我们可把整个职业生涯规划看成一个人的生命线，并观察自己的生命线的运行情况，数字表示生命线中经历的若干个10年（如图6-6所示）。

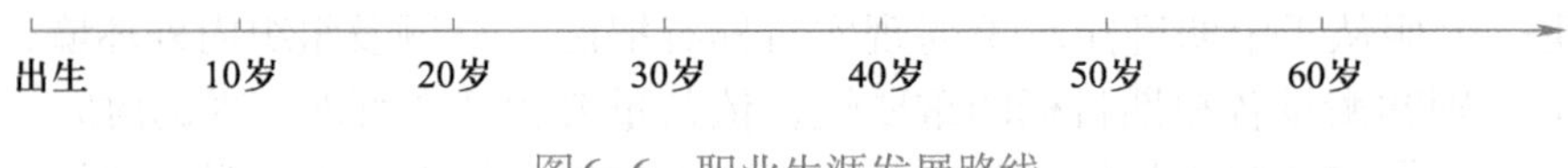

图6-6　职业生涯发展路线

操作方法如下：

1. 请记录对自己生活有明显作用的、有重要意义的事件。

（1）家庭大事或重大变化。

（2）和父母、亲戚的关系。

（3）上学的经历。

（4）友谊。

（5）成就与失望。

2. 标出自己现在所处的位置。

请用若干关键词对自己生命线上的重要转折点加以说明。

3. 在这儿写下来（深入理解自己的优点和智慧）。

（1）过去，“我”在________取得过成功。

（2）对于“我”的恐惧和自我怀疑，“我”有没有新的见解？

（3）这个练习是否有助于“我”理解为什么“我”会用特定的方式处理某些问题？

（4）过去受到的伤害、失败或失望是否仍然影响“我”。

如果这个练习有助于明确自己的优势和劣势之所在，你可以把这些记到笔记中。

目标的实现，不管表面看起来是多么困难或是多么遥远，不管事物发展的前景是多么黯淡，只要在力所能及的前方确定一个清晰的阶段目标，并努力使之实现；只要执着地追求和努力地工作，使一个个阶段目标不断实现，那么人生的大目标就会慢慢得以实现，理想就会渐渐成为现实。

实训活动

制定你的目标

请同学们从人生目标开始，制定自己的目标，并在表6-11中写下行动计划。

表6-11　目标计划表

目标	内容	行动计划
人生目标	你想成为什么样的人 你想做哪件大事或哪几件大事 你想成为哪个领域的佼佼者 你想发挥自己哪些方面的优势和特长	
十年目标	今后十年你想成为什么样子 事业上有什么成就 收入达到多少 你的家庭及健康水平如何 你的生活状态及社会地位怎样	
五年目标	将十年目标进一步具体，把目标进一步分解	
三年目标	使五年目标更具体化，制定出自己的行动准则	
明年目标	制定实现明年目标的步骤、方法和时间表，并确保这些是切实可行的	
下月目标	包括下个月计划做的工作，应完成的任务，质和量方面的要求，财务上的收支，学习计划，结识新朋友的计划等	

续表

目标	内容	行动计划
下周目标	在每周末提前制定好下一周的行动计划，把每月计划中的一部分分解在下周	
明日目标	明天要做哪几件事？分清楚轻重缓急，制定出执行的顺序和完成事情对应的时间	

三、确立职业生涯目标的原则

尽管设定了自己的职业生涯发展目标，但是并不是所有的目标都能变为现实。在进行职业目标设定时，应当遵循SMART原则，只有SMART的目标才具有可操作性。

（一）S（specific）——具体性

具体性是指目标必须明确而具体，明确描述出每一工作职责所需要完成的行动，充分了解每一个行为的目的，不能含含糊糊。比如："我的目标是更好地利用时间，不浪费时间。"改为"我一天只能花不超过一个小时的时间玩手机"或"我每周至少用不少于三个小时的时间查阅专业信息"。真正了解什么是最重要的事情，有助于合理安排时间，未雨绸缪，把握现在。清晰地评估每一个行为的进展，正面检讨每一个行为的效率，把重点从工作本身转移到工作成果上来，在没有得到之前，也能看到结果，从而产生持续的信心、热情与动力。

（二）M（measurable）——可衡量

可衡量是指目标必须能量化、可测定，要有定量数据，如数量、质量、时间等作为衡量是否达到目标的依据，只有这样才能循序渐进。比如你的目标是成为一名出色的销售商，为公司销售出更多的产品，或者希望改变公司的战略重点，那你就必须制定明年将提高10%销售额的目标，而不是简单地说明年将提高销售额。

（三）A（achievable）——可完成的

可完成的包含两方面含义。首先必须是合理的，是在个人可控制的范围之内，其次必须要努力才能够达到，要有一定的挑战性。比如制定每年要考取的职业资格证书或参加技能大赛等。目标定得太高，怎么努力也不能实现，结果一事无成，还打击了自信心；目标定低了，不费力气就能达到，就没有成就感，结果一直没有长进，还可能助长狂妄的坏脾气。目标恰到好处，就是要稍稍高一点，像跳起来摘桃子一样，吃起来才有味儿。

（四）R（realistic）——现实性

现实性是指要符合自身条件和环境的实际情况，要把自己的目标与公司目标、部门目标协调起来，才能获得"双赢"。反之，个人目标与企业目标背离，就无法实现自己的目标，并且不可能长期与企业共存。不要由于不切合实际而导致失败。一步步地提高比跨越一大步更切合实际。

（五）T（time-limited）——时限性

时限性是指必须规定起始和完成的时间，以克服人的惰性。不能将目标笼统定为

"大学期间完成……"，而应有计划、分步骤地在限定的时间内完成。如大一第一学期或某个规定时间内设定目标完成的具体时间，比如大二第一学期考取全国大学英语四级证书。

心中是否有确定的目标，能否坚定、执着地朝着目标努力，是伟大与平庸的天壤之别，是聪明与愚蠢的重要分水岭。如果你想获得事业的成功，就应朝着自己的职业生涯目标不懈努力。

四、确立职业生涯目标的方法

（一）选择职业生涯发展路线

一个人能否成就一番事业，很大程度上取决于有无一个正确而适当的人生目标。在选择职业生涯目标之前，应先确定自己的职业生涯发展路线。职业生涯路线是指一个人选定职业后选择从什么途径去实现自己的职业目标，是向专业技术方向发展、向行政管理方向发展还是选择自主创业型发展路线。

在职业确定后，向哪一路线发展，此时要做出选择。由于发展路线不同，对职业发展的要求也不同。选择了捷径，就易于进入职业发展的快车道，否则，就会耽搁在路上。因此，在职业生涯规划中，对职业生涯路线做出选择，以使今后的学习和工作沿着职业生涯路线和预定的方向发展。

一个人的职业生涯是一个很长的过程，所以应有一个整体的职业生涯规划。但整个人生职业生涯规划是一个笼统的概念，很难具体地实施。因此，在制定职业生涯发展路线时，主要围绕涉及职业生涯要素的四个方面的问题进行考虑。

（1）希望向哪条职业生涯路线发展？这个问题主要是根据个人的爱好、兴趣、价值观、理想和成就动机等因素，规划出自己希望朝哪条职业生涯路线发展，如是希望向专业技术方向发展，还是希望向行政管理方向发展，以便确定自己的职业生涯目标取向。

（2）适合往哪条职业生涯路线发展？这个问题主要是分析个人适合向哪条职业生涯路线发展，主要考虑自己的性格、经历、特长、学历、家庭影响等一些客观条件对职业生涯路线选择的影响，确定自己的能力取向。

（3）能够往哪条职业生涯路线发展？个人能够朝哪条职业生涯路线发展，主要考虑自身所处的社会环境、经济环境、文化环境、政治环境和组织环境等，从而确定自己的机会取向。

（4）哪条职业生涯路线可以取得发展？这个问题主要是选择自己希望和适合的职业生涯发展道路后，进一步综合分析各方面的因素，判断自己的这条职业生涯目标的实现路线是否可以取得发展。

每个人的基础、素质不同，适合的职业生涯发展路线也就不一样，有的人适合搞研究，能够在专业技术领域求得突破；有的人适合做管理，可以成为一名优秀的管理人员。基本上，有三种职业生涯发展路线可供我们选择，即专业技术型发展路线、行政管理型发展路线和自主创业型发展路线。

1. 专业技术型发展路线

专业技术型发展路线是指工程、财会、销售、生产、法律等职能性专业方向。其特点是要求有一定的专门技术性知识与能力，并需要有较好的分析能力。这些技能必须经过长期的培训与锻炼才能具备。

如果你对专业技术内容及其活动本身感兴趣，并追求这方面的提高和成就，喜欢独立思考，而不喜欢从事管理活动，专业技术型发展道路是最好的选择。相应的发展阶梯是技术职称的晋升及技术性成就的取得、奖励等级的提高及物质待遇的改善。

2. 行政管理型发展路线

如果你很喜欢与人打交道，处理人际关系问题能够得心应手，由衷地热爱管理，善于从宏观角度考虑问题，并善于影响、控制他人，追求权力，行政管理型发展道路就是最恰当的选择，把管理这个职业本身视为自己的目标。相应的发展阶梯一般是从基层职能部门开始，然后向中级部门、高级部门逐步提升，管理的权限越来越大，承担的责任也越来越大。前提条件是你的才能与业绩不断地积累提高，达到了相应层次职位的要求。那些既有思维能力又善于处理人际关系的人，总是能够成为任职部门的主管干部，甚至做到组织分管技术工作的高层职位；而那些虽然善于处理人际关系，却欠缺思维分析力以及感情耐受力较差的人，只能停留在低层领导岗位上。

如果在开始时选择了专业技术方向，但仍然对管理有兴趣，并且希望在管理领域做出一番事业，也完全可以跨越发展。即一开始从事某种技术性专业，不断积累充实自己的专业知识，打下坚实的技术基础。然后在适当的时候，转向专业技术部门的管理职位。事实上，现代社会中的很多地方都有这样的客观要求。例如作为公司研发部部门经理，就必须了解相关产品领域技术知识，而且很多时候还要求在专业知识的广度、深度上达到较高的水平。至于一些科研部门将技术骨干提拔到管理位置的例子更是屡见不鲜。

对于大学生而言，典型的职业生涯路线图是一个“V”形图（如图6–7所示）。

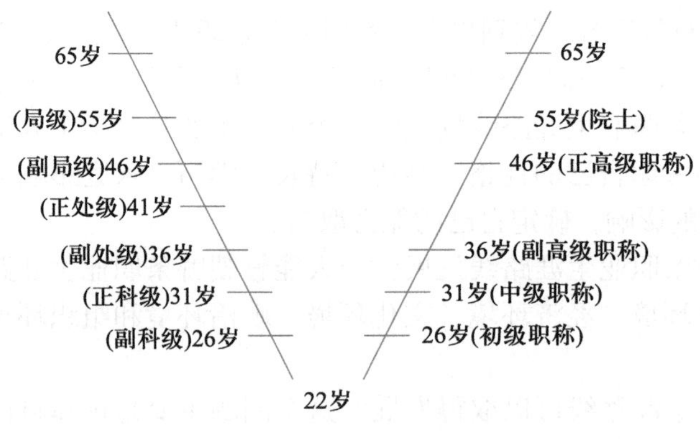

图6–7　职业生涯V形图

假如22岁大学毕业参加工作，即V形图的起点是22岁。从起点向上发展，V形图的左侧是行政管理路线，右侧是专业技术路线。将路线划分成若干等份，每一等份表示一个年龄段，并将专业技术的等级、行政职务的等级分别标在路线图上，作为自己的职业生涯目标。

3. 自主创业型发展路线

创业是经济发展的巨大推动力量，繁荣了社会生活、积累了社会财富、提升了人生价值。创业对促进社会进步的重要作用已经引起社会的广泛关注。在世界经济日益全球化，社会主义市场经济日臻完善的今天，创业者必将拥有更为广阔的空间和舞台。

面对严峻的就业压力，自主创业、自我开发成了越来越多大学生实现自己职业生涯发展的理性思考和现实选择。大学生自主创业有利于大学生证明自身价值，充分利用自身智慧和能力开辟属于自己的事业；有利于大学生自力更生、勇担风险，在实践中培养自立自强意识、风险意识、拼搏精神和艰苦奋斗的作风；有利于大学生在艰苦的磨炼过程中培养市场观念、训练决策者管理能力、锻炼和提高自身素质，为国家培养一批年轻的企业管理人才；有利于缓解国家就业压力，为更多的大学毕业生提供新的就业机会。

创业自有快乐，但创业途中的艰难也不是常人能够想象的。客观上，要有良好的机会和适宜的土壤；主观上，创业者不仅要有强烈的创造与成就愿望，而且心理素质要高，能够承担风险，善于发现开拓新领域、新产品、新思维。

自主创业不仅是大学生成才的重要模式，更是就业的重要途径。为了鼓励大学生创业，政府加大了扶持大学生自主创业的力度，出台了一系列优惠政策，明确表示要把大学生创业培训纳入当地创业服务体系，提供项目开发、专家指导、小额贷款等服务，帮助大学生成功创业。如持续提升企业开办服务能力，为大学生创业提供高效便捷的登记服务。

与此同时，在校大学生创新创业实践覆盖面日益扩大，以发展培养在校大学生的创新创业潜力为重点，以“双创”作为学生创新创业发展的依据，各高校开设创新创业课程，组织学生进行创新创业培训，推广创业导师制，成立“创客中心”“众创空间”等，政府、学校组织的各级创新创业类实践活动及比赛正与日俱增，甚至已经出现了国家级、国际性创新创业比赛等平台，丰富了大学生创新创业实践经验，化解了大学生依附创新创业理论知识“坐而论道”的无奈。

随着知识经济在中国的逐渐形成，经济增长对人才的需求也渐渐由过去的简单型转为复合型，由知识型转向技能型。高科技产业、第三产业和民营经济将是人才需求的增长点，大学生自主创业者的队伍必将越来越壮大，创业逐渐成为大学生的一种职业选择的方式。

当然，大学生创业必须要有充分的准备。眼高手低、纸上谈兵是一些大学生创业者的典型特点。由于经验，管理能力不足，缺乏从职业角度整合资源，使得大学生在创业中屡屡碰壁。好高骛远，资金渠道不畅通，缺乏财务、税法和市场经济等相关知识及经验是大学生创业的“软肋”。那么，大学生创业者应该如何去选择适合自己的创业呢？大学生选择创业应该注意以下几个方面。

（1）项目关。俗话说：“隔行如隔山。”大学生在选择创业项目的时候，就是要选择既适合自己又符合市场需求的创业项目，这是大学生创业者必须过好的第一关。在确定创业项目之前，创业者要考察市场，了解市场的特征与需求。一般来说，大学生创业应立足于技术项目，尽量选择技术含量高、自主知识产权明确的项目，并在技术创新的基础上做好产品市场化工作。此外，在创业过程中要注意保护自己的知识产权，这是大学生创办企业的核心竞争力所在。

（2）经验关。经验不足、缺乏从职业角度整合资源、实施管理的能力，这将大大降低大学生创业的成功率。因此，大学生在创业时尽量选择与自己的专业、经验、兴趣、特长相符合的创业项目，选择自己熟悉或者热爱的行业，这样才能够在创业之路上坚持下去。

（3）团队关。在风险投资商看来，再出色的创业计划也具有可复制性，而团队的整体实力是难以复制的。因此在投资时，投资商往往更看重有合作能力的创业团队，而非那些徒有想法的单干者。对打算创业的大学生来说，强强合作，取长补短，要比单枪匹马更容易聚集创业优势。

（4）心态关。大学生创业除了要有好技术，更要有好的心态，不能视野狭窄，过于自负，而应虚心接受别人的意见，敢于直面挫折和失败。此外，时刻保持创业激情，也是突破创业瓶颈不可忽视的精神力量。

此外，在设计自己的职业生涯发展路线时还应该包括以下内容：

（1）描述各种流动的可能性。

（2）反映工作内容、组织需要的变化。

（3）职业生涯发展道路上每一职位对知识技能与资历的要求。

选择自己的职业生涯发展路线，一定要结合实际，综合考虑自己的个性、价值观、兴趣、能力和社会与组织环境条件，综合权衡确定。

（二）确定职业生涯发展道路

职业生涯发展路线的确定是职业生涯规划中的关键环节之一，其意义不言而喻。没有目标，人生会失去了本来的意义；没有清晰的职业生涯发展路线，目标也会变成虚无缥缈的空中楼阁；没有实现目标的有效方法，职业生涯规划就变成了“纸上谈兵”。目标和路线一旦确定，职业生涯规划的所有内容都将围绕着它展开和进行。目标是一定时期内的努力方向，达到目标的路线可能有多条，方法有多种，最佳路线的获取与最有效方法的发现，可以用职业生涯选择与决策的方法与技术来完成。

在传统的职业生涯发展道路中，相对管理型职业生涯发展道路，技术型职业生涯发展道路所提供的升迁机会十分有限。

从现代管理的眼光来看，许多组织目前都制定了多元或双重职业生涯发展的道路系统，给科技人员或其他有重大贡献的人员以更多的职业生涯发展机会。双重职业生涯发展道路给予员工继续留在技术岗位上发展或进入管理层的机会。图6–8表示的就是一个双重职业生涯发展道路系统。

在双重职业生涯发展道路系统中，科技人员有机会进入三条不同的职业生涯发展道路：一条技术职业生涯发展道路和两条管理职业生涯发展道路。假如在三条职业生涯发展道路中，员工的工资和升迁机会都差不多，员工会去选择最适合他们兴趣和能力的职业生涯发展道路。

有效的职业生涯发展道路有如下几个特点：

（1）科技人员的工资、地位和待遇与管理人员相当。

（2）有贡献的个人的基本工资可能低于管理人员，但是他们有机会通过高额奖金使自己的总收入大大提高。

（3）有贡献的个人的职业生涯发展道路并不能满足那些缺乏管理潜能的生产效率低下者，这条职业生涯发展道路是为具有突出技术能力的员工创设的。

（4）给有贡献的个人以选择职业生涯发展道路的机会。职业组织提供评定的资源

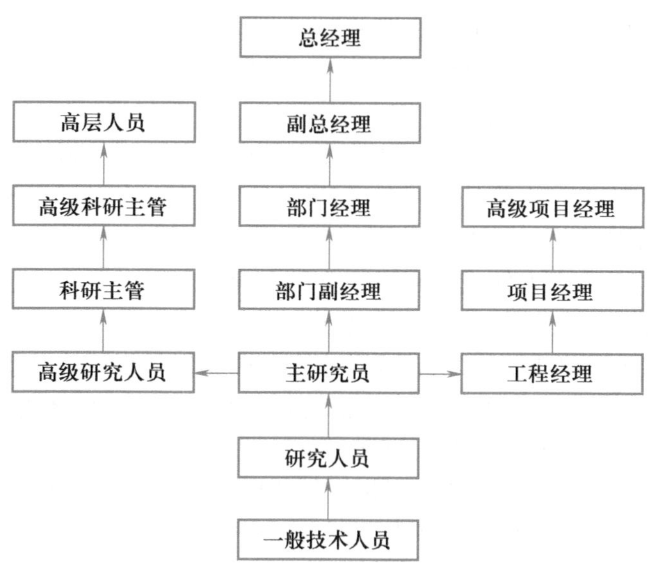

图6-8　双重职业生涯发展道路图

（如心理测验、发展状况反馈等）和评定的信息，给予员工机会，使他们弄清自己的兴趣、职业价值观、技能在多大程度上与技术岗位或管理岗位相匹配。

对于大学生而言，职业生涯目标路线多种多样（见图6-9），因人而异。目标具有相对稳定性，同样的目标可以通过不同的路径去实现。实现目标的方法具有相对灵活性，可以因时因地调整。成功的人从不轻易改变目标，而时常调整方法；失败的人经常改变目标，却从不愿意调整方法。

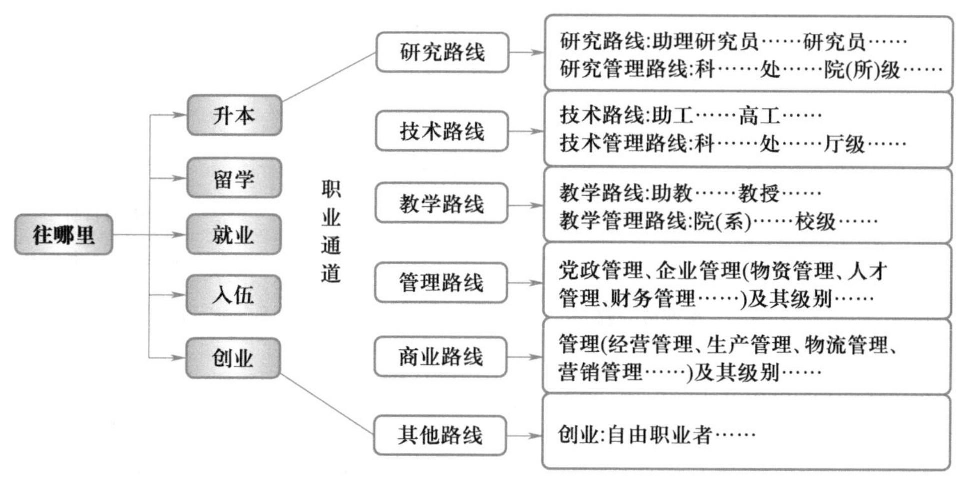

图6-9　职业生涯目标路线示意图

（三）管理职业生涯发展目标

1. 职业生涯目标的分解

职业生涯目标分解就是根据观念、知识、能力差距，将职业生涯长期的远大目标分解为有时间规定的长期、中期、短期分目标，也就是将人生目标或者说最后想实现的终极目标分解成短期目标，就像把学期目标分解到每个月再到每周甚至到每天，分解成容易实现具体的当下的目标。

任何一个人都不可能一步跨入自己的理想世界，也不可能瞬间实现自己的人生目标与价值。一个人的成功之路是由一个个目标铺就的。一个目标实现以后，一个新的目标必然出现在前方。这些具体目标也是相互关联的，它们在人生总目标的统领之下，逐渐分解而来。对于一个人的成长来说，总目标确定之后，要将自己的总目标分解成若干分目标，如阶段目标、年目标、月目标、周目标、日目标等，而且在目标分解的过程中一定要坚持科学性原则，只有这样才能保证我们每走一步都能够离我们的总目标更近一点，也只有这样，我们人生发展的总目标及人生的价值才能真正实现。

目标分解可以按两种途径来分解目标：

（1）按时间分解：可分解为人生目标、长期目标、中期目标和短期目标。

（2）按性质分解：可分解为外职业生涯目标和内职业生涯目标。

职业生涯目标必须经过分解才能更加清楚和便于实现。职业生涯目标的分解，如图6-10所示。

美国职业心理学家施恩教授最早把职业生涯分为外职业生涯和内职业生涯。他指出，外职业生涯指经历一种职业（由教育开始，经工作期，直到退休）的通路，包括职业生涯的各个阶段，招聘、培训、提拔、解雇、奖罚、退休等。内职业生涯更多注

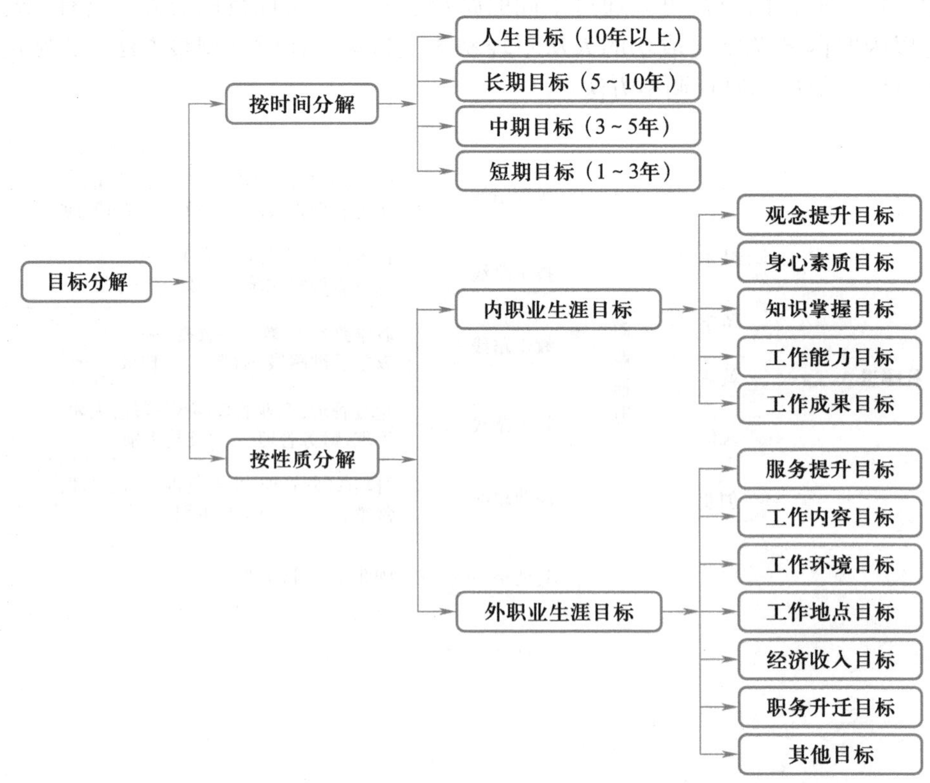

图6-10　职业生涯目标分解图

重于所取得的成功或满足的主观感情以及工作事务与家庭义务、个人休闲等其他需要的平衡。

我国学者程社明认为，外职业生涯是指从事职业时的工作单位、工作地点、工作内容、工作职务、工作环境、工资待遇等因素的组合及其变化过程。外职业生涯的构成因素通常是由别人给予的，也容易被别人收回。外职业生涯因素的取得往往与自己的付出不符，尤其是在职业生涯初期。有的人一生疲于追求外职业生涯的成功，但内心极为痛苦，因为他们往往不了解，外职业生涯发展是以内职业生涯发展为基础的。内职业生涯是指从事一项职业时所具备的知识、观念、心理素质、能力、内心感受等因素的组合及其变化过程。内职业生涯各项因素要靠自己的主观努力才能实现，别人的帮助只是一个助力。而且内职业生涯的各构成因素一旦取得，就成为别人拿不走、收不回的个人财富。内职业生涯的发展是外职业生涯发展的前提，内职业生涯发展了，外职业生涯自然提升。因此，应当充分重视内职业生涯的发展，认清它在个人职业生涯乃至整个人生发展中的关键性作用。

在职业生涯的各个阶段，都应该重视内职业生涯的发展，尤其是在职业生涯早期和中前期，一定要把对内职业生涯各因素的追求看得比外职业生涯更重要。

根据内、外职业生涯的内容，我们可以把长期目标、中期目标和短期目标分解出各自具体的内职业生涯目标和外职业生涯目标。

（1）外职业生涯目标

① 职务目标

以个人职务为评判依据，职务目标应当具体明确。如3年内成为中型企业的中级程序设计师，5年内成为中型企业的技术部主管，10年内成为跨国软件企业的部门经理。

② 工作内容目标

在现实生活中，能够达到高层职位的毕竟是少数，而且能否晋升很大程度上并不取决于自己。所以，建议把外职业生涯目标规划的重点移到工作内容目标上来，即把在某一阶段计划完成怎样的工作内容详细列出来。工作内容目标对于选择专业技术型发展路线的人格外重要。因为这些人的发展体现在本专业技术领域取得的成果及相应的职称晋升上。所以具体可行的工作目标才是规划的重点。

③ 经济目标

从事一项工作，获得经济收入是一大目的，毕竟谁也离不开生存的物质基础。在职业生涯规划中列入收入期望无可非议。但要注意的是切合实际和自己的能力素质，然后大胆地规划一个具体的数目，这个数字将在日后成为你的重要激励源，不要含糊不清，或者压根不敢写。例如，3年后年薪达15万元；5年后年薪达20万元；10年后年薪达30万元。

（2）内职业生涯目标

① 工作能力目标

工作能力是对处理职业生涯中各种工作问题的能力的统称。如组织领导能力、策划能力、管理能力、研究创新能力、与领导无障碍沟通的能力、与同事协调合作的能力等。职业生涯发展并非只是职务和职称的晋升，也不在于他是否得到高薪，而在于是否创造了富有实际意义的成果。所以在制订个人职业生涯规划时，工作能力目标应当优先于职务目标。职务能够获得晋升，很大程度上不取决于我们自己，但在工作中能否增长知识、提高能力、提高工作效率却是我们可以独立把握的。现在，一些组织的人事管理中，已经把工作能力提高作为改善员工待遇的重要指标。工作能力目标应当切合实际，具有挑战性，并与该阶段的职务、职称目标所要求具备的条件相匹配。如3年精通软件及网络技术，时时了解、掌握与计算机软件技术相关的最新技术发展趋势，5~6年能游刃有余地协助领导并管理技术团队。

② 工作成果目标

在很多组织里，工作成果都是进行绩效考核的一个重要指标，扎实的工作成果会带来极大的荣誉感和成就感，也铺就了通往晋升之途的阶梯。比如在5年内带领团队完成三个软件开发任务。

③ 提高心理素质目标

心理素质在当今社会越来越受到人们的重视。在职业生涯发展中，每个人都会遇到这样那样的困难，只有心理素质合格的人才能正视现实，努力去克服困难，走向卓越。而心理素质差的人只会怨天尤人、自暴自弃。为了职业生涯规划蓝图能够成为现实，就要不断提高自己的心理素质。

④ 观念目标

观念是对人、对事的态度、价值观。当今是强调观念的社会，各种各样新的观念层出不穷。这些观念影响着我们的行动，也影响组织、领导、同事、客户对我们的态度。随时更新自己的观念，让自己总是站在前沿地带，也是规划个人职业生涯中重要的一环。

实训活动

目标多叉树法

人生规划，对于任何阶段的人来说，都是非常重要的，那么如何正确规划好自己的人生呢?

所有目标，不管它有多大，一定要分解到你现在去做些什么。因为你现在所做的每一件事情，都应该跟自己的梦想相关联，否则这个梦想实现的可能性就不大。

活动目的:

用多叉树法分解目标，给自己更宽广的视觉空间、更细腻生动的使用体验与更便捷的操作方式，进而制定更翔实的行动计划，促成目标的达成。

活动说明:

我们可以想象一下，有一棵大树，从树干开始就会有若干个分枝，每个分枝都会有更小的树枝，每个更小的树枝又有再小的树枝直到叶子。我们将树干代表大目标，每个树枝代表小目标，叶子就是我们现在的目标，或是我们现在要去做的每件事情所应该达到的结果。

首先，弄清楚大目标和小目标之间的逻辑关系。① 小目标是大目标的条件；② 大目标是小目标的结果；③ 小目标如果全部实现，那么大目标一定就会跟着实现。

活动过程：

（1）现在，请同学们写下一个大目标，然后问自己："要实现该目标的条件是什么？"接下来再问："要实现这些小目标的条件是什么？"

（2）列出达成每一个小目标所有的必要条件与允许条件。这样这些条件就会变成各处的小目标的第二层树杈。

以此类推，直到画出所有的树叶，才算完成目标的多叉树分解。每个目标最后都可以被描绘成一棵枝繁叶茂的大树。

（3）从叶子到树枝，再到树干，不断地问自己：如果这些小目标均已实现，那么大目标一定会实现吗？

回答如果为"是"，表示这个分解已经完成。如回答"不一定"，表明所有列出的条件还不够充分，继续补充被忽略的树枝。一棵完整的目标多叉树，就是一套完整的实现目标的行动计划。目标多叉树，又叫计划多叉树。

要求：不断练习，直至实现自己所有的目标。

（4）评估目标。目标评估可分为合理性评估和可行性评估。这两项评估的核心是对目标大小的评估。当目标多叉树以及分解完成后，单位时间内无法完成树叶所显示的工作量，表明该目标太大；当目标多叉树以及分解完成后，单位时间内可以很轻松完成树叶所显示的工作量，表明该目标太小。为自己每个目标做系统的评估，以免因目标太大最终无法实现，使自己遭受挫折，也避免因目标太小而浪费自己的潜能。

（5）判断目标能否达成。① 充要判断法：将目标多叉树分解后，若列出的条件仅仅是必要条件，表明即使该小目标全部实现，大目标也不一定实现，只是有可能实现。若列出的条件是充分必要条件，即除了必要条件外，还有充分的辅助条件，表明只要小目标全部实现，该目标就一定能实现。如果小目标全部达成，而大目标不一定达成，则表明分解时忽略了其他辅助条件，请立即予以补充，直到条件完全充分为止。② 直接判断法：针对每一个目标，直接问自己下面的问题，自问自答，答案可以让我们自己判断。

问题：该目标是否能达成、为何要达成这个目标、达成这个目标的意愿到底有多强烈、该目标达不成会怎么样、愿意付出什么样的代价。

回答：以上的理由、不成功便成仁、愿意付出任何代价……

活动分析：

如果一个目标在将来它所依据的现实条件发生意想不到的变化，那么，我们必须立即做出反应，调整自己以适应变化。

修正目标的基本法则：

（1）修正目标计划。而不是修正目标。如果更改目标成为习惯，那么这个习惯很可能让我们一事无成。目标一旦确立，绝不可以轻易更改，尤其是终端目标。可以不断修正的是达成目标的计划。

（2）修正目标的达成时间。一天不行，可以改成两天，一年不行，可以改成两年。坚持到底永不放弃，终将成功。

（3）修正目标的量。三思而后行，不要轻易地压缩梦想，以适应这个残酷的现实。

应有的思维模式是，不惜一切努力，找寻新的方法以改变现实，达成目标。

（4）放弃目标。虽然屡战屡败，但仍然可以屡败屡战。对于成功者而言，这个世界根本没有失败，只是暂时还没有成功。只要不服输，失败就绝不会成定局。

（5）面对新的目标，切勿重复以上的循环，而永远只重复修正法则的第一步。永远修正计划，并最终达成目标。

2. 职业生涯目标的组合

目标组合是处理不同目标相互关系的有效措施，如果只看到目标之间的排斥性，就只能在不同目标之间做出排他性选择；而如果能看到目标之间的因果关系与互补性，就能够积极进行不同目标的组合。在职业生涯规划中要思考目标完成的先后顺序，不同的目标可以按时间组合为并行或连续关系，可以按功能组合成因果关系或互补关系，也可以进行全方位组合。

（1）时间组合

职业生涯目标在时间上的组合可以分为并进和连续两种情况。

① 并进。所谓职业生涯目标的并进，指同时着手实现两个平行的工作目标或建立和实现与日前工作内容不相关的预备职业生涯目标。有时候，大环境给予大学生的机会很多，让大学生们面临多个选择，于是会出现两个或多个不同方向的职业生涯目标。在一定时期内，只要处理得好，是可以做到“鱼和熊掌”兼得的。当然，前提条件是要有足够的精力和能力来应对，但对普通大学生来说，仍然建议同学们在一段时间内只定一个大目标。这里所说的“同时着手实现两个平行的工作目标”，指的是短期内进行的不同性质的工作，一般多为中、高级管理层“双肩挑”的情况。

② 连续。连续是指用时间坐标做纽带，将各个目标前后连接起来，实现一个目标后再进行下一个目标。一般来说，目标的期限性是相对的，随着时间的推移，长期目标成为中期目标，中期目标成为短期目标，短期目标成为近期目标。只有完成好每一个近期目标和短期目标，最终目标才有可能实现。

职业生涯目标各个阶段目标的设定大体与最终目标一致并互相关联。这里应该明确，阶段目标是在一段特定的时间内要达到的结果。如果将职业生涯的阶段目标转变为职业生涯最终目标，只需将各个阶段目标连接起来，加上一个时间表，再加上一个衡量目标达成结果的评估方式。

（2）功能组合

很多职业生涯目标在功能上可以创造因果关系或互补关系。

① 因果关系。有些目标之间存在着明显的因果关系，如工作能力目标与职务目标和收入目标，前者是因，后者为果，表现为工作能力提高—职务提升—收入增加。通常情况下，内职业生涯目标是原因，外职业生涯目标是结果。

② 互补关系。一个管理人员在希望成为一个优秀的员工的同时取得更利于自己发展的技能证书，这两个目标之间存在着直接的互补作用。

（3）全方位组合

全方位组合已超越职业的范畴，它涵盖了人生全部活动。全方位组合指职业生涯、家庭和个人事务的均衡发展、相互促进。事业不是生活的全部，任何一个人都不能离开家庭和休闲娱乐，完美的职业生涯规划不应把生活中的其他内容排斥在外。目标组合可以超越狭隘的职业生涯范围，将全部的人生活动联系协调起来。

面对飞速发展变化的信息社会，一次性的长期规划显然不太现实，因而要根据自身实际及当前社会需求，把大目标分解成若干可操作的小目标，灵活确定规划的时限，如21~30岁、31~40岁、41~50岁、51~60岁等阶段的职业生涯规划等。对于大学生而言，需要制定短期职业生涯目标，从知识、能力、素质三方面规划自己的学校生活，然后确定自己的长期职业生涯目标，迈好进入职场的第一步。

在确立职业生涯目标时，除了要考虑个人的实际能力、价值观等内部因素外，还要对社会环境、组织的现状及前景、人际关系等方面进行分析。

（1）要对社会的宏观发展趋势有基本的认识。如自己所选择的职业在当前和未来社会中的地位如何？技术的创新会导致哪些职业的需求旺盛？社会热点职业门类分布与需求状况怎样等。

（2）要对自己拟选择的企业类型的外部竞争环境进行分析。比如家电行业就要分析目前总的经济形势，该行业中的竞争状况、发展前景；房地产行业则要分析其发展状况、竞争力、可持续发展能力等。

（3）要对企业内部进行了解，以确定自己在企业中的发展空间。比如：企业领导人的能力与抱负；企业文化和规章制度建设情况，特别是企业在人力资源方面的规划完善情况；企业的工资福利制度是否完善；是否拥有教育培训、出国进修等再学习机会；企业的组织发展状况及自身是否拥有职务晋升的机会；在该企业是否拥有顺利实现职业理想的可能。

（4）要对人际关系进行分析。个人职业生涯过程中将同哪些人交往，其中哪些人将对自身发展起重要作用，如何与他们保持联系，工作中会遇到什么样的同事或竞争者，如何与之相处等。

课后练习

思考与练习

1. 分析职业生涯决策理论，谈谈这些职业生涯决策理论对你今后的决策行为有何影响？

2. 写一篇自传，回顾你以前做过的那些重要的决策以及你的价值观是如何参与决策的。

3. 为了提高你的决策水平，从现在开始你能对自己提出哪些要求？

4. 请举出最近生活中两三个决策的实例，试着归纳出这些决策的共同特性，说明自己的决策风格。

5. 在职业生涯规划中，目标为什么如此重要？

6. 你是如何选择自己生涯发展路线的？

7. 为自己制订一份本月计划实现的目标，并写出具体实施方案，与自己的老师和好朋友讨论该方案的现实可行性。

探索与实践

坚持行动计划，培养一个好习惯

心理学研究发现，养成一个习惯需要21天。

为了支持你养成优秀的习惯！建议你使用“21天养成行为习惯”的方法！每天训练自己的行为。

具体操作：

晚上上床休息前为自己留出十分钟时间，总结今天的计划执行情况及制订明天的计划。

（1）今天的任务完成得怎样？

____

（2）对哪些地方满意？为什么？

____

（3）对哪些地方不满意？为什么？

____

（4）在明天的计划中将如何进行调整？

____

（5）明天一天的计划是怎样的？

____

坚持下去！养成优秀的习惯！你将会有令人惊喜的收获！

模块七　职业生涯规划的评估管理

通过本模块的学习，应该达到以下目标：

知识目标：

了解职业生涯规划评估的内容、自我管理及自我开发的内容。

掌握制定职业生涯规划书的原则。

能力目标：

具备职业生涯规划进行评估和修正的能力，具备自我管理的能力。

具备撰写职业生涯规划书的能力。

素养目标：

树立正确的职业价值观，并能正确对待职业生涯规划的调整。

职业生涯是一个动态变化的过程，职业生涯规划的超前性包含了规划实施过程中的诸多不确定因素。因此，我们在制定职业生涯规划的时候，同时要做好职业生涯规划的评估修正准备。如果出现目标制定不符合情况、实施方案与目标吻合度偏低或出现执行不力的情况，就要对出现的偏差进行分析，找出原因，及时对职业生涯规划做出适当的调整，以更好地符合社会发展和自身发展的需要。对职业生涯规划评估的过程，是个人不断认识自己的过程，也是对自我进行管理的过程。

项目一　评估规划　确保职业生涯规划的科学

俗话说："计划赶不上变化"，尤其在现代职业领域，只有变化是永恒的主题。整个职业生涯目标要在实施中去检验，而影响职业生涯目标实现的因素很多。有的变化因素是可以预测的，而有的变化因素难以预测。在这种状况下，要使职业生涯目标顺利实现，就需不断地对职业生涯目标进行评估与修正。职业生涯目标的评估与反馈过程是个人对自己的不断认识过程，也是对社会的不断认识过程，是使职业生涯规划更加有效的有力手段。

一、职业生涯规划评估的作用

（一）检验职业生涯目标是否合适

许多人对职业生涯规划的认识有一个误区，错误地认为只要根据实际情况制定好职业生涯规划就可以一劳永逸，但事实上并不是如此。尽管职业生涯规划的目标是建立在自我分析和客观事实的基础上的，但是我们周围的环境每时每刻都在变化，大到国际形势突变、国家政策的调整，小到组织制度的改变、组织结构的变革，同时我们自身的条件也不是一成不变的，这些都是影响我们制定职业生涯目标的客观因素。同时，由于大学生的心理不够成熟、缺少社会阅历，加上大部分大学生对自我评价过高，对于职业生涯的期望值过高，所以大部分人在制定职业生涯规划时极度盲目，制定的职业生涯目标与实际有很大的偏差，缺乏可操作性。因此，大学生要定期对职业生涯规划进行评估，检验职业生涯目标是否和结果存在一定的差距，并要根据实际情况对职业生涯规划进行不断地调整。

（二）检查职业生涯策略是否得当

大学生在制定职业生涯规划的时候，都是先进行自我评估，然后在此基础上为自己的职业生涯定下目标，并制定相应的实施策略，包括学习计划、培训计划、工作计划等，这些计划都是为实现目标而服务的。但是，这些计划是否得当，那就另当别论了。因为我们的很多计划都是在主观分析和过往经验的基础上制定的，所以，我们在实施这些计划的过程中要不断反省，定期对实际效果进行检查。

（三）调整职业生涯规划是否及时

环境和自身是不断变化的，职业生涯规划也是一个动态的过程。在实施职业生涯规划的过程中有些条件发生变化，如果不对职业生涯规划进行评估，或者说很长时间才评估一次，就不可能及时地发现问题，并迅速做出改变。许多职业指导专家都建议至少每年做一次评估。因此，要根据实际情况，进行定期的评估，及时纠正实施过程中出现的偏差。

二、职业生涯目标评估的内容

职业生涯规划的评估主要是对各阶段的预定目标和实际结果之间的差距进行分析，找出差距产生的原因。任何一个行动计划在实施之后都可能会有所偏差，这时需要对职业生涯目标与规划进行评估并做出适当的调整，以便适应自身发展和社会发展的需要。

（一）对职业生涯目标的评估

评估是职业规划的基础，也是制定准确职业目标的前提。对职业生涯规划的评估首先要检验原来制定的职业生涯规划目标是否与当前的环境和自身情况相适合，如果存在差距，就要适当调整。在职业生涯规划实施的某一阶段，如果无法达到所希望的目标，就要根据现实情况重新选择职业生涯目标。如果一直无法适应或胜任设定的职业生涯目标，在学习和工作中得不到应有的发展，将会导致心理的长期压抑、不愉快。通过不断地评估，并通过修正和调整职业生涯规划，使大学生个人的职业目标与自身条件更加匹配，为职业发展的成功奠定基础。当这些目标逐步实现，大学生再根据外界环境的变化进行评估，调整对职业目标的认识，明确今后一段时期的职业目标，促使大学生向更高的目标迈进。

想一想：看看目标设定是否考虑了自身的优势，或者经过学习和培训，自己的优势是否更加突出？如果是，则需要重新进行自我认知和职业定位。

（二）对职业生涯路线的评估

在职业生涯路线实施的过程中，评估不仅是对职业生涯路线的剖析，更是对职业生涯目标实施过程中影响职业发展路线的因素进行评估，它能够帮助大学生更加清晰地认识各种因素对职业生涯发展的影响，能够客观地帮助大学生分析职业发展的有利和不利条件，当出现更适合自己职业生涯发展的机会或选择时，就要及时调整职业生涯路线以适应环境和自身情况的变化。这样才能做到在复杂多变的工作中避害趋利，找到适合自己职业生涯发展的机会，从而激发大学生努力工作的动力，帮助大学生实现职业目标与自己的潜能以及主客观条件的最佳匹配，促使大学生根据自己的最佳才能、最优性格、最大兴趣、最有利的身心状态进行良好的职业定位，谋求职业规划的成功发展。

（三）对职业生涯策略的评估

在职业生涯规划实施的任何一个阶段，要根据外界环境和自身情况的变化，对所实施策略做出及时检验。例如，在职业生涯规划中，面临职业选择，如果从事的职业不能很好地发挥自身价值，看不到发展空间，就要及时进行调整。

当然，在职业生涯规划的实施过程中往往会受到多种因素的影响，比如自身的健康状况、家庭情况、薪资福利待遇情况、意外情况等。在职业生涯规划的实施过程中，要随时随地根据周围环境的变化，及时调整自己的职业生涯规划。

三、职业生涯目标评估的要点

评估可以参照各类短期、中期预定目标和实际结果比照而行。一般来说，任何形式的评估都可以归结为自我素质和行为对现实环境的适应性判断，分析自己修正的价值，特别是针对变化的环境，找出偏差所在，并做出修正。

（一）抓住最重要的内容

在评估过程中也不必面面俱到，而是抓住一两个关键的目标和最主要的策略方案进行追踪。在职业生涯的某一阶段，一两年内或者三五年内，总有一个最重要的目标，其他目标都是指向这个核心目标的，完全可以通过优先排序，重点评估那些可能达到这个核心目标的主要策略执行的效果。

（二）分离出最新的需求

针对变化了的内外环境，要善于发掘最新的趋势和影响。俗话说“跟上形势”，对新的变化和需求，及时采取最有效而且最有新意的策略。大学生在职业生涯规划中，要善于抓住外部环境的变化，对自己的策略进行调整，使自己的职业生涯规划做到“与时俱进”。

（三）找到突破方向

有时候，在某一点上取得突破性的进展将使整个局面发生意想不到的改变。想一想，先前规划中的策略方案，哪一条对目标的达成应该有突破性的影响？是否达成了目标？如果没有达到，为什么没达到？如何寻求新的突破？

（四）关注最弱点

管理学中有个著名的“木桶理论”，即一只沿口不齐的木桶，其容量的大小，不取决于最长的那块木板，而取决于最短的那块木板。在评估过程中，要肯定自己取得的成绩与长处，但更重要的是切合变化的环境，可以采用SWOT分析法来分析发现自己素质与策略的“短木板”，想办法修正，或者把这块短木板换掉，或者接补增长，唯有如此，职业生涯这只“木桶”才能有更大的容量。

一般而言，个人存在的不足主要表现在以下几个方面：

（1）高估自己的能力

不少人相信“不想当将军的士兵不是好士兵”这句话。其实，现实生活中的情况是，“将军”的位置很少，如果大家的目标都是当“将军”，那么这种主观愿望就会与客观条件产生差距，使你在执行计划时遭遇许多挫折。因此，制定职业生涯目标时要从实际出发。

有人认为，只要把本职工作做好就可以升任主管，其实不然，优秀的运动员不一定是好教练。一些表现优异的工程师、销售人员等升任主管后却表现不佳，这是因为主管还需要专业工作以外的能力，如决策能力、协调能力、领导能力等。所以，在某个职位做得好并不表明在其他职位也能做得好。

（2）发展目标不明确

有些大学生对自己的学业进行规划时不喜欢所学专业，但又没有找到喜欢的专业，希望将来成就一番事业，可是找不到专业方向。究其原因主要是大学生在入学前的自我探索不够，高考填报志愿、进行专业选择时，没有考虑自己对所填报专业的兴趣，没有深入地思考自己到底适合做什么。以致出现有些大学生学习目的不够明确，学习动力不够强的现象，甚至有的大学生沉迷于与学习无关的事情之中不能自拔，甚至出现大学生因学习成绩不合格而被退学的现象。

（3）目标相互冲突

有些大学生的专业兴趣不在被录取的专业上，而在其他专业上。就其本专业而言，应该完成规定的学习任务才能获得毕业资格，而兴趣与爱好又会使大学生将很多精力放在喜欢而不是被录取的专业上。处于这种状况下的学生会感到无所抉择、无所适从，甚至出现有些录取分数很高的学生因不喜欢本专业而要求退学的现象。

也有一些大学生不能分清主次，盲目模仿。比如看到别人参加社团活动锻炼综合能力，自己也参加了几个社团，最后由于忙于参加各种活动，在学业考试时没有能取得自己期望的成绩，而后悔莫及。有的学生干部没有能够处理好学习和社会工作的关系，有的同学为考某一门科目而严重影响了其他学科成绩等。这些问题的出现主要是没有将目标系统化，主次不清，没有一个逐步实现各种目标的计划，以至于出现了综合素质很高、能力很强的学生由于学业成绩不理想而影响职业生涯发展的现象。

（4）相信命运，不愿做计划

很多人相信成功者是因为有好的机会。因此，他们被动等待命运的安排，而不主动地去计划、经营和努力把握自己的生活。这种人只能守株待兔。职业生涯规划是组织和个人双方都参与的事，最终的实现者是个人。因此，不能抱着“做一天和尚撞一天钟”的态度来对待自己的未来。

（5）轻视自己的成长，没有发挥职业优势

如果过于迷信领导对升迁的影响，就会因为迎合领导好恶而妨碍自己真正的成长。如果失败了，又会归咎于领导而看不到自己的问题，这样会误入歧途。另外，注意到自己的不足，但却忽视了自己的强项，亦不可取。一个人要完成自己的职业计划，就要依靠自己的职业优势，将自己的职业优势发挥出来后，再去试着纠正自己的弱点。

（6）忽视家庭支持的作用

有些人不愿意亲人过问自己的工作，觉得没必要让亲人了解自己的职业生涯规划。其实，家庭的支持对于个人工作的成功很重要。另外，职业生涯规划不要忽略了自己的生活乐趣，因为工作和生活都是人生的重要目标。

（7）“这山望着那山高”

有些大学生总是觉得别人的工作更理想，因此产生跳槽的想法，而没有想到，到了新的工作岗位要建立新的人际关系，面对新的矛盾和挑战。其实无论什么工作都不是容易的，因此，要客观分析自己的工作，要持有现实的态度。

实训活动

360° 评估你的职业生涯决策

活动目的：

诊断职业生涯规划决策中的冲突或存在的问题，引发新的探索行为，及时修正自己的职业生涯规划目标，制订更为科学的实施策略。

活动过程：

请将你最终的职业生涯决策详细描述并写在下面：

（1）__________

（2）__________

（3）__________

你的老师对你的决策的看法和建议有哪些？请列出：__________

____

你的同学对你的决策的看法和建议有哪些？请列出：__________

____

你的家人对你的决策的看法和建议有哪些？请列出：__________

____

你的职场朋友对你的决策的看法和建议有哪些？请列出：__________

____

当完成以上访谈之后，再综合反思一下，你的职业生涯决策是否有变化？请列出：

____

活动分析：

借助老师、同学、家人、朋友的智慧与经验，让被评价的学生更清晰地认识到自身的优势和不足，明确努力的方向，修正自己的职业生涯目标，以达到个人目标与实施策略的最佳匹配，从而保证职业生涯目标的实现。

四、职业生涯规划评估的反馈

所谓反馈，就是沟通双方期望得到一种信息的回流。由于现实社会中不确定因素的存在，使大学生要实现的目标与原来制定的职业生涯目标有所偏差。这就要求我们不断地反省并对规划的目标和行动方案做出修正或调整，从而保证最终实现人生理想。从这个意义上说，反馈就是一个再认识、再发现的过程。我们要时时注意内外环境的变化，不断地审视自我，不断地调整自我，不断地修正策略和目标，这个过程就是反馈评估的过程。信息反馈是职业生涯规划过程中最后一个步骤，它可以确保个人职业生涯规划的科学性。

（一）职业生涯规划反馈修正的必要性

所谓修正是改正、修改，使其正确的意思。职业生涯规划修正的内容包括职业的重新选择、职业生涯路线的选择、阶段目标的修正、实施措施与行动计划的变更，等等。

进行职业生涯反馈与修正的根本目的就是对自己的强项充满自信，对自己的发展机会有清楚的了解，找出关键的有待改进之处，为这些有待改进之处制订详细的行为改变计划，并实施自己的行动计划，确保能够取得显著的进步和成就。通过反馈，自觉总结经验和教训，让自己时刻保持在最佳状态，不断修正策略，甚至必要时修正目标，使自己在通向最终目标的生涯道路上跨越障碍，走得直、走得快、走得稳，谋求可持续发展。

在职业生涯进程中，经常进行再评估很容易发现改善的途径，包括：① 确定精确的位置，判断实际行为效果与期望值的偏差；② 探究导致失败结果的根本原因；③ 采取及时、适当的纠正措施；④ 调整策略，改变行动。

有些问题必须在探索途中才能找到答案，如经常反问自己“我正在做的是最想做的事吗？”“我真的适合做这个职业吗？”“我能如期完成既定目标吗？”“我是否将重心放在了最重要的地方？”经常自省是必要的。根据自己的短期规划，宜在每一个规划阶段进行一次系统全面的评估，如每年或每半年进行一次。即在工作努力一段时间之后，有意识地回顾得失，检查验证前期的策略措施执行效果，纠正分阶段目标中出现的偏差。

现在，很多企业人力资源管理文化正逐渐从原有的家长式统治向员工对自己负责过渡，因而非常重视员工自我职业生涯规划和管理，强调员工主动成长。客观上，这种趋势也要求我们要经常对自己的职业生涯进展进行评估。一般来说，组织往往每年进行一次年终考核，可以结合这个时机，为自己而不是为应付组织的考核再进行一次个人职业生涯评估。

（二）职业生涯规划反馈修正的内容

要使职业生涯规划行之有效，就需要对其规划进行评估与修正。而为了对职业生涯规划做出有效的修正与评估，我们通常要更深层地回答下述问题。

（1）这个工作将给我提供一个测试自我的机会吗？我真的能做这项工作吗？我能顶住有关的真实情况所造成的压力吗？我将如何应付这个工作给自己带来的焦虑和紧张？我擅长这项工作吗？我喜欢吗？

（2）人们认为我值得这么做吗？我有机会显示自己的长处吗？我能做出一定的贡献吗？我的才能会受到赏识吗？

（3）我会取得一种均衡的生活吗？我有时间满足家庭和个人的乐趣吗？职业会向

我提出力不从心的要求吗？

（4）我在组织中的成员资格将符合自己的理想、强化个人的自我意向吗？我会为自己与这种职业或组织结构融为一体感到骄傲吗？

当然，职业生涯规划一旦制定，就不要轻易改变，在遇到一些不确定因素的影响时，我们一般只对短期规划和中期规划做些调整，人生规划与长期规划的调整一定要经过慎重地考虑。

（三）职业生涯规划反馈修正的对策

1. 树立成功意识

在职业生涯规划中，大学生成功的愿望非常重要，只有愿意成长、希望成才、渴望成功的人才有可能自觉地规划自己的人生，走向成功。

2. 积极参加探索、实践、实习

自我探索、自我规划、自我成长、自我完善的理念至关重要，在这种理念指引下，大学生才能够积极、主动地投入到各种成长活动中。

社会实践和职位实习是大学生了解社会的有效途径。通过社会实践和职位实习，大学生能够对社会的政治、经济发展趋势有直观的了解和理解，对社会、对人才的素质要求有直接的认识，有利于大学生根据社会需要有计划地塑造自己，避免学习的盲目性。通过职位实习，大学生还能够更加清楚社会职业分类及职位变化，清楚不同职位对自己的意义所在，有利于大学生在就业过程中正确定位，顺利毕业、成功创业。

3. 做好成长计划并积极参加训练

大学生在大学阶段的成长是顺利就业、成功创业的基础。合理地规划自己的大学生活，制订切实可行的大学期间成长计划对每一位大学生而言都非常必要。有计划地成长会加快大学生在校期间的成长速度，有利于职业竞争力的快速提升，要尽可能多地参加各种层次的成才、成长培训和训练，从而不断提高自己多方面的能力。

4. 寻求有效帮助

在必要时寻求有效支持和帮助。这些支持和帮助可以来自亲朋好友，可以来自教师、学校，还可以来自一些专业机构的专门人员。

项目二　管理自我　确保职业生涯规划的实效

我该怎样面对我的人生？这是很多大学生困惑的问题。而对企业来说，最不愿意看到的就是员工与企业的发展处于不同的轨道上。如何认识自我并做好职业生涯规划，如何在特定企业背景下规划自我以做好自我管理，无论对大学生个人还是企业都有着重要的意义。

一、职业生涯的自我管理

大学生职业生涯自我管理，即指大学生通过不断地自我认识、自我教育和自我控制，充分挖掘和利用一切可以利用的资源，不断发挥自己的心理潜能，使自己的职业生涯规划得以顺利实施，并最终达成职业生涯目标。

职业生涯自我管理以有效实现个人职业发展目标最大化为目的，在职业生涯的过程中对自己进行约束与管理、激励与评价，以期最终实现自我职业发展目标。制定一份有效合理的大学生职业生涯规划，不仅需要对自己的未来目标有一个正确的认识，而且需要有一个好的方法。毋庸置疑，大学生职业生涯自我管理就是一个事半功倍的方法。

（一）职业形象管理

拓展阅读

荀子说：“故人无礼则不生，事无礼则不成，国家无礼则不宁。”在现代社会，职业形象起着一定的作用。良好的外在形象容易给人深刻的第一印象。个人形象不仅反映着个人的素养，而且与职业生活有着直接的联系。个人形象既是个人发展的需求，也是社会发展对于个人的要求。总而言之，良好的职业形象能让你更加容易求职成功。

1. 职业形象的含义

职业形象是指与自己职业相关的个人形象，是在工作岗位上给他人留下的感观印象以及获得的评价，是自己从事职业工作时表现出来外显的形象。职业形象具体包括外在形象、品德修养、专业能力和知识结构四大方面，通过仪表、服饰、言谈、举止等直观感觉展现反映专业态度、技术和技能等。如教师和一线技术操作人员的职业形象就有很大差别。即使同一类职业，从业者的职业形象也会有很大差别。比如，同为教师给人的形象感受却不一样，如语文教师儒雅、数学教师精细、美术或音乐教师更加具有艺术魅力。

职业形象管理并非简单的仪容仪表、礼仪等外在形象，还包含心态、能力、外在等一系列内容。职业形象管理是一个需要长期自律的过程，最终目标是打造个人的职业形象品牌，在市场上具有不可替代的竞争力。

2. 职业形象的作用

阅读案例

面试的秘密

小岳是某高校的应届毕业生，看着周围的同学们都陆续找到了工作，他也开始为自己的将来做打算。很快，在朋友的帮助下，一家公司的人事主管答应给他一次机会，两人约好先见个面。由于是朋友事先介绍，小岳也就没太在意。到了约定时间，只见他穿着一件皱皱的格子衬衫、破破的牛仔裤，再加上前一天没有休息好，整个人都显得无精打采。人事主管看了后不禁皱起了眉头，工作的事自然也就没有下文了。

而已经入职一家外企工作的某制药工程专业的小齐，和求职中屡屡受挫的同学相比，她几乎是一次成功。当别人向她讨教经验时，她说，“细节决定成败”的道理在找工作中也适用。小齐应聘的是一家医药企业，公司只招一名客服助理。面试时，小齐事先为自己搭配了比较大方得体的衣服。穿衣问题虽是小节，却体现了对他人的尊重。面试时，她还特地提前半小时到达，“守约不是大事，却能给人严谨的好印象”。

面试由总经理亲自主持，是一对一的交谈，小齐刚开始也很紧张，因为与她一起前来的应聘同学相比，她的优势并不特别突出。当主考官要求她“介绍一下自己有什么特点”时，小齐冷静下来，她以真实的案例回答考官。面试完毕时，她把椅子轻轻搬回原位。这时，主持面试的总经理脸上产生了微妙的变化，并热情地说“再见”。因为这个细节，她成为唯一被录用的应届毕业生。招聘经理后来告诉她，面试时，考官都会观察应聘者的一些细节行为。那天她是应聘人员中唯一一个把椅子搬回原位的应聘者，这个小小的举动为她最后胜出奠定了基础。

案例分析：在日常生活中注重服饰打扮、言谈举止、气质风度、文明礼貌等礼仪，可以给他人留下很好的印象。大学生在求职过程中更要注重礼仪，因为礼仪可以反映出一个人的品德和修养。由于对礼仪知识的缺乏或是对礼仪的不重视，导致应聘者求职失败的案例屡见不鲜。在求职中，一个仪表出众、懂得礼仪的人，更容易得到他人赏识，获得更多的机会。

（1）职业形象影响求职成败。个人的特质往往是通过形象表达出来的，而且容易形成令人难忘的第一印象。第一印象在个人求职、社交活动中起到很关键的作用。尽管“人不可貌相，海水不可斗量”，但在现实生活中，以貌取人的现象比比皆是，特别是许多人力资源部门在招聘员工时，对应聘者职业形象的关注程度要远远高于我们的估计，甚至许多公司在面试中对职业形象方面关注的比重都很大。因为他们认为，那些职业形象不合格、职业气质差的员工不可能在客户和同事面前获得高度认可，极有可能令工作效果大打折扣。

对于大学生来说，尽管还不是职业人员，但在求职过程中，良好的职业形象可以让大学生有更加明确的职业目标，可以使大学生在求职过程中给人良好的第一印象，能够更加自信地面对职场。

（2）职业形象影响个人业绩。业绩型职业人最容易受到职业形象的影响，如果自己的职业形象不能体现专业度，不能给客户带来信赖感，所有的技巧都是徒劳，特别是对一些进行非物质性销售工作的职业人，客户认可更多的是销售人员本身，因为产品对他们来说是近似虚拟的，即使是非业绩型的职业人，如果职业形象欠佳，也极有可能把良好的合作破坏。在竞争激烈的职场，良好的职业形象不仅能够提升个人品牌价值，提高自己的职业自信心，还能让你在激烈的竞争中打败对手，脱颖而出。

（3）职业形象影响个人晋升。获得领导的认可是晋升的核心要素之一，如果在领导面前因为职业形象问题导致误会、尴尬，甚至引发领导厌恶，业绩再好也难有提升机会。如果在同事同级层面上因为职业形象问题导致被孤立、被排斥的现象，那么也有可能导致晋升不顺利。

职业形象的影响可谓无处不在，在职场上影响自己在别人心目中的形象、影响别人对自己个人的信任度、影响自己的人脉圈，忽略职业形象在自己职业生涯中的重要作用将会使我们失去很多成功的机会。所以，想要拥有一个好的职业发展，首先要让自己拥有一个良好的职业形象。

3. 职业形象的塑造

职业外形的塑造对于大学生及职场新人来说是个重要的课题，如何迅速褪去稚气并非易事，往往需要伴以心智的成长，但职业外形的塑造可以加速心智成长。因此，我们需要根据一些职场惯例来打造个人的职业形象。

（1）职业形象要与职业相匹配。不同的职业有不同的职业形象要求，在多元化的社会文化影响下，对自己职业形象细节的专注、对自己职业形象价值的认识都达到了前所未有的高度。在职业形象塑造时，首先要做到自己的形象与自己的角色相匹配，这是职场工作的需要。在职场中一个人的工作能力虽然很重要，但同时也需要注重自身形象的设计，特别是在求职、工作、会议、商务谈判等重要的活动场合，形象的好坏将决定你的成败。现代意义的形象应该包括仪容（外貌）、仪表（服饰、职业气质）和仪态（言谈举止）三个方面，其中最为讲究的是形象与职业、地位的匹配，要在这些方面按职场规范要求自己，使自己呈现出符合自己角色的良好职业形象。

成熟稳重是树立良好职业形象的关键。既然是职业形象，就要与自己的职业紧密结合，最重要的就是要体现出在职业领域的专业性。任何使你显得不够专业化的形象，都会让人认为你不适合你的职业。专业形象的设计就是要在衣着上尽量穿得像这个行业人士的形象，宁可保守也不能过于前卫时尚。最好事先了解该行业和企业的文化氛围，把握好特有的办公室色彩，谈吐和举止中要流露出与企业、职业相吻合的气质；要注意衣服的整洁干净，特别要注意尺码合适；衣服的颜色要选择中性色，注重现代感，把握积极的方向。

成熟稳重是专业形象的关键，所以在日常工作中一定要注意表现出一种成熟的特质。应该尽量避免脸红、哭泣等缺乏情绪控制力的表现，否则会让你显得脆弱、缺乏自制力。另外，在言谈中表现出足够的智慧、幽默、自信和勇气，少用“嗯”“呵”“哎”等语气词，这样会使你显得更稳重而可靠。

（2）职业形象要与企业形象相吻合。职业形象要尊重企业形象、企业文化的要求，不同的行业、不同的企业，因为集体倾向性的存在，职业形象只有符合主流趋势才能促进自己职业的升值，提升企业形象对自己职业形象的接受度。

从职业持续发展的角度，制服代表的是一种职业权威，职业人应该为自己希望做的工作选择着装，而不仅仅是为自己已有的工作着装。因为我们的专业装和形象打扮应该为别人关注自己的工作本身时起到视觉补充效果。此外，不完美的发型和化妆也会损害自己的职业形象，这些细节问题关系着我们生活的方方面面，稍不留神就可能使我们和成功机会擦肩而过。

职业形象包含的元素很多，一般人们的理解主要集中在硬装备上，但一个企业的发展，不仅靠硬件设施，更要靠每一位员工自身塑造的良好职业形象。员工的职业形象直接影响着企业的外在形象，甚至等同于企业的形象。因此，大学生塑造职业形象必须与企业文化一致，根据企业的具体要求来展示自己的职业形象，要达到“忘我”的境界。

职业形象提升不仅可以塑造企业形象，提高客户与合作者的满意度和美誉度，并能最终达到提升企业的经济效益和社会效益的目的。

（3）职场形象要突出个人风格。随着社会的发展和时代的进步，职场人士的思维和性格越来越差异化、个性化，对自己职业形象细节的专注，对自己职业形象价值的认识也达到了前所未有的高度。

职业形象的功能在于交流和自我表达，在于打造个人品牌，如果在形象上千篇一律，没有个性，即使再得体、再职业化也是失败的。因此在职业形象的设计方面也应该在细节上体现出个人风格。

要想打造出自己的个人风格，一要塑造外在形象。一件得体的服饰加上一件得体的物件，两个“得体”加起来就会产生“1+1>2”的效果。还要对皮肤、相貌、体形、内在气质及服装用色、款式、质地、图案、鞋帽款式、饰品风格与质地、眼镜形状与材质、发型，等等进行对比、测量和分析，针对这些细节去寻找最适合的设计。外在形象要简单大方而又显得职业化。二要塑造知识形象。知识形象就是与自己工作相关的知识和与自己感兴趣的知识，这样在工作中，用你的专业知识折服客户，而你感兴趣的知识，可以丰富交谈的内容，使得与你交谈的对象感觉到你是一个知识渊博的人，从而对你产生好感，这就是塑造知识形象的重要性。三要塑造社交形象。社交形象需要职业人日积月累，长期坚持，尽管不少书籍里有“短平快”的社交速成法则，但只有长期在实践中学习这种知识，才能达到提升的目的。四要塑造人格形象。在职场中，最重要的人格形象就是信誉，只有拥有良好的信誉，才能使你的客户对你满意，才能赢得市场，所以，职业中最先应该塑造的人格形象就是信誉。

（二）人际交往管理

人际交往是指人们在社会活动过程中人与人之间的信息传递、情感沟通、思想交流与相互施加影响等心理联系的过程，是人类社会特有的现象，是人与人之间合作与竞争的基本形式。或者说，是个体与周围人之间的一种心理与行为的沟通过程。现代人往往离不开人际交往。从心理学上讲，每个人都希望受人欢迎，因为受人欢迎意味着对自我价值的肯定。一个人可能一时不在乎别人是否喜欢自己，但是他不可能所有的时候都不在乎。

拓展活动

1. 遵循人际交往的原则

（1）平等原则

平等待人是建立良好人际关系的前提，平等原则是最基本的交往原则。因为人在交往时，心理上都存在着一种对平等的渴望，追求平等以达到心理平衡，是人类生活的美好愿望。社会中的人年龄悬殊，分工不同，经历各异，他们交往的原则和方式相对较复杂。但就大学生而言，年龄、经历、文化水平等都大体相似，无论来自农村、城市，无论学习何种专业，并无尊卑贵贱之别，每个人都渴望得到别人的尊重和理解。如果大学生在交往中高高在上，傲视群体，盛气凌人，就会因缺乏对人起码的尊重，最终成为交往中脱离集体的“孤家寡人”，导致心理上的孤独感。但在交往中一味地盲目自卑，觉得处处低人一等，缺乏交往勇气和信心的人，同样也难以赢得别人的同情和尊重，更加离群索居。调查表明，那些优越感很强，喜欢显示个人特长或家庭背景的大学生，多数人缘较差。即使能力很强，也无法发挥，因为不坚持交往平等原则的人，是不会被他人欢迎和接纳的。

（2）真诚原则

真诚待人通常被认为是人际交往中最有价值、最重要的原则。诺尔曼·安德森曾进行研究，将用来描绘人的个性品质的555个形容词按照喜欢程度由高到低进行排序，其中，排在最前面的是高度受人喜欢的品质，位于序列中间的是中性品质，排在最后的是高度被人厌恶的品质。研究结果表明，得到人们评价最高的品质是真诚、诚实、理解、忠诚、真实等，而评价最低的品质是说谎、虚伪、作假、邪恶、冷酷、不诚实等。

个性品质的吸引实际上是个体人格美的具体表现，我们经常说外表美是一时的，而心灵美是经久不衰的。实际上，这里的心灵美有一部分内容就是指人们的个性品质。生活经验告诉我们，一个人只有拥有美的心灵，才会真正受人欢迎和喜欢。心理学家谈论的个性品质往往是人内在的东西。

（3）宽容原则

人际交往中难免会遇到一些不愉快的人和事，总不能肆意发泄，或因噎废食干脆从此就不与之交往。大学生在人际交往中，要学会宽容，学会克制和忍耐。心胸一定要宽，气量要大，切不可斤斤计较，苛求他人，固执己见，营造宽松的交际环境。事实上，工作中的矛盾总是可以化解的。因为敌意是一点一点增加的，所以也可以一点一点削弱。中国有句老话：冤家宜解不宜结。同在一个教室学习、宿舍生活，低头不见抬头见，还是少结冤家为好。不过化解敌意也需要技巧，更需要度量。

（4）理解原则

理解主要是指体察和了解他人的需要，明了他人言行的动机和意义，并帮助和促成他人合理需要的满足，对他人生活和言行有价值的部分给予鼓励、支持、认可。人们常说，千金易买，知己难求。所谓知己，即是能够理解和关心自己的人。相互了解是人际沟通、促进交往的条件。理解不等于知道和了解。就人际交往而言，不仅要细心了解他人的处境、心情、特性、好恶、需求等，还要根据彼此的情况，主动调整或约束自己的行为，尽量给他人以关心、帮助和方便，多为他人着想，处处体恤别人。古人云："己欲立而立人，己欲达而达人""己所不欲，勿施于人"。大学生在交往中，需要善解人意，处处理解和关心他人，这样别人也不会亏待你。

2. 学会人际交往的艺术

在职业生涯发展中，要赢得好的人缘，必须学会与人共处的艺术。

（1）增加交往频率

熟悉能够增进人际吸引，这已被心理学的研究所证实。如果两个人见面的次数多，彼此熟悉，自然就会增加相互理解的机会，也增加了产生好感的可能性。对于那些不容易给人留下一个强烈、鲜明的第一印象的人，增加交往频率是解决问题的最好途径。在现实生活中我们常常看到，很多其貌不扬的人往往具有那些容易吸引人的人所不具备的优点，那些优点只有经过长时间的接触才能感觉到。如果说，其他因素决定了别人是否会对你产生好感，那么可以说，熟悉决定了人们是否会更深入地发展人际关系。现实生活中，那种"一见钟情"的恋人、"相见恨晚"的朋友毕竟是少数，大多数的人际关系都是建立在熟悉的基础之上。

（2）主动沟通

拥有丰富多彩的人际关系世界是每一个正常人的需要。可是，很多人的这个需要都没有得到满足。他们总是慨叹世界上缺少真情、缺少帮助、缺少爱，那种强烈的孤独感困扰着他们，折磨着他们。其实，很多人之所以缺少朋友，仅仅是因为他们在人际沟通中总是采取消极的、被动的退缩方式，总是期待友谊和爱情从天而降。他们虽然生活在一个人来人往的世界里，却仍然无法摆脱心灵上的孤寂。这些人，只做沟通的响应者，不做沟通的始动者。

心理学家研究发现，有两点原因影响人们不能主动沟通，而采取被动退缩的沟通方式。

一方面，缺乏自信。因为缺乏人际沟通的自信心，所以生怕自己的主动沟通不会引起他人的积极响应，从而使自己陷入窘迫、尴尬的境地，进而伤及自己脆弱的自尊心。而实际上，在现实生活中，每一个人都有沟通的需要，因此，我们主动而他人不采取响应的情况是极其少见的。试想，如果他人主动对你打招呼，你会采取拒绝的态度吗？当你尝试着主动和他人打招呼、攀谈时，你会发现，人际沟通是如此容易。

另一方面，人们心里对主动沟通有很多误解。比如，有的人会认为“先同他人打招呼，显得自己低贱”“我这样麻烦别人，人家肯定会烦的”“他又不认识我，怎么会帮我的忙呢？”等等。其实，这些都是误解，没有任何可靠的证据能证明这些说法的正确性。但是，这些观念却实实在在地起着作用，阻碍了人们在沟通中采取主动的方式，从而失去了很多结识他人、发展友谊的机会。

阅读案例

两块钱赢来的工作

在一次招聘会上，北京某外企人事经理说，他们本想招一名有丰富工作经验的资深会计人员，结果却破例招了一位刚毕业的大学生，让他们改变主意的起因只是一个小小的细节——这个学生当场拿出了两块钱。

人事经理说，当时女生因为没有工作经验，在面试一关即遭到了拒绝。但她并没有气馁，一再坚持。她对主考官说：“请给我一次机会，让我参加完笔试。”主考官拗不过她，就答应了她的请求。结果，她通过了笔试，由人事经理亲自复试。人事经理对她颇有好感，因为她的笔试成绩最好。不过，女孩的话让人事经理有些失望。

她说自己没工作过，唯一的经验是在学校从事过学生会财务工作。找一个没有工作经验的人做财务会计不是他们的预期。“今天就到这里，如有消息我会给你打电话通知你。”

女孩从座位上站起来，向经理点点头，从口袋里掏出两块钱，双手递给经理“不管是否录取，请都给我打个电话。”

经理从未见过这种情况，问：“你怎么知道我不给没有录用的人打电话？”

“您刚才说有消息就打，言外之意就是没录取就不打了。”

经理对这个女孩产生了浓厚的兴趣，问：“如果你没被录取，我打电话，你想知道些什么呢？”女孩说“请告诉我，在什么地方我不能达到你们的要求，在哪方面不够好，我好改进。”

“那两块钱……”女孩微笑道，“给没有被录用的人打电话不属于公司的正常开支，所以由我付电话费，请您一定打。”经理也笑了，“请你把两块钱收回吧，我不会给你打电话了，我现在就通知你，你被录用了。”

有人问："仅凭两块钱就招了一个没有经验的人，是不是太感情用事了？"经理说："不是。这些面试细节反映了她作为财务人员所具有的良好素质和人品，人品和素质有时比资历和经验更为重要。第一，她一开始便被拒绝，但却一再争取，说明她有坚毅的品格。财务是十分繁杂的工作，没有足够的耐心和毅力是不可能做好的；第二，她能坦言自己没有工作经验，显示出一种诚信精神，这对从事财务工作尤为重要；第三，即使不被录取，也希望能得到别人的评价，说明她有直面不足的勇气和敢于承担责任的上进心。员工不可能把每项工作都做得很完美，我们接受失误，却不能接受员工自满不前；第四，女孩自掏电话费，反映出她公私分明的良好品德，这更是财务工作不可或缺的。"

案例分析：在就业中，大学生经常会遇到案例中提到的就职条件，很多人望而止步，而案例中的女生却凭借自己良好的人际沟通技巧，轻松地排除了沟通障碍，获得了满意的结果。可见，人际沟通在大学生就业中起到了十分重要的作用。从某种程度上说，大学生的择业、就业过程就是与人沟通的过程。

（3）学会倾听

善于倾听他人说话有时比自己讲话更重要。在交往过程中，擅长听的人，在别人的心目中都会留下良好的第一印象。要做到"会听"，首先要有正确的"听"的态度，专心地听对方谈话，态度谦虚，始终用目光注视对方。其次，在听的过程中，要善于通过身体语言和微表情给对方以必要的反馈，做一个积极的"听众"。例如，听话时适当地点头或微笑，并用"是吗？""真的吗？"等表示自己确实在听和鼓励对方继续说下去；思考对方所说的话以填补停顿时间；重复一遍自己听对方提到的内容，等等。最后，还要能够巧妙地表达自己的意见，不要坚持与对方明显不合的意见。因为几乎所有的说话者都希望别人听他说话，或者希望听的人能够设身处地为他着想。同时，还要注意，不要轻易打断或试图打断别人的谈话。

总之，我们在与别人说话时要注意积极倾听，并且注意察言观色、随机应变，给对方留下良好的第一印象。

（4）帮助他人

帮助他人也是增进人际吸引的有效途径。在生活中，个人的力量总是很单薄的，当面对生活中的种种问题时，每一个人都需要他人的帮助。因此，人生的旅程是在他人的扶持下走完的。当一个人对生活中的某一问题无力解决时，我们如果能够伸出一双热情的手，无疑会给对方以极大的力量与信心。

然而，很多人在抱怨自己缺少友情的同时，却不愿意对他人付出一点点，即使是举手之劳也不肯帮助别人，正是这种心理将他们自己拒于友情的大门之外。正如戴尔·卡耐基所言："你要别人怎么待你，就得先怎样待别人。"

（5）给人以良好的第一印象

在人生的大舞台上，每一个人都在努力扮演着自己的角色，都希望自己在别人心目中留下一个良好的印象，尤其是第一印象。尽管不同的人有不同的做法，但总的来说，给人留下一个良好的第一印象并不困难。

很多专门研究人际关系的人都提出了一些有效地增加自己良好印象的技术。比如，有人在调查研究的基础上，提出了在最初的交往中有效地表现自己的“SOLER技术”。“SOLER”是五个英文单词的首字母，分别代表五个技巧：S（sit）—— 坐要面对别人；O（open）—— 姿势自然开放；L（lean）—— 身体微微前倾；E（eyes）—— 目光接触；R（relax）—— 放松。

事实证明，如果我们在人际交往的过程中，有意识地在适当场合运用SOLER技术，改变其他一些不适当的自我表现，可以有效地增加别人对我们的好感，促进别人对我们的接纳，形成良好的印象。

实训活动

沟通能力训练

沟通是一门艺术，沟通能力是职场中至关重要的一种能力。良好的人际关系需要建立在人际沟通的过程中。那么在沟通中，如何才能实现有效沟通？下面，让我们通过这个小活动来体验一下吧。

1. 准备一张A4大小的纸。
2. 听指令，不许说话，按要求做。
3. 指令如下：把这张纸对折，再对折，在纸的左上角撕掉一个角，旋转180°，再在右上角撕掉一个角。打开后看看你们手中的纸一样吗？
4. 思考一下为什么不同？
5. 我们应该如何说，才能让大家手里的纸撕得一样？
6. 有没有哪位同学想来发布指令？同学们在台下体验。

通过游戏，我们可以体会和学习到沟通的要素和沟通的一些技巧。比如，沟通的五要素有：沟通主体、沟通客体、沟通介体、沟通环境和沟通渠道。

通过这个活动，希望帮助大家认识沟通的重要性以及沟通能力训练的必要性。

（三）时间管理

所谓时间管理就是有效地利用时间资源，以便有效地取得个人的重要目标。时间管理可以使工作系统化、条理化。时间管理是为了提高时间的利用率和有效性而对时间进行的合理计划与控制、有效安排与运用的管理过程。

拓展阅读

时间对任何人而言都是重要资源，对于大学生来说更是珍贵。然而，在环境的压力下，一般人常会放弃本应该做的事，而用大部分精力去解决一些突发状况或干扰最大的事情，结果把学习、生活步调弄得紧张疲惫，无形中牺牲了许多生活及学习上的乐趣和享受。

大学生时间管理的关键就是事件的控制，即在日常事务的执行中利用一定的技巧把每一件事情都能够控制得很好。例如，合理有效地利用可以支配的时间，安排好课业生活，规划好学习或工作步骤。大学时期正是为今后工作打基础的时期，对时间进行有效的管理，可以学到更多的本领和能力。而且时间管理是一种习惯，当有了好的习惯，就会在以后的工作和生活中游刃有余，生命就会更精彩。

1. 树立时间观念

俗话说，“一寸光阴一寸金，寸金难买寸光阴。”孔子曾经站在河边对着湍急的河流喟然长叹：“逝者如斯夫，不舍昼夜！”现代管理学之父彼得·德鲁克也曾说：“时间是最高贵而有限的资源。”所以，一个人是否会管理时间对其职业生涯发展非常重要。

阅读案例

一生工作时间统计

假设一个人能活到80岁，减去求学的前20年及退休后的20年，剩下的40年是创造人生价值的黄金时段。

这40年中你干了什么？

以不是闰年的2023年为例，当年的节假日和周末休息日共有115天，折合约为12.6年时间，还剩下27.4年。每天睡眠8小时，占27.4年的1/3。每天吃饭、干家务、娱乐，约需要4个小时，占27.4年的1/6。每天上下班交通2小时；刷牙洗脸、洗澡、化妆、看报用去1小时；你做白日梦，心情不好无法集中精力工作，没有经验干错事，浪费1小时；一共每天4小时，占27.4年的1/6。以上合计占你27.4年的2/3。也就是说，你大约只有9年的时间是用于有价值的事情上。若你每天浪费了更多的时间，你也可以重新计算一下自己的时间账。

你用这短短的几年时间能承担你80年的人生吗？

时间管理不是要把所有的事情做完，而是要更有效地运用时间。时间管理的目的除了要决定你该做些什么事情之外，另一个很重要的目的就是决定什么事情不应该做。时间管理不是完全的掌控，而是降低变动性，时间管理最重要的功能是通过事先的规划，提供一种提醒与指引。

2. 有计划地管理时间

（1）合理分配时间

有人这样划分时间：

时间=收入时间+消耗时间

收入时间=工作时间+业余兼职时间+家务劳动时间

消耗时间=生理生活时间+家庭生活时间+社会活动时间

按照这样的划分，从现在起，你可以画一张个人时间核查表格，从吃饭、睡眠、工作、通勤、兼职、家务、家庭生活、社交、兴趣爱好、其他等方面记录下你一周的日常休息时间。

等一周结束后，分别列出用于以上各项的时间到底是多少，并分析自己的工作状况，是上午效率高，下午效率高，还是晚上效率高？精神最好的时候，是在做些无关紧要的事，还是在做重要的事？清楚地列出后，或许你会发现，原来自己以前浪费了这么多时间！现在，你可以对时间表重新进行分配，看看怎样才是你度过一生的理想方式。

（2）制订时间计划表

可以自行设计一个统计表，将每天每个时间段所做的事情填进去，可以将其精确到分钟，经过一段时间的记录，进行总结，可以发现自己使用时间的效率及所浪费的时间。长期进行统计，还可以以此为依据来检验自己时间管理的效率，但注意要经常回顾、修正自己的时间统计表，不断反馈使用效率，总结经验，然后进行更有效的时间管理。

（3）科学地使用时间

根据自己的情况做计划，给每件事设置时限，要求自己在什么时间段、多长时间完成哪些工作。渐渐地，你的工作及生活就会走上正轨，时间利用效率也会越来越高。

注意：进行计划时要学会科学地进行安排。每个人的生物钟是不一样的，同样的工作，对有些人来讲上午比较容易完成，有些人则适合晚上做。找出自己的时间段，利用最适合自己的方式，才会提高时间的有效性；反之，只会事倍功半。

3. 掌握时间管理的方法

（1）优先顺序法

优先顺序法就是决定哪件事情必须先做，哪件事情只能摆在第二位，哪些事情可以延缓来处理，即要有意识地设定明确的有限顺序，以便执着、系统地依照这个顺序处理计划里的任务。任务可以被分成四类：A类，B类，C类和D类。

通过“艾森豪威尔矩阵”可以获得关于各类任务轻重缓急的概况，如图7–1所示。

图7–1　艾森豪威尔矩阵

A类任务，即当前非常重要的任务；B类任务，即重要的任务；C类任务，即不太重要的任务；D类任务，即不重要的任务。

聪明的时间管理者有一个大致的原则，应该先解决其他任务，然后再去对付D类任务。出于这样的考虑，请你养成习惯，用A、B、C、D类任务的分析方式进行工作，然后按照分类去完成需要完成的任务。对待A类任务，当前必须集中精力，并将大部分时间花在这些任务上。对待B类任务，要确定规划、计划，当前不能花很多时间。对待C类和D类任务，应该花极少时间。

请记住这一条基本法则：将每天2/3的时间用在A类任务上，1/5的时间用在B类任务上，把5%~10%的时间用在C类任务上，是否将剩下约5%的时间用来解决D类任务或其他事情，由你自己决定。

（2）时间ABC分类法

实际上每个人的角色不同，在当时的状况下设定目标，应以每一次仍能够最完美地完成任务为原则。这样在计划周期结束时，每个人至少都处理了重要事情。时间管理的重要意义在于能经常以20%的付出取得80%的成果，最后的结果占了80%的大部分。因此，在大学生活中，应该把十分重要的项目挑选出来，专心致志地去完成，即把时间用在更有意义的事情上。一天里最重要的一件事情，对于A事件，是必须做的，应该投入更多的时间；B事件是应该做的，而C事件是不值得做的。

A、B、C事件的顺序是通过比较来确认的，对于待办的许多事项，首先分析其重要性，排出优先顺序，然后分配时间，是一项有效管理时间的方法。针对自己要做的事情，利用A、B、C分析法来管理时间，填写表7–1。

表7–1　待办事项表

待办事项	重要性			计划用时	完成确认
	A	B	C		

（3）严格规定期限法

拓展阅读

英国学者帕金森在《帕金森法则》中，写下这段话："你有多少时间完成工作，工作就会自动变成需要那么多时间。"如果你有一整天的时间可以做某项工作，你就会花一天的时间去做它。而如果你只有一小时的时间可以做这项工作，你就会更迅速有效地在一小时内做完。为避免拖拉，克服惰性，应该为工作设置尽可能短的完成时限，通过时间的压力保持工作的动力，使每一项工作都能在第一时间完成，以便在工作和学习中争取主动。

（四）压力管理

1. 压力源分析

（1）工作情景和工作变化

工作压力几乎无人能幸免，下至员工，上至老板。提高业绩、解决问题、赢得竞争、开拓未来……让人感到精疲力竭。现代化的工作环境往往很紧张，各种各样的噪声让人感到心烦意乱、头痛、焦虑，注意力难以集中；因工作而长期处于紧张状态和注意力高度集中的人，容易患胃溃疡、抑郁症等疾病。现代化办公用品应用的普及也可能是"让人欢喜让人忧"，当计算机病毒发作或机器因故突然不正常工作时，当几个月的心血一朝化为乌有时当然可能心急如焚、暴跳如雷，或把气撒在机器上，或迁怒于同事。

工作上的变化包括离退休、调动、转业、失业、再就业等。随着改革的深化和竞争日趋激烈，“一辈子不挪窝”的观念已经开始转变，“跳槽”并非新鲜事，越来越多的人都可能要面临重新择业、自主择业带来的各种压力。大学生也常常为毕业找工作的事感到苦恼。

（2）社会、文化、地理、环境的变化

改革开放以来，由于生活条件、社会环境、风俗习惯、文化水平乃至语言饮食等的急剧变化，一开始可能让人难以适应。拥挤的住房让人心绪恶劣，但改善居住环境的迫切愿望同现实状况之间往往有差距，从而带来压力。

（3）人际关系

许多现代人都像戴着面具在生活，人与人之间的关系越来越疏远、冷漠，沟通不畅，人际关系也日趋紧张，与上司、同事、亲朋好友、邻居之间难免产生矛盾或冲突，这会让人感到孤独、易怒、沮丧或委屈。

（4）经济变化

经济条件直接影响人的生活和地位。如果突然失业，或因故负债累累，当然会倍感无助、愤怒。家庭困难的学生，不仅学习很辛苦，还要承受经济压力。失窃、债务纠纷、还贷困难、投资不当、股市动荡等，对人都可能产生不小的心理冲击。经济压力还常常会引发其他的摩擦或问题，例如，婚姻冲突、人际关系紧张、工作不顺、身体情况欠佳等。钱太少是问题，有时钱太多同样也给人带来不小的压力。

（5）健康问题

睡眠质量不好，很难放松或集中注意力，身体不舒服，疲惫不堪，暴躁易怒，沉迷于烟酒……不管是心理健康还是生理健康出了问题，都可能影响到其他方面的表现。如果得了重症疾病，更是容易灰心丧气。还可能需要考虑参加哪些体育锻炼、休闲活动，怎样进行卫生保健，怎样合理安排时间等。

（6）自我实现方面的问题

现代人都想追求成功，实现自我价值，如果遭受失败、挫折，自然难以接受，尤其是那些完美主义者，总是不满足。但有时，突然立功受奖、晋升晋级，也可能令人手足无措，“范进中举”的故事就是乐极生悲的典型。接受教育、阅读、学习、学术活动、社会活动、兴趣爱好等精神生活也可能很费脑筋。

2. 减轻压力的方法

（1）从改变你的性格入手

不同性格的人对压力的敏感度不一样。日常生活中，我们常常可以发现，人们做事有两种不同的风格：一种是风风火火的“急性子”，干工作雷厉风行，动作飞快敏捷，总是力求“一心二用”甚至“多用”，在时间安排上见缝插针，对结果追求完美，对自己要求过高，进取心强，所以经常对工作成就不满足，对别人也感到不耐烦、不放心，情绪容易激动，有攻击性，好斗，习惯于做艰苦、紧张的工作，即使休息时也很难放松，或者一休息就感到内疚。而另一种人正好相反，性格温和，不慌不忙，慢条斯理，不爱与人竞争。我们分别称之为A型人格和B型人格。A型人格的人虽然可能获得较多的社会回报，取得成功，但问题是这一切都值得吗？他们容易感到压力、紧张。B型人格的人其实一样能成功、称职、有理想，只是他们做事不那么急迫和匆忙。

所以，不妨用这里提供的“A型人格测试”来检查一下，你是否具有A型人格。如果是，建议你把一切动作都“放慢速度”；寻找能够给你的生活带来笑声的方法，在最简单的行动里去寻找快乐，而不用想是否应该这样快乐；降低不切实际的要求，只要尽力就问心无愧，为自己的每个成就感到高兴、满足，要知道，世界上找不到十全十美的人。如果不改变这种“急性子”，就很难从根本上改变对压力的敏感性，其他的努力只能是“事倍功半”。

实训活动

请回答下列问题，凡是符合你的情况的就在“是”字上打个√；凡是不符合你的情况的就在“否”字上打个√。每个问题必须回答，答案无所谓对与不对、好与不好。请尽快回答，不要在每道题目上做太多思索。回答时不要考虑“应该怎样”，只回答你平时“是怎样的”就行了。

A型人格测试

（1）我常常力图说服别人同意我的观点。　是　否
（2）即使没有什么要紧事，我走路也快。　是　否
（3）我经常感到应该做的事情很多，有压力。　是　否
（4）即使是已经决定了的事，别人也很容易使我改变主意。　是　否
（5）我常常因为一些事大发脾气或和别人争吵。　是　否
（6）遇到买东西排长队时，我宁愿不买。　是　否
（7）有些工作我根本安排不过来，只是临时挤时间去做。　是　否
（8）我上课或赴约会时，从来不迟到。　是　否
（9）当我正在做事时，谁要是打扰我，不管有意无意，我都非常恼火。　是　否
（10）我总看不惯那些慢条斯理、不紧不慢的人。　是　否
（11）有时我简直忙得透不过气来，因为该做的事情太多了。　是　否
（12）即使跟别人合作，我也总想单独完成一些更重要的部分。　是　否
（13）有时我真想骂人。　是　否
（14）我做事喜欢慢慢来，而且总是思前想后。　是　否
（15）排队买东西，要是有人加塞，我就会忍不住指责他或出来干涉。　是　否
（16）我觉得自己是一个无忧无虑、逍遥自在的人。　是　否
（17）有时连我自己都觉得，我所操心的事远远超过我应该操心的范围。　是　否
（18）无论做什么事，即使比别人差，我也无所谓。　是　否
（19）我总不能像有些人那样，做事不紧不慢。　是　否
（20）我从来没有想过要按照自己的想法办事。　是　否
（21）每天的事情都使我的神经高度紧张。　是　否
（22）在公园里赏花、观鱼等，我总是先看完，等着同来的人。　是　否
（23）对别人的缺点和毛病，我常常不能宽容。　是　否

（24）在我所认识的人里，每个人我都喜欢。 是 否
（25）听到别人发表不正确见解，我总想立即就去纠正他。 是 否
（26）无论做什么事，我都比别人快一些。 是 否
（27）当别人对我无礼时，我会立即以牙还牙。 是 否
（28）我觉得我有能力把一切事情办好。 是 否
（29）聊天时，我也总是急于说出自己的想法，甚至打断别人的话。 是 否
（30）人们认为我是一个相当安静、沉着的人。 是 否
（31）我觉得世界上值得我信任的人实在不多。 是 否
（32）对于未来我有许多想法，并总想一下子都能实现。 是 否
（33）有时我也会说人家的闲话。 是 否
（34）尽管时间很宽裕，我吃饭也快。 是 否
（35）听人讲话或报告时，我常替讲话的人着急，我想还不如我来讲。 是 否
（36）即使有人冤枉了我，我也能够忍受。 是 否
（37）我有时会把今天该做的事拖到明天去做。 是 否
（38）人们认为我是一个干脆、利落、高效率的人。 是 否
（39）有人对我或对我的工作吹毛求疵时，很容易挫伤我的积极性。 是 否
（40）我常常感到时间晚了，可一看表还早呢。 是 否
（41）我觉得我是一个非常敏感的人。 是 否
（42）我做事总是匆匆忙忙的，力图用最少的时间办尽量多的事情。 是 否
（43）如果犯了错误，我每次都愿意承认。 是 否
（44）坐公共汽车时，我总觉得司机开车太慢。 是 否
（45）无论做什么事，即使看着别人做不好，我也不想拿来替他做。 是 否
（46）我常常为工作没做完、一天又过去了而感到忧虑。 是 否
（47）很多事情如果由我来负责，情况要比现在好得多。 是 否
（48）有时我会想到一些坏得说不出口的糗事。 是 否
（49）即使受工作能力和水平很差的人所领导，我也无所谓。 是 否
（50）必须等待什么的时候，我总是心急如焚，像热锅上的蚂蚁。 是 否
（51）当事情不顺利时我就想放弃，因为我觉得自己能力不够。 是 否
（52）假如我可以不买票白看电影，而且不会被发觉，我可能会这样做。 是 否
（53）别人托我办的事，只要答应了，我从不拖延。 是 否
（54）人们认为我做事很有耐性，干什么都不会着急。 是 否
（55）约会或乘车，我从不迟到，如果对方耽误我，我就恼火。 是 否
（56）我每天都看电影，不然心里就不舒服。 是 否
（57）许多事本来可以大家分担，可我喜欢一个人去干。 是 否
（58）我觉得别人对我的话理解太慢，甚至理解不了我的意思。 是 否
（59）人家说我是个厉害的暴脾气的人。 是 否
（60）我常常比较容易看到别人的缺点而不容易看到别人的优点。 是 否

这一量表包括有60个题目，可分别归入三部分：①“TH”（时间匆忙感，Time

Hurry）有25题，表示时间匆忙感、时间紧迫感和做事快等特征；②“CH”（竞争性，Competitive）有25题，表示争强好胜，怀有戒心或敌意和缺乏耐性等特征；③“L”（测谎，Lie-detect）有10题，为真实性的校正（即测谎）题。

［计分及评估方法］

在“TH”的25个问题中，第2、3、6、7、10、11、19、21、22、26、29、34、38、40、42、44、46、50、53、55、58题的回答为“是”和第14、16、30、54题的回答为“否”的每题各得1分。在“CH”的25个问题中，第1、5、9、12、15、17、23、25、27、28、31、32、35、39、41、47、57、59、60题的回答为“是”和第4、18、36、45、49、51题的回答为“否”的每题各得1分。在“L”的10个问题中，第8、20、24、43、56题的回答为“是”和第13、33、37、48、52题的回答为“否”的每题各得1分。否则，不计分。

“TH”高分者：惜时如金，生活和工作节奏快，总有一种匆匆忙忙、感到时间不够用的感觉，渴望在最短的时间内完成最多的事情，对于节奏缓慢和浪费时间的工作或事会不耐烦、不适应，容易粗心大意、急躁。

“TH”低分者：时间利用率不高，生活、工作节奏不快，悠闲自得，心态平和，喜欢休闲和娱乐，做事有耐心，四平八稳，容易给人一种慢条斯理的感觉。

“CH”高分者：生活及工作压力大，渴望事业有所成就，竞争意识强烈，争强好胜，希望能出人头地，并对阻碍自己发展的人或事表现出激烈的反感或攻击意识。

“CH”低分者：与世无争，容易与人平和相处，生活、工作压力不大，也可能生活标准要求不高，随遇而安，也可能是过于现实。

“L”高分者：未能真实回答，可能是认识不清或理解能力不足造成的。

若“L”分过高（≥7分）则问卷无效。

A型行为类型的评定是根据“TH”加“CH”的得分多少来计算的，以常人得分的平均分数（27分）为极端中间型；36分以上者为A型，18分以下者为B型，28~35分者为中间偏A型（或称A^-型），19~26分者为中间偏B型（或称B^-型）。

（2）合理地评价问题，减少压力源

“人有悲欢离合，月有阴晴圆缺。”人生难免会碰到许多想象不到的突发事件，遭遇困难、逆境，面临许多挑战，但是，并非任何事情都会造成压力。这首先取决于对它们是否有不愉快、厌恶、愤恨、焦虑等消极的感觉或评价。同样是择业失败，如果你自罪自责，认为全是自己的错，今后再也找不到好工作了，那当然会感到十分自卑、沮丧、痛苦；但如果你换一个角度想，其实对方没有选择可能有很多原因，并不意味着你就很差劲，这样一想，可能就开怀多了，又充满希望。可见，即使面对的是困难、失去，也可以通过积极乐观的思考方式，不让事情变成压力，把坏事变成好事，使人眼前一亮，出现一片豁然开朗的新天地。这就是人的主观思想的巨大力量，也可以把它称为“积极心态”或“积极自我暗示”。形成乐观思维的习惯之后，保持愉快的心境，即使最近很忙，也不会感到紧张，而是感到活得充实、有自信。

（3）尽量运用成熟的心理防御机制

人的欲望难免受到现实环境的制约，一些不道德的念头还会受到良心的谴责，内心的冲突会让你感到紧张不安，于是，可能会不自觉地运用“心理防御机制”来减轻压力，恢复心理平衡。心理防御机制有积极的，有消极的；有成熟的，有不成熟的。主要的心理防御机制有以下10种：

① 否认。指拒绝接受不愉快的现实以达到保护自我的作用。如一些大学生认为努力学习与择业成功没有因果关系，依然我行我素。否认不是一种良好的心理品质，因为这样很难争取到周围人和社会的支持。

② 幻想。指通过想象中的成就去满足受到挫折后需要得不到满足的心理。如一位内向、缺乏魅力的男青年择业受挫后，想象自己是一个英俊的小伙，成为很多用人单位争相录用的对象，陶醉在幻想的世界中获得心理满足。

③ 压抑。指把不愉快的经历和体验潜抑到无意识中，不去回忆、主动遗忘。如某学生因一时糊涂，采取虚假求职材料，事后羞愧难当，又没勇气承认，拼命想把这件事忘掉。但以后每遇到递送求职材料就怕被怀疑，以至于发展到怕择业的境地，这种失常行为的根源就是过分压抑的结果。

④ 投射。指把自己的不当、失误转嫁到他人身上，或把自己不能接受的欲望归结为他人的原因。如一位人际关系不好的学生认为自己本来很喜欢同学，但因为同学不喜欢他，所以他才无法喜欢同学，以此来掩盖自己的孤立。

⑤ 反向。指将自己不能接受的欲望和行为以截然相反的行为表现出来。如明明内心自卑感很重，觉得事事不如别人，却总表现出自高自大、傲慢不羁的态度和行为。

⑥ 转移。指将不满足的情绪发泄到危险较小的对象身上。如择业受挫后，把怒气发泄到同学身上，对同学发火。

⑦ 退行。指表现出与年龄、身份不相符的幼稚行为，退回到儿童水平。如就业不顺利就到老师面前哭哭啼啼，苦苦哀求，或者不吃饭，跟自己赌气。

⑧ 文饰。指采用合理的理由来解释所遭受的挫折，以减轻心理痛苦。如找不到工作就说就业太难。

⑨ 补偿。指通过新的满足来弥补原有欲望达不到满足的痛苦。如学习成绩平平，但努力发展其他特长而增强自信，从而接受自己，确认自己。

⑩ 升华。指把不易直接表现出来的行为或欲望转化为建设性的活动，将低层次的需要和行为上升到高层次的需要和行为。如把就业难的痛苦转化为发奋学习的动力。

（4）采取合适的应付策略

研究发现，人们在面临危机时，可能会采取14种应付的策略：

① 直接行动。采取积极行动来解决问题。

② 计划。考虑如何解决问题。

③ 抑制无关活动。把其他事情暂放在一边，尽量避免受其干扰。

④ 克制忍耐。耐心等待，直到最佳行动时机出现。

⑤ 乐观性解释。用积极的眼光来看待面临的问题。

⑥ 寻求工具性的社会支持。向他人寻求建议、帮助或有关信息。

⑦ 寻求情感性的社会支持。向他人寻求同情、理解或安慰等精神支持。

⑧ 接受。承认既成事实。

⑨ 求助于专业人士。向专业人士寻求帮助。

⑩ 情绪专注与疏泄。沉浸于不良情绪中并把它发泄出来。

⑪ 否认。不承认问题的存在或装出若无其事的样子。

⑫ 行为解脱。降低行为目标，甚至放弃既定目标。

⑬ 心理解脱。用其他活动来分散自己的注意力。

⑭ 暴饮暴食。

第①至⑥种应付策略都是关注如何解决问题，而后八种应付策略则关注如何改善自己的情绪，虽然这两类应付策略都有助于减轻压力，但具体效果仍有区别。解决问题的策略从长远看来，是很有效的；改善情绪的策略主要是在短期内可能有效。假设你因为学习成绩或工作不佳感到压力很大，这时如果你不仅向人寻求安慰和帮助，还积极地想办法、努力地去提高成绩，情况就会大有好转，如释重负；但如果你只是一味地怨天尤人，自暴自弃，虽然情绪上可以发泄一下，但总是逃避也于事无补，问题仍然存在。那么，是不是对所有给你带来压力的问题通过积极采取行动都能解决呢？是不是改善情绪的策略就一定不好呢？也不尽然。实际上，如果问题的关键是出在你身上，即你能够控制的情况下，积极采取行动是适用的、有效的；而如果问题是出在他人身上或取决于不可抗拒的外力，即在你不能控制的情况下，那么你再怎么努力恐怕也无济于事，只能通过改善情绪来减轻压力了。所以，对压力问题的处理，应具体问题具体对待，采取合适的应付策略才能达到更好的效果。

二、职业生涯的阶段管理

一个人的职业生涯贯穿一生，是一个漫长的过程。科学地将其划分为不同的阶段，明确每个阶段的特征和任务，做好职业生涯规划，对更好地从事自己的职业、实现确立的人生目标非常重要。

（一）职业生涯早期阶段的管理

职业生涯早期阶段是指一个人由学校进入企业，在企业内逐步被“组织化”，并为企业所接纳的过程。这一阶段一般发生在20~30岁，是一个人由学校走向社会，由大学生变成雇员，由单身生活变成家庭生活的过程，一系列角色和身份的变化，必然要经历一个适应过程。在这一阶段，个人的被“组织化”以及个人与企业的相互接纳是个人和企业共同面临的、重要的职业生涯管理任务。

1. 职业生涯早期阶段的个人特征

在职业生涯早期阶段，毕业生刚刚步入社会，成为一名新雇员，这一时期，其突出的个人和心理特征是：

（1）进取心强，具有积极向上、争强好胜的心态

这种心理状态能促使雇员不断上进，以求发展。但由于年轻气盛，难免表现出浮躁和冲动，表现在工作上就是“这山望着那山高”，很少检查自己主观上的不足，经常高估自己，低估他人；工作一旦出现失误就怨天尤人，强调客观的因素；在自己工作的团队中，由于个人争强好胜造成对他人不服气、不认输，很可能危及人际关系的和谐。由于尚处在职业生涯初期，因而对职业锚的选择可能犹豫不决或者经常变动。

（2）职业竞争力不断增强，希望能做出一番轰轰烈烈的事业

对于刚就业的毕业生来说，精力最旺盛，充满朝气，具有“初生牛犊不怕虎”的冲劲，具有远大的职业理想和抱负，要求成功的心理强烈。随着工作时间的延长，他们会逐步提高工作能力，积累经验，熟悉工作环境，对职业成功的信心不断增加，踌躇满志，决心做出一番事业，不枉此生。

（3）开始组建家庭，逐步学习协调家庭关系的能力，承担家庭责任

职业生涯初期，常常是雇员处于由单身向初组家庭或有第一个子女过渡的时期，这一时期的家庭问题相对较少、任务较轻。但由于雇员开始成家，或有了孩子，不可避免地要处理同配偶的关系和担当抚育子女的任务。这一时期家庭的责任会使雇员自我意识逐渐削弱，家庭观念增强，逐步学会与配偶相处，开始具有养家的动机和责任心。

在职业生涯早期阶段，个人尚是职业新手，一切还在学习、探索之中，而这一阶段的心理特征将对其职业生涯发展产生重要影响。

拓展阅读

2. 职业生涯早期阶段的管理内容

（1）掌握职业技能，学会如何工作

承担职业任务，做好本职工作，是个体的基本任务和重要职责。对于刚参加工作的大学生来说，第一步就是要掌握职业的技能，学会如何在组织中开展工作。在这一过程中，要注意三个方面的问题：弄清岗位职责，明确工作任务；克服依赖心理，学会自主地开展工作；从小事做起，树立良好职业形象。

（2）适应组织环境，学会与人相处

大学毕业生进入企业后要想尽快融入企业，必然要经历一个适应企业环境的过程，这也是大学毕业生学会工作、做好工作、获得发展的必要条件。在适应组织环境的过程中，有三个方面的问题需要注意：要接受企业的现实人际关系；要尊重上司，学会与上司融洽相处；寻找个人在企业中的位置，建立心理认同。

（3）正确面对困难，学会如何进步

工作中经常遇到各种障碍或困难是正常的，也是难免的。对于刚参加工作的毕业生来说，这时最重要的是要用正确的态度对待工作中产生的困难障碍，并逐步学会克服困难的技巧。在面对困难与障碍时，必须学会如何解决障碍和困难，千万不要心灰意冷，畏缩不前，而要学会在困境中进步。

3. 职业生涯早期阶段的主要问题

在职业生涯发展早期，刚参加工作的毕业生对企业尚不了解，与上司、同事群体之间尚不熟悉。在相互适应期，由于未能觉察彼此的需要、适应组织的特点，可能会引起某种矛盾。这一时期常见的问题有以下几种。

（1）面临现实冲击

现实冲击是指毕业生对其工作所怀有的期望与工作实际情况之间的差异所引起的心理冲击。现实冲击通常发生于个人开始职业生涯的最初时期，在这一时期，毕业生有较高工作期望，而面对的却是枯燥无味和毫无挑战性的工作现实。对于许多第一次参加工作的人来说，这可能是一个比较痛苦的时期，因为他们天真的期望将第一次面对现实生活的冲击。他们可能满怀希望去寻找第一份富有挑战性的、激动人心的工作，希望这份工作能让他们发挥自己在学校所学得的新技术，证明自己的能力以及获得提

升。然而，在现实社会中，他们常常会苦恼地发现，自己被委派到了一个并不重要的低风险工作岗位上。

（2）难以得到信任和重用

毕业生刚刚进入组织，对组织的人员和环境都不了解，组织对他们也缺乏深入的了解，因此，毕业生往往很难立即取信于第一任上司。在这种情况下，上司会认为只有等到毕业生们真正了解公司运作的真实情况之后，才可以让其承担重要的工作，因此最初交给毕业生的工作往往过于容易或者很乏味。当然，在毕业生进入组织后的最初数周内，上司采取这种做法是完全可以理解的。但是，如果数月、一年甚至更长时间内都持这样不信任的态度，就会大大压抑从业者的工作积极性和才能的发挥，并将直接影响其未来的职业生涯发展。

（3）与组织成员的隔阂

由于年龄的差别，代沟在新老雇员之间是不可避免的。因而组织中的老雇员常常会对毕业生持有某种偏见或成见，认为毕业生幼稚单纯、好高骛远、书生意气、经验不足、自视清高等。这种成见有其合理的、符合事实的地方，但同时又具有很大的片面性。正是由于这种成见，使得上司或许多老雇员不能善待毕业生，他们有时会制造出一些不好的言论，或者给毕业生一些难题工作等，来让毕业生吃点苦头。

（4）经受职业挫折

职业挫折，即人们从事职业活动和个人职业生涯发展方面的需求不能满足、行动受到阻碍、目标未能达到的失落性状态。例如，一个人要谋求某个职位但却屡屡不能得到；想晋升职务却一直不能如愿；想发挥才能却没有条件、无人赏识。产生职业挫折的原因包括以下几种：因人-职不匹配导致的职业挫折；因才能不能发挥导致的职业挫折；因人际关系不佳导致的职业挫折；因工作的非人性化（如工作过于单调）、职业的社会评价不佳导致的职业挫折，等等。这些都可能造成工作不顺利或工作成果得不到承认，进而导致职业挫折感。

职业挫折是人生职业生涯中相当常见的一种社会现象。挫折本身当然不是好事，但职业生涯成功、人生辉煌的“好事多磨”，恰恰“磨”在这些挫折上。分析职业挫折，是要使人们理性地认识挫折、正确地应对挫折、减少挫折发生的频率、降低挫折这种“磨难”对人的伤害程度。人在受到挫折时，也可能会主动或被动地进行抵抗，进而生成对挫折的承受能力。这种对挫折的抵抗力，被人们称为“挫折商”。所谓挫折商，就是个人在遭受挫折的时候能否经得起打击和失败的心理品质。一个人在职业生涯中不可避免地会遇到挫折，达到比较高的抗挫折水平，对于个人有效地适应职业环境、维持正常的心理和行为是非常重要的，人的职业生涯际遇和挫折商水平之间，也有着一定的互动关系，要努力通过各种办法提高挫折商。这样在职业生涯遭遇挫折时就比较坚强，这又进一步强化了人的挫折商，从而改善自己的职业生涯。

（二）职业生涯中期阶段的管理

个人职业生涯在经过了职业生涯早期阶段，完成了雇员与企业的相互接纳后，必然步入职业生涯中期阶段。职业生涯中期的开始，有两种表现形态：一是获得晋升，进入更高一层的领导或技术职位；二是薪资福利增加，在选定的职业岗位上成为稳定的贡献者。职业生涯中期阶段是一个时间周期长（年龄跨度一般是25~50岁，长达20多年）、富于变化，既有可能获得职业生涯成功（甚至达到顶峰），又有可能出现职业生涯危机的一个很宽阔的职业生涯阶段。职业生涯中期作为人生最漫长、最重要的时期，其特殊的生理和家庭特征也使其职业生涯发展面临着特定的问题与管理任务。

1. 职业生涯中期阶段的个人特征

职业生涯中期阶段是个体生命周期中最重要的阶段，也是个人职业生涯周期中最重要的时期。在这一时期，个人生命周期和个人心理特质都会发生明显变化，并呈现出明显的阶段性特征。

（1）个人总体生命空间特征

人的总体生命空间是由三个生命周期组成的：生物社会生命周期、职业生涯周期和家庭生命周期。人到了职业生涯的中期阶段，其总的生命空间发生新的变化，并显示出这一阶段的特点。职业生涯中期处于三个生命周期的完全重叠时期，人的生物社会生命周期贯穿人的一生，职业生涯周期从20岁左右开始至60岁（或更长）结束、家庭生命周期从20岁左右开始贯穿人的后半生。如果从25岁算起，至50岁为职业生涯中期，那么三者重叠的时间长达20多年。而在职业生涯的其他阶段，三者重叠的时间则相对较短。职业生涯中期时的生物社会生命周期运行任务繁重，家庭生命周期在这一阶段也发生显著变化，并产生相应的问题和任务。面对工作世界的客观现实、婚姻家庭状态及自己所承担的财务、教育子女和其他方面的责任，个体可能需要重新审视、评估自己，重新确立目标，进行自我发展（主要是职业）的重新选择。职业生涯中期阶段个人职业生涯运行和发展任务重，职业发展呈现复杂化和多元化的特征，既要想方设法在自己的专业领域保持领先地位，以自己的经验和广泛知识获取更多报酬和地位，又要面对职业生涯中期的危机，职业发展任务繁重。一般来讲，这一时期正是个人职业发展向上走并逐步达到顶峰的时期，同时也是家庭关系复杂、家庭任务和负担最沉重的时期。

（2）个人的心理特质

职业生涯中期，由于客观的职业工作环境和家庭环境的变化，个人心态也发生了不同于职业生涯早期的一系列变化。进入职业生涯中期，特别是人到中年后，开始面临个人梦想和实际成就之间的不一致的问题，青春期曾发生的选择职业和生活道路时的矛盾与冲突的情感会再现，子女的职业认同或角色定位尚不明朗会引起自己对昔日的职业选择产生怀疑、不满和焦虑。这些心理的变化加重了自己对职业生涯的焦虑和怀疑。特别是人到中年会逐渐意识到，职业机会随年龄增长而越来越受到限制，个人更加难以做出职业选择，由此陷入焦虑不安。

（3）个人能力和职业生涯特征

在职业生涯中期，每个人的职业发展情况和能力状况千差万别，各不相同，但也存在着一些共同特征。主要表现在：职业能力不断提高，各方面都逐渐趋于成熟，职业技能娴熟，积累了丰富的职业工作经验。价值观成熟，世界观形成，绝大多数人的事业心、责任心增强，逐步形成了沉稳、踏实和一丝不苟的工作作风；生活阅历丰富，具有了处理人际关系和各种事情的技能经验。在职业生涯中期，个体一般已发展成组织的骨干，个人具有创造一番辉煌业绩的潜在实力，因而是个人创造力最强、工作卓有成效、不断创造辉煌业绩的时期。

2. 职业生涯中期危机与个人管理任务

（1）职业生涯中期所面临的问题

职业生涯中期阶段，正值复杂人生的关键时期，由于三个生命周期的交叉运行，个体面临诸多问题和生命周期运行的变化，以及个人特质的急剧变化，导致了某些雇员职业问题的存在，形成所谓的“职业生涯中期危机”。这些危机主要表现在三个方面：一是缺乏明确的组织认同和个人职业认同，他们往往陷入既没有清晰可认同的工作，不被企业所赏识，也没有显赫地位，默默无闻，造成对工作本身失去“反应”，将兴奋点、注意力集中在组织福利奖酬上，甚至放弃工作，更多地关注工作之外的自我发展和自己的家庭；二是现实和理想不一致；三是职业发展发生了急剧转折或下滑。

（2）职业生涯中期阶段个人的管理任务

职业生涯中期，各种问题和矛盾集中。若处置不当，职业生涯发展会发生大的转折，乃至出现急剧下滑，对企业进步和个人全面发展都十分不利。在职业生涯中期，每个人都经历了较长时间的职业工作，也面临着新的职业角色选择。这时，个人必须查找自身的生活目标和价值观，以便取得一种更稳定的整合和生活结构，摆脱以往的角色模式或压力，选择新的角色。

在职业生涯中期，每个人都面临来自工作、家庭和个人发展三个生命周期的问题。因此，解决职业生涯中期的问题，正确处理三个生命周期运作之间的关系，求得三者的适当均衡，是处于这一阶段的雇员必须完成的主要任务。要完成这一任务，可以从两个方面入手：一是自我重估，包括重估自己的职业锚和贡献区，现实地看待自己的职业才干、表现和业绩，重新思考自己的成功标准和目标定位等；二是对今后的人生进行重新定位，对职业工作、家庭生活和自我发展三者的运作模式进行重新决策。

因此，职业生涯中期在进行职业生涯发展决策时，要懂得“鱼和熊掌不可兼得”的道理，根据自我重估和再认识后的需求，综合考虑各方面的因素，妥善处理工作、家庭和自我发展三者的关系，求得三者的适当均衡。

（三）职业生涯后期阶段的自我管理

1. 职业生涯后期阶段的个人特征

从年龄上看，职业生涯后期阶段的雇员一般处在50岁至退休的年龄，由于职业性质及个体特征的不同，个人职业生涯后期阶段开始与结束的时间也会有明显的差别。这一阶段，个人工作、生活和心理状态都发生了与以前不同的变化，并呈现出某些明显的特征。

（1）个人家庭与心理特征

随着年龄的增长，个人的体力、精力、生理机能开始退化，学习能力下降，工作能力也明显衰退，深感力不从心，进取心逐渐削弱乃至泯灭。“五十而知天命”，人到了职业生涯后期阶段，走完了人生的大半，酸甜苦辣、美丑善恶均已经历过，凡事看透，进取心显著下降，不再有奢望和追求，而是平静自若地面对人生，安于现状，坦然面对。

（2）个人职业特征

处在职业生涯后期的个体，由于其职业能力与身心条件的变化，其职业呈现出完全不同于早期、中期职业生涯阶段的特征。一是进取心、竞争力和职业能力明显下降，其知识、技能明显老化，且已无力更新与恢复，工作能力和竞争能力逐渐减弱甚至丧失；二是权力、责任和中心地位下降，角色发生明显变化；三是尽管进入职业生涯后期，在体能、智能方面已明显下降，在工作中处于次要地位，但是仍然有优势存在——练就了娴熟的技能，积累了丰富的业务实践知识。进入职业生涯后期的个体，完全有条件凭借自己的能力和经验、技能和智慧优势，担当良师的角色，继续在职业生涯中发挥自己独有的作用。

2. 职业生涯后期阶段个人的管理

根据职业生涯后期阶段的个人身心特征及职业工作的变化情况，处在这一阶段的雇员要完成职业工作，仍面临着特定的管理任务。处在职业生涯后期阶段的雇员，要勇敢地面对和欣然接受生理机能衰退及由此所导致的竞争力、进取心下降的客观现实，需要寻求适合于自己的新职业角色，以发挥个人的专长与优势。学会接受权力、责任和中心地位下降的现实，将思想重心逐渐从工作转移到个人活动和家庭活动方面，善于在业余爱好、家庭、社交、社区活动和非全职工作等方面，寻找新的满足源来充实自己的生活和满足自己的需求。在职业生涯结束之时，雇员应当很好地回忆自己所走过的职业生涯道路，一方面，可以总结和评价自己的职业生命周期，为自己的职业人生画上完满的句号；另一方面，通过总结自己职业生涯成功的经验和失败的教训，现身说法对新雇员进行培训教育。与此同时，要做好退休的准备工作。

实训活动

100岁生日的回想

请大家用舒适的姿势坐好，播放轻音乐，闭上眼睛，放松身心。

想象今天是你100岁的生日。你的家人、儿孙、亲戚、朋友将为你举办一个盛大的生日派对。

现在，你独自一人坐在书房里，请你回想自己走过的这100年中，有哪三件事是你为之感到自豪的，让你回想起来的时候感到愉快的。

想好之后，请睁开眼睛，在一张空白的纸上写下这三件事。

（1）____________________

（2）____________________

（3）____________________

通过这个活动，希望帮助大家能从日常琐事中抽出身来，明确自己的人生长远目标，让自己真正能够行动起来。

项目三　拓展资源　实现个人职业生涯的开发

个人职业生涯开发是指个人在客观分析内在和外在条件的基础上，运用一切有效手段，通过传授知识、转变观念、提高技能，改善自己目前或将来的工作绩效，提高与职业生涯目标相应的潜在职业能力，实现职业生涯目标的各种有计划、有系统的努力过程。

一、个人职业生涯开发的内容

职业的成功与否最终取决于自己，尤其是身处变革时代，每个人更应有一种危机感，把自我的职业当成一项事业来经营，做好个人的职业生涯开发。只有这样，才能从根本上把握自我的命运。个人职业生涯开发的根本目的是为了个人的全面发展，具体目标为职业能力开发、社会资本开发和职业资本开发。

（一）职业潜能的开发

美国成功学大师戴尔·卡耐基认为："多数人都拥有自己不了解的能力和机会，都有可能做到未曾梦想的事情。"而这种"自己不了解的能力"实为潜能。潜能是人类的生命之泉、智慧之泉和创造之泉，充满了朝气，蕴含了生机，孕育着活力。

1. 潜能的含义

所谓潜能，指的是尚未开发利用，没有实际化和外显化的能力。联合国教科文组织国际教育发展委员会在《学会生存》中指出："人的大脑中还有很大一部分潜能未曾加以开发和利用，而且根据某些权威多少带点武断的估计，这种未开发利用的大脑潜能竟高达90%以上。"由此可见，人的潜能是巨大的，也是客观存在的，只是仍处于"低开发状态"。而那些没有得到利用的90%的人类潜能，往往被人们忽视、束缚和压抑，最终随着个体生命的消逝而浪费了。

潜能是代表一个人潜在的、尚未完全表现出来的能力倾向，它是个人发展的一种内在特质，是由智能、个性、兴趣、动机或价值观等多种因素构成的一个有机整体。个人潜能既包括一些天赋，又包括一些后天学习的经验，最终形成个人的一种独特风格。年龄不同，潜能组成的主要因素也不同。对于幼儿，智能和个性特征这些天赋的成分较多些；对于大学生或从事职业者，不仅包括智能和个性等被后天发展的天赋，还包括个人的兴趣、动机或价值观这些主要是后天形成的因素。

一个人的潜能能否充分发挥出来或得到发展，很大程度上取决于这些因素能否得到有机的组合和协调。如果某个专业或职业是他感兴趣的（兴趣因素），并且认为是有价值的、值得去做的（动机因素），而且又有能力去做（能力因素），同时又适合去做的（个性因素），那么他就会做得更好，或者说，他的潜能就充分发挥了出来。如果某人很有兴趣去学某个专业，但他学习本专业有关的能力比较低，这就可能会在很大程度上影响他在这个专业上的潜能发挥。当然，在兴趣非常浓厚并且十分稳定的情况下，他此方面的能力也会逐渐提高。但如果在花费同样时间和精力的情况下，就不如在另一个和能力相匹配的专业做得更出色。例如，一个大学生如果对语言和数学都非常感兴趣，但他的逻辑推理能力不如他的语言能力，同样学习了三年，他在英语专业上可能会获得更高的成绩。选择符合潜能发挥的专业，不仅学得轻松愉快，更重要的是能获得一种成就感、价值感。从长远来看，这更能充分感受到人生的意义。

每个人的潜能都不尽相同，各有各的优点和缺点，这是因为这些潜能因素还包括许多方面。

（1）从兴趣来看，由于每个人生活的环境、家庭背景、接触到的人或事物不同，形成了各自不同的兴趣。就大学生的学科兴趣而言，至少可以划分到20多种，如数学兴趣、文学兴趣、经济学兴趣等。一般来说，对感兴趣的学科，投入和保持的时间长，形成了优势兴趣中心。不感兴趣的学科，虽然因为要考试，也必须花费时间，但一旦结束考试，可能很快就放弃。对于大学生而言，学科兴趣会经历从不稳定到稳定、从不确定到确定，从广泛到专一的过程。

（2）从动机来看，因为每个人的价值观不同，可以分为文学、艺术、社会管理、研究、技术、常规等类型的动机。如有的学生认为一生中做个文学家或文字工作者更有意义；而有的学生认为，做个技术专家更有价值。正因为动机表现不同，人们在不同领域中发挥了不同的潜能。

（3）从能力来看，我们常常用九大能力来刻画大学生具有的不同能力，即智力能力、言语能力、数理能力、书写知觉能力、空间判断能力、形状知觉能力、运动协调能力、手指灵巧性和手腕灵巧性。如有的大学生才十几岁，却写出了洋洋洒洒数万字的小说，语言贴切、丰满，然而他的数学逻辑能力可能很糟糕；有的学生可能很早就表现出音乐天赋，却不善于与人交往。

（4）从个性来看，对于16岁以上的人而言，通常可以用卡特尔16种个性特征来刻画。它们是：乐群性、聪慧性、稳定性、恃强性、兴奋性、有恒性、敢为性、敏感性、怀疑性、幻想性、世故性、忧虑性、实验性、自律性、紧张性、独立性。世界上没有两个完全相同的人，所以每个人的个性都不相同，个性的优点和缺点也不同。

认识和评价自我潜能必须全面、客观、深刻，既要看到自己的优势和长处，也要知晓自己的劣势和短处。在认识和评价自我潜能时，可以参考父母、朋友、师长、专业咨询机构等的意见，力争对自己有一个全面的认识。下面介绍两种方式。

（1）借助亲近的人的评价发现自己的潜能

每一个人都有一个自我熟悉的生活圈子，各种不同年龄、不同性别、不同职业的人对你有不同程度的了解。在家有父母、亲戚，在外有朋友、同学、老师，因为长期的交往使他们对你有不同程度的印象和评价，这些大都很中肯、客观，对了解自我的潜能起到了直接作用。

（2）借助咨询机构来了解自我潜能和发展计划

专业咨询机构一般会设计比较具体的问题，形成一套有一定信度和效度的、标准化的测量工具，再辅之以和专业咨询人士面对面的交谈，最后可达到解决问题的目的。

由于第一种方式缺乏一定信度和效度的支持，对自我的了解比较宽泛，第二种方式在一定程度上弥补了第一种方式的不足。

2. 思维潜能的开发

思维是人类大脑的特有功能。人类的大脑是世界上最复杂的也是效率最高的信息处理系统。近代的科学家们认为，人在一生中，仅仅运用了头脑能力的10%，还有90%的头脑潜能未被开发。最新的研究指出，以前人们对头脑的潜能估计太低，我们根本没有运用到头脑能力的10%，甚至连1%也不到。据对爱因斯坦的头颅研究，发现其大脑重量、细胞数同正常人相仿，只是其脑细胞间的触突（细胞间起联系作用）比平常人多，说明他的大脑潜能比平常人开发得多，但最多也仅达到了30%的水平，还有极大的潜力。有研究还表明，一个人在一天的24小时内大脑的显意识与潜意识（如做梦）闪过的内语言与内形象，如果用文字记录下来，可以形成一部大约20万字的书。然而，其中只有几百字或几千字是具有创新价值的。因为人的思维意识活动绝大部分是在无控制状态下工作的。以上例证都表明，任何一个人大脑的创新潜能都是极大的，有待去开发。

（1）冲出思维定式

心理学研究表明，每个人自身存在的潜能是无比巨大的，只要相信自己的潜能，而且不断开发自己的潜能，人人都能成功。

① 冲出习惯型思维定式

所谓习惯型思维定式，就是思维沿着前一思考路径以线性的方式继续延伸，并暂时地封闭了其他的思考方向。

阅读案例

毛毛虫实验

法伯是法国著名的科学家。他曾做过一个著名的毛毛虫实验。实验中的毛毛虫有一种“跟随者”的习性，总是盲目地跟随着前面的毛毛虫走。

实验中，法伯把一些毛毛虫放在一个花盆的边缘上，首尾相接，围成一圈，并在花盆周围不到6英寸的地方撒了一些毛毛虫最爱吃的松针。毛毛虫开始一个跟一个，绕着花盆一圈又一圈地走。一小时过去了，一天过去了，毛毛虫们还不停地团团转。又过了六天六夜，它们终于因为饥饿和精疲力竭而死去。而在那个盘子的中央，就摆着毛毛虫们喜欢吃的食物。

实验结束后，法伯在笔记中写下了这样一句耐人寻味的话：“在这么多毛毛虫中，其实只要有一只稍与众不同，便立刻会避免死亡的命运。”

惯性思维常常使人们陷入僵局，甚至置人于死地。毛毛虫之死告诉我们的就是这样一个道理。要想训练自己的创新思维，就必须冲出习惯型思维定式。

② 冲出权威型思维定式

所谓权威型思维定式，就是在对事物的认知和对是非的判定上，缺乏自我独立思考的意识，而盲目地依附于权威。权威型思维定式的形成，主要通过两条途径：一是儿童在走向成年的过程中所接受的“教育权威”；二是由于社会分工的不同和知识技能方面的差异所导致的“专业权威”。

权威虽然使我们节省了许多探索的时间和精力，但如果我们过分地迷信权威，唯权威之言是听，就会墨守成规，不能根据具体情况寻求新的方法，就可能影响工作任务的落实。

③ 冲出经验型思维定式

经验是人类的宝贵财富，但如果过分地迷信经验，过分地依赖经验，并形成固定的思维模式，照搬照抄，就会弄巧成拙。经验一成不变就会成为束缚。被束缚的思维是不可能产生创新精神的。

④ 冲出书本型思维定式

书本型思维定式是指人对书本知识的完全认同与盲从。书本知识对人类所起的积极作用确实是巨大的。但书本知识也和任何事物一样有弱点，即滞后性。知识也会过时，知识只有不断更新才能成为有效行动的信息，才能推动事业的进步和发展。冲出书本型思维定式，就要做到不唯书，不纸上谈兵，不做书本的奴隶。

⑤ 冲出自我型思维定式

自我型思维定式是指人想问题、做事情完全从自己的利益与好恶出发，主观武断地不顾他人的存在和感觉。以自我为中心对一个人、一个家庭、一个组织、一个民族甚至一个国家都是有危害的，它是文化创新、体制创新的最大障碍。所以不能以自己的标准来要求他人、衡量他人。应从多角度、多侧面，尽可能多地对他人进行立体的观察，建立起全方位的理解和认同。

（2）培养科学的思维方式

① 形象思维的培养

形象思维主要是用直观形象和表象解决问题的思维方式。其特点是具体形象性、完整性和跳跃性。它是用表象来进行分析、综合、抽象、概括的过程，是人类思维的一种高级和复杂形式。

形象思维可以通过以下方式培养：1）累积形象材料。在日常生活、学习和社会实践活动中，尽量扩大对职业生涯活动中事物形象的掌握，有意识地观察事物形象，广泛积累表象材料，丰富表象储备，为形象思维提供形象原料。2）积极开展联想和想象活动。要经常开展形象丰富生动的联想和想象活动，不要束缚自己的想象，要让想象展翅高飞。3）建构知识整体学习法。先把握知识结构层次和整体框架，使大脑浮现一张地图，形成整体架构，然后弄清部分与部分之间的关系，形成整体认知结构，进一步区分知识的层次、方面和知识点，形成知识系统和整体结构，进而把握知识和事物的重点，分清重点和细节部分，集中精力理解并掌握知识重点和整体结构。4）培养良好的想象品质。

② 抽象思维的培养

抽象思维是思维的高级形式，其特点是以抽象的概念、判断和推理作为思维的基本形式，以分析、综合、比较、抽象、概括和具体化作为思维的基本过程，从而揭露事物的本质特征和规律性联系。

③ 逆向思维的培养

逆向思维是指人们在思考问题时，跳出常规，逆事物的常规方向去寻找解决问题的办法。简单地说，就是“倒过来想”。一切事物都有两面性，从相反的角度去思考，有时会有出人意料的效果。

逆向思维的最大特点，就在于改变常规的思维轨迹，用新的角度、新的方式研究和处理问题。敢于“反其道而思之”，让思维向对立面的方向发展，从问题的相反面深入地进行探索，树立新思想，创立新形象。

④ 发散思维的培养

发散思维是对要解决的问题，沿着各种不同方向去思考，从多方面提出解决问题的方案。通过联想、想象、灵感和直觉等思维形式，寻求各种各样的解决方法，以求最佳方法的思维形式。发散思维的鲜明特征，就是在思维过程中充分发挥人的想象力。

因此，培养发散思维，就要养成一种发散性思维的习惯，不管遇到任何的问题，首先要想到还有没有别的可能性。

⑤ 转向思维的培养

转向思维是指人们在思考问题时，其思路在一个方向上受阻时，便马上转向另一个方向。这就是“打得赢就打，打不赢就走”，或者说是“换一个地方打井”。

“换一个地方打井”是著名的思维学家、“创新思维之父”爱德华·德·波诺提出的概念。这个概念的意思非常明确，就是在碰到难以解决的问题时，要学会转换思路。思路一变，有的问题就可能迎刃而解。

⑥ 灵感思维的培养

灵感思维也称作顿悟。它是人们借助直觉启示所猝然迸发的一种领悟或理解的思维形式。诗人、文学家的“神来之笔”，军事指挥家的“出奇制胜”，思想战略家的“豁然贯通”，科学家、发明家的“茅塞顿开”等，都说明了灵感的这一特点。它是在经过长时间的思索，问题没有得到解决，但是突然受到某一事物的启发，问题却一下子解决的思维方法。灵感来自信息的诱导、经验的积累、联想的升华、事业心的催化。

灵感思维可以通过以下方式培养：1）要有丰厚的积累和准备。灵感虽然具有突发性、奇异性，但没有长期丰厚的知识积累、反复的思考准备和开放的思维方式，灵感是永远不会光顾的。2）要善于通过其他的事物来启迪。一个人有了丰富的知识积累、反复的思考准备、开放的思维方式，并不是只等灵感光顾。有时候，灵感会无意识地突然来临；有时候，在其他事物的启迪下，灵感才能迅速降临。3）通过讨论来激发。孔子曰：“三人行，必有我师焉。”也就是说，众人在一起，必定有值得我学习的东西。所以，讨论中的某个观点、某句话，甚至某个词语，往往可以触发人的信息储备，点燃人的智慧火花，从而迸发出灵感。4）要及时捕捉灵感。灵感具有突发性和不重复性，所以，要经常保持高度的敏锐性和警觉感，要不失时机地捕捉稍纵即逝的灵感之光。

实训活动

创新思维训练：想象一个物品的用途

创新思维训练的关键是要形成一种崭新的思维习惯，以至于遇到问题时能用“异样”的眼光来看待和分析。

活动目的：

不拘泥于固定模式的思维，大胆创新，训练学生发散性地思考问题，以激发学生的创造性思维，鼓励他们更有创造力地去解决问题。

活动过程：

（1）确定一样物品，任选手机、照相机、汽车、眼镜或者其他任何物品，让学生在5分钟内，设想一下未来这些物品有可能是什么样子？具备哪些功能？哪些功能会被逐渐弃用？尽可能多地想出与该物品相关的职业。

（2）每5~7人为一组，每组选出1人记录本组的设想。5分钟后，推选出本组中最新奇、最疯狂、最具有建设性等的表达，想法最多、最新奇的组获胜。

（3）不许有任何批评意见，只考虑想法，不考虑可行性。想法越新奇越好，鼓励异想天开，也可以寻求各种想法的组合和改进。

活动讨论：

（1）你想到了多少种？

（2）你的思维流畅吗？是什么阻碍了你的思维？

（3）经过训练，你的思维的灵活性以及开放性有所提高吗？

（4）别人的想法对你有启发吗？

活动总结：

你可能会惊异地发现答案的丰富多彩。思绪的闸门一旦打开，在发散思维的体验中你会发现真正捆绑思维的不是别人，而是你自己。

（二）社会资本的开发

社会资本是指处于一个共同体之内的个人或组织，通过与内部、外部对象的长期交往、合作、互利形成的一系列认同关系，以及由此而积淀下来的历史传统、价值理念、信仰和行为范式。个人社会资本的结构包括个人社会关系网络的规模、异质度、紧密度和稳定性等，是求职者所拥有的诸如信任、人际关系等社会网络以及社群意识之类的人际联系的储备。社会资本的本质特征是一种社会关系，这种社会关系体现出一种积累性特点，体现在人与人的交往过程中所产生的社会信任、社会规范、互惠和社会网络之上。

1. 社会资本对个人职业生涯的积极意义

拥有好的社会资本是个人获得职业生涯发展和成功的一大因素。社会资本作为影响个人行动能力以及生活质量的重要资源，在任何经济体制下都有着重要的作用。特别是在我国社会经济转型期，社会资本作为沟通个人和制度的中介纽带，能够提供个人与制度的缓冲。如职业知名度和职业信用度等都是非常重要的社会资本。因此，在个人的职业生涯发展中，积极开发与利用社会资本，注重个人形象传播和个人公关等社会资本，对促进个人职业生涯发展具有重要意义。

（1）通过网络获取更多更全面的信息

通过建立社会网络，个人在组织中有更多直接、及时地获取各种信息的机会，拥有更强的与其他各方之间交换信息的能力，能保持清晰、全面的人际网络视角。处于结构中的个体对信息进行摄取和交流的行动，不仅对自身的行动有利，而且会给组织带来额外的价值，他们往往在其他相互独立的个体间充当信息沟通者和活动协调者的角色。通过建立社会网络，个人可以获得组织之外的信息。在当今信息时代，通过外界获得和过滤有用信息是常用手段。当然，个人所获得的信息的数量与建立的社会网络的广度和交往频率有很大的关系，而信息的质量和个人所建立的网络的深度密切相关。

（2）通过社会网络建立信任

信任是社会资本的一种结果和表现形式，是指交往双方共同持有的、对双方都不会利用对方弱点的信心。组织中彼此的信任为组织生活提供了润滑剂，是组织中人与人之间进行合作的基础。合作可以提高人力资源的效率，正如罗伯特·帕特南所说："信任水平越高，合作的可能性就越大，而且，合作本身会带来诚信。"

（3）通过社会网络认同规范，更好地融入组织

一个组织的规范或者说文化是一个组织凝聚力的源泉，既包括愿景、价值观等默会性的和无形的存在，也包括制度、纪律等硬性的存在。通过置身于该社会网络和氛围中，员工认同共同的规范，遵守互惠互利的规范能使大家有共同的行动基础和理念，能保持合作的持久和稳定。

2. 社会资本的自我开发途径

（1）建立开拓型的社会关系网络，丰富自己的社会资本

学者韦恩·贝克根据多年的经验，总结出一套建立开拓型社会关系网络的方法和措施，建议以两种身份运用业已存在的社会网络，创新、拓展新的结构和网络。第一种策略：以自由职业者的身份建立开拓型的社会关系网络。比如，在社会关系聚集地工作和生活。从事教育工作，积极参加某一协会、组织或团体，加入网上社区，自愿参加慈善活动或其他公益事业等；还可以创建自己的"个人社团"，如创建企业论坛，建立网上社区等。第二种策略：以组织成员的身份建立开拓型社会关系网络。比如，力求处于工作场所中的恰当位置，参加交叉培训，工作轮换，参加项目团队和工作小组，主动申请在全球范围内任职，利用教育和技能培训机会，使社会关系网络侧重于外部关系等。

（2）尊重、理解组织的规范，获得更广、更深的信任

这主要涉及态度的开发。态度是个人的信仰、想象、期望和价值的总和，决定了人们处理事情的方式。个人应根据职业生涯目标，不断剖析和改进自己的态度，形成乐观、积极的态度。要不断完善人格，要以更积极的心态融入组织，接受组织的规则，理解和接纳组织特有的文化。

（3）树立多赢、互惠互利的原则

多从组织的视角去考虑自己能为组织做什么。个人在职业生涯中要有所发展，就要把自己的资源开发或把自己的核心竞争力与组织的发展和需要联系起来。个人和组织对社会资本的开发必须能相互适应和配合。否则，个人的目标若与组织目标不一致，个人最终也难以取得职业生涯的成功。

（4）整合社会资本和其他资本

物质资本、人力资本、社会资本构成了个人的总资本，尤其是人力资本，使总资本构成合理完备。三者是相互作用，密切联系的。物质资本为人力资本投资提供费用和可能，为社会资本积累提供支持；人力资本，以更高的回报率和劳动生产率提高产出，获得更大的物质资本。通过人力资本的积累，个人的职业素质和社会影响会有很大的提升，从而可以获得广泛的社会资本。一般而言，人力资本越丰富的人，其社会网络会比较广而且深。人力资本在获取的过程和在教育迁移等积累途径中，个人的人脉是不断扩张的，网络的广度是逐步拓展的。随着自身人力资本的积累和运用，职业素质、职业技能和职业阅历等方面的提高，社会交往和社会活动的活跃，个人的知名度和美誉度随之提高，给其社会资本的拓展提供了可能性和空间。

（三）职业能力的开发

1. 工作能力的变化

个人的工作能力一经形成，并非一成不变，而是随着时间的推移与内外部条件的变化而变化。工作能力的变化一般会有三种情况：第一，强化。通过长期的某种工作，积累丰富经验；通过不断学习、培训、受教育，智力、知识、技能、人际交往能力大大提高。第二，弱化。弱化有绝对弱化和相对弱化之分。绝对弱化，常常指由于自身条件变化导致工作能力下降。如年龄大，记忆力减退，身体运动功能（速度、力量、灵敏度）和劳动负荷力衰退。相对弱化，指在劳动者的工作能力不变的情况下，由于现代科学技术发展，设备更新、工艺技术复杂化等外在客观条件变化，导致劳动者工作能力相对下降。知识老化、技能过时均为这种弱化。第三，转化。即工作能力方向发生转移。这种转化多以原工作能力为基础，转移至相关联、相近似或相交叉的职业。完成转化以后，工作能力可能出现三种情况：① 原有工作能力衰退；② 原有工作能力得以维持；③ 强化、增加新的工作能力，形成“一专多能”“多面手”的更高层次的工作能力。

2. 职业发展能力的开发

在职业生涯发展中具备相关的能力相当重要。职业发展能力是一项长期计划，这需要多年辛勤工作的积累，指望走捷径是很难有好结果的。不断地提高素质和能力是必要的。此外要偶尔做一些能让你获得新能力的重大决定，特别是在关键性的事业变动时，新能力的获得尤其重要。

（1）增强自己的职业实力

学习当然是根本措施。第一，尽可能提高自己的学历。每个人在进入职场前，一般都受过普通教育，具有一定的学历。当进入工作之后，千万不要停止对学历的追求，尤其是较低文化水平者更是如此。学历标志着一个人的知识水平，追求学历是扩大知识面、增加新知识，甚至是学习和掌握专业知识的过程，这是任何一项职业都需要的。进入组织内的雇员要根据个人情况，制订可行的学习计划，一步一个台阶，脚踏实地向上走。第二，采取多种形式，不断自觉加强专业知识和职业技能的学习。在现代科学技术信息时代，新知识、新技术层出不穷，知识更新速度已从数十年、十几年缩减为四五年，甚至两三年。面对这样的事实，停止学习意味着原有专业知识和职业技能的丧失。个人必须积极、主动、自觉地参加各种形式的职业教育、职业技能培训。例如，企业的职工学校、技能培训班、技能比武和经验交流、外出学习参观取经，以及企校联办的学习培训班等。第三，丰富工作经验。不要拒绝一切提高自己、丰富发展自己实力的机会，特别是不要拒绝一些复杂的工作任务或被委以重任。

（2）获取职业发展的新能力

在关键性的事业变动时，新能力获得特别重要。在每一个事业的转折点到来之际，对个人来讲，既面临新的困难，又有发展的机会，不可忽略或回避。要抓住机遇，扩展新能力，迎接挑战，方有前途。当个人面对精通专业至事业转折点到来之时，不固守原来的专业知识和技能，而是学习新知识、新本领。若错失良机，不求新，不上进，则可能会永远停滞在某一职业岗位上。

① 变更职业工作，获得新能力。长期或较长期位于一个职业岗位往往限定了一个人，要在你目前的职务以外获得新能力，这并非易事。变换工作岗位，会因能获取新

能力而令人惊喜。一般而言，通过各种方式训练、强化，提高自己目前职业能力相对容易些。但是，如果在这个职业主流之外获取新能力，就要加倍用心、加倍努力。因此，寻求新途径是必需的。

② 适应职业需要，发展个人能力。首先，必须清楚和找准现职业所必需的能力，并且力争表现自己在这方面的能力。没有一种能力可以适用于各种职业，也并非所有的能力都同样有助于优异表现。其次，根据变更了的职业所需要的能力，有针对性、选择性地学习和发展自己的能力。每个人的职业生涯中都可能会有事业转折点或发生职业的变更。往往在这种情况下，获取新能力相当重要。学习或获取什么新能力应当根据自己所追求或者已变更的职业需要而定。在现实中，不同职业有不同的职业能力需要，就是同一领域或系统的工作，职位不同，所需能力也有差别。

职业变动成功的人进行能力分析和发展个人技巧的做法：

◆ 明确地认识你的下一个事业步骤。

◆ 把此刻你所渴望的职业角色人物列出来。

◆ 尽可能客观地按表现“成功”和“不成功”将他们分类（当然不需要把分类结果告诉他们）。

◆ 分别去认识表现成功和表现不成功的人。

◆ 找出他们实际做了什么。

◆ 问明哪些做法有助于成功。仔细把这些做法写下来（不要立刻下结论）。

◆ 比较“最好”和“最差”的做法，它们的差别在哪里？

◆ 在工作机构之外，观察你所崇拜的表现成功的人士，以确定你的结论。

◆ 参考教科书、人物自传等，把你所崇拜的职业角色的能力详细写出来。

◆ 把所需的能力和你目前的能力做比较，并为填补这道鸿沟而拟订行动计划。

◆ 能力分析的关键在于对正在扮演此角色的人士做详细研究。

（四）职业资本的开发

1. 职业资本的构成

职业资本是一个人选择职业、发展自我、运作金钱和创造财富等能力的总和，它是在与生俱来的先天基础上，通过后天的社会生活和教育改造而逐步形成的，主要包括职业素质、职业技能和职业阅历等方面。

2. 职业资本的开发途径

职业资本的保值、增值是没有终结的人生课题，提高职业资本的附加值，可以从以下几个方面做起。

（1）努力汲取知识养分

这不仅指接受系统的学校教育，而且指在离开学校后的自我修炼。知识是知识经济社会最重要的生产要素，不掌握最新的职业知识就无法为企业、社会和国家做出更多的贡献。没有一个领导喜欢不学习的员工。靠经验和感觉去处理问题的时代已经一去不复返，持续的学习和知识更新已成为必然。活到老，学到老，进行终身学习，已成为现代职业发展的必然要求。

（2）树立效率观念，强调功效

在瞬息万变的今天，没有效率就谈不上竞争，提高工作效率，才能降低成本（生产成本与机会成本）。“苦劳”是传统美德，但市场经济不相信也不承认“苦劳”。因此，一个人除了应该讲求勤奋、诚实之外，还要注重效率和实绩。提高效率、合理规划与利用时间是实现职业生涯成功的重要措施。

（3）脚踏实地，积极参与

职业生涯能力的培养需要从小事着手，从大处着眼，现代社会不欢迎那些“一屋不扫”而想“扫天下”的空想家。在职业生涯发展过程中要积极地参与各项开发活动，这不仅可以锻炼能力，更可以扩大和传播思想，更新观念，从而能够更好地促进个人的发展。

（4）调整态度，理性处世

良好的思维方式可以让你拥有正确的处世态度，而这种态度是个人职业生涯成功的关键。态度决定着一切，良好的态度是一种责任的体现。下面几点对责任做了很好的总结。

① 不是身边发生的事情决定你的成败，而是你对这些事情做出的反应决定你的成败。

② 你用什么样的目光去看待周围的世界，那么，这个世界就如你所视。你可以是牺牲者、志愿者，也可以是胜利者。

③ 除非你拥抱变革、把握变革，否则你将成为变革的奴隶。

④ 人们身上最大的局限其实都是自己给自己设定的。

⑤ 应该学会设计周围的环境，而不是让周围的环境设计你。

二、个人职业生涯开发的方法

由于职业生涯开发方法直接关系到个人开发的效果，因此开发方法的选择是值得注意的问题。个人职业生涯开发的方法有多种，而且还在不断创新中。每一种方法都有其自身的优点和不足，同时每种方法的适用范围也不同，开发的内容也不同。个人需要综合考虑具体开发策略、自身条件、开发内容来选择合适的开发方法，以便得到最佳的开发效果。常见的开发方法包括以下几种。

1. 通过职业测评，充分了解自己和环境特征

对个人自身特征及相关环境特征有相对完整和准确的了解，是职业生涯规划开发的基础。通过科学的手段了解自身和工作环境，可以使个人对职业“有所准备”。只有当职业生涯决策建立在对自身和环境准确认识的基础上时，所制定的职业目标和实现职业目标的策略才有实现的可能性。因此，职业考察越深入，越有利于个人职业生涯开发。职业测评作为个人认知的重要手段，通过一系列科学的方法和手段，对个人的基本素质及其绩效进行测量和评定，极大地保证了获取信息的完整性和真实性。

在我国，职业测评正在受到越来越多的用人单位和个人的欢迎。目前职业测评有两种用途：一是服务于企业，帮助企业选择受聘者；二是服务于个人，帮助个人选择职业。即使是一些比较传统的用人单位，也逐渐倾向于在招聘新员工的过程中采用职业测评软件对求职者进行测评，以了解求职者是否适合本公司所需职位的工作要求。职业测评不仅可以帮助个人进行职业选择决策，同样还可以用于对自身能力进行了解。职业测评所具有的诊断功能有利于个体分析自己的不足，确定自己的优势，并进而做

到职业发展上的扬长避短。

2. 依靠培训开发与终身学习，不断提升胜任能力

培训开发在职业生涯规划与管理中的作用早已众所周知。职业培训可以加速个体对职业技能的掌握，促进相关知识的学习，缩短适应新岗位所需的时间。培训开发的形式多种多样：从实施时间上看，有岗前职业培训、在职职业培训和脱产职业培训等；从开发内容上看，有专门针对具体操作技能的培训、一般性的职业准备培训、企业文化培训等。

随着个人在职业生涯规划中的主体地位增强，从客观和现实上保证了个人对培训开发权利的使用。个人通过有效的、定期的培训开发可以不断提高和激发自身潜能，最大限度地使劳动能力与劳动技能的需求匹配，进而取得最佳劳动效果。

除了积极参与组织内外的培训开发活动，为自己争取到职业发展的机会外，个人还需要在观念上树立“终身学习”的理念，改变学习的习惯，拓展学习的空间和内容。随着知识经济和信息社会的发展，终身学习已经成为一种基本的生活方式。个人如果想在快速变化的职业环境中保持竞争能力，就需要使自己的学习速度赶上甚至超过社会变化的速度，需要转变单纯追求学历而轻视能力的观念，培养不断进取、不断探索和敢于进行创新的精神。当前，计算机和互联网技术的飞速发展为我们终身学习提供了物质支持，个人可以充分利用网络和远程教育获得自己所需的相关学习资源。从此意义上讲，个人在职业生涯开发中的空间被大大拓展，已经超越了组织的范畴。

3. 积极参与社会活动，构建社会资本

个人积极参与一切可能的社会活动是建立社会资本的必然途径。通过积极参加社会活动，个人可以在社会化过程中获得职业发展所需的知识和信息，还可以搭建自己的人际关系网络，为不同信息的获取和分享奠定基础。在目前的工作环境中，依靠个人力量已经很难获得工作的成功，所以同自己的同事保持良好的工作关系将极大地有利于自己职业活动的开展。任何有工作经验的人也都会意识到和同事友好相处的重要性。与同事关系不佳，不仅会影响工作，而且也会使员工产生工作挫折感和压力，还会降低个人的工作效率。在大多数情况下，一个人被解雇的首要原因不是因为技术能力低下，而是因为不能或者不愿在工作中与其他人建立良好的合作关系。与同事建立良好关系的重要途径之一就是为同事提供工作中的情感支持。

4. 通过迁移与流动，实现人力资本的快速积累

个体生存状态的空间变化能够改变人的属性，迁移和流动在个人发展中发挥着重要的作用。当前，迁移和流动还是部分贫困地区个人进行人力资本积累的重要方式，通过迁移和流动能够迅速提高人力资本的积累效率，从而增加个人的经济收入，改善生存状态。由于人力资本积累的放大效应，个体通过工作地点和生活地点的改变可以快速提高人力资本的存量和质量，增加信息媒介的数量和种类，接触到更多的人和资源，扩展社会网络资源。此外，迁移和流动在一定程度上有利于人的健康，增强个人处理特殊事件的应对能力和心理素质。事实证明，经常处于迁移和流动状态的个人，有更开放的心态、更包容的意识和更广的人际关系，这些都是推动个人职业发展的重要条件。

5. 依靠卫生保健与体育锻炼，搭建个人职业发展的坚实基础

身体健康对个人职业发展的重要性已经得到了证实。合理均衡的体育锻炼能够带

来健康的身体和快乐的心态，良好的卫生保健有助于延长工作寿命和改善工作质量。研究表明，注重生活质量和良好生活习性的培养将极大地增加个人职业发展成功的概率。对个人而言，熟悉和了解时间管理的技巧和应对压力的方法将有助于个人身体健康的保养。

项目四　落地实施　撰写职业生涯规划书

职业生涯规划书是指求职者针对个人职业选择的主客观因素进行分析和测定，对自己的兴趣、爱好、能力、特长、经历及不足等各方面进行评价与权衡，确定其最佳的职业奋斗目标，并为实现这一目标进行规划而使用的专用文书。职业生涯规划是一个动态的过程，包括一个人的过去、现在和未来那些可以实际观察到的连续从事的职业发展过程，还包括个人对职业生涯发展的见解和期望。因此，制定职业生涯规划书最重要的是寻求职业的人岗匹配，使求职者和用人单位共赢互利、协同发展。

一、撰写职业生涯规划书的原则

（一）匹配性原则

大学生在撰写职业生涯规划书时，首先要遵循“人职匹配”的基本原则。所谓“人职匹配”，是指个人的职业定位和职业生涯目标的确定，需要将个人的需求特质（气质、性格、兴趣、能力、价值观、理想等）与职业生涯规划目标职业的需求相匹配，不能南辕北辙，要找到最佳的“匹配交集”。

（二）现实性原则

职业生涯规划设计的现实性原则是指在职业生涯目标设定的时候，不能只看自己适合什么、自己看重什么、自己胜任什么和自己喜欢什么，还要从目标职业的现实需要进行分析与评价。如果所设定的职业生涯目标所在行业已经进入衰退期，或者所选择的目标职业属于“夕阳职业”，或者目标职业的门槛过高，或从事该职业的群体过小，都要考虑这些职业的客观现实是否真正能够支撑、实现自己的职业发展目标。大学生在进行职业生涯规划设计时，要充分做好所选择行业、职业的发展现状和前景的调查分析，以使自己的职业生涯规划符合现实需要。在制定职业生涯规划方案时，要充分考虑社会与组织的需要。

（三）辅助性原则

大学生职业生涯规划设计是一种自我管理的理念，是一套辅助自我职业发展管理的方法。要使职业生涯规划设计活动富有成效，就必须发挥个人的主体作用，按照职业生涯规划设计的步骤与方法去行动、去实践。职业生涯规划设计仅仅是一种外因，是一种辅助性的方法。大学生必须通过个人努力学习与实践，才能把职业生涯意识和就业意识、职业发展规划管理与就业观念等职业素质转化为个人的内在品质。大学生职业生涯规划设计实际上是在职业生涯规划方法与理念的引导帮助下，促进自我认识、自我教育、自我提高的过程。

（四）可行性原则

每个人都有自己的职业目标，但是职业目标是否能够实现，则有赖于用以实现职业目标的规划方案是否可行。可行性体现在两个方面：首先是职业目标的可行性，即职业目标的设定是否建立在现实条件的基础上；其次是职业行动计划的可行性，实现职业目标的途径很多，在做规划时必须考虑到自己的特质、社会环境、组织环境以及其他相关的因素，选择确定可行的途径。

（五）发展性原则

发展性原则是指大学生个体在设计职业生涯规划时，不仅仅局限于个体当前的发展，而且要考虑到个体未来的职业发展空间，职业生涯设计要有超前性和预测性。大学生在职业生涯规划设计时要将实现现实的自我与发展的自我（或称“未来的自我”）相结合，将实现今天的发展与明天的发展相结合，为个人的可持续发展奠定坚实的基础。在大学生规划中，仅仅从自身实际出发，完成大学阶段的学习任务或发展任务是不够的，还必须拓宽视野，放眼未来，着力于社会对高素质、高层次人才的需要和适应多种岗位群工作需要的多种能力、多种素质的发展。以时代和社会的基本要求为前提，既要立足校园，又要超越校园，实现大学生规划与未来职业生涯规划相衔接。

（六）实践性原则

实践性原则是指大学生职业生涯规划不能仅仅是规划，停留在口头上或纸面上，而且要用于指导实践、努力实践，成为大学生生活实践的蓝本。大学生职业生涯规划实际上就是大学生生活行动的纲领，如果将之束之高阁，不付诸实际的行动，那么规划将毫无作用。因此，大学生不仅要规划好大学生活，还要努力实践该规划，做到真正的知行统一，规划与行动相一致。

二、职业生涯规划书的基本内容

职业生涯规划书是对个人职业发展道路进行选择和设计的过程，规划的内容和结果应该形成文字性的方案，以便理顺规划的思路，提供可操作指引，随时进行评估和修正。一份完整的职业生涯规划书，必须具备以下内容。

（一）扉页

标明作品名称、目录、规划者姓名、年龄、规划年限等。扉页设计要清新美观。

（二）正文

1. 导语

导语要写清对自己进行职业生涯规划的缘由、背景和总体目标等，用语要简洁。

2. 自我分析

一个有效的职业生涯规划书必须是在充分且准确认识自身条件与相关环境的基础上进行的。要审阅自己、认识自己、了解自己，做好自我评估，包括自己的兴趣、爱好、特长、性格、学识、技能、智商、情商、思维方式、潜力等，即要弄清我想干什么、我能干什么、我应该干什么、在众多的职业面前我会选择什么等问题。

3. 外部环境分析

职业生涯规划要充分认识与了解相关的环境，评估环境因素对自己职业生涯发展的影响，分析环境条件的特点、发展变化情况，掌握环境因素的优势与限制。了解本专业、本行业的地位、形势以及发展趋势。当然，大学生职业生涯规划也一定要对校园环境进行分析，尤其是校园环境对职业的影响。

4. 确定目标

目标是整个职业生涯规划需围绕而展开的纲领，因而是制定职业生涯规划的关键。通常目标有短期目标、中期目标、长期目标和人生目标之分。

在短期规划与措施中，应写出近两年的具体实施措施。例如，在知识方面提高到什么程度，学习哪些知识，什么时间学习，学习多长时间，学习哪几本教材等；在工作技能方面，掌握哪些技能，如何掌握，计划在哪些部门轮岗等；在实践方面，计划到什么行业、企业实习，实习什么内容、达到什么技能水平等；在管理方面，掌握哪些管理知识，学习哪些管理技能，通过何种方式学习，怎样安排时间，安排多少时间等。不同的职业、不同的岗位，应根据自己的具体情况提出具体要求。

在中期规划与措施中，主要是列出第三年到第五年的行动与计划。此阶段的计划是短期目标的继续，可概括性地列出，短期目标实现后，再将中期目标细化，变为短期目标加以实施。

在长期规划和人生规划中，要制定五年以上的行动方案。长期规划不要求具体，但必须概括性地列出。完成职业生涯目标是一个系统工程，也是一个整体工程。如果只顾前不顾后，这个规划也就失去意义。确立长期目标时要立足现实、慎重选择、全面考虑，使之既有现实性又有前瞻性。

5. 策略实施

要制定实现职业生涯目标的行动方案，要有具体的行为措施来保证。根据自己的情况，实施不同的解决方案，找到缩小现实条件与职业规划中人生目标的差距的方法，包括思想观念、知识技能、能力水平和心理素质等。实施策略包括时间目标、职务目标、经济目标、能力目标、成功标准、发展策略、发展路径、具体措施等。要把长期目标和短期目标结合起来，通过不断实现短期目标来最终实现长期目标，也就是对目标进行分解与组合。这是职业生涯规划书的重点部分。

6. 评估修正

整个职业生涯规划要在实施中去检验，看效果如何，及时诊断职业生涯规划各个环节出现的问题，找出相应对策，对规划进行调整与完善。主要撰写对规划的反馈、调整与预测，包括调整内容、时间和原则，要为不断提高职业生涯规划书的可行性提供可靠的基准。职业生涯规划是一个动态的过程，必须根据实施结果的情况以及对应变化进行及时的评估与修正。

设定衡量此规划是否成功的标准，如果在实施过程中无法达到制定的目标或要求，应当如何修正和调整。需要注意的是，文案内容的顺序与规划的步骤不是完全一致的。职业生涯规划的第一步就是要进行自我评估，其次是进行外部环境分析，然后才是职业目标的确立。而文案内容的顺序是先写出职业方向和总体目标，然后再写出自我分析和外部环境分析的结果。其实，这并不矛盾，因为文案的形成是建立在按正常步骤进行规划的基础之上的，将职业方向与目标提前，是为了阅读上的方便，突出核心主题——规划的目标，并有利于与实施方案进行对照、检查和修订。

三、职业生涯规划书的基本要求

（一）资料翔实，步骤齐全

收集资料有多种途径，可以通过从网络、报刊、图书中下载，访谈，摘抄等方式获取资料，要尽可能地注明资料的出处，并多运用图表、数据来说明问题，以提高资料来源的可信度和说服力。步骤主要分为四步。

第一步：分析需求、分析条件及目标设定；

第二步：分析阻碍和可行性研究；

第三步：设计方案和提升（改变）计划；

第四步：制定详细的实施计划和措施。

（二）论证有据，分析到位

要了解有关的测评理论及知识，认真审视并思考自己的测评报告并对照自我认识与测评结果的异同，分析与测评结果形成差距的原因，从而确定自我评估结果，达到“知己”；要厘清自己所处的环境（包括居住的地方、喜欢的地方、亲朋的意见等），明确自己最大的兴趣是什么，最喜欢与之共事的人的类型、最重视的价值与目标、最喜欢的工作条件是什么，再通过目前环境评估和当前社会环境分析来确定自己的职业方向，做到有理有据，层层深入。

（三）言简意赅，结构紧凑，重点突出，逻辑严密

语言朴实简洁，用词精炼准确，行文流畅，条理清楚，这是写作最基本的要求。撰写时应密切注意整篇文章的结构和重心所在。职业生涯规划书一般包括对职业规划的认识、对自我的剖析、对所学专业的认识、对职业方向的探索、确定目标并制定计划这五个方面的内容。在对这些内容进行分析阐述时，必须紧紧围绕职业目标这条主线来展开，从而体现文章论述的逻辑性和连贯性。要将重点放在自我评估、环境评估、目标实施上。职业生涯规划是对自己将来的规划，这个规划只有建立在对自我和职业的充分认识的基础上，才能体现出它的科学性和可行性。

（四）目标明确，合理适中

撰写职业生涯规划书应围绕论述的中心展开，职业生涯目标不能过于理想化，应“择己所爱”“择己所长”“择世所需”“择己所利”。职业生涯规划书撰写是否成功，在很大程度上取决于有无正确适当、切实可行的目标。

（五）分解合理，组合科学，措施具体

目标分解、实现路径的选择要有理论依据，而且备用路径之间要有内在联系性。目标组合要注意时间上的并进、连续，功能上的因果、互补作用，全方位的组合要涵盖职业生涯、家庭生活、个人事务等方面。

四、职业生涯规划书的类型

为了更好地管理自己的职业生涯规划，通常采用表格、档案和文字叙述三种形式把职业生涯规划内容记录在案。

（一）文本型职业生涯规划书

文本型职业生涯规划书没有固定的模板，有较大的创作空间，但规划的依据是首

先让自己信服，其次是有可执行性。一般情况下，文本型职业生涯规划书一般分为四个部分：封面、目录、正文和结束语（如图7–2所示）。

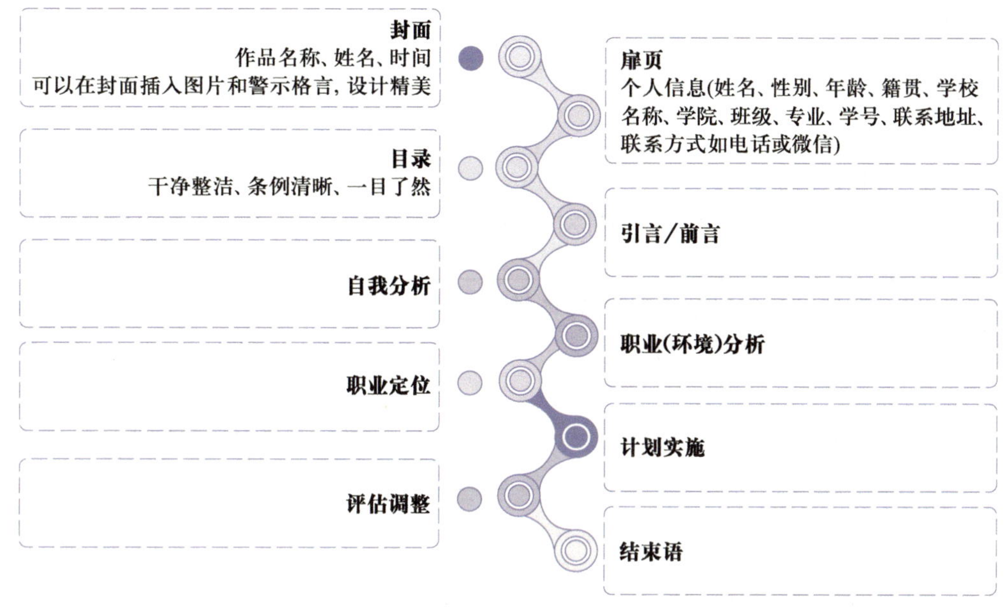

图7–2　文本型职业生涯规划书

（1）封面。封面内容包括姓名、性别、年龄、学校及班级、学号、籍贯、联系地址、电话、邮箱等。也可以在封面插入设计精美的图片或警示格言。

（2）目录。将职业生涯规划书的主要内容列出即可。

（3）正文。正文主要包括五个部分：第一部分为自我认识，第二部分为职业认知，第三部分为职业生涯目标定位，第四部分为职业生涯实施路径，第五部分为修正与评估。

职业生涯规划书并非一成不变的，在实际的撰写过程中可以适当予以调整。

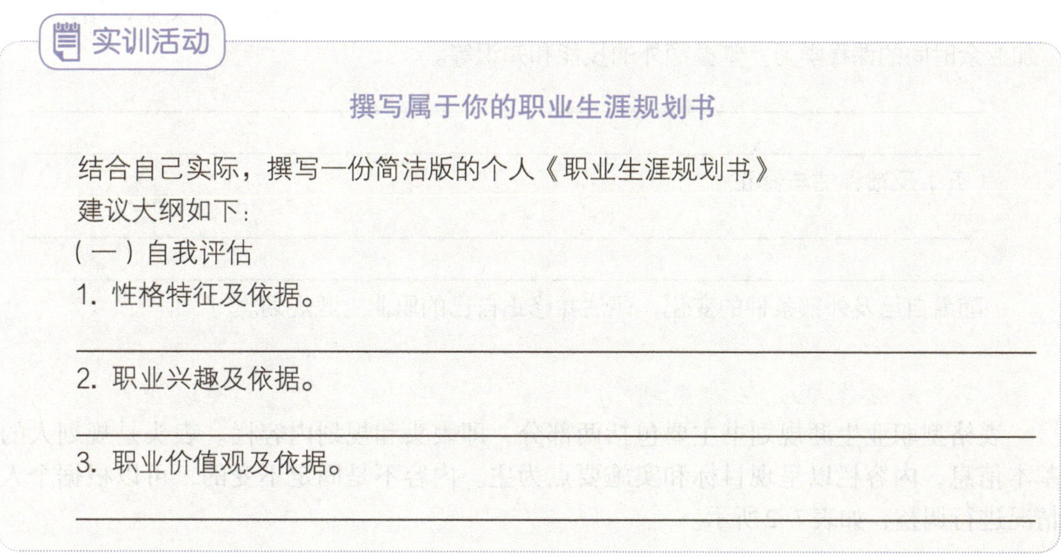

实训活动

撰写属于你的职业生涯规划书

结合自己实际，撰写一份简洁版的个人《职业生涯规划书》

建议大纲如下：

（一）自我评估

1. 性格特征及依据。

____

2. 职业兴趣及依据。

____

3. 职业价值观及依据。

____

4. 技能和能力及依据。

______

5. 优势和劣势分析。

______

结论：

______

（二）环境及职业评估

1. 政治、经济、文化等社会环境对目标职业的影响。

______

2. 目标职业所处行业、企业的具体情况（行业发展趋势、企业实力、企业领导人、企业文化、企业制度等分析）。

______

3. 目标职业的具体情况（工作环境、薪酬水平、培训情况、发展途径）。

______

结论：

______

（三）职业定位与目标定位

1. 职业定位的实践探索情况。

______

2. 目标确定的依据与采用的方法。

______

（四）计划与行动方案。

1. 积极计划、长期计划、短期计划、突击计划。

______

2. 为争取职业目标的实现所采取的各种行动和措施。

包括参加专业学习、爱好特长培养、个人能力拓展训练，构建人际关系网络，参加业余时间的课程学习，掌握额外的技能和知识等。

______

______

（五）反馈评估与修正

______

______

随着自己及外部条件的变化，评估并修正自己的职业生涯规划。

（二）表格型职业生涯规划书

表格型职业生涯规划书主要包括两部分，即表头和规划内容栏。表头是规划人的基本信息，内容栏以呈现目标和实施要点为主。内容不是固定不变的，可以根据个人情况进行调整，如表7–2所示。

表 7–2　职业生涯规划表

时间：　　年　　月　　日

<table>
<tr><td colspan="2">姓名</td><td></td><td>性别</td><td></td><td>年龄</td><td></td></tr>
<tr><td colspan="2">所在部门</td><td></td><td>政治面貌</td><td></td><td>婚姻状况</td><td></td></tr>
<tr><td colspan="2">职业选择</td><td colspan="2"></td><td>流动意向</td><td colspan="2"></td></tr>
<tr><td rowspan="3">个人经历</td><td>教育经历</td><td rowspan="3" colspan="5"></td></tr>
<tr><td>工作经历</td></tr>
<tr><td>培训经历</td></tr>
<tr><td colspan="2">个人因素分析</td><td colspan="5"></td></tr>
<tr><td colspan="2">环境因素分析</td><td colspan="5"></td></tr>
<tr><td colspan="2" rowspan="4">职业生涯目标</td><td>人生目标</td><td colspan="4">岗位目标、职务（职称、技术等级）目标、收入目标、社会影响目标、其他目标
简要文字说明：实现人生目标的战略要点</td></tr>
<tr><td>长期目标</td><td colspan="4">岗位目标、职务（职称、技术等级）目标、收入目标、社会影响目标、其他目标
简要文字说明：实现长期目标的战略要点</td></tr>
<tr><td>中期目标</td><td colspan="4">岗位目标、职务（职称、技术等级）目标、收入目标、社会影响目标、其他目标
简要文字说明：实现中期目标的战略要点</td></tr>
<tr><td>短期目标</td><td colspan="4">岗位目标、职务（职称、技术等级）目标、收入目标、社会影响目标、其他目标
简要文字说明：实现短期目标的战略要点</td></tr>
<tr><td colspan="2">短期规划与措施</td><td colspan="5">任务及拟采取的措施、有利条件、主要障碍及其对策、可能出现的意外和应急措施
年度目标及年度计划的细节通常另行安排，以保持职业生涯规划的相对稳定性和可保存性</td></tr>
<tr><td colspan="2">中期规划与措施</td><td colspan="5">同上</td></tr>
<tr><td colspan="2">长期规划与措施</td><td colspan="5">同上</td></tr>
<tr><td colspan="2">人生规划与方案</td><td colspan="5">同上</td></tr>
<tr><td colspan="2">所在部门主管审核意见</td><td colspan="5"></td></tr>
<tr><td colspan="2">人力资源部门审核意见</td><td colspan="5"></td></tr>
</table>

（三）档案型职业生涯规划书

档案型职业生涯规划书由多个表格组成，它可以把职业生涯规划制订过程真实而详细地记录下来，是具有史料性质的职业生涯规划书，包括曾经的职业理想、高考选择分析、性格认识、兴趣探索、优势技能分析、价值观澄清、专业与职业关系分析、职业分析与职业体验、咨询与总结、生涯选择与职业决策、职业发展规划（含大学职业生涯规划）等部分。规划档案的任何一部分都可以根据内容扩展，职业发展规划部分可以按学期制订。一份完整的职业生涯规划档案就是一个人成长的历程。

实训活动

职业生涯规划书

参照以下样本，制定自己的职业生涯规划书。

职业生涯规划书

（样本）

姓名：________________

班级：________________

专业：________________

二〇二　　年　　月—二〇二　　年　　月

一、职业自我评价

职业自我评价内容见表7-3。

表7-3　职业自我评价表

1. 我是谁——职业个性	职业自我评价因素	内容
我的职业需求		
我的职业兴趣		
我的职业价值观		
我的职业气质		
我的职业性格		
我的职业能力		
我的职业倾向		
我的优势		
2. 克服自我劣势的办法	劣势	解决的方法
3. 职业取向		

二、认识职场

根据已确定的自己的职业发展领域，分析职场，见表7-4。

表7-4　职场分析表

职场因素分析	内容
社会环境	
就业环境	
组织环境	
素质要求	
职业路线选择	
职业目标确定	

三、职业生涯规划

（一）近期职业生涯规划

在校的三年短期规划作为自己职业生涯总规划的开始篇，希望自己能够走好第一步，为以后更长的路打下坚实的基础。

1. 在校期间总的目标规划

在校期间总的目标规划见表7-5。

表7-5　在校期间总的目标规划表

总的目标规划项目	内容
（1）思想政治及道德素质	
（2）社会实践及志愿服务	
（3）职业倾向与创新创业	
（4）文体艺术、社团活动与身心发展	
（5）职业技能培训	
（6）学业目标	

2. 三年阶段规划

（1）一年级规划

大学一年级规划内容见表7-6。

表7-6　一年级规划表

规划期	学期	生涯规划内容	重要实施项目	考评或自我考评		
				好	中	差
试探期	第一学期	初步了解自我，了解职业，特别是与所学专业对口的职业				

续表

规划期	学期	生涯规划内容	重要实施项目	考评或自我考评		
				好	中	差
试探期	第一学期	积极参加各种活动，提高综合能力				
		注重品德修养，养成良好的行为习惯				
	第二学期	加深对专业与职业的认识，培养职业意识				
		明确英语学习目标，参加计算机等级考试，提高自学能力				
		参加选修课与社会实践，全面拓展个体素质				

（2）二年级规划

大学二年级规划内容见表7-7。

表7-7　二年级规划表

规划期	学期	生涯规划内容	重要实施项目	考评或自我考评		
				好	中	差
定向期	第三学期	确定就业或继续学习目标，了解相关政策与条件				
		加强职业技能培训，为参加技能考核做准备				
		参加社会实践，到与自己专业相关的单位见习				
	第四学期	体验不同层次的生活，培养自己的吃苦精神和社会责任感				
		尝试企业兼职，培养职业能力，提高自己的责任感、主动性和抗挫折能力				

续表

规划期	学期	生涯规划内容	重要实施项目	考评或自我考评		
				好	中	差
定向期	第四学期	增强英语口语能力，通过英语的相关证书考试，获取一两张相关的技能证书				
		调整充实知识结构，为走向社会打好基础				

（3）三年级规划

大学三年级规划内容见表7-8。

表7-8　三年级规划表

规划期	学期	生涯规划内容	重要实施项目	考评或自我考评		
				好	中	差
实践期	第五学期	走向社会，了解职场情况，确定职业目标				
		做好就业准备（知识、技能、心理、品质），锻炼自己独立解决问题的能力和社会交往能力				
		学习写简历、求职信，收集就业信息、提高就业技能				
		积极参加招聘活动，在实践中检验自己的积累和准备				
	第六学期	毕业实习、完成毕业设计和论文写作				
		寻找适合岗位，进行岗位实习，积累实践经验，开始职业生涯				
		结合职业实践和职业发展理想，尽快适应工作环境及工作任务				

（二）未来人生职业总规划

围绕可能的职业生涯发展道路，对未来做初步规划（表7-9）。

表7-9　未来人生职业总规划表

<table>
<tr><th>生涯规划期</th><th colspan="2">生涯规划内容</th></tr>
<tr><td>学业有成期
（三年）</td><td colspan="2">充分利用校园环境及条件优势，认真学好专业知识，培养学习、工作、生活能力，全面提高个人综合素质，为就业做准备</td></tr>
<tr><td rowspan="4">熟悉适应期
（二至三年）</td><td rowspan="4">经过不断的尝试努力，初步找到适合自身发展的工作环境、岗位</td><td>（1）学历、知识结构：提升自身学历层次，从专科走向本科。途径：参加进修、自学或函授等
（2）专业技能较熟练，达到助理工程师水平。途径：专业学习、培训，熟悉工作环境</td></tr>
<tr><td>个人发展、人际关系：在这一时期，主要做好职业生涯的基础工作，与同事友好相处，获得领导认同，打好基础，职位升迁暂不考虑。途径：加强沟通，虚心求教</td></tr>
<tr><td>婚姻家庭：暂不考虑，有缘分可顺其自然，不强求</td></tr>
<tr><td>生活习惯、兴趣爱好：适当交际的环境下，尽量形成较有规律的良好个人习惯，并参加体育活动，如跑步、打球等。途径：制定生活时间表，约束自己更好执行</td></tr>
<tr><td rowspan="4">稳步发展期
（30年）</td><td rowspan="4">在此30年左右的时间里，努力奋斗，使自己在本单位、本岗位上业务精湛，并取得一定成就</td><td>学历、知识结构：重点加强知识的更新，熟练掌握本专业领域的技术技能，成为技术权威，并具有较强的生产技术管理经验。途径：终身学习，关注本行业、本岗位的技术发展，不断超越自我</td></tr>
<tr><td>个人发展、人际关系：成为单位的中流砥柱或中层领导，注意管理方法的学习总结，加强对年轻人的指导帮助，带动新一代快速成长</td></tr>
<tr><td>婚姻家庭：在工作时注意处理好工作与家庭的关系，保证家庭和睦</td></tr>
<tr><td>生活习惯、兴趣爱好：前些年养成的良好生活习惯，将成为现阶段宝贵的一笔财富，注意继续保持</td></tr>
<tr><td>发挥余热期
（5年）</td><td colspan="2">此时已退休，若体力、精力还不错，可继续参加业余工作，为社会尽自己的一分力量。同时为充实自己的老年生活，注意劳逸结合，千万不要过分劳累，时间视具体情况而定。若有不适，就提前停止工作，进入颐养期</td></tr>
</table>

课后练习

思考与练习

1. 根据职业生涯阶段管理的理论，你将如何进行自我职业生涯发展的阶段管理？

2. 如何在职业生活中提升自己的形象？

3. 为自己制定一份职业生涯规划书，并与自己的老师和朋友讨论其现实可行性。

4. 潜能开发对大学生职业生涯发展有何促进作用？你准备如何开发和利用自己的潜能？

探索与实践

提升自己的职业生涯适应力

职业生涯适应力探索活动是为了激发大学生对职业生涯的思考，了解职业生涯发展中可能出现的挑战，探索职业生涯发展的可能性，使大学生在快速发展变化的社会中找到自身的确定性，正确评估自己的职业生涯规划，主动调整自身发展策略，帮助大学生成功地做好职业生涯准备，并获得较高水平的职业生涯评估能力和职业生涯适应力，建立职业生涯自信。

活动准备：

（1）分组：把班级分成若干组，每组6人或9人为宜。每组内再分别组成3人小组，3人小组的成员应在活动前尽可能建立信任、互助的关系。

（2）材料准备：生涯奇幻游指导语及冥想音乐；A4白纸若干，每组彩笔若干。

（3）活动场地：以活动式教室为佳。

活动过程（见表7–10）：

表7–10　职业生涯适应力活动过程

活动主题	活动目的	活动流程	活动思考
第一阶段 生涯奇幻游 （5分钟）	1. 进入活动状态 2. 唤醒生涯未来的愿景，引发生涯关注。	播放“生涯奇幻游”指导语，带领学生进行生涯幻游。	现在，你回来了，你的感觉怎么样？请不要说话，用画笔把刚才你感受的画面绘制下来。
第二阶段 绘制“十年后的自己” （5分钟）	1. 将生涯未来以绘画的形式记录下来。 2. 进一步澄清生涯关注的内容。	请在A4白纸上，用彩笔将奇幻游中看到的十年后自己的生活画下来。在这个过程中，请安静地思考并绘制你感受到的画面，不要与周围的人进行讨论。	请向小组成员介绍一下十年后自己的生活，谈谈有什么样的感受。

续表

活动主题	活动目的	活动流程	活动思考
第三阶段 生涯“大挑战” （10分钟）	1. 感受生涯发展过程中可能出现的挑战和困难。 2. 唤醒生涯未来的愿景，引发生涯关注。	1. 请3人小组将生涯的绘画作品标上序号后相互交换到另外一个大组的3人小组。 2. 按照序号，对交换后的三幅作品逐一增加你认为会出现的生涯阻碍。	（带领者根据实际给出一些阻碍的提示，但不规定必须提示。） 1. 外部环境有没有突如其来的变化？ 2. 你的技能储备足够吗？ 3. 家庭会产生影响吗？ 4. 身体状况有变化吗？
第四阶段 生涯重建 （10分钟）	1. 感受生涯的不确定性，接纳生涯未来出现的变化和挑战。 2. 学会掌控生涯未来，探索更多可能的生涯发展路径，提升生涯适应力。 3. 通过小组成员的相互赋能，树立生涯自信。	1. 将作品交换给本人。 2. 与3人小组成员分享感受。 3. 请3人小组成员用一句话为对方的生涯未来送上鼓励与祝福。	1. 请谈一下，当你看到未来的理想生涯出现阻碍时，你的感受是怎样的？ 2. 假如这些阻碍真的出现了，你会怎样应对或做出调整呢？
第五阶段 活动总结 （10分钟）	总结分享体验生涯建构及生涯适应的感受。	每位成员用1~2分钟的时间分享活动体验感受。	1. 有哪些部分是非常清晰的？ 2. 有哪些部分是先前没有关注到、未来希望去探索的？ 3. 有哪些部分是需要适应、做出调整的？

注意事项：

（1）生涯奇幻游过程应注意控制指导语的语速，让参与者的画面感尽可能丰富、完整。

（2）参与分享的3人小组成员要建立良好的信任、支持关系，而参与生涯阻碍环节的成员之间要保持陌生、中立。

（3）如参与者觉得绘画技能无法体现出想要表达的内容，可以引导他们在画面中增加关键的词语给予注释。

（4）除分享环节外，尽可能保持独立、自主地完成体验，以免影响生涯建构及重建的思考。

模块八 职业生涯的心理调适

通过本模块的学习，应该达到以下目标：

知识目标：

了解职业生涯发展中常见心理问题

能力目标：

掌握心理调适的方法，能够较好地进行自我心理调适

素养目标：

保持良好的职业生涯心态，积极应对职业生涯发展中的心理问题，提升职业化素养。

大学生在规划职业生涯的过程中，除了做好知识、素质、能力等方面的准备外，应做好充分的心理准备，具备一定的心理调适能力。关注内心，积极应对，寻求平衡，了解职业心理的特点及职业心理现象，加强职业心理准备与修炼，努力提高自身心理调适能力，形成未来职业生涯发展所必需的心理品质，对于大学生顺利就业、促进大学生可持续职业生涯发展至关重要。

项目一 职业心理概述

一、职业心理的含义

职业心理是人们在职业生涯活动中表现出的认识、情感、意志等心理倾向或个性心理特征，是人们在对自我认知、职业认知和社会认知的基础上形成的对待职业和职业行为的一种心理系统。职业心理包含以下几层含义。

拓展阅读

（一）职业活动伴随共同的心理过程

人们在职业生涯活动中可能要经历选择职业、谋求职业、获得职业、失业、再就业过程。在这些过程中必然伴随着认知、情感、意志等共同的心理过程。如对选择的职业进行认识和深入的了解，通过思维想象产生情感过程。当选择的职业符合个人的需要和客观现实，就会兴奋、愉快，甚至兴高采烈、欣喜若狂，反之则会情绪低下、闷闷不乐，甚至悲观失望、垂头丧气。

（二）职业生涯活动反映出个性不同和差异

不同个性心理特征的个人，适合不同的社会职业，在选择职业时又有不同的心理表现，认识、情感、意志表现出不同的特点。有的人反应敏捷、全面，有的人则迟钝、片面；有的人达观、豁朗，有的人忧虑、退缩；有的人果断坚决，积极克服困难去实现目标，有的人则朝三暮四、犹豫彷徨、知难而退。

（三）不同职业生涯阶段有不同的职业心理

职业活动中的心理现象千奇百怪，纷纭复杂，依据职业活动经历的过程，职业生涯心理可分为择业心理、求职心理、就业心理、失业心理、再就业心理等。不同阶段的职业心理对职业生涯会产生不同的影响。

（四）不同的职业心理特点影响着人们的各种生活

拓展阅读

择业、求职、就业、失业、再就业等不同阶段的人的心理特点，时刻影响着人们的生活态度、生活方式、价值取向。

职业心理对大学生的职业选择起着很重要的作用。“知己知彼，百战不殆”这句话道出了在职业生涯规划过程中很重要的一个原则，认识自己，了解自己，熟知自己的个性心理特征和心理过程，把个人的职业意愿和自身素质相联系，根据社会的需要和社会职业岗位需求的可能性，评价出个人职业意向的可行性，以积极的态度去选择职业。

二、职业心理的发展过程

大学生从进入大学校园到毕业，在不同学习阶段对职业生涯问题有着不同的思考和认识，他们的职业心理也在不断变化，并表现出不同的特点，这与他们所受的教育过程的阶段性相吻合，大学生的职业心理也表现出一定的阶段性，主要有以下三个阶段。

（一）大学早期的职业心理

进入大学以后，伴随着对未来生活的向往，职业生涯规划会在大学生的内心深处渐渐萌生。在一般情况下，大学初期他们往往关注本专业的就业前景，甚至在他们选择专业时，就已受到未来职业发展的影响，一些职业前景较好的专业总是受到学子们的青睐。大学生根据自己的意愿和家长的期望选定了专业方向，期望用自己的一技之长，在喜爱的领域有所作为，有所成就，从而实现自己的人生价值。但当客观现实与本人的心理期望形成反差时，又不得不静下心来，认识自己，分析现实，寻求理想自我和现实自我的统一。由于这时距实际就业时间尚远，加之大学生处于对大学生活的适应期，其心理特征主要表现为对未来就业的担心和期望，尤其是对所学专业发展前景的关注。他们的职业生涯规划的心理开始萌芽，并逐步形成。

（二）大学中期的职业心理

经过一个学期或更长时间的学习、生活实践，大部分学生的情绪趋于稳定，这是大学生按照专业培养目标全面塑造自己的开始。专业知识的积累强化了学生择业的兴趣，世界观、人生观、价值观的教育，激发了学生服务人类、贡献社会的信念。社会活动的增加，交际范围的扩大，使大学生学会了如何适应环境，在各方面严格要求自己，努力学习，开发智力。在这个阶段，大学生的就业心理一般得到巩固和发展。

（三）毕业时期的职业心理

在这个阶段，大学生关心的是怎样才能使自己学有所成，最大限度地使自己的价值得以体现。多数大学生会根据自身的特点和优势，积极地投身于求职择业的实践中去，在实践中检验自己的能力，更加全面地了解自己，锻炼自己，完善自己，寻找理想的职业。这时大学生的就业心理有所改变，并趋于稳定和成熟。

三、大学生职业心理的特点

大学生的职业心理现象会对将来的求职择业产生一定的影响。所以在大学各个时期要注意进行职业心理的调适、培养和巩固，才能主动了解社会、认识自己，根据社会的需要，调整自己，摆正自己的位置，顺利就业。在这样一个转折时期，大学生不可避免地表现出以下职业心理特点。

（一）矛盾性

职业心理的矛盾性在大学生中比较普遍。如大学生有积极为国家做贡献的美好愿望，但又渴望得到社会的回报；现实中的职业与向往已久的理想职业存在较大差异；希望得到固定的职业与不得不频繁跳槽等矛盾在大学生中较为常见。

这种职业心理矛盾性的产生符合社会发展规律，体现了个性心理倾向性中需要的反应。改革开放以来，随着商品经济的迅猛发展，人们的思想、观念和生活方式也相继发生了重大的变化。大学生作为自然人有个体的需要，需要带有动态和动力的特征。大学生渴望得到社会的回报，向往理想、稳定、待遇优厚的职业，这是需要的一种表现。由于我国传统的劳动人事制度和传统的职业观念长期影响着人们的职业选择态度，使大学生受到潜移默化的影响，他们谋求社会地位高、经济实力雄厚、工作环境优越的职业，追求职业的安全感和稳定性，因此职业心理的矛盾性就不可避免地产生。

（二）既定性

大学生在高考时期，多数凭自己的兴趣、爱好和家长的意愿来确定自己的学习方向和学习内容。由于在市场经济条件下，社会对专业人员的需求会经常发生变化，原来需求旺盛的专业可能会变得需求不足。而特定的专业学习和训练又在一定程度上限定了他们要在一定范围内就业，职业选择将会受到影响。

目前高等教育体制虽然在各方面均有较大的改革，但在招生、教育方面与时代发展的要求仍存在较大的差距。由于教学资源、教学设备远远跟不上逐渐扩大的教育规模，现有的教育模式决定了招生模式和专业设置，限定了大学生专业志愿的选报。因此，大学生为了适应将来的社会职业，他们不得不在接受高等教育的同时，以不同的方式涉足其他专业和领域的学习、培训，力求使自己掌握更多的学科知识，适应社会的发展和需要。

（三）波动性

大学生进行职业选择有时会从一个极端走向另一个极端，他们有时在一个时期或一个环境中感觉到该职业有利于自身的发展，将其确定为自己的奋斗目标。而过了这个时期换了另一个环境，就可能会改变自己的初衷，朝三暮四或犹豫不决，心理上出现较大的波动。

这些除了与大学生的知识结构和综合能力有关外，还与大学生的独立意识，情绪、情感活跃而复杂有关。考入大学的学生实现了升学的愿望，然而在新的环境影响下，其学习目的、方法和人际关系都会不同程度地发生变化。随着他们独立性的增强，生活空间的逐步扩大，自我意识有了新的发展，行动的目的性和自觉性增强。但是由于其知识结构不尽完善，综合能力尚待提高，独立个性还未形成，心理依赖仍然存在，再加上社会的诱惑，外界的刺激，引起情绪、情感的极度活跃和不稳定，使其盲目地追求不现实的东西。

（四）渐进性

渐进性是大学生职业心理不断成熟的一个特征。处于青年时期的学生，其政治上、思想上，尤其是心理上还不完全成熟，辨别是非的能力不够强，不善于全面、客观、发展地看问题，因而思想容易产生偏激。当个人和客观现实之间产生矛盾和冲突时，就会引起心理上的不平衡，并产生各种情绪。随着受教育时间的增长、学业的渐进、实践的深入、知识的丰富、意志的锻炼和综合能力的提高，大学生的心理（包括职业心理）不断成熟，他们逐渐学会正确地认识问题、分析问题，比较好地处理和解决职业生涯问题。

项目二 职业心理的调适

职业心理因素不仅是职业生涯规划的前提在各个方面影响着大学生的职业生涯规划，而且还是影响大学生成功就业的重要因素。大学生在职业生涯发展中要想取得成功，既需要具备较高的个人综合素质，还必须具备良好的职业生涯心理素质。在职业生涯规划过程中，大学生应当充分认识心理调适的作用，立足于通过自身努力，克服不良心理，使自己保持正确的择业心态，以利于合理择业、顺利就业和健康成长。

一、职业心理调适概述

拓展阅读

大学生在进行职业生涯规划时，经常陷入诸多的职业心理误区，不仅影响大学生的心理健康和人生发展，而且进一步提高了职业生涯规划的难度。这种状态若不能得到及时地调整与改进，将会给大学生的职业选择与职业发展带来越来越多的社会问题。因此，做好大学生职业心理的调适，使之能与大学生的职业选择、角色转换形成良性互动。

（一）职业心理调适的含义

心理调适是指用心理科学的方法对认知、情绪、意志、意向等心理活动进行调整，以保持或恢复正常状态的实践活动。这既可以自己进行心理调适，也适用于帮助别人。心理调适是实现心理健康的手段，为了维护心理健康，大学生如果能在自己遇到心理困惑时，充分运用心理调适进行自我调节，就能正确认识自己，促使其身心健康发展。它不仅有助于大学生心理健康发展，而且有助于大学生充分发挥其聪明才智，积极适应社会的变化，勇敢地迎接挑战。

（二）职业心理调适与大学生职业生涯规划的关系

1. 心理调适有助于大学生在职业生涯规划中进行准确的职业定位

许多大学生在进行职业生涯规划之前往往对自己认识不清，不知道自己想干什么、适合干什么、能够干什么，容易过高估计自己，导致职业选择受挫。这就需要大学生认真分析自己，了解社会，以帮助自己进行准确的定位。此外，大学生在制定职业生涯规划时还应该多面对现实，充分运用心理调适的方法给自己做一个全面的自我分析，确定自己的职业生涯方向和职业生涯发展的地点，明确自己在社会上的地位。在职业生涯规划中利用好心理调适，给自己准确的定位可以防止自己期望值过高而一无所获。

2. 心理调适有助于引导大学生确立个性化的职业生涯规划

确立个性化的职业生涯规划，必须以学生为中心，充分尊重个体的身心特点，针对不同性格的学生进行心理调适。心理调适对帮助大学生确立个性化的职业生涯规划主要表现在以下几个方面。首先，心理调适可以增强学生的主人翁意识，引导他们充分意识到职业生涯规划的重要性，进而促使其制定个性化的职业生涯规划。其次，心理调适可以帮助大学生确立符合自身实际的目标，而这种目标的实现可以充分地调动他们制定职业生涯规划的积极性。

二、职业生涯规划心理调适的运用

大学生是个充满生机的青年群体，其生活环境、活动的主要目标、所处的社会地位有其相对特殊性。最终要通过社会的职业定位来实现自己的追求。面对激烈竞争的社会形势，对未来岗位、人际关系等的不确定因素的担忧势必会影响到其心理方面。大学生在职业心理方面主要存在以下几个方面的问题。

（一）自卑心理

自卑心理是一种消极的自我评价或自我意识。大学生自卑心理主要表现为三个方面：一是因学校是高职院校而自卑。一些学生因为自己考取的是高职院校而不是名牌学校产生强烈的自卑感，失去竞争勇气；二是因专业不是热门专业而自卑；三是因学历低而自卑。有的学生因为高职学历低而悲观失望、郁郁寡欢、不思进取，不愿制定职业生涯规划，不敢参与人才市场竞争。具有自卑心理的大学生往往过低评价自己的形象、能力和品质，而过高地估计职业生涯发展的压力，悲观失望、精神不振、妄自菲薄，听天由命，以消极的心态对待职业生涯发展前景。自卑心理必然导致在职业生涯规划、职业选择时产生低就心理。在应聘时，往往没有信心和勇气面对用人单位，不能适当地向用人单位展示自身的长处，不敢对自己进行"明码标价"，甚至对于一些单位开出的不平等协议也签约。这样，很可能给自己日后的工作带来严重隐患。

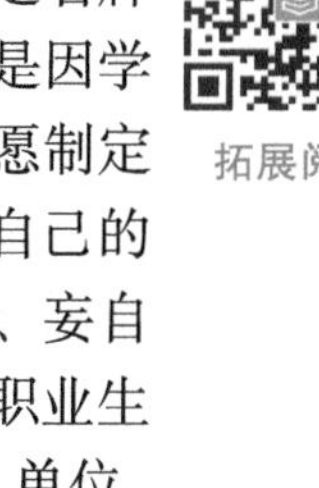
拓展阅读

一个人由于缺乏成功的经验、客观的期望和评价，消极的自我暗示又抑制了自信心，因而导致自卑心理的产生。如果任其发展，便会成为人的性格的一部分，严重影响大学生职业生涯规划和将来的择业就业，抑制学生的能力发展。那么，如何克服自卑心理呢？

1. 正确地评价自己

常言道："金无足赤，人无完人。"每一个人都有自己的弱点，也有自己的优点，我们应该坦然地接受自己的优点，但也不忌讳自己的缺点。这样就能正确地与人比较，在看到自己不如别人的地方时，也能看到自己的过人之处。其实，最重要的比较是自己跟自己比。

每个人应根据自己的兴趣、爱好、能力、特点等确立自己的事业和人生道路，并为此发奋努力，不断进步，最后实现人生的价值。这样的人生才是积极的、有意义的人生。

2. 积极的心理暗示

大学生应当充分认识到积极的心理暗示是消除自卑心理的一个有效方式，在职业生活中，不能消极地暗示自己：我不行！而是应该进行积极地自我暗示，自我鼓励："我行！我一定能行！""我一定会成功的！""人家能干的，我也能干，我也不比他们差。”等，从而增强必胜的信心。经过一段时间的锻炼，自卑心理就会被逐步克服。

3. 寻找成功体验

自卑感往往是在表现自己的过程中，由于受到挫折，对自己的能力产生怀疑而造成的。有这种心理的同学，要想办法不断增加自己成功的体验，不妨多做一些力所能及、成功把握较大的事情，成功后便会有一份喜悦，每一次成功都是对自信心的强化。随着成功体验的积累，自卑心理就会被自信所取代。

但要注意的是，自信心的恢复需要有一个过程，切不可着急。应从一连串小小的成功开始，通过不断的成功来表现自己和确立自信，来消除对自己能力的怀疑。表现自己时，期望值不要过高，不要操之过急，要循序渐进地锻炼自己的能力，逐步用自信心取代自卑感。

4. 正确地补偿自己

补偿法即通过努力奋斗，以某方面的成就来补偿自身的缺陷。生理上的补偿现象，如盲人尤明、聋者尤聪。其实，人还有心理上、才能上的补偿能力。勤能补拙、扬长补短，可以说是心理上、才能上的补偿作用。只要功夫深，一定能赶上他人。每个人都有自己的长处和短处，要学会扬长补短。

人的某些缺陷和不足，不是绝对不能改变的，而要看自己愿不愿意改变。只要找到正确的补偿目标，就能克服自身的缺陷或者从另一方面得到补偿。

（二）自负心理

诚然，当代大学生在就业的市场竞争中应当具有一定的自信，才能不怕挫折，克服困难，去争取适合自己的岗位。但是有一部分大学生对自己估价过高，自认为高人一等，非常傲气。这种不切实际的自我欣赏，使他们在求职中期望值偏高，好高骛远。在进行职业生涯规划时不能从实际出发，而是“这山望着那山高”，总认为自己什么工作都能胜任；或是看不上那单位，瞧不起这职业，盲目攀高。他们之所以会产生过于自信的心理，主要是因为自己在考试中各科成绩都优良；或者自己担任过学生干部，获得过各种奖励；自身条件越好就越挑剔，要求就越高。实际上，用人单位在录用人员时，往往不以个人的学历或学习成绩为主要条件。他们更加看重个人的经验、才干和性格等综合素质。如果你在应聘时因自己具有较高的学历或学习成绩优良而沾沾自喜，只会使招聘单位觉得你自高自大、思想不成熟。

自负心理是缺乏客观的自我分析和自我评价的表现。大学生普遍都希望能找到施展才能和抱负的舞台，他们的成就意识、功利意识较强。渴望找到最理想的工作岗位，并尽早通过职业满足自己物质上、精神上的需求。大多数学生能自觉地让自己的理想服从于国家、民族、社会的需要，但也有不少人在认识上只注重自身感受和体验，不考虑社会实际，在价值取向和道德观选择上表现出唯我独尊，个人至上。

自负往往会导致自满，会使人丧失进取心，增加虚荣心。它会阻碍大学生前进的脚步。那么，如何克服自负心理呢？

1. 增强自我认识

每个大学生都有某方面的一些特长，都会有在竞争中赢得胜利的时候，但不能因此就认为自己能力非凡。每个人都是优缺点并存的，但自负的学生却只看到自己的长处而无视自己的短处。自负的学生只有认识到自己的不足之处，明白自己还有不如别人的地方，才不会产生自负的心理。“人外有人，天外有天”。自己某一方面不管多么优秀，都不可自负；不仅要看到自己的优点，更要正确对待自己的不足，只有正确认识自己，才能取得更大的进步。

2. 学会换位思考

自负的学生容易存在自私心理，做事不顾别人的感受，不知道尊重别人。因此要学会换位思考，站在别人的位置上感受自己的所作所为，才能使学生减少或者杜绝让别人听从自己的自负念头与行为。

3. 善于接受批评

自负的学生总是自以为是，哪怕明知道自己错了仍固执己见，不愿听从别人正确的观点，不能接受别人对自己提出的任何批评与指责。有自负心理的学生可以尝试在做事时征求其他人的意见和看法。这样通过别人的友好提醒，很快就能改变过去固执己见、唯我独尊的心理。只有让自负的学生学会接受别人的批评，才能从根本上改变学生的自负心理。

4. 养成谦虚的良好习惯

谦虚是中华民族优良的传统美德。有自负心理的学生要用一颗谦虚的心与别人建立友好的人际关系，这是个人自觉成长的开始。古人云：“满招损，谦受益”。一个人可以豪气万丈，但绝不能有半分自负心理。

大学生要以发展的眼光看待自负，既要看到自己的过去，又要看到自己的现在和未来，辉煌的过去只标志着过去，但决不代表着现在，更不意味着将来。

（三）依赖心理

依赖心理是指部分大学生不能自主制定职业生涯规划、选择职业，总想依赖社会关系、学校和老师，甚至依赖父母为自己规划、找工作而呈现出的一种心理状态。大学生求职就业中的依赖心理有两个典型表现：一是懒于规划，大学生在入学后对于大学期望和要求偏低，主动思考少，迷茫情绪多，抱着顺其自然、随波逐流的态度，没有充沛的热情和积极的憧憬去做好职业生涯规划；二是将希望寄托在别人身上。他们一方面希望找到称心如意的工作，另一方面又不愿意自己到处奔波，希望凭借父母的“社会关系”，等待工作的到来。总之，存在依赖心理的大学生在职业生涯规划特别是在面临职业选择时，缺乏独立自主意识，期望依靠外部条件或力量促成顺利就业，并未把自己置身于就业市场中。在求职途径最有效的问题调查中，多数大学生认为亲友、老师的介绍最有效，说明大学生择业中依赖心理表现较明显。

那么，如何克服依赖心理呢？

1. 树立勇气，恢复自信

培养自立精神，树立独自处理事情的信心和决心，要明确自己的职业目标及自己最想从事的职业，并努力对自己的职业生涯做出合理规划和安排。此外，还需要培养自己忍受孤独的能力，学会享受一个人的时光，不过分依赖某个人或某种东西，客观正确地认识自己，是克服依赖心理的关键一步。

2. 摆脱依赖，养成习惯

对于依赖者来说，如果没有他人大量的建议和保证，自己就无法对日常事情做出决策，总是希望别人为自己做大多数的重要决定。当依赖成为一种习惯时，对人心理的影响就会达到根深蒂固的地步。分析一下自己的行为中哪些应当依靠他人，哪些应由自己决定和把握，从而自觉减少习惯性依赖心理，增强自己做出正确主张的能力。想要摆脱对他人的依赖，在做任何事、遇到任何问题时，自己能解决的就自己解决，实在不能解决的再请别人帮忙，时间长了也就逐渐减少了对别人的依赖心理。

3. 丰富自我，培养能力

丰富自己的生活内容，培养独立的生活能力。可根据自己的兴趣，或是改变现在的生活方式，或调整工作、生活节奏，做自己喜欢做的事情，以便转移注意力，放松身心。比如多做自己一个人的户外活动，多加锻炼，也是不错的选择。

4. 广交朋友，寻求帮助

要想从情感依赖症中摆脱出来可以向朋友寻求帮助，多结交朋友，包括向独立性强的人学习等。但最终的决定权还是掌握在自己手中，要通过自己的努力获得理想的职位。

（四）挫折心理

大学生一直生活在校园里，社会经历相对较为简单，没有经受过挫折的考验，心理承受能力和自我调节能力较差，缺乏对待挫折的心理准备。他们希望能够做好职业规划，顺利实现就业。但就业过程是一项双向选择的过程，双方必须要在整个过程中不断了解自己并互相调整自己的期望，否则求职就会屡屡受挫。面对求职过程中产生的失败和挫折，容易产生失落感、悲观感，对于自己的未来失去信心，陷入失败的阴影而不能自拔。有这种挫折心理的大学生往往不能正确认识自己的优势，不能适当地向用人单位展示自己的专长，甚至把自身的长处也变成了短处，在众多的竞争者和高学历者面前信心不足、自惭形秽、自我设限，错失许多机会，从而严重影响了择业。克服挫折心理，可以从以下几方面展开：

1. 乐观积极，保持良好心态

大学生可以通过参加社会实践，寻找克服困难、战胜挫折的方法，也可以在实践中体验“天将降大任于是人也，必先苦其心志，劳其筋骨，饿其体肤，空乏其身，行拂乱其所为”的感受，对自己进行意志磨炼。同时，学生要树立正确的挫折观，明白人生不可能一帆风顺，遇到挫折是必然的，不能只看到挫折会带来障碍，还要意识到挫折能够磨炼一个人的意志，并使其心智得到成长，学会变压力为动力。

2. 调整心态，促进人格完善

在职业生涯规划和职业选择时，自己出现一些挫折心态是正常的，没有必要过度担心、害怕自己有心理障碍。当然对于这些不良心态要学会主动调适，必要时可以寻求有关心理专家的帮助。进行自我心理调适的方法有很多，首先，可以进行积极的自我心理暗示，鼓励自己、相信自己，帮助自己挺过难关。其次，可以向朋友、老师倾诉，寻求他们的安慰与支持。最后，还可以通过体育锻炼、听音乐、郊游等方式转移自己的注意力，排解心中的烦闷，放松自己的心情。

（五）攀比心理

攀比心理是指大学生在职业生涯规划过程中不从实际出发、不量力而行、与他人攀比的心理，表现为主观性很强的不切实际的自我欣赏和理想成分居多的求职期望过高，容易导致不能积极地对自己进行正确、客观、公正的分析，相互攀比，舍其所长，就其所短。在求职择业中，衡量自己的择业标准尤其是评价自己的价值能否得到承认的最常见的办法是互相攀比，一些大学生趋向选择大家都看好的热门职业，哪种职业报考的人越多，对这种职业的渴望也越大。同学间互相攀比，周围的同学选择了知名度高的单位，自己也一定要去与之相当的单位，盲目比较，他们在心理上总抱有一个念头就是“我不能比别人差”“我不能不如别人”，然而，由于每个人生活的环境、家庭背景以及能力和性格、机遇是不尽相同的，因而在择业目标、职业选择上不具有可比性。而部分大学生择业时却不考虑自己各方面的条件和其他同学的差异，也不深入了解职业的内在要求，盲目和其他同学进行攀比。大学生攀比心理大多表现在愿意到大城市、大单位工作。其实，那里不一定是你的最佳职业选择。由于求职的客观条件差异较大，每个学生的家庭环境不同，这种盲目攀比的虚荣心影响了为数不少的大学生，也增加了他们职业生涯定向的难度，延误了择业良机。

在现实生活中，严重的攀比心理常常令我们不知所措，迷失自我。所以学会克服攀比心理就显得尤为重要。

1. 正确认识攀比情绪，合理定位

每个人都有攀比心理，它是一把双刃剑。当攀比心理能带来积极作用时，攀比心理能激励你并带你走向成功。克服攀比情绪，树立适应时代潮流的、正确的、科学的价值观，给自己理性的定位。大学生的确需要竞争意识，但并不是所有的事物我们都需要争。大学生在校期间的主要任务还是学习文化知识，提高自身综合素质。

2. 正确认识自我，降低期望值

大学生要直面就业市场的求职压力，首先，应该调整自己的心态，对自己进行正确的评价，充分了解自己的优缺点，形成正确的求职观，避免出现好高骛远的心态。其次，大学生在校期间可以在老师的帮助下，对自我进行客观分析，形成正确的自我认知，并能根据自己的能力水平进行职业规划，选择求职目标，降低与现实不符的期望值，更好地规避求职过程中产生的攀比心理。

3. 增强自身实力，克服负性攀比

求职者的自信心是建立在强大的专业实力基础之上的，负性攀比的产生往往是因为个体自身的实力与期望值达不到均衡，导致自信心的缺失，从而产生攀比情绪。因此，在专业知识学习、专业技能培养过程中，积极建立起相关的知识网络，尽快地查缺补漏，用行动弥补失落，巩固并增强自己的职业能力，才能战胜负性攀比造成的心理障碍，继而制定适合自己的职业生涯规划并求职成功。

（六）从众心理

从众心理是指个体在群体压力下，在认知、判断、信念与行为等方面与群体多数人保持一致的现象。从众心理是一种常见的社会心理现象，这是一种缺乏主见和自信的心态。生活中出现的“××热”，就是这种心理的反映。社会上流行的价值观对大学生职业生涯定向的心理影响也很大。这种人云亦云、亦步亦趋的表现只能使一些大学生一事无成并心情焦躁。有从众心理者，在职业生涯定向活动中往往缺乏主见，总是随波逐流，极易受他人干扰，他们的注意力更多地集中于别人的就业取向上，看大多数人选择哪里，自己就选择哪里，大多数人往哪里挤，自己也往哪里挤。他们认为，大多数人的选择一定是科学的选择，大多数人钟情的工作一定是好工作，大多数人选择的一定没错。持这种心理谋职，无异于逼着自己和别人同走独木桥，忽视了自己的特长，丧失了最能发挥自己特长的机会，难免择业受挫。

大学生从众心理存在一定的合理性，在许多方面大学生只有与主导倾向保持一致，才能更好地制定自己的职业生涯规划。但如果凡事从众、随大流，就会缺乏独立思考的能力，抑制个性发展。只有克服从众心理，才能在职业生涯规划中制定适合自己的发展路径，并为将来的职业选择打下良好基础。

1. 认清自我，摆正位置

面对职业生涯规划、职业选择，从众不一定是好的，就算是好的也可能不适合自己，比如很多人都想去大公司，但可能小公司更适合自己，只有选择合适的公司，潜力才能发挥出来更多。例如很多人都想到大城市、大企业工作，而自己只想踏踏实实去做技术工种，如果强迫自己从众，只会浪费时间和浪费精力。我们要正确认识和评价自我，弄清楚自己的条件（优势和劣势），摆正自己的位置，明确自己今后的职业发展方向，从职业发展的角度分析最适合自己的岗位特征和地域范围，形成脚踏实地的务实态度，而不是盲目随大流。

2. 规划生涯，发挥潜能

大学生要树立终生择业的观点，要把就业看成是职业生涯的起始环节，把就业过程当成取得个人职业生涯经验的重要经历，不过分计较短期内个人的利益得失，把眼光放长远，以发挥自己的潜能作为职业规划的重要参考指标，挑战自己的职业，使自己的潜能得到挖掘和开发，通过就业不断提高自己的社会生存能力、实际工作能力和职业发展能力，凭借自己的努力，通过合理的职业流动，逐步实现自我价值，取得事业的成功。

3. 瞄准目标，磨炼意志

甩掉“从众”的想法，把个人特点优势、职业价值观、生涯期待以及家人的意见结合起来，锁定1~3个具体的职业目标，从海量的招聘信息中找到最适合自己的职业信息，对标岗位条件制定完善的规划，直至拿到心仪的工作机会。不要因为看不到太远的人生方向、够不到终极目标就感到茫然，把眼前的每件事全力做到最好，总有一天会得到回报。

（七）焦虑心理

焦虑是一种紧张、害怕、担忧混合交织的情绪体验。我国传统教育模式决定了大学生在面临毕业、走向社会、选择就业时的心理准备不足，不知如何去面对就业竞争，对现实与将来的一系列问题感到束手无策、无能为力，不知如何获取用人信息，如何进行自我设计，如何推销自己。成绩优秀的大学生担心找不到自己理想的工作，难以实现人生价值；成绩不佳的同学担心没有单位选中自己，等等。大多数毕业生表现焦虑的程度较轻，多是由过分担心某些问题引起的心理失衡。轻度的焦虑人皆有之，是正常的，适度的焦虑可以使人产生压力感，催人积极努力，但过度焦虑会影响人的正常生活。在激烈竞争的社会，理想的职业并不是很容易得到的，需要自己做出合理定位和不懈努力。用人单位在选择人才时往往需要经过多方面的了解考察，有时需要一个等待过程，这种等待易形成大学生就业的焦虑心理。

阅读案例

大学生宋梓涵为提升求职竞争力，大二开始就寻找暑期的实习机会。她得知，许多知名企业会在暑期实习结束后组织考核，成绩优秀者能获得留用资格，并于毕业后直接入职。因此，她非常看重这次暑期实习，花了许多时间搜寻实习机会、准备简历。

前段时间，她投出了不少简历，但都石沉大海。后来她逐渐意识到，自己虽然参与了不少学生工作和校园活动，但都没特别突出的成绩，也缺乏拿得出手的专业实践经历。想到身边的一些同学已获得不错的实习机会，自己却连面试机会都没获得一个，宋梓涵日益焦虑，并且越看自己的简历，越觉得自己不行。

为了早日找到适合自己的实习工作，她该如何调整心态，又该如何看待自我呢?

案例分析：对学生而言，在求职路上感到焦虑、碰到挫折，实乃常事。适度的焦虑和压力敦促你做足准备，牢牢抓住机会。但若超过合理限度，反而会让自己过度紧张，片面评价自己，产生回避、拖延甚至放弃等消极行为，更有可能无法在求职时展示自己的真实水平，错失本可得到的机会。

说起焦虑，其实这类情绪问题在各个时间段的各类人群之间普遍都会出现。毕业的大学生也许对此感受更加明显。焦虑情绪会使人无法集中精力，有时候更会心浮气躁。此时很多大学生会觉得自己到了瓶颈期，一大堆事情要做却不知从何做起。其实不必担心，焦虑也是有很多方法可以缓解的。

1. 学会接纳，转化焦虑

焦虑很多时候是被故意制造出来或者互相传染的。媒体年年都说是最难就业季，其实没有最难，只有更难。虽然现在就业压力确实比较大，但是要始终相信自己的实力与竞争力，不要因为别人的渲染，就把职场视为洪水猛兽而不敢踏入半步。面对焦虑，要学会接纳它、转化它，从观念上寻求改变，从根本上避免焦虑情绪的产生。

2. 转移注意力，消除焦虑

在强大的压力下，我们焦虑的情绪会不断增长。与人沟通是很好的缓解焦虑的方法，与家人和朋友分享自己当前的处境可以很好地排解心中苦闷。与此同时，他们给出的各类建议有时会在很大程度上帮助我们解决当前问题。其次，处在焦虑中的人其实是压力太大的体现，此时人们处在一个事物杂乱出现的状态，这时候一件一件慢慢解决不妨是一种别样的解决办法。

自我测评

焦 虑 自 评

活动目的:

焦虑自评量表是一种焦虑评定的标准，用于测量焦虑状态轻重程度及其在治疗过程中变化情况的心理量表（见表8-1）。

活动要求：

1. 请根据您一周来的实际感觉在适当的数字上划上“√”表示，请不要漏评任何一个项目，也不要在相同的一个项目上重复地评定。

2. 每题有四个选项，分别表示为：没有或很少时间（一周内出现这类情况的日子不超过1天）、小部分时间（一周内有1~2天出现过此类情况）、相当多时间（一周内有3~4天出现过此类情况）、绝大部分或全部时间（一周内有5~7天出现过此类情况）。

3. 量表中有部分反向（即从焦虑反向状态）评分的题，请注意保证在填分、算分、评分时的理解。

4. 本表可用于反映测试者焦虑的主观感受，对心理咨询门诊及精神科门诊或住院精神病人均可使用，但由于焦虑是神经症的共同症状，故本量表在各类神经症鉴别中作用不大。

5. 关于焦虑症状的临床分级，除参考量表分值外，主要还应根据临床症状，特别是要害症状（包括：与处境不相称的痛苦情绪体验、精神运动性不安、植物神经功能障碍）的程度来划分，量表总分值仅能作为一项参考指标，而非绝对标准。

表8-1　焦虑自评量表

题目	没有或很少时间	小部分时间	相当多时间	绝大部分或全部时间
（1）我觉得比平时容易紧张或着急				
（2）我无缘无故地感到害怕				
（3）我容易心里烦乱或感到惊恐				
（4）我觉得我可能要发疯				
（5）我觉得一切都很好，也不会发生什么不幸				
（6）我手脚发抖打战				
（7）我因为头疼、颈痛和背痛而苦恼				
（8）我觉得容易衰弱和疲乏				
（9）我觉得心平气和，并且容易安静坐着				
（10）我觉得心跳得很快				
（11）我因为一阵阵头晕而苦恼				
（12）我有晕倒发作，或觉得要晕倒似的				
（13）我吸气呼气都感到很容易				
（14）我的手脚麻木和刺痛				
（15）我因为胃痛和消化不良而苦恼				
（16）我常常要小便				

续表

题目	没有或很少时间	小部分时间	相当多时间	绝大部分或全部时间
（17）我的手脚常常是干燥温暖的				
（18）我脸红发热				
（19）我容易入睡并且一夜睡得很好				
（20）我做噩梦				
注意：表中题目（5）、（9）、（13）、（17）、（19）为反向计分题				

计分方法：

1. 本量表采用4级评分，主要评定症状出现的频度，其标准为："没有或很少时间有"为1分；"小部分时间有"为2分；"相当多时间有"为3分；"绝大部分或全部时间都有"为4分。20个条目中有15项是用负性词陈述的，按上述1~4顺序评分。其余5项（第5，9，13，17，19题），是用正性词陈述的，按4~1顺序反向计分。

2. 将20个项目的各个得分相加，即得粗分；用粗分乘以1.25以后取整数部分，就得到标准分。

量表解释：

1. 按照中国常模结果，本量表标准分的分界值为50分，焦虑总分低于50分为正常，50~59分为轻度焦虑，60~69分为中度焦虑，70分以上为重度焦虑。

2. 标准分分数越高，表示这方面的症状越严重。

三、职业心理的自我调适

职业心理对大学生的职业生涯规划、职业选择、职业发展起着重要的作用。"知彼知己，百战不殆"，这句话道出了在职业生涯选择过程中一个重要的原则，即应该认识自己、了解自己、熟知自我的心理特征和心理过程，把个人的职业意愿和自身心理相联系，根据社会的需要和社会职业岗位需求的可能性，评价个人职业意向的可行性，以积极的态度去选择职业。

拓展阅读

职业心理调适是指学生为更好地选择职业而运用心理学的技能、方法对自我心理与行为进行调整，从而在职业发展中保持良好状态，促进个人顺利就业。心理调适是大学生职业发展中一个非常重要的环节，是大学生心理素质在职业发展中的外在表现。它既是学生心理素质水平的表现，又是影响学生职业发展的重要因素之一。

（一）提高大学生心理调适的自觉性和主动性

人的心理活动总是处于"不平衡–平衡–新的不平衡–新的平衡"的周期性发展过程中。大学生要善于通过自我调节与控制去改善自己的心境，寻求最佳途径实现自己的目标。

人生是一个不断发展变化的历程，也是个人对环境不断适应的历程。在人生的某些阶段，由于环境条件的改变，社会对个人提出新的、更高的要求，致使个人感到难以适应。此时，如果个人能够主动、自觉地改变自己或改变环境，使个人与环境保持协调，就可以通过难关、顺利进入下一个新的人生阶段。相反，如果个人不能调适自己以符合环境的要求，或不能克服环境的某些限制，就会无法通过难关，在职业发展的道路上出现滞留现象。滞留的时间越长，需要克服的困难就越大，不仅影响自己的现在，而且会影响自己的一生；不仅影响择业效果，而且危及身心健康。

在职业生涯发展中，认识环境、把握自己，寻找一个心理出路，是最积极可靠的途径。在职业生涯发展中应做到：（1）客观认识自己。正确认识和评价自己，明确自己今后的职业发展方向，从职业发展的角度分析最适合自己的岗位特征和地域范围。客观认识自己所接受教育的局限性，是进行职业心理自我调适的有效途径之一。（2）主动适应社会。树立正确的就业观，需要我们处理好个人与社会的关系。每个大学生都应自觉遵循服从社会需要的原则，明确现实岗位的重要性和工作的目的意义，在选择职业岗位时要把个人的兴趣、爱好、专长与社会需要有机统一起来，努力寻求到社会需要与个人追求的交汇点。（3）增强职业心理能力。在职业生涯中难免有意想不到的挫折与失败，增强职业心理能力，培养乐观自信、良好的意志和坚强的性格是促使我们职业生涯顺利发展的心理动力。（4）科学规划职业生涯。大学生要树立终生择业的观点，切不可为了求得职业的稳定而放弃选择更好职业发展的机会。当获得一个理性职业的时机不够成熟时，要把职业选择的过程当成取得个人职业生涯经验的重要经历，通过不断提高自己的社会生存能力、实际工作能力和职业发展能力，凭借自己的努力，通过合理的职业流动，逐步实现自我价值，取得事业的成功。

总之，在职业生涯发展过程中，大学生应当充分认识心理调适的作用，提高心理调适的自觉性，尽量通过自身的努力，使自己保持一种良好的心态，以利于合理择业、顺利就业和健康成长。

（二）掌握心理调适技术，提高心理调适能力

人的心理调适技术主要涵盖两个方面，一种是经常性地认识自我、评价自我、激励自我的方法，其目的主要是了解自我和提高心理涵养，提高自我教育能力和水平；另一种是心理问题调适方法，主要适用于心理问题出现后的转化、调控，使心理恢复正常和平静。前一种倾向于保健，后一种侧重于治疗和矫正。

1. 认识自我的方法

正确认识自我是进行自我调适的基础。认识自我的方法很多，主要有自我静思、社会比较和心理测验。自我静思即自我反省，就是面对各种冲突和矛盾，能冷静、理智地思考自我、认识自我、评价自我，找到自我的确切位置。古人云“吾日三省吾身”，客观评价能使自己在职业发展中处于积极主动的位置。社会比较即社会评鉴，是通过社会客体寻找评价的参照尺度来认识自己，以估价自我能力的发展水平。心理测验则是通过心理测试来验证自我的一种工具和手段。在以上三种方法中，自我反思较为方便，社会比较较为常见，心理测验比较理性，它们各有优劣。

2. 激励自我的方法

每个人都向往成功，向往取得成功后的喜悦，这是每个人一生都在孜孜以求的目标，是理想，也是梦想。但是要出色地完成一件事情，没有热情，没有干劲，没有动

力，没有斗志昂扬的精神，是不可能的。为此，要进行自我暗示和自我激励。自我暗示是一个人用语言或其他方式对自己的直觉、思维、想象、意志等方面心理状态产生某种积极影响的过程。自我暗示是人心理活动中意识思想的发生部分与潜意识的行动部分之间的沟通媒介，具有一种启示、提醒和指令作用，能支配和影响人的行动。信心和意志是一种心理状态，是一种可以用自我暗示指导和修炼的积极心理状态。因此，大学生不能单纯地停留在了解自我、认识自我上，还应学会调整心态的有效防范。自我暗示、自我激励，不断有意识地对自己说“我能行”“我可以”“我很快乐”“我不比别人差”“我还能做得更好”。久而久之每个人都能树立起积极的心态，从而建立起自信的人格、乐观豁达的生活态度，能够乐观地面对包括职业发展在内的一切问题。

3. 自我调适的方法

（1）合理倾诉宣泄

当遇到不愉快的事时，不要自己生闷气，把不良情绪压抑在内心，而应当学会倾诉。切忌把不良心情强压于心底。忧虑隐蔽得越久，受到的伤害就越大。较妥善的办法是向朋友、老师倾诉，甚至可以在亲友面前痛哭一场，求得安慰、疏导、同情。但是，宣泄一定要注意场合、身份、气氛，注意适度，应是无破坏性的。

拓展训练

精神发泄方法是一种心理治疗方法。这种方法是要创造一种情境，让受挫者有机会自由表达被压抑的情感，达到心理平衡。精神发泄可以采取各种形式。20世纪30年代，美国著名的霍桑实验采用个别谈话的方式听取广大工人对工厂管理当局的意见。这一实验让工人发泄对工厂管理者的不满，要求研究人员对他们的抱怨只是洗耳恭听、详细记录，不作任何解释和反驳。经过上万次的谈话后，霍桑工厂的产量大幅度上升。心理学认为，这就是精神发泄的结果。日本一家电气公司设立所谓“情绪发泄控制室”。控制室墙上挂着公司老板和蔼微笑的照片，室内放着橡皮做的模拟人，旁边架子上放着各种棍子，受挫的职工可以进去用棍子或拳头任意痛打橡皮人，以发泄自己的气愤，然后再进车间从事正常劳动。

运动宣泄是值得提倡的一种良好的宣泄方式。受挫的大学生通过参加各种体育活动，消除了悲观、失望的消极情绪，激发了积极进取的朝气。因为在某种意义上，激烈的体育运动是受挫后“攻击”行为方式的“合理化”，或“攻击”行为方式的一种替代方式。同时，在体育运动中，人们增大了呼吸量，加速了新陈代谢过程，调节了大脑神经活动，直接接触自然环境和社会环境，加强人际交往，都十分有利于受挫大学生恢复心理平衡和恢复信心。

（2）自我转化法

有些时候，不良情绪是不易控制的。这时，可以采取迂回的方法，把自己的情感和精力转移到其他活动中去。如学习一种新知识技能，参加有兴趣的活动，利用假日郊游，接受大自然的熏陶等，使自己没有时间沉浸在不良情绪中，以求得心理平衡，保护自己。

（3）自我慰藉法

自我慰藉法就是自我安慰法，实质是自我辩解。人不可能事事皆顺心、处处是英雄。择业时遇到困难和挫折，当已尽了主观努力仍无法改变时，可说服自己适当让步，不必苛求，找一个自己可以接受的理由让自己保持内心的安宁，承认并接受现实，以求得解脱。

（4）词语暗示法

通过自言自语，甚至在无人处大声疾呼来暗示自己，或通过书面语言暗示，将提示语写在床头，记在日记本上，以达到调节情绪的目的。比如，较胆怯、自卑的大学生可写上“不要紧张，相信自己，你是好样的”；爱自夸的同学可写上“一切真的和伟大的都是纯朴和谦逊的。”经验表明，只要是在松弛平静、排除杂念、专心致志的情况下进行的各种自我暗示，往往都对情绪的好转有显著的作用。

（5）幽默疗法

从心理学角度看，幽默是一种心理防御机制，它是人们处于困难境地时自我解脱的一种方法，并能借以达到心理上的平衡。一些心理学家认为，不能既快乐又生气，对生气的人可施行“幽默疗法”，大声欢笑的时候，愠怒心情也就烟消云散了。因此，在人们的精神世界里，幽默实在是一种丰富的养料，是精神卫生的润滑剂。如果你善用幽默，适当地自我解嘲，就会及时化解不良情绪，保持身心的愉快。幽默是在善意的微笑下，通过影射、讽喻、双关等修辞手法揭露生活中不通情理之处。有些事情虽说是不通情理，却又实实在在地发生了，与其气愤、恼怒、怨天尤人，还不如通过幽默一笑了之，保持良好乐观的情绪，从而振作精神，坚定信念，勇往直前。

（6）理性情绪疗法

该疗法旨在通过纯理性分析和逻辑思辨的途径，改变人们的非理性观念，以帮助解决情绪和行为上的问题。理性情绪疗法认为，人既可以是理性的，也可以是非理性的。当人们按照理性去思维、去行动时，他们就是快乐的、富有竞争精神的以及有所作为的。人的不良情绪产生的根源来自人的非理性观念，反之亦然。要消除人的不良情绪，就要设法将人的非理性观念转化为理性观念。例如，有的大学生择业过程中受到了挫折便消沉、苦闷或怨天尤人，其原因在于他原本认为“大学生就业应当是顺利的”“我的择业应该是很理想的”“我过去事事顺利，这次也不应例外”，等等。正是这些观念作怪，才导致或加剧了他的不良情绪。如果将这些想法加以纠正，则不良情绪一定能得到克服。大学生在运用理性情绪疗法时，应首先分析自己有哪些消极情绪，从中分析、综合、抽象、概括出相应的非理性观念，并对其进行挑战、质疑和论辩，同时对比两种观念态度下个人的内心感受，鼓励自己向理性观念方面转化，从而有助于排除不良情绪。

当然，自我调适的方法还有很多，如环境调节法、自我安适法、兴奋中心转移法、放松练习法等，但主要的还是要树立正确的就业人生观、价值观。平时注意培养良好的品质，磨炼坚强的意志，多方面接触社会，多方面体验生活，培养乐观豁达的生活态度。只有这样，才能在择业时始终保持积极向上的精神状态和健康的心理。

（三）克服心理障碍，增强心理承受能力

1. 敢于面对挫折

人的生活道路不是一帆风顺的，遇到挫折是正常的事情，能否正确对待挫折、能否忍受挫折，是人心理健康与否的一个重要标志。大学生要维护心理健康，必须提高心理挫折的耐受力。首先，要正视挫折。应该冷静地接受，这是已经发生、无可挽回的事实，不能把现实的矛盾转化为心理冲突。其次，适应或战胜挫折。认真分析挫折

产生的原因，是自然界、社会、自我等方面的因素，属于自己的主观因素，就要适当调整自己的动机、追求和行为，避免挫折再次发生。如果属于自己客观（如体力、智力、能力、性格等短期不易改变的）或自然、社会因素中自己无能为力的因素，也不要过于自责、自卑或固执，要坦然面对，灵活处置。如果能有扬长避短的方法，可以开动脑筋，积极行动。第三，要经受挫折的锻炼。当代大学生基本上都是在顺境中长大的，很少经受过挫折，所以承受挫折的能力较差，要学会到社会实践中增加挫折锻炼，提高耐受能力，在挫折中锻炼，在逆境中崛起，提高自己的心理承受力。

2. 积极主动出击

在职业发展中，不要消极等待、畏首畏尾、盲目悲观，而应主动出击，克服依赖学校、家庭为自己做出安排的依赖心理。真正理解职业选择本身就是一场无法回避的竞争，做好充分思想准备，迎难而上。正确地对待挫折可能化弊为利，始终保持稳定平衡的心理状态。

（四）寻求必要的社会帮助

对于大学生在职业生涯发展中心理素质的培养和心理障碍的消除，除了大学生本身的自我调适外，还应主动寻求社会各方面所给予的热忱关注和积极引导。

1. 主动找师长求教

一个人的视野、思维、控制能力是有限的，对自我的审视也带有主观色彩，一旦出现心理失调的情况，单靠个人的力量和智慧不一定能全部解决，这时获得他人的帮助和指导是十分必要的。主动找师长求教是一条有效的途径。首先，师长对学生有较强的责任心，如果学生主动求教，他们会尽心尽力地提供帮助。其次，师长对社会生活和社会现状有较深的体验，提出的建议和意见比较切实可行。最后，师长都有一定的工作经历，对各种工作的要求、特点有一定程度的了解，对大学生的情况也较熟悉，能让大学生扬长避短，选择更能发挥自己长处的工作。当然师长的建议仅供参考，针对实际情况还需自己重新思考和选择，但他们的不同意见和看法，可以为你的择业提供更多的信息，也可能是你所想不到的。因此，大学生在职业生涯发展中要多倾听师长的意见，仔细分析、选择，从而弥补自身工作经验缺乏、社会生活阅历浅的不足，实事求是地选择适合自己的工作并积极地努力争取。

2. 从亲情和友情中寻求力量

亲情是人生感情体验的第一环境，人从生下来直至上大学，都需要亲情，特别是来自父母亲情的关爱和鼓励。对孩子来说，亲情是一份强大的精神力量。有父母的关爱和庇护，才有面对生活的信心和奋斗的勇气。亲情是一剂抚平创伤的灵丹妙药，有亲人的理解和安慰，才有继续拼搏的力量。

希望子女有朝一日出类拔萃是众多父母的共同愿望，所谓“望子成龙”使许多父母把期望放在子女身上，给他们带来了沉重的压力，而这种压力在孩子择业时尤其强大。为缓解这部分压力，大学生在求职择业前应主动与父母开诚布公地谈一谈，使父母对自己的学识与能力有一个客观的评价，不抱超越自己条件的希望；把了解到的择业信息与父母一起分析，在择业标准上力争与父母达成基本一致，得到他们的理解与支持；即使遭受挫折，也要如实相告，求得父母的谅解和帮助，正确对待现实。来自亲情的归属感、安全感和对生活目标的不懈追寻，是职业发展中应付紧张和压力时有效的心理储备。

大学生群体生活的经验及青年人对友情的特别依恋，使他们强烈地追求友情，友情给予大学生的尊重、平等和信任，是大学生成长过程中不可缺少的心理需要。在友情中，大学生能得到亲情中缺少的感情，在择业过程中，他们遭遇了复杂的人生体验，有许多不适应和不安全感。作为在“象牙塔”中生存的大学生来说，这些体验异常强烈而无法排遣，如果向朋友倾诉，肯定能找到“知音”。在互相倾吐中得到平衡，交流中得到慰藉，既然大家面临同样的现实，有什么理由不接受呢？这些亲密的交往，使人感到友情的存在，有关心、理解自己的人，可避免内心孤独感、失落感的产生，这也是友情在择业时发挥的主要作用。

亲情和友情是大学生进行职业生涯规划时积极心态的重要环境，从亲情和友情中寻求力量，把内心的压抑、不满和隐痛宣泄出来，不断获得鼓励、信任和希望，是大学生职业生涯规划时心理调适的重要途径。

3. 主动进行心理咨询

职业咨询师通常会借助大量的测验及面谈来帮助个人做出合理的职业生涯选择。许多在职业发展上取得成功的人士，都获得过一名或多名职业咨询师的帮助。职业咨询师还可以通过一对一的指导来提供建议性的意见，这种方法有利于通过别人的眼光来看待自己。随着电子咨询业的出现，地理位置上的距离已经不再是我们获得咨询师帮助的障碍，如何充分获得外界的支持是个人职业发展应该考虑的一个问题。

实训活动

职业生涯决策的团体咨询

以下职业生涯决策的团体咨询是依照克伦伯兹等人关于以团体辅导方式进行职业生涯决策的设计而实施。克伦伯兹等人将职业生涯决策的实施分成五个阶段，每个阶段内又有一到两个重要的步骤，循序渐进。

设计这套计划的目的，不仅希望个人能将它应用到职业生涯问题的解决上，还能够通过学习迁移广泛地应用在一生的各种问题的解决上。咨询也可以个别实施，但以团体方式实施优点较多，可以通过团体成员的互动与增强而达到较佳的学习效果。

1. 聚会一：建立个人目标及时间表

（1）单元目标

① 每一位成员能建立至少一个职业生涯目标。

② 每一位成员能承诺参加6小时的团体讨论，以及4~8小时的个人研究。

（2）咨询过程

① 团体成员彼此介绍。

② 透过脑力激荡，建立团体常规。

③ 咨询员界定行为目标的范围，并介绍目标发展的实际过程。

④ 团体每两人一组，彼此协助建立个人的目标。

⑤ 宣布每一个人的目标，与团体成员共同讨论。咨询员适时给予指导强化。

⑥ 咨询员介绍时间表的建立对团体成员的重要性。

⑦ 综合整理。

2. 聚会二：行动阶段

（1）单元目标

① 使成员熟悉职业生涯资料系统以及可能要用到的测量工具。

② 解释应用测量工具及职业资料系统的目的。

（2）咨询过程

① 团体成员回忆上次聚会时各人所建立的目标。

② 说明本次聚会的目的与目标。

③ 实施以及解释职业兴趣测验。

④ 经过职业兴趣测验的讨论（咨询员也参与），每一个人选定两到三种预备探索的职业或专业。

3. 聚会三：资料搜集

（1）单元目标

① 介绍职业生涯资料的资源，说明其用意及使用方法。

② 介绍职业生涯探索所需要的职业资料。

（2）咨询过程

① 讨论职业生涯资料在职业生涯探索及决策过程中的地位。

② 说明各种印刷媒体的形式，确定将要访问的地点。

③ 咨询员提出体验职业经验的模拟表演方式。

④ 讨论各种体验职业经验的做法。

⑤ 每一团体成员均提出自己在职业生涯资料搜集方面的目标。

⑥ 通过团体内的互动，每位成员承诺在以后两周内预先看完所有职业资料。

⑦ 决定下次聚会时间时，检讨一下各人的成果以及承诺。

4. 聚会四：分享资料和预估结果

（1）单元目标

① 每一个成员能分享整理后的资料。

② 每一个成员能选择一个暂时的职业生涯方向作为进一步探索的准备。

（2）咨询过程

① 先行界定讨论的方式以及内容格式。

② 在口头报告时，每一团体成员与其他人分享整理后的职业资料。

③ 每一位团体成员均报告暂时的选择结果，说明选择的原因以及下一步探索的想法。

④ 咨询员综合各人的报告，介绍评估某一职业或事业方面取得成就所需的资料。

⑤ 咨询员随时协助团体成员估计选择某项职业成功的机会，或者看看是否需要再回到前面的步骤。

5. 聚会五：重新评价、暂做决定或循环

（1）单元目标

① 分享在不同职业中成功的概率。

② 提供必要的刺激，以确认对某项事业前程的决定，或改变方向，回到做决定过程的前一阶段。

③ 检讨所做的决定。

（2）咨询过程

① 每一位成员简明扼要地介绍其所选择的职业，并说明其预估成功把握的可能性。

② 团体成员预先设定下一步的做法。

③ 准备追踪辅导。

课后练习

思考与练习

1. 大学生职业生涯规划中存在的主要心理问题和障碍是什么？
2. 结合自身实际谈谈你是如何进行自我心理调适的？

探索与实践

情绪表达与控制能力训练

对自我情绪的表达与控制，对他人情绪的识别与了解，是情绪智力的重要组成部分，它们在职业生活中发挥着不可低估的作用。因此，必须重视加强这方面能力的训练。

1. 训练目的

（1）学会准确、恰当地表达自我的情绪体验。

（2）学会适时、准确地了解他人的情绪。

（3）通过放松训练，学会解除紧张、焦虑、恐惧等情绪。

2. 具体操作

（1）情绪表达和了解的训练（6~8人为一组，小组训练）。

第一步，准备一些小卡片，每张卡片上面写有一种情绪，如喜悦、悲伤、恐惧、愤怒、惊奇、烦躁、忧虑、郁闷等。

第二步，组织一个6~8人的训练小组，训练前将卡片发给每个成员，每人1~2张。要求每个人都要将自己的卡片收好，不能让别人看到。

第三步，先让一个人将自己卡片上所写的情绪表达出来，同时要求其他成员仔细观察，看这个人表达的是什么情绪，并把观察结果写在一张纸上。小组成员不得相互讨论。按照这样的程序，每个成员都要轮流做一次。

第四步，评分。观察正确或基本接近（如激动和兴奋）得1分，不正确得0分；

表达正确或基本接近（如激动和兴奋）得1分，不正确得0分。若是6人的小组，能够准确表达自己的情绪（通过别人的观察得知），满分应为5分。通过评分就可以了解自己在表达和了解情绪方面的水平高低。

第五步，如此轮流一遍，以了解每个人是否能恰如其分地表达情绪和了解别人的情绪。

（2）情绪控制的训练（放松训练）。

在具体进行放松练习前，应注意以下事项：选择一个光线柔和、安静无干扰的房间，尽量减少分心刺激。选择最舒适的身体姿势，如果你身边有椅子，请你全身放松坐在椅子上，调整你的坐姿，直到感觉最舒服为止。如果你是在寝室，请你全身放松，仰卧在床上。如果你身边什么也没有，就请你全身放松，站在你认为最方便的地方。

准备好了吗？现在，我们就要做放松训练了。在练习中集中注意肌肉松紧的感觉。

好！现在请深呼吸，全身放松，观察自己的呼吸和身体各部位的活动状况，注意体会自己的肺部在一张一合、一张一合地呼吸，呼吸频率在逐渐减慢，呼吸的深度在逐渐加深，紧张的部位在逐渐放松。用感觉去体察你身体的各部位，持续一段时间，当你感觉到身体的各部位不那么紧了，请把注意力再转移到呼吸上。你似乎在观察自己呼吸，似乎又没有观察，感觉在有无之间。请用鼻子深吸一口气，再慢慢地、均匀地用口呼出。呼气的时候平和而舒畅，继续呼吸，慢慢地、均匀地、深长地、平和地、舒畅地呼吸。

现在让我们数一下呼吸的次数，一、二、三……十；再重新开始从一数到十。你可以重复数10遍、20遍。注意一下你身体各部位的感觉，各部位的感觉在渐渐地与呼吸节律趋于一致。全身的毛孔在随着肺的一张一合，有规律地开合，开合，开合……

现在，你不仅是在用肺呼吸，而是用身体来进行呼吸。吸气的时候，似乎空气从全身的毛孔中吸入；呼气的时候，气又从毛孔中呼出。吸进新鲜的空气，呼出污浊的空气，一次、两次、三次……渐渐地，你会感觉到身体的各个部位都很放松、很通畅，仿佛整个身体融入大自然。

好了，我们的放松训练就要结束了，请慢慢闭上你的眼睛（如果做呼吸前没有闭上的话），静静地，不去想任何事情，过一两分钟就可以做你该做的事情了。

请别小看这种训练，当你熟练掌握之后，你就可以在短短的几分钟内使自己紧张、不安的情绪放松下来。如长期坚持这种放松训练，不仅能解除紧张情绪，还可使你的头脑清醒，提高记忆力，有助于学习和工作。

参考文献

［1］李源. 新编大学生职业发展与就业指导［M］. 北京：现代教育出版社，2018.

［2］刘艳红，郭志敏，罗晓蓉. 职业生涯规划［M］. 2版. 北京：高等教育出版社，2020.

［3］国家职业分类大典修订工作委员会. 中华人民共和国职业分类大典（2022年版）［M］. 北京：中国劳动社会保障出版社，2022.

［4］中国就业培训技术指导中心. 中华人民共和国职业分类大典（2022年版）应用指南［M］. 北京：中国劳动社会保障出版社，2022.

［5］钟思嘉，金树人. 大学生职业生涯规划：自主与自助手册［M］. 北京：高等教育出版社，2017.

［6］叶蓉，冯玫. 大学生职业指导［M］. 3版. 北京：高等教育出版社，2022.

［7］钟谷兰，杨开. 大学生职业生涯发展与规划［M］. 2版. 上海：华东师范大学出版社，2016.

［8］杨华枝. 职业生涯规划与就业创业指导［M］. 郑州：河南科学技术出版社，2021.

［9］戴裕崴. 高职生职业生涯规划与就业创业指导［M］. 5版. 北京：高等教育出版社，2022.

［10］彭晓兰. 大学生创新创业案例与实务［M］. 北京：高等教育出版社，2020.

［11］罗伯特·里尔登. 职业生涯发展与规划［M］. 侯志瑾等，译. 4版. 北京：中国人民大学出版社，2016.

［12］苏文平. 职业生涯规划与就业创业指导［M］. 2版. 北京：中国人民大学出版社，2020.

［13］郜葆清. 大学生就业与创业指导［M］. 3版. 北京：高等教育出版社，2019.

［14］张元，孙定义. 职业生涯规划［M］. 北京：高等教育出版社，2019.

［15］孙宗虎. 职业生涯规划管理实务手册［M］. 3版. 北京：人民邮电出版社，2018.

［16］王培俊. 职业规划与创业体验［M］. 4版. 北京：高等教育出版社，2021.

［17］何慧刚. 大学生职业生涯规划与就业创业指导［M］. 2版. 北京：中国财政经济出版社，2021.

［18］由建勋. 大学生职业发展与就业指导［M］. 2版. 北京：高等教育出版社，2022.

[19] 孙善学. 对1+X证书制度的几点认识[J]. 中国职业技术教育，2019(07)：72-76.

[20] 彭振宇. 我国职业资格证书制度的历史回溯及述评[J]. 中国职业技术教育，2021(19)：29-36+81.

[21] 覃川. 1+X证书制度：促进类型教育内涵发展的重要保障[J]. 中国高教研究，2020(01)：104-108.

郑重声明

读者意见反馈

为收集对教材的意见建议，进一步完善教材编写并做好服务工作，读者可将对本教材的意见建议通过如下渠道反馈至我社。

咨询电话　400-810-0598

反馈邮箱　gjdzfwb@pub.hep.cn

通信地址　北京市朝阳区惠新东街 4 号富盛大厦 1 座
　　　　　高等教育出版社总编辑办公室

邮政编码　100029

资源服务提示

授课教师如需获得本书配套教学资源，请登录“高等教育出版社产品信息检索系统”（http://xuanshu.hep.com.cn/）搜索本书并下载资源，首次使用本系统的用户，请先注册并进行教师资格认证。

联系我们

高教社高职就业创业教育研讨QQ群：1035265438